Ouvrage publié sous la direction
de Jacques Jourquin

# LES MINISTRES
## ET LES MINISTÈRES
# DU SIÈCLE DES LUMIÈRES
## (1715 - 1789)

Des mêmes auteurs

Arnaud de Maurepas

*Les grands hommes d'État de l'Histoire de France*, avec Hervé Robert et
Pierre Thibault, Paris, Larousse, 1989.

*Les sources de l'histoire économique et financière du XIX$^{ème}$ siècle (1789-
1870). Guide du chercheur*, Paris, Imprimerie nationale, 1995.

*La France du XVIII$^{ème}$ siècle vue par les témoins (1715-1789)*, avec Florent
Brayard, Paris, Robert Laffont, collection "Bouquins" (à paraître).

Antoine Boulant

*Les Tuileries, palais de la Révolution*, Neuilly, 1989.

Editions Christian/JAS
5 rue Alphonse Baudin
75011 Paris
I.S.B.N.: 2-911090-00-4

Arnaud de Maurepas
Antoine Boulant

# LES MINISTRES
## ET LES MINISTÈRES
# DU SIÈCLE DES LUMIÈRES
## (1715 - 1789)

**Étude et dictionnaire**

Armoiries dessinées
par Laurent Hablot

Préface du Recteur Yves Durand

# Christian / JAS

## Avant-propos

Arnaud de Maurepas ne verra pas la parution de cet ouvrage auquel il tenait tant. Il avait pu en corriger les premières épreuves mais la maladie l'a emporté, et c'est son ami Antoine Boulant qui a fait les ultimes corrections et mis au point l'index si précieux pour les recherches.

Arnaud de Maurepas laissera à tous ceux qui ont travaillé avec lui le souvenir d'un esprit délié et affable, d'une culture exceptionnelle pour son âge et d'un souci de perfection qui l'a amené, avec Antoine Boulant, à remettre vingt fois sur le métier ce livre ambitieux où la documentation encyclopédique va de pair avec une écriture élégante et nuancée, loin de tout jargon.

Depuis le premier jour où je lui ai proposé, dans la ligne de mon propre *Dictionnaire des maréchaux du Premier Empire,* d'entreprendre un travail de prosopographie sur ces personnalités du XVIII<sup>ème</sup> siècle qu'il connaissait si bien, son ouvrage aura beaucoup évolué. A juste titre, il s'est beaucoup éloigné de la première conception, l'adaptant en fonction de la longueur de la période — trois quarts de siècle — et du nombre d'hommes étudiés — soixante-dix-huit. Sa rigueur universitaire l'amena aussi à envisager un important recensement bibliographique qui fait que ce dictionnaire ne s'arrête pas à 1789, mais se prolonge jusqu'à nos jours en mettant en lumière les choix parfois curieux de la postérité historiographique. C'est, en définitive, une étude complète sur l'organisation et le fonctionnement du gouvernement de l'Ancien Régime dans ses dernières décennies que les auteurs nous livrent en même temps qu'un dictionnaire des ministres. M. le Recteur Yves Durand explique bien dans sa préface l'intérêt, la richesse et la diversité du parti retenu.

Après tant d'années de travail, je suis heureux de pouvoir enfin publier cet ouvrage dont ses auteurs peuvent être fiers. Arnaud de Maurepas, en particulier, nous aura, avant de nous quitter, laissé un livre de référence auquel on se reportera longtemps, un usuel auquel son nom sera définitivement attaché.

*Jacques Jourquin*

*Il faudrait connaître beaucoup plus à fond les ministres (…) pour en faire des portraits qui pussent avoir quelque ressemblance ; il faudrait vivre souvent avec eux et avoir eu plusieurs affaires de détail à traiter ; ainsi, ce que j'ai marqué ne peut être regardé que comme un léger crayon, dans lesquels tous les traits sont adoucis.*

Duc de Luynes, *Mémoires.*

# PRÉFACE

L'histoire des institutions et l'histoire sociale ne peuvent se satisfaire des seuls traités juridiques établis par les contemporains, même s'ils constituent souvent une étape première de la recherche. L'histoire de l'antiquité a fait appel, depuis longtemps, à la prosopographie, c'est-à-dire à l'établissement de biographies du personnel gouvernemental et administratif. Il en est de même pour des périodes plus récentes. Les travaux de Michel Antoine et de François Bluche sur le personnel administratif et les magistrats du XVIII$^{eme}$ siècle offrent d'excellents exemples de ces nécessaires catalogues qui ne se limitent pas à de simples listes, mais fournissent tous les renseignements permettant de connaître les origines familiales, les carrières, les alliances, les seigneuries possédées, l'existence de véritables dynasties ou, à l'inverse, des passages fulgurants aux affaires. On ne peut donc négliger, ni l'histoire des institutions, ni l'étude des destins personnels. La réalité gouvernementale d'une époque, si tant est qu'on la puisse totalement reconstituer, est au croisement de ces deux sortes de démarches, l'une nourrissant l'autre.

Arnaud de Maurepas et Antoine Boulant nous offrent ici un dictionnaire des ministres du XVIII$^{eme}$ siècle qui n'est pas un simple catalogue ou une série de biographies juxtaposées. La présentation du système gouvernemental - complexe - de l'époque est une aide indispensable pour le lecteur. On y découvre d'abord quantité de "faux-amis" historiques, car le vocabulaire politique ancien recouvre souvent des réalités différentes de celles du XX$^{eme}$ siècle. Il suffit pour s'en convaincre de rapprocher, suivant les époques, les divers sens des mots ministres, secrétaire d'État ou conseil d'État. C'est ainsi qu'il suffit, sous le règne de Louis XV, de siéger pour un temps au conseil d'État, sans même avoir de portefeuille ministériel, pour conserver à vie le titre, et les émoluments de ministre d'État. Les secrétaires d'État des Affaires étrangères ont presque toujours porté ce titre, comme les contrôleurs généraux des Finances, mais ce n'est pas nécessairement le cas pour les autres secrétaires d'État, auxquels nous réserverions, à notre époque, le titre de ministre. D'ailleurs, au XVIII$^{eme}$ siècle, dans le langage courant, cette appellation avait déjà connu une dérive et l'on parlait ordinairement de "ministres" lorsqu'il s'agissait du chancelier, du garde des sceaux, des quatre secrétaires d'État et du contrôleur général des Finances, même si certains ne siégeaient pas au conseil d'État. On s'orientait donc vers le sens, et la réalité, que nous connaissons au XX$^{ème}$ siècle.

Les auteurs présentent donc les biographies de quelque quatre-vingts "ministres" du XVIII$^{eme}$ siècle avec l'étude des demeures, de l'iconographie et des ouvrages ou articles consacrés aux personnages retenus. Sans oublier une bibliographie générale propre aux institutions et aux sources généalogiques.

Si des différences très sensibles existent entre les structures gouvernementales de l'ancienne monarchie et celles des républiques modernes, on en perçoit également entre les "principaux ministres". Dubois et Fleury ont, certes, possédé ce titre comme Richelieu ou Mazarin, mais ce ne fut pas le cas de Choiseul ou de Vergennes, qui en assurèrent pourtant les fonctions.

L'analyse réalisée par A. de Maurepas et A. Boulant permet d'aller plus loin. Les auteurs ont dégagé plusieurs leçons des carrières comparées : les ministres de Louis XV et de Louis XVI sont souvent d'origine administrative, les gens d'Église sont moins présents sous Louis XVI que sous Louis XV, le métier des armes, même s'il n'est pas absent, fournit relativement peu à la fonction ministérielle. Les gros contingents, ce sont les maîtres des requêtes, les intendants et les conseillers d'État qui les fournissent. Encore qu'il soit délicat, en la matière, de durcir les frontières sociales et professionnelles. Comment opposer les magistrats aux maîtres des requêtes, quand on sait que les seconds ont commencé par les offices des cours souveraines…

Le lecteur, plus intéressé par l'histoire des familles que par l'étude des institutions, trouvera également de quoi le satisfaire. Il y découvrira aussi des sources d'enquêtes, des bibliographies et des directions de recherche. Faut-il rappeler, par exemple, que l'histoire des ministres disgraciés, contraints de s'exiler sur leurs terres, n'est pas nécessairement de "la petite histoire " ? Ceux qui l'ont été, le duc d'Aiguillon, Choiseul, ou le comte d'Argenson, ont animé de loin bien des courants d'opposition. Ils ont accueilli philosophes et contestataires. Quant à l'hérédité morale et politique au sein des familles, on se rendra compte qu'elle n'est guère vérifiée. Chez les d'Argenson, se succèdent les piliers de la Compagnie du Saint-Sacrement au XVII$^{eme}$ siècle, et les libertins des Lumières.

Au-delà des frontières du royaume, les divers États européens possédaient des systèmes de gouvernement hérités d'un passé différent. Ce dictionnaire des ministres français permet d'utiles réflexions pour approcher une histoire comparée des institutions, des noblesses de fonction, des types de gouvernement, à travers l'ancienne Europe, pour dégager, si possible, des traits communs qui définissent le vieux continent. Les voyageurs ne plaçaient-ils pas ces modes de gouvernement parmi les critères qui différenciaient le continent européen des monarchies asiatiques et des sociétés orientales ?

*Recteur Yves Durand*

# AVERTISSEMENT MÉTHODOLOGIQUE

Ce travail est le fruit de cinq années de recherches. Nous nous sommes équitablement partagé la tâche, en essayant de gommer nos différences de spécialité et de tempérament, pour aboutir à un instrument de travail cohérent, riche en informations, et simple à utiliser.

Dans le déroulement de nos recherches, nous avons été confrontés aux méthodes particulières des différentes branches de l'histoire. Nous nous sommes rapidement rendus compte qu'il était impossible de se conformer à toutes leurs lois, sans devoir juxtaposer des principes incompatibles entre eux. Aussi, avons-nous mis délibérément de côté quelques règles propres à chaque discipline. Voici quelques exemples les plus significatifs.

D'une façon générale, les notices sont le résultat du rassemblement scrupuleux de tous les renseignements puisés dans les livres et articles. De type compilatoire, ces notices offrent donc un état de la recherche actuelle, tout en essayant d'ouvrir des perspectives nouvelles. Dans le domaine généalogique, nous avons préféré à l'ordre traditionnel des naissances celui des sexes, plus intéressant pour notre sujet, et nous avons jugé inutile de nous attarder sur les épouses des frères et des enfants mâles, sauf importance particulière ; de même que, dans l'exposé des carrières de l'entourage (frères et sœurs, conjoints et enfants), nous avons donné la fonction la plus élevée. Les historiens de l'art et de l'architecture nous trouveront peut-être peu diserts. Nous répondrons d'une part que notre tentative étant pionnière, nous n'avons pas eu tous les renseignements souhaités et que les auteurs consultés se sont laissés aller à beaucoup de fantaisies que nous n'avons peut-être pas toutes repérées (notamment pour certaines demeures, portraits ou bustes) ; d'autre part que le but principal de ces indications est d'approcher l'intimité des ministres, et non de faire une histoire de l'art. Quelques précisions bibliographiques : tous les ouvrages cités ont été consultés, et ont fait l'objet d'un résumé qui a servi à la notice finale. Certains, bien sûr, pourront paraître superflus, en particulier ceux écrits en langue étrangère, souvent difficilement accessibles, et les travaux universitaires inédits ou en cours. Mais nous avons estimé que ce dictionnaire, offrant un état actuel de la recherche, se devait de proposer les pistes les plus nombreuses, au lieu de les dissimuler. Le même esprit nous a guidé pour les indications archivistiques : autant, il ne nous a pas semblé nécessaire de signaler chaque fois les séries d'archives administratives qui sont conservées dans les grands dépôts nationaux, parce que l'évidence pourra guider le chercheur, autant, il nous a paru indispensable de signaler tous les fonds, en particulier privés, que nous avons pu rencontrer.

Quant à la structure même de l'ouvrage, voici comment elle se présente.

Nous avons cru nécessaire de rompre avec l'ordre alphabétique, pourtant traditionnel aux dictionnaires, préférant une suite par départements ministériels, puis, dans chacun d'eux, en suivant l'ordre chronologique. Il nous a semblé qu'ainsi, c'était une véritable histoire qui se dessinait. L'index final permet en revanche une recherche alphabétique.

Nous avons souhaité commencer l'ouvrage par une mise au point institutionnelle, en présentant précisément, mais succinctement, les différents départements ministériels et leurs caractéristiques principales. Cette présentation est accompagnée en annexe de quelques graphiques permettant d'un coup d'œil une vision globale.

Avec les notices, nous proposons au lecteur d'entrer dans les détails. Après les renseignements d'ordre familial, les premières phrases tentent de caractériser le ministre dans son ensemble. Le corps de la notice trace les grandes lignes de son œuvre, depuis sa naissance jusqu'à sa mort. Pour mieux saisir sa personnalité et la façon dont il a été perçu, indépendamment de la réalité de son œuvre, il nous a paru intéressant d'ajouter au jugement des historiens celui des contemporains, où contradictions et surprises ne manquent pas. D'autre part, nous nous sommes particulièrement attachés à la recension et à la description des demeures parisiennes et provinciales de nos héros, considérant qu'elles étaient trop souvent oubliées, et que la connaissance de leur emplacement et de leur disposition intérieure étaient des éléments importants pour compléter leurs portraits. Il nous a semblé indispensable, enfin, de proposer des indications iconographiques, un commentaire bibliographique le plus complet possible, et des directions archivistiques qui sortent de l'évidence, avec, chaque fois que nous l'avons trouvée, la référence de l'inventaire après décès conservé dans les minutes des notaires parisiens (symbolisée par le sigle IAD).

Une bibliographie générale, suivie d'un index de tous les noms cités, rendra, nous l'espérons, tous les services que pourra espérer le lecteur.

Nous ne saurions achever cet avertissement sans exprimer des regrets. D'abord, pour les renseignements que nous avons cherchés en vain : certains lieux d'inhumation, certains hôtels parisiens que nous avons renoncé à chercher ; les actes notariés autres que l'inventaire après décès, ceux passés en province, et surtout une estimation des fortunes. Les investigations que ces précisions auraient nécessitées auraient retardé d'autant, et sans garantie de succès, la parution de cet ouvrage. Nous avons préféré laisser encore un peu de travail à nos lecteurs... s'ils le souhaitent.

*A. M. et A. B.*

# REMERCIEMENTS

Il est un devoir agréable dont les auteurs ne voudraient pas se priver. Cet ouvrage n'aurait pu voir le jour, sans les aides patientes, les conseils opportuns, les conversations amicales, les accueils chaleureux et les remarques précises de très nombreuses personnes qui nous ont fait l'amitié de participer ainsi à notre travail.

Nous sommes particulièrement redevables à M. Jacques Jourquin, éditeur chaleureux et véritable ami de l'Histoire, de ne pas avoir ménagé son temps et son énergie à tout mettre en oeuvre pour la parution de cet ouvrage, et d'avoir soutenu la publication de ce dictionnaire aux éditions Christian.

Nous remercions également M. le recteur Yves Durand d'avoir accepté la charge de la préface, et de nous témoigner ainsi sa confiance. Notre gratitude va également à MM. Bruno Pons (†), conseiller à l'école du Patrimoine, Alexandre Gady, de la Commission du Vieux-Paris, et Mme Odile Parat pour la relecture attentive du manuscrit qu'ils ont effectuée.

M. Christian Baulez, conservateur en chef au château de Versailles, et son collaborateur, M. Roland Bossard, documentaliste, nous ont fait partager, avec leur gentillesse et leur compétence accoutumées, les richesses de leurs dossiers ; M. Philippe Seydoux, auteur de très nombreux ouvrages sur les châteaux et demeures de France, publiés aux éditions de la Morande, dont il est le fondateur, n'a pas ménagé non plus sa générosité ; M. Michel de Gouberville et M. Jean-Dominique Augarde, avec patience et désintéressement, nous ont livré bien des renseignements ; M. Olivier Gorse, documentaliste aux archives départementales de l'Essonne, Mme Isabelle Maillard, documentaliste aux archives départementales de l'Yonne, M. William Maufroy, conservateur à la bibliothèque municipale de Valenciennes n'ont pas ménagé leur temps pour nous apporter leur aide avec compétence et discrétion, ainsi que M. René de Fougerolles et Mme Geneviève Mazel : que toutes ces personnes soient ici vivement remerciées.

Notre reconnaissance va également à MM. les professeurs Michel Antoine, Guy Antonetti, Bernard Barbiche, Yves-Marie Bercé, François Bluche, Jean-Louis Bourgeon, Jean Chagniot, François Monnier, Guy Thuillier, Michel Vergé-Franceschi, Jean de Viguerie, ainsi qu'à Madeleine Foisil et Denise Ozanam, dont la confiance, les conseils et les encouragements amicaux et bienveillants, ont été de précieux stimulants pour la poursuite de notre travail.

Notre dette est grande envers les descendants ou les représentants des familles des ministres que nous avons présentés dans ce dictionnaire, et nous sommes particulièrement heureux de remercier ici le marquis et la marquise Henri-François de Breteuil, pour leur libéralité et leur accueil chaleureux, ainsi que M. l'abbé d'Argenson, M^me de Bagneux, M. Pierre-Étienne Bourgeois de Boynes, M. Goupil de Bouillé, M^me Dugast-Rouillé, M. Rodolphe Dugast-Rouillé, M. Antoine de La Briffe (†), M. Henri de La Fresnaye, M. et M^me Gérard Lignac, M^me de Maintenant, M^me de Maupeou, M. de Monteynard, M. et M^me de Montmorin, le général de Nadaillac, M^me de Nadaillac, M^me la marquise de Naurois-Turgot, M. André d'Ormesson, M. et M^me Jean-Claude Picard, M. de Puységur, M. Eudes de Saint-Simon, M. de Sénevas, M. Pierre Terray, M. Gonzague Thibault de La Carte de La Ferté-Sénectère.

Un grand merci également aux responsables de dépôts d'archives départementaux et de sociétés savantes, ainsi qu'aux érudits et autres savants, dont l'aide nous a été souvent précieuse sur des points précis et notamment sur le plan local: M. Jean-Pierre Babelon, directeur du domaine national de Versailles, M. Marc Battestini, conférencier au château de Versailles, M. Jean-Denis Bergasse, président de la société archéologique de Béziers, M^me Karin Blanc, de la Fondation Paul Getty, M. Bordes, directeur des archives départementales de la Dordogne, M. Brunterc'h, conservateur aux Archives nationales, M^me Thérèse Burel, directeur des archives départementales du Loir-et-Cher, M^me Eliane Carouge, directeur des archives départementales de l'Eure, M^me Madeleine Chabrolin, directeur des archives départementales des Bouches-du-Rhône, M. Yves Chassin du Guerny, ancien directeur des archives départementales du Gard, M. de Chastellux, responsable de la Bibliothèque généalogique, M. Debal, président de la société historique orléanaise, M. Ghislain de Diesbach, M^me Ariane Ducrot, conservateur en chef, directeur de la section des archives privées aux Archives nationales, M. Michel Éblé, président de l'Association paroissiale de Fourqueux, M^me Sonia Édard, responsable de la documentation au Musée des Arts décoratifs, M. Joël Félix, chercheur au Comité pour l'histoire économique et financière de la France, M^me Florence Férin, conférencière de la ville de Briançon, M. Alfred Fierro, conservateur en chef à la Bibliothèque historique de la Ville de Paris, M. Luc Forlivesi, conservateur aux Archives nationales, M. François Formel, collectionneur et érudit, M. Jean-Pascal Foucher, fondateur et président de l'association Patrimoine et Histoire en Châtillonnais, M. Jean-Claude Garetta, conservateur en chef de la bibliothèque de l'Arsenal, Paul et Pierrette Girault de Coursac, historiens, M. Louis Guérin, historien, M^me Legrand, présidente des Amis de

Colombes, M^me Danielle Lemonnier, secrétaire générale de l'Institut d'Histoire de la Révolution française, M^me Maryvonne Mandot, documentaliste au CRC de Jouy-en-Josas, M^elle Marinelli, documentaliste à la Banque Paribas, M^me Brigitte Maymard, conservateur des archives de la Banque de France, M^me Marie-Antoinette Meynier, ancien conservateur des archives de l'Outre-Mer, M^me Claire Moser, conservateur du Musée Labinche de Brive-la-Gaillarde, M. Mourier, directeur des archives départementales de la Meuse, M. Moyse, directeur des archives départementales de la Haute-Saône, M. Alex Mussard, M. de Nédélec, directeur des archives départementales de la Manche, M. Jacques d'Orléans, directeur des archives départementales du Bas-Rhin, M. Dominique Patry, M. Pierre-François Pinaud, maître de conférences à la IV^ème section de l'EPHE, MM. Jean-Nérée Ronfort et Jean-Dominique Augarde, responsables du Centre de recherches historiques sur les maître-ébénistes français, M. Nicolas Sainte-Fare-Garnot, conservateur en chef du Musée Jacquemart-André, M. Étienne de Séréville, MM. Pascal Simonetti et Michel Borjon, animateurs du GRAHAL, M. Henri Sineau, président de la société historique de Bouray-sur-Juine, maître Lucien Solanet, commissaire-priseur, M^me Cécile Souchon, ancien directeur des archives départementales de l'Aisne, M. Étienne Taillemite, conservateur en chef aux archives de la Marine, M. Jean-Marie Thiveaud, chef de la mission historique de la Caisse des Dépôts et Consignations, ainsi que les directeurs des archives départementales du Jura, de l'Oise, et du Puy-de-Dôme, et le conservateur de la bibliothèque municipale de Clermont-Ferrand.

Enfin, nous ne saurions oublier nos familles et nos amis, en particulier Olivier Blanc, Édouard Bouyé, Léonard Briot de La Crochais, Laure de Cazenove, Thierry Claeys, Laurence Couturaud, Dorothy Field, Albéric Froissart, Stéphane Gambier, Valérie Goutal-Arnal, le professeur Jean Jacquart, Éric de Labriolle, le général et madame Richter, pour leur soutien moral et les nombreuses améliorations qu'ils nous ont suggérées.

*A. M et A. B.*

# L'APPAREIL D'ÉTAT

*Le Conseil des ministres présidé par le duc d'Orléans et le cardinal Fleury,*
*musée de Versailles. Photo R.M.N.*

# Chapitre premier

# LE CONSEIL DU ROI ET LES MINISTRES.

Il était impossible au souverain d'exercer son pouvoir sans l'assistance de ses sujets les plus éclairés ; quoique ces derniers tempérassent en quelque sorte son autorité, il demeurait néanmoins celui qui décidait en dernier ressort, et personne ne pouvait aller à l'encontre de sa volonté.

*Le Conseil du Roi* était cet organe nécessaire d'assistance et de conseil. On désignait en fait sous ce terme un ensemble formé par plusieurs conseils, aux attributions spécifiques :

**Les conseils de gouvernement** étaient obligatoirement tenus en présence du Roi lui-même, dans le cabinet du Conseil que l'on trouvait dans chacune des demeures royales. Leur nombre a varié, entre quatre et cinq. Les deux plus importants étaient :

- *Le Conseil d'En-Haut, ou Conseil d'État*, qui se tenait le dimanche et le mercredi, et avait principalement la charge de la diplomatie et des questions militaires et navales ; dans les premières années du règne de Louis XV, il était également chargé des affaires intérieures.

- *Le Conseil des Dépêches*, qui se tenait le samedi ou le vendredi, avait plutôt la charge de la politique intérieure. Les fréquentes querelles religieuses et parlementaires lui donnèrent une grande importance. Ses attributions administratives étaient très vastes.

Ces deux conseils, les plus anciens et les plus traditionnels de la monarchie française, étaient réunis à de nombreuses reprises pour des séances extraordinaires, et les affaires qu'ils avaient à traiter se concurrençaient souvent.

- *Les trois autres conseils* (Conseil royal des Finances, Conseil royal de Commerce et Conseil de Conscience) étaient des conseils d'administration dont l'importance varia au cours du siècle. Le Conseil royal des Finances s'effaça du fait que son unique rapporteur, le contrôleur général, imposait lui-même les décisions ; le Conseil royal de Commerce déclina de même ; quant au Conseil de Conscience, composé de gens d'Église, il disparut en 1733.

**Le Conseil d'État, finances et direction** ne siégeait pas forcément en présence du Roi, qui y était représenté par le chancelier de France. Le lundi, il était réuni comme Conseil d'État privé, ou Conseil des Parties, chargé du contentieux judiciaire des corps et des particuliers ; d'autres jours, il fonctionnait comme petite ou grande direction des Finances, traitant alors des procès opposant des particuliers à l'État. Le règne de Louis XVI vit la création de plusieurs autres organismes : Comité des Finances (1783) ; Conseil royal des Finances et du Commerce (1787), Comité pour les Affaires administratives, etc.

**Les ministres.**

Un personnage devenait *ministre* à partir du moment où il était invité, sur l'ordre oral du Roi, à venir siéger et participer au Conseil d'État à titre personnel. Lorsque le Roi ne renouvelait pas l'invitation, le personnage était exclu du Conseil, mais conservait le titre de "ministre d'État", ainsi que les émoluments y étant rattachés (20.000 livres par an). Dans la plupart des cas, les personnes appelées par le Roi exerçaient déjà une fonction dans le gouvernement, mais ce n'était pas une obligation. Ainsi peut-on compter une quinzaine de personnages, souvent célèbres, ayant été ministres d'État sans portefeuille, et que le Roi avait jugés suffisamment expérimentés pour les inviter à siéger au Conseil, afin qu'ils y portassent leur avis.

Cette définition institutionnelle s'est altérée au profit d'une autre, plus matérielle, qui sera conservée dans cet ouvrage et qui reste la définition adoptée par les historiens. On a pris l'habitude d'appeler ministres les six principaux personnages de l'État : le chancelier ou le garde des sceaux, les secrétaires d'État de la Guerre, de la Maison du Roi, de la Marine et des Affaires étrangères, et le contrôleur général des Finances. Tous n'ont pas forcément été appelés par le Roi à siéger au Conseil d'État, et, par conséquent, n'étaient pas officiellement "ministres d'État".

*Les ministres d'État avec portefeuille.*

Sur l'ensemble des ministres qui sont traditionnellement retenus par les historiens, une moitié seulement ont reçu la dignité de "ministre d'État". Cette dignité était généralement réservée aux secrétaires d'État des Affaires étrangères, à l'exception d'Amelot de Chaillou, Fleuriau de Morville et Barberie de Saint-Contest qui ne furent jamais appelés au Conseil. Les contrôleurs généraux des Finances, eu égard à l'importance de leurs fonctions, reçurent presque systématiquement la dignité de ministre d'État ; même Necker, qui n'avait pourtant pas le titre de contrôleur général, eut l'accès au Conseil. Les secrétaires d'État de la Guerre et de la Marine, en revanche, furent moins souvent appelés à siéger au Conseil : ainsi on remarquera l'absence de Le Blanc, de Du Muy, et de Castries.

Dans la plupart des cas, ils furent appelés peu après leur nomination au gouvernement. Certains, mais ils sont rares, l'ont été peu de temps avant, et ce n'était alors qu'un prélude à leur nomination. Fleury, en particulier, fut appelé trois ans avant de devenir le principal ministre.

La plupart de ceux qui n'eurent pas la dignité de "ministres d'État" ne sont pas restés longtemps au gouvernement : Le Pelletier de La Houssaye, Massiac, Clugny de Nuits, Taboureau des Réaux, Lefèvre d'Ormesson, Laurent de Villedeuil, Puységur, le comte de Brienne ou Lambert. A l'inverse, la dignité de "ministre d'État" n'assurait pas nécessairement à son titulaire la longévité de son ministère : Maynon d'Invault, qui resta à peine plus d'un an, ou Bouvard de Fourqueux, qui se maintint trois semaines, avaient quand même obtenu l'entrée au Conseil.

Il y a enfin les cas de Puyzieulx et de Malesherbes, qui furent ministres d'État après avoir quitté leur secrétariat d'État.


D'AIGUILLON, secrétaire d'État des Affaires étrangères (1771), appelé au Conseil la même année.

D'ARGENSON (René-Louis), secrétaire d'État des Affaires étrangères (1744), appelé au Conseil la même année.

D'ARGENSON (Pierre-Marc), secrétaire d'État de la Guerre (1743), appelé au Conseil en 1742.

D'ARGENSON (Antoine-René), secrétaire d'État de la Guerre (1757), appelé au Conseil la même année.

BAUYN D'ANGERVILLIERS, secrétaire d'État de la Guerre (1728), appelé au Conseil en 1729.

BELLE-ISLE, secrétaire d'État de la Guerre (1758), appelé au Conseil en 1756.

BERNIS, secrétaire d'État des Affaires étrangères (1757), appelé au Conseil la même année, avant sa nomination.

BERRYER, secrétaire d'État de la Marine (1758), appelé au Conseil la même année, avant sa nomination.

BERTIN, contrôleur général des Finances (1759), appelé au Conseil en 1762.

BOURGEOIS DE BOYNES, secrétaire d'État de la Marine (1771), appelé au Conseil la même année.

BOUVARD DE FOURQUEUX, contrôleur général des Finances (1787), appelé au Conseil la même année.

CALONNE, contrôleur général des Finances (1783), appelé au Conseil en 1784.

CHAUVELIN, secrétaire d'État des Affaires étrangères (1727), appelé au Conseil la même année.

CHOISEUL, secrétaire d'État des Affaires étrangères (1758), appelé au Conseil la même année.

DUBOIS, secrétaire d'État des Affaires étrangères (1717), appelé au Conseil de Régence en 1719.

FLEURY, principal ministre (1726), appelé au Conseil dès 1723.

JOLY DE FLEURY, administrateur général des Finances (1781), appelé au Conseil la même année.

LA LUZERNE, secrétaire d'État de la Marine (1787), appelé au Conseil en 1788.

LAVERDY, contrôleur général des Finances (1763), appelé au Conseil en 1765.

LE PELETIER DES FORTS, contrôleur général des Finances (1726), appelé au Conseil en 1730, quelques mois avant sa démission.

LE TONNELIER DE BRETEUIL (François-Victor), secrétaire d'État de la Guerre en 1723 et en 1740, appelé au Conseil en 1741.

LE TONNELIER DE BRETEUIL (Charles-Louis-Auguste), secrétaire d'État de la Maison du Roi (1783), appelé au Conseil la même année.

MACHAULT D'ARNOUVILLE, contrôleur général des Finances (1745), appelé au Conseil en 1749.

LAMOIGNON DE MALESHERBES, secrétaire d'État de la Maison du Roi (1775), appelé au Conseil douze ans après la fin de son ministère, en 1787.

MAUREPAS, secrétaire d'État de la Maison du Roi (1718) et de la Marine (1723), appelé au Conseil beaucoup plus tard, en 1738 ; rappelé d'exil par Louis XVI, il fut à nouveau appelé au Conseil en 1774, deux ans avant sa nomination de chef du Conseil royal des Finances.

MAYNON D'INVAULT, contrôleur général des Finances (1768), appelé au Conseil la même année.

MONTMORIN, secrétaire d'État des Affaires étrangères (1787), appelé au Conseil la même année.

MOREAU DE SÉCHELLES, contrôleur général des Finances (1754), appelé au Conseil en 1755.

NECKER, directeur général des Finances (1777 et 1788), appelé au Conseil les mêmes années.

ORRY, contrôleur général des Finances (1730), appelé au Conseil en 1736.

PEYRENC DE MORAS, contrôleur général des Finances (1756), appelé au Conseil en 1757.

PRASLIN, secrétaire d'État des Affaires étrangères (1761), appelé au Conseil la même année.

PUYZIEULX, secrétaire d'État des Affaires étrangères (1747), appelé au Conseil la même année ; rappelé en 1758, sans portefeuille.

ROUILLÉ, secrétaire d'État de la Marine (1749), appelé au Conseil en 1751.

SAINT-FLORENTIN, secrétaire d'État de la Maison du Roi (1749), appelé au Conseil en 1751.

SAINT-GERMAIN, secrétaire d'État de la Guerre (1775), appelé au Conseil en 1776.

SARTINE, secrétaire d'État de la Marine (1774), appelé au Conseil en 1775.

SÉGUR, secrétaire d'État de la Guerre (1780), appelé au Conseil en 1781.

SILHOUETTE, contrôleur général des Finances (1759), appelé au Conseil la même année.

TERRAY, contrôleur général des Finances (1769), appelé au Conseil en 1770.

TURGOT, contrôleur général des Finances (1774), appelé au Conseil la même année.

VERGENNES, secrétaire d'État des Affaires étrangères (1774), appelé au Conseil la même année.

*Les ministres d'État sans portefeuille.*

La plupart de ces ministres appelés à venir siéger au Conseil, sans avoir de département ministériel à gérer, étaient des princes et ducs ; huit d'entre eux avaient été membres - et en particulier présidents - des conseils de la Polysynodie. Tous, à l'exception du cardinal de Tencin, avaient suivi la carrière des armes, et presque tous étaient maréchaux de France et gouverneurs ; certains, comme d'Huxelles ou d'Ossun, avaient également servi dans la diplomatie.

Antoine-Louis de Pardaillan de Gondrin, duc d'ANTIN (1665-1736), président du Conseil du Dedans (Polysynodie), appelé au Conseil en 1733.

Louis-Charles-César Le Tellier, marquis de Courtanvaux, comte d'ESTRÉES, (1695-1771), appelé au Conseil en 1758.

Victor-Marie, marquis de Coeuvres, duc d'ESTRÉES (1660-1737), appelé au Conseil en 1733.

Pierre GUÉRIN DE TENCIN (1679-1758), appelé au Conseil en 1742.

Nicolas Du Blé, marquis d'HUXELLES (1652-1730), président du Conseil des Affaires étrangères (Polysynodie), appelé au Conseil en 1726.

Louis-Jules Mancini Mazzarini, duc de NIVERNAIS (1716-1798), appelé au Conseil en 1787.

Adrien-Maurice, duc de NOAILLES (1678-1766), président du Conseil de Finance (Polysynodie), appelé au Conseil en 1743.

Louis, duc d'ORLÉANS (1703-1752), appelé au Conseil en 1723.

Pierre-Paul d'OSSUN (1713-1788), appelé au Conseil en 1778.

Charles de ROHAN-SOUBISE (1715-1787), appelé au Conseil en 1759.

François-Emmanuel Guignard de SAINT-PRIEST (1735-1821), appelé au Conseil en 1788.

Alphonse-Marie-Louis, comte de SAINT-SÉVERIN D'ARAGON (1705-1757), appelé au Conseil en 1748.

Camille d'Hostun, duc de TALLARD (1652-1728), appelé au Conseil en 1726.

Claude-Louis-Hector, duc de VILLARS (1653-1734), président du Conseil de la Guerre (Polysynodie), appelé au Conseil en 1723.

*Necker*
*par Joseph-Siffred Duplessis,*
*réduction de son tableau peint en 1781,*
*musée de Versailles. Photo R.M.N.*

# Chapitre deuxième

# LES DÉPARTEMENTS MINISTÉRIELS.

*LA POLYSYNODIE, UNE NOUVELLE EXPÉRIENCE DE GOUVERNEMENT (1715-1718).*

Paradoxalement, le XVIII<sup>ème</sup> siècle qui vit l'apogée des ministres, débuta par leur éclipse, momentanée certes, mais qui constitua une expérience originale de gouvernement. C'est dans les vingt dernières années du règne de Louis XIV, devant l'omnipotence de certains ministres, qualifiés d' "oiseaux de proie", que des penseurs tels que Fénelon, le duc de Bourgogne ou Saint-Simon imaginèrent de les remplacer par des conseils. Leur pensée est bien résumée dans la phrase du petit duc :

*Il ne faut leur laisser que leur naturel plumage. Ce plumage se réduit à écrire les ordres qu'ils reçoivent, à faire les expéditions qui leurs sont ordonnées, et à n'influer ni dans les uns, ni dans les autres, non plus que fait un secrétaire dans les dépêches que son maître lui dicte.*

Cette idée fit son chemin et vit le jour lorsque le duc d'Orléans, devenu Régent après avoir fait abroger le testament de Louis XIV, supprima presqu'entièrement les secrétaires d'État. Les événements s'étaient précipités : le 14 septembre 1715, Voysin abandonnait le secrétariat d'État de la Guerre, et le lendemain, Desmarets était renvoyé du Contrôle général des finances. Quant à Torcy, il démissionna des Affaires étrangères le 22 septembre. Le 7 novembre, c'était au tour de Pontchartrain de laisser la Marine. Il ne resta plus donc que trois secrétaires d'État : Fleuriau d'Armenonville, qui avait acheté sa charge à Voysin ; Maurepas, qui l'ayant reçue trop jeune de son père Pontchartrain, n'obtint une dispense qu'en mars 1718 ; le marquis de La Vrillière, enfin, qui grâce à son amitié avec Saint-Simon, fut le seul à pouvoir conserver à sa charge des attributions de quelque importance, avec la direction de la police de Paris et l'administration de plusieurs provinces.

Les conseils créés par la déclaration royale du 15 septembre 1715 étaient le Conseil de Conscience, le Conseil des Affaires étrangères, le Conseil de la Guerre, le Conseil de Finance, le Conseil de Marine, et le Conseil du Dedans. Un septième conseil, le Conseil du Commerce, fut établi le 14 décembre suivant.

Leur rôle était de se réunir régulièrement pour l'examen des affaires qui leur étaient soumises. Leurs présidents rapportaient au Conseil de Régence les résolutions prises au cours des délibérations. En soi, le système ne laissait pas d'être séduisant, puisqu'il semblait laisser place à un gouvernement où les décisions n'appartiendraient plus à un seul homme, qu'il soit ministre ou souverain. Mais ce qui aurait pu être une innovation durable ne fut qu'une expérience, dont une mauvaise organisation, un manque de cohésion, des querelles de personnes et les ambitions de Law et de Dubois finirent par avoir raison. On leur reprocha aussi leur composition nobiliaire, et leur inefficacité politique. Il est vrai que princes, ducs et marquis s'y pressaient et qu'on n'avait jamais vu auparavant tant de nobles se charger des affaires de l'État. Tous, cependant, ne doivent pas être logés à la même enseigne, et certains d'entre eux, par leur personnalité et leur sens des affaires, eurent l'envergure et le pouvoir de véritables ministres : tel fut le cas du duc de Noailles, au Conseil de Finance - le seul conseil à s'être vraiment distingué -, du comte de Toulouse, au Conseil de Marine, ou encore d'Amelot au Conseil de Commerce.

Tous les conseils, à l'exception du Conseil de Conscience, furent présidés par des militaires - maréchaux de France, maréchaux de camp, gouverneurs -, tandis que les conseillers étaient d'horizons plus divers : ainsi Fagon (Conseil de Finance) était-il intendant des finances, Richer d'Aube (Conseil du Commerce), conseiller au parlement de Rouen, ou Ferrand (Conseil de Marine), intendant de Bretagne. On trouvait en outre de nombreux hommes d'Église au sein du Conseil de Conscience et du Conseil des Affaires étrangères ; enfin, plusieurs d'entre eux devinrent ministres : ainsi Le Peletier Des Forts, Le Pelletier de La Houssaye ou Dodun, futurs contrôleurs généraux des Finances, Le Blanc, futur secrétaire d'État de la Guerre, ou enfin Dubois, futur secrétaire d'État des Affaires étrangères.

*Les conseils et leur œuvre.*

**Le Conseil de Finance** s'assemblait le mardi et le vendredi matin au Louvre. Il remplaçait le contrôleur général des Finances, et s'occupait donc de toute la gestion financière du royaume. Il était composé ainsi :

Ordonnateur des dépenses : le Régent
Chef du conseil : le duc de Villeroy
Président : le duc de Noailles, remplacé en janvier 1718 par d'Argenson
Vice-président : le marquis d'Effiat, remplacé en septembre 1716 par le duc de La Force
Conseillers : Le Peletier Des Forts (futur contrôleur général des Finances), Rouillé Du Coudray, Le Pelletier de La Houssaye (futur contrôleur général des

Finances), Fagon, d'Ormesson, Gilbert de Voisins, Gaumont, Baudry, Dodun (futur contrôleur général des Finances), puis Bouvard de Fourqueux (décembre 1717).
<u>Secrétaires</u> : Le Febvre, La Blinière.

C'est celui dont l'œuvre fut la plus importante, puisqu'il eut à gérer la crise financière après la mort de Louis XIV, qu'il institua une chambre de justice (1716-1717) pour punir les financiers concussionnaires, et qu'il favorisa l'ascension de Law. Plusieurs de ses conseillers furent plus tard contrôleurs généraux des Finances. En octobre 1718, la nomination de d'Argenson comme directeur de l'administration principale des finances, diminua considérablement son influence. Il fut supprimé après la chute de Law en 1720.

**Le Conseil du Dedans** s'assemblait le matin, deux fois par semaine, au Louvre. Il se substituait théoriquement au Conseil des Dépêches et avait à charge l'administration des provinces, et des choses aussi diverses que la feuille des bénéfices ecclésiastiques, la surveillance des nouveaux convertis, les anoblissements, la fondation des écoles, les lettres de cachet et le port des armes. Il se composait ainsi :

<u>Président</u> : le duc d'Antin
<u>Conseillers</u> : le marquis de Béringhen, le marquis de Brancas, Fieubet, Roujault, Ferrand, Menguy, Goislard, puis le marquis de Silly (mars 1718)
<u>Secrétaire</u> : Larroque

Son rôle fut minime, et il fut supprimé en septembre 1718.

**Le Conseil de la Guerre** se réunissait le dimanche, le lundi et le mardi en fin de matinée, au Vieux-Louvre, et parfois chez le duc de Villars ou à l'Hôtel des Invalides. Il avait dans ses attributions l'artillerie, l'infanterie, la discipline des troupes, les fortifications, la cavalerie légère, les compagnies d'invalides, les vivres et les nominations. Il était composé ainsi :

<u>Président</u> : le duc de Villars
<u>Vice-président</u> : le duc de Guiche
<u>Conseillers</u> : Reynolds, Saint-Hilaire, le marquis de Biron, Puységur, le marquis d'Asfeld, le marquis de Joffreville, le marquis de Lévis, Barberie de Saint-Contest (père du futur secrétaire d'État des Affaires étrangères), Le Blanc (futur secrétaire d'État de la Guerre), puis le duc de Bourbon et le duc du Maine

(janvier 1716), le comte d'Évreux et le marquis de Coigny (août 1716), le prince de Conti (avril 1717).
Secrétaire : Pinsonneau.

L'œuvre du conseil s'exerça surtout dans les domaines sociaux de l'armée : réduction des effectifs, logement des troupes et hôpitaux pour les invalides. Son président, Villars, était un grand soldat qui s'était couvert de gloire sous le règne précédent ; quant à Le Blanc, il sera nommé plus tard secrétaire d'État de la Guerre.
Mais, lorsqu'en février 1716, Fleuriau d'Armenonville fut nommé secrétaire d'État, il reçut, bien que n'ayant pas le portefeuille de la Guerre, plusieurs attributions du conseil, dont les pouvoirs alors décrurent.

**Le Conseil de Marine** s'assemblait deux fois par semaine au Louvre. Il était composé de :

Chef du conseil : le comte de Toulouse
Président : le maréchal d'Estrées
Conseillers : le maréchal de Tessé, le marquis de Coëtlogon, Bonrepos, Ferrand, Vauvré, Champigny, puis le marquis d'Asfeld et Renaud (juillet 1716), le chevalier d'Orléans, La Grandville et Cours (août 1720)
Secrétaire : La Chapelle

Bien que n'ayant pas eu un rôle important, et ayant laissé la Marine dans un état pitoyable, le conseil se maintint bien après la fin de la Polysynodie, principalement en raison de la personnalité et des qualités certaines du comte de Toulouse, prince légitimé dont il ne fallait pas blesser l'orgueil. Il eut très vite des pouvoirs très étendus, qui lui furent confirmés par l'ordonnance du 31 août 1720 et en firent un quasi-ministre. Le conseil fut supprimé par la nomination de Fleuriau de Morville comme secrétaire d'État de la Marine, en février 1723.

**Le Conseil de Commerce** se réunissait le jeudi matin au Louvre. Il était une sorte d'adjoint au Conseil des Finances, et fut, avec ce dernier, celui dont l'action fut la plus positive et l'œuvre la plus durable. Il était composé de :

Président : Amelot (janvier 1716)
Conseillers : le maréchal de Villeroy, le duc de Noailles, le maréchal d'Estrées, d'Aguesseau, Nointel, d'Argenson, Rouillé Du Coudray, Ferrand, Roujault,

Machault, puis le duc de La Force, Legendre de Saint-Aubin, Orry (octobre 1718), Richer d'Aube (décembre 1720), d'Aguesseau et Rouillé disparaissant.
<u>Assistants non conseillers</u> : Grandval et Berthelot, fermiers généraux
<u>Secrétaire</u> : Valossières

Dominé par la personnalité compétente d'Amelot, le conseil exerça une activité importante en faveur des manufactures. En octobre 1718, après la suppression officielle des conseils, il poursuivit ses travaux sous l'autorité renforcée d'Amelot, qui devint une sorte de ministre du commerce. Supprimé le 22 juin 1722, il fut remplacé par le Bureau du Commerce, dont Amelot resta le président et qui eut un rôle similaire, jusqu'à la fin de l'Ancien régime.

**Le Conseil de Conscience** se réunissait le jeudi après-midi à l'archevêché de Paris. Il était composé de :

<u>Président</u> : le cardinal de Noailles
<u>Conseillers</u> : Besons, d'Aguesseau, Joly de Fleury, l'abbé Pucelle, puis l'abbé de Castries (janvier 1717)
<u>Secrétaire</u> : l'abbé Dorsanne

Son rôle principal fut le règlement de l'affaire de la Constitution *Unigenitus*. En 1720, il fut remplacé par un nouveau conseil, qui disparut lui-même en 1733.

**Le Conseil des Affaires étrangères** se réunissait trois fois par semaine. Il était composé de :

<u>Chef du conseil</u> : le maréchal d'Huxelles
<u>Conseillers</u> : l'abbé d'Estrées, le marquis de Canillac, Cheverny, puis l'abbé Dubois, futur secrétaire d'État des Affaires étrangères et principal ministre (mai 1717).

L'arrivée de l'abbé Dubois empêcha le conseil d'avoir une véritable politique. Ce fut autour de lui que se joua la partie décisive qui devait entraîner la chute du système polysynodal.

**Le Conseil de Régence** se réunissait aux Tuileries le dimanche matin. Il était composé de :

<u>Membres</u> : le Régent, le duc de Bourbon, le duc du Maine, le comte de Toulouse, Voysin (remplacé par d'Aguesseau en février 1717), le duc de Saint-Simon, le

maréchal de Villeroy, le maréchal d'Harcourt, le maréchal de Bezons, Bouthillier-Chavigny, le marquis de Torcy, puis le marquis d'Effiat (septembre 1716), les princes de Conti et le duc de Tallard (1717), le duc de Noailles, d'Argenson, le duc de Villars, le maréchal d'Estrées, le maréchal d'Huxelles, le duc de La Force, le duc de Guiche et le duc de Chartres (janvier 1718)

<u>Secrétaires</u> : le duc de La Vrillière et le comte de Pontchartrain, qui démissionna en faveur de son fils, le comte de Maurepas.

La présence de tant de princes et hauts personnages de la cour empêcha le conseil d'avoir une réelle efficacité. Son rôle se cantonna à l'enregistrement des décisions prises dans les autres conseils.


## LE PRINCIPAL MINISTRE.


Alors qu'en 1661, Louis XIV en déclarant vouloir gouverner lui-même, avait supprimé du même coup la charge de premier ministre, si bien illustrée par les Sully, Richelieu et Mazarin, voilà que le premier XVIII<sup>ème</sup> siècle renoua avec l'ancienne tradition. La jeunesse, l'inexpérience et la timidité du Roi, l'ambition personnelle enfin de Dubois furent autant d'ingrédients pour expliquer le retour au ministériat. Celui-ci a cependant présenté des visages divers, parce que cette charge et les pouvoirs qui y étaient attachés dépendaient principalement de la personnalité de son titulaire et de son accord avec le Roi.

La nomination, elle-même, présentait d'étranges paradoxes : Fleury, qui battit le record de longévité avec ses dix-sept ans de "règne", ne reçut pourtant jamais les lettres patentes qui nommaient en principe à cette charge, et que reçurent Dubois, le duc d'Orléans et le duc de Bourbon. Par ailleurs, certains grands personnages de l'État, comme Machault, Choiseul ou Maupeou, exercèrent, un temps, une influence suffisante au Conseil ou auprès du Roi pour qu'on les considérât quasiment comme des premiers ministres. Sous Louis XVI enfin, avec l'importance grandissante que prenaient les questions financières, le chef du Conseil royal des Finances était considéré en fait comme le chef de tout le gouvernement, alors que son titre n'avait été sous Louis XV que purement honorifique. Ce fut le cas de Maurepas, qui rappelé d'exil dès le mois de mai 1774, fut nommé à ce poste deux ans après ; il y exerça une influence certaine jusqu'à sa mort, en 1781, avant d'être remplacé par Vergennes ; Loménie de Brienne fut dans le même cas en 1787, ainsi que Breteuil, juste après la prise de la Bastille. Cependant, malgré ces retours à l'" homme providentiel", qui tenaient plus à leur personnalité ou à la conjoncture, et malgré l'influence, la compétence ou la longévité des Miromesnil, Vergennes ou Castries, le ministériat était définitivement abandonné comme mode de gouvernement.

Le principal ministre avait l'entrée à tous les conseils, et les affaires n'y passaient qu'avec son assentiment, souvent après des entretiens directs avec les secrétaires d'État ou avec le Roi. Les attributions du principal ministre s'étendaient à l'ensemble des affaires, puisqu'il coordonnait de fait l'ensemble de l'action ministérielle et inspirait la politique générale. Les personnalités de Dubois et de Fleury ont fait dire à Michel Antoine qu'ils ont constitué *comme un écran entre le Roi et ses ministres, entre le Roi et ses conseils*. La semaine de travail du cardinal Dubois est, à ce titre, édifiante.

## LA CHANCELLERIE DE FRANCE ET LA GARDE DES SCEAUX.

### *L'institution et son évolution.*

L'office de chancelier, le premier de la Couronne, est presque aussi ancien que la monarchie. Son titulaire, préposé à l'ensemble de l'administration de la Justice, était la "bouche du Roi", qui en était le chef suprême par droit divin. Concrètement, il était le chef de tous les conseils, sauf du Conseil d'État, et les présidait en l'absence du souverain. Lorsqu'il le jugeait à propos, il pouvait présider tous les parlements, cours et tribunaux du royaume ; il avait la tâche de préparer et de rédiger les lois concernant la justice, ainsi que de proposer au Roi les personnes qui lui semblaient dignes d'exercer les diverses charges de la magistrature ; c'est également lui qui signait les arrêts, et scellait lois et lettres patentes, leur conférant ainsi authenticité et validité. Il était donc, en théorie, après le Roi, le premier personnage de l'État. Il avait également d'autres fonctions annexes, dont la plus importante était le contrôle de la Librairie et de l'Imprimerie. C'était, en ce siècle des Lumières, frondeur et critique, une tâche particulièrement sensible que d'exercer la censure. Son directeur était en général une personne de confiance, et souvent un proche du chancelier ; d'Aguesseau fit placer son frère à la tête de l'un des bureaux, tandis que Blancmesnil fit nommer son fils Malesherbes à la direction. Quelques grands journaux officiels enfin, comme le *Mercure*, la *Gazette de France*, et surtout le *Journal des Savants* étaient sous le contrôle direct de la Chancellerie.

Mais au XVIIIème siècle, l'importance du chancelier dans le gouvernement était sérieusement amoindrie, et cela malgré la brillante personnalité de d'Aguesseau. Dès la fin du XVIème siècle, en effet, les monarques avaient pris l'habitude, lorsqu'ils n'étaient plus satisfaits des services de leur chancelier dont l'office était irrévocable, de confier toutes les charges, et en particulier la garde du Sceau royal, à un autre personnage qu'ils pouvaient renvoyer dès qu'ils le souhaitaient. Le garde des sceaux ainsi nommé exerçait alors toutes les prérogatives du chancelier. A cet égard, le règne de Louis XV est particulièrement exemplaire, puisque Lamoignon de Blancmesnil, titulaire de cet office pendant dix-huit ans, n'eut jamais la garde des sceaux, confiés tour à tour à Machault, Berryer, Feydeau de Brou et Maupeou père ; à plusieurs reprises même, c'est le Roi lui-même qui avait gardé les sceaux. D'Aguesseau, qui resta chancelier pendant trente-trois ans, se vit retirer les sceaux à deux reprises, ce qui le priva de ses prérogatives pendant près de dix-sept ans. Seul le chancelier Maupeou fut pleinement maître de son office et de ses fonctions, pendant six ans, jusqu'à l'arrivée de Louis XVI, qui lui retira les sceaux jusqu'à la fin de son règne pour les confier tour à tour à Miromesnil, Lamoignon de Basville et Barentin ; mais en théorie, Maupeou resta chancelier de France jusqu'à sa mort, en 1792.

L'autre élément qui affaiblit la puissance des chanceliers fut le pouvoir immense que les secrétaires d'État avaient acquis au sein du gouvernement. Leur proximité avec le Roi et les différents moyens qu'ils mirent en œuvre pour gouverner leur permirent de se passer de plus en plus de l'administration de la Chancellerie pour l'expédition des lois et des règlements, c'est-à-dire en somme pour tout ce qui concernait leur exécution.

*Cérémonial, honneurs, préséances et émoluments.*

Très conservatrice pour tout ce qui touchait aux traditions, la monarchie n'avait pratiquement rien changé à toutes les prérogatives honorifiques attachées à la personne du chancelier.

Le caractère irrévocable de l'office, s'il ne le mettait pas à l'abri d'une disgrâce ou d'un exil, lui conservait cependant son rang, son titre et sa dignité, ainsi que ses émoluments fixes, qui s'élevaient à 100.000 livres par an ; dans bien des cas, et selon l'attachement que le Roi avait pour lui, il conserva aussi le traitement affecté à la garde des sceaux, qui atteignait 120.000 livres par an. Une telle situation pouvait poser un certain nombre de problèmes, de préséance essentiellement, mais en général vite résolus. D'Argenson raconte à ce propos, dans ses *Mémoires*, l'anecdote suivante :

*Comme nous étions à la descente du Pont-Neuf, monsieur le chancelier* (d'Aguesseau) *parut de l'autre côté, qui nous croisait ; monsieur le garde des sceaux* (Chauvelin) *n'a pas fait de difficulté d'arrêter pour lui céder le pas... il a raconté que l'on n'avait jamais vu un chancelier vivre aussi bien avec un garde des sceaux.*

En tant que "bouche du Roi", il se tenait, lors des lits de justice, au-dessous de la tribune royale, assis sur une chaise à bras recouverte par l'extrémité du tapis de parade fleurdelisé. Après la brève allocution du Roi, c'est lui qui exposait au Parlement les volontés du souverain, recueillait les suffrages et prononçait les discours. Il avait préséance, au Conseil comme ailleurs, sur les ducs, les grands officiers de la Couronne, et l'ensemble de l'administration, officiers de la chancellerie, parlementaires et secrétaires d'État devaient l'appeler *Monseigneur* (le garde des sceaux, lui, n'avait pas droit à ce titre). Par ailleurs, afin de marquer symboliquement la continuité et l'immortalité de la Justice, il n'assistait jamais aux obsèques du Roi, et n'en prenait pas le deuil.

Lors des cérémonies, il était vêtu d'une robe de velours rouge, ou épitoge, doublée de satin, et coiffé d'un mortier comblé d'or et bordé de perles ; il marchait précédé des quatre huissiers de la Chancellerie portant les masses d'or et d'argent, et des huissiers du Conseil. L'ensemble conférait au personnage un caractère solennel certes, mais hiératique et figé, à l'image même de sa charge.

*La Chancellerie et le Sceau.*

Juridiquement, la Chancellerie correspondait à deux réalités. Elle était d'abord le tribunal, c'est-à-dire le lieu et le moment où l'on scellait les actes du Roi de son Sceau, seul garant de l'authenticité et de la validité des lois. Il y avait la Chancellerie de France, où l'on scellait les édits, déclarations, lettres d'anoblissement, etc. Elle prit le nom de Grande Chancellerie, pour se distinguer de la Petite Chancellerie, qui qualifiait l'ensemble des chancelleries établies près des parlements, des conseils et autres cours souveraines du royaume. Il y avait plusieurs sortes de sceaux : le Grand Sceau, où le Roi était représenté sur son trône, avec son sceptre et la main de justice, et qui servait pour les actes les plus importants ; le Sceau du Dauphin, où l'on voyait le Roi à cheval, servait pour les actes relatifs au Dauphiné. Les autres chancelleries, comme celles des universités ou du parlement de Paris, avaient chacune un sceau particulier, qui servait pour des actes secondaires, en particulier pour la création de petits offices.

On appelait aussi Chancellerie l'ensemble des officiers, très nombreux, qui en composaient l'administration. C'était le jour de la tenue du Sceau qu'on pouvait le mieux en observer les membres. Mis à part les cas où le Roi était là et présidait, en particulier lorsqu'il tenait les sceaux, cette cérémonie requérait la présence de deux maîtres des requêtes ordinaires de l'Hôtel, des Grands Rapporteurs et Correcteurs des Lettres, du Procureur général de la Grande

Chancellerie, des quatre Grands Audienciers de France, des quatre Contrôleurs généraux de l'Audience, des quatre Gardes des rôles des offices de France, des quatre Conservateurs des Hypothèques et du Trésorier général du Sceau. Bien d'autres officiers, comme scelleurs, chauffe-cire et ciriers participaient à la cérémonie du Sceau. Les secrétaires-conseillers du Roi, au nombre de trois cents, pouvaient aussi y assister. Chacun de ces officiers avait une tâche bien précise, qu'il accomplissait selon un cérémonial rigoureusement codifié : les uns faisaient les rapports, les autres surveillaient et contrôlaient, d'autres encore exécutaient le scellement.

Le chancelier travaillait en collaboration étroite avec le bureau de la Chancellerie, organe du Conseil du Roi ; ce bureau préparait les décisions et avait autorité dans les affaires de librairie, de chancellerie et dans le fonctionnement de la justice.

## *LES SECRÉTARIATS D'ÉTAT.*

Symboles du pouvoir ministériel, les secrétaires d'État étaient par excellence les ancêtres de nos actuels ministres. Pourtant, à l'origine de leur création, au XVIème siècle, ils n'étaient que des scribes dévoués aux ordres du Roi. Mais, peu à peu, avec la primauté de l'écriture dans le gouvernement, l'impossibilité pour le monarque de contrôler tous les détails de l'administration, l'excellence et la compétence enfin de ces hommes, qui forgèrent de véritables dynasties de serviteurs de l'État, cette fonction attribua à ses titulaires des pouvoirs de plus en plus étendus : de la simple expédition des ordres, ils en vinrent à participer à la décision, et bientôt à la proposer, puis à la faire accepter ; leur proximité avec tous les agents de l'administration royale leur permettait d'expliquer, et, très vite, d'interpréter les ordres du souverain. C'est ainsi qu'ils affaiblirent considérablement le rôle du chancelier à leur profit, et qu'au XVIIIème siècle, on voit ces officiers de la Couronne, avec le contrôleur général des Finances, figurer parmi les premiers personnages du gouvernement, et, pour la plupart d'entre eux, avoir accès au Conseil. Sous le ministériat de Fleury, leur influence fut certes amoindrie, et, mis à part Chauvelin, qui d'ailleurs fut disgracié, on ne compte pas des figures inoubliables. Après la mort du cardinal, Louis XV prit l'habitude de travailler séparément avec eux, pour préparer les séances du Conseil. Ils arrivaient généralement à l'audience royale avec un portefeuille contenant la liasse des affaires à traiter ; ils résumaient rapidement les pièces les plus importantes, présentaient au besoin des extraits de documents, et proposaient une réponse ou une décision. Rapidement, Louis XV se lassa de ces séances, et les ministres prirent l'habitude de se réunir en comités de travail, pratique que le Roi lui-même encouragea. Louis XVI revint au travail direct avec ses ministres, les recevant en particulier pour des audiences souvent très longues. C'est ainsi que, malgré l'autorité et le pouvoir du Roi, qui lui restaient dévolus par essence, se créa peu à peu la notion de responsabilité ministérielle.

Traditionnellement, il n'y avait que quatre secrétariats d'État : les Affaires étrangères, la Guerre, la Marine et la Maison du Roi. Mais, à deux reprises, il s'en trouva cinq. La première fois, entre 1718 et 1749, lorsque l'administration de Paris et les affaires ecclésiastiques, confiées à La Vrillière, puis à son fils Saint-Florentin, se trouvèrent séparées de la Maison du Roi ; la deuxième fois, lorsque le Roi créa spécialement pour Bertin, en 1763, un cinquième secrétariat d'État consacré aux transports et aux manufactures, mais dont l'existence prit fin en 1780.

Outre les affaires spécifiques à son département, le secrétaire d'État avait en charge un quart des affaires internes du royaume qu'il traitait au Conseil des Dépêches, mais que peu à peu le secrétaire d'État de la Maison du Roi s'attribua presqu'exclusivement. Enfin, à plusieurs reprises, certaines attributions passèrent d'un département à l'autre.

Les traitements des secrétaires d'État étaient les moins élevés de tout le gouvernement, variant selon les estimations des historiens de 55.000 à près de 80.000 livres, à quoi il fallait ajouter les 20.000 livres attribués aux ministres d'État. Mais ces traitements étaient la plupart du temps complétés par d'importantes gratifications ou par les revenus d'autres charges qui constituaient souvent la véritable fortune de ces personnages. Leur office donnait la noblesse transmissible au premier degré, ainsi que la qualité de chevalier. Enfin, ils n'avaient pas de costume particulier, mais se présentaient au Conseil *avec leurs habits ordinaires et l'épée au côté* (Guyot).

### Le secrétariat d'État des Affaires étrangères.

Si le siècle de Louis XIV fut celui des guerres de conquête, le siècle suivant fut beaucoup plus celui de la diplomatie, même si les conflits n'ont pas été absents. Avec ses grandes figures, comme Dubois, Choiseul ou Vergennes, avec cette particularité étonnante que fut le "Secret du Roi", la diplomatie française participait de ce mouvement plus large qu'était le rayonnement de la philosophie et de la pensée françaises, véhiculées par sa langue que toutes les cours d'Europe utilisaient.

On comprend dès lors l'importance de ce département, devenu "le ministère" par excellence. Ses titulaires, que ce soit par leur personnalité, la durée de l'exercice de leur pouvoir, le cumul des fonctions ou leur parenté avec les autres membres du gouvernement, furent souvent comparés à des premiers ministres : que l'on pense à Chauvelin, qui cumula cette charge avec la garde des sceaux, en même temps qu'il était l'adjoint du principal ministre Fleury ! Que l'on songe à Choiseul, qui régna sans partage avec son cousin Praslin pendant plus de dix ans sur les trois départements de la Guerre, de la Marine et des Affaires étrangères, même si Louis XV, par une correspondance secrète et parallèle, voyait personnellement les affaires ! Que l'on considère enfin les treize années pendant lesquelles Vergennes mena la politique extérieure de la France ! On aura l'image d'un ministère puissant et plutôt stable, malgré une crise ministérielle entre 1747 et 1757.

Sa puissance, il la tenait d'abord de la qualité systématique de ministre d'État accordée à son titulaire, qui avait donc accès au Conseil du Roi, où l'on traitait essentiellement des affaires qu'il avait en charge ; celles-ci d'ailleurs se recoupaient souvent avec celles des secrétaires d'État de la Guerre et de la Marine ; il n'est guère que le contrôleur général des Finances qui ait eu un poids comparable dans le gouvernement. Il recevait la visite des ambassadeurs, préparait l'ensemble des congrès diplomatiques et échangeait une volumineuse correspondance avec les chefs d'État et ses homologues étrangers. Il envoyait aussi des agents à l'étranger. Enfin, il dressait les traités, qu'il signait au nom du Roi.

Sous Louis XV, le département des Affaires étrangères eut une organisation assez confuse. L'action des bureaux était mal coordonnée et leurs archives, essentielles pour leur activité, souffraient d'un classement fort médiocre. Aussi Vergennes résolut-il de tout réorganiser. Sous Louis XVI, le secrétaire d'État dirigeait ainsi quatre bureaux : deux bureaux "politiques" chargés de l'expédition des affaires relatives aux pays étrangers, un bureau des fonds principalement chargé des comptes du département, et un bureau des archives (dépôt des Affaires étrangères sis à Versailles, dans l'hôtel construit par Berthier) complété d'un bureau des géographes. A cela s'ajoutait un bureau des interprètes. Il faut également signaler l'existence éphémère sous Louis XV d'un bureau du chiffre (1749-1755). A la fin du siècle, le département des Affaires étrangères passait pour le mieux administré, et devait d'ailleurs servir de modèle à l'époque napoléonienne.

## *Le secrétariat d'État de la Guerre.*

Malgré une accalmie relative de la guerre, le XVIII<sup>ème</sup> siècle fut cependant marqué par plusieurs conflits militaires en Europe : de courtes campagnes, comme celle de 1719 entre la France et l'Espagne, des guerres plus longues (guerre de

Succession d'Autriche, guerre de Sept Ans). Mais les conflits s'étendirent au-delà des frontières de l'Europe. Ainsi, c'est l'Inde, puis l'Amérique qui furent le théâtre de violents combats où les troupes françaises eurent une grande part.

Si quelques grandes figures restent toujours dans les mémoires, comme celle du maréchal de Saxe, ou celle du maréchal de Belle-Isle, qui sera ministre de la Guerre, il faut cependant reconnaître que par rapport au siècle précédent, la *res militaria* avait bien perdu de son prestige, et que les Turenne et les Vauban furent plus rares au siècle des philosophes. Plusieurs raisons apparaissent, toutes liées à la progression irrésistible de la société civile dans l'administration et dans le gouvernement. La vieille noblesse traditionnelle, appauvrie par les obligations courtisanes que le Roi-Soleil lui avait imposées, ne pouvait plus compter sur le métier des armes pour redorer, au sens propre, ses blasons ; l'industrie et la haute finance s'en chargèrent, et l'on vit des alliances qui, pour avoir fait le bonheur des libellistes, n'en demeuraient pas moins un signe des temps. Ainsi Breteuil, ministre de la Guerre de Louis XV, qui n'hésita pas à épouser la fille de l'entrepreneur de boucherie des Invalides. Les carrières elles-mêmes des secrétaires d'État de la Guerre traduisent cette sorte de démilitarisation de la société, même si dans la deuxième moitié du siècle les titulaires de ce département furent presque tous des militaires confirmés, expression de ce que certains historiens ont appelé la "réaction aristocratique".

Ainsi, au cours du siècle, apparaît-il clairement que le secrétaire d'État de la Guerre fut avant tout un administrateur, capable d'avoir une vision globale de la diplomatie, sachant travailler de concert avec ses collègues de la Marine et des Affaires étrangères, soucieux, tout en ménageant les deniers de l'État, d'améliorer le sort des troupes, de perfectionner les techniques d'armement et d'établir une réglementation disciplinaire. Une correspondance régulière le mettait en relation avec les commissaires des guerres, tandis que peu à peu il étendit ses attributions sur d'autres administrations restées jusque-là indépendantes, comme la Maréchaussée. Le comte d'Argenson ou Bauyn d'Angervilliers, avec des longévités ministérielles de quinze et douze ans, qui avaient poursuivi une carrière administrative, soit dans une intendance de province, soit à Paris même, sont à cet égard tout à fait caractéristiques. Du fait de ses fonctions, le secrétaire d'État de la Guerre correspondait d'ailleurs régulièrement avec les intendants des provinces frontalières, dans lesquelles il avait parfois commencé lui-même sa carrière (par exemple Le Blanc en Flandre maritime, ou Bauyn d'Angervilliers en Dauphiné).

Au début du règne de Louis XV, le secrétaire d'État de la Guerre avait sous ses ordres sept bureaux, chargés chacun d'un domaine particulier : fortifications, procédures criminelles, intendance, administration intérieure, artillerie, pensions, états-majors. Cette administration civile, aux effectifs assez modestes, ne fonctionnait sur la base d'aucun règlement intérieur. L'organisation du département évolua cependant, dans le sens de la spécialisation, avec la création de nouvelles divisions, puis, sous Louis XVI, le comte de Saint-Germain réduisit les effectifs : six bureaux désormais, dont un consacré à la comptabilité, un autre au personnel, un autre encore aux affaires contentieuses, avec des bureaux annexes consacrés aux subsistances, au casernement et aux hôpitaux, laissant finalement bien peu à la chose militaire proprement dite. Les premiers commis furent également transformés en commissaires des guerres, étroitement associés désormais au monde militaire, ce qui les distinguait fortement de leurs collègues des autres départements.

Le dépôt de la Guerre conservant archives, cartes et plans, possédait son administration propre. Enfin, le secrétaire d'État était également administrateur général de l'hôtel des Invalides et surintendant de l'École militaire.

## Le secrétariat d'État de la Marine.

Par la rivalité politique, territoriale, économique et coloniale qui domina les relations entre la France et l'Angleterre durant presque tout le siècle, depuis les alliances forgées par Dubois jusqu'à la guerre d'Amérique, les attributions du secrétaire d'État de la Marine ne cessèrent de s'étendre. Ne se limitant pas en effet à la seule responsabilité de la flotte militaire, elles comptèrent bientôt le commerce extérieur et l'administration des colonies et des consulats. Tâche énorme en relation étroite avec l'activité de ses confrères de la Guerre, des Affaires étrangères et du Contrôle général, elle fut diversement exercée par des hommes qui pour la plupart étaient des habitués du gouvernement, soit qu'ils y fussent déjà, soit qu'ils y fussent appelés en d'autres circonstances. Ainsi, sous Louis XV, il n'est guère que Massiac ou Bourgeois de Boynes qui marquèrent de leur nom ce seul département. Tous les autres reçurent, conjointement ou non, la garde des sceaux, les Affaires étrangères ou le Contrôle général.

La personnalité restée obscure du ministre Maurepas, chargé de la Marine pendant toute la première partie du règne de Louis XV, et surtout la perte de l'empire colonial français lors du traité de 1763, ont permis de dire, eu égard aux succès de la guerre d'Amérique et aux figures quasi légendaires des Sartine et des Castries, que la Marine de Louis XVI fut la seule qui s'était montrée digne de celle de l'Angleterre ; ce fut d'ailleurs souvent un argument de poids que certains historiens avancèrent pour défendre le règne du dernier monarque de l'Ancien régime. Mais cette transformation tout à fait réelle de la flotte armée entre 1774 et 1789, qui correspondit aussi avec un retour des militaires dans ce département, ne doit pas faire oublier l'œuvre accomplie par des ministres tels que Maurepas, Rouillé, Praslin ou Bourgeois de Boynes dont l'administration encore trop peu étudiée fut loin d'être négligeable. Il n'est que de se pencher sur les domaines où s'exerçait la compétence du secrétaire d'État pour en prendre la mesure.

Chef de la flotte après le Roi, il en assurait la construction et l'entretien ; administrant les arsenaux, il dirigeait les opérations navales en cas de conflit. Ayant à sa charge le commerce maritime, un grand nombre de questions économiques étaient de son ressort : mouvement des ports, pêche, commerce des Indes, etc. L'évolution complexe de l'organisation des bureaux traduit assez bien la diversité des attributions de ce département. Aux trois bureaux originels - Ponant, Levant et Fonds -, complétés en 1710 par un bureau des Colonies, fut adjoint en 1720 un bureau des Cartes et Plans, avant que n'apparaisse en 1738 un bureau de la police des Ports. Englobant Ponant et Levant, il devint sous le ministère de Castries la direction générale des Ports, Arsenaux et Grâces. Cette organisation fut encore progressivement complétée par l'apparition de nombreux services : bureau des consulats, bureau des chiourmes, fonds des colonies, troupes, Inde et Îles de France et de Bourbon, bureau des prises... Castries réduisit finalement le département à quatre directions.

Il faut signaler enfin la création par La Luzerne en 1788 du Conseil de Marine, chargé de la partie "législative et consultative" de l'administration maritime, tandis que le ministre se réservait la partie "active et exécutive".


## *Le secrétariat d'État de la Maison du Roi.*

S'il est un département où apparaît la complexité des institutions de l'Ancien régime, et où ce qui nous semblerait aujourd'hui imprécision ou inorganisation n'est que le reflet de la difficile mise en place d'une administration moderne, c'est bien la Maison du Roi. Chargé à l'origine de tout ce qui relevait uniquement du service immédiat du souverain et de la cour, le secrétaire d'État de la Maison du Roi connut une extension spectaculaire dans ses compétences, si bien qu'à la fin de l'Ancien régime il était à la tête d'un grand département, considéré comme l'ancêtre du ministère de l'Intérieur.

Plusieurs faits soulignèrent cette évolution. D'abord dans ses attributions : outre la Maison du Roi proprement dite, c'est-à-dire la "Maison civile" et la "Maison militaire" du monarque, le secrétaire d'État avait en charge les "affaires du dedans" du royaume. A ce titre, il avait autorité sur les intendants de province, autorité qu'il avait acquise en particulier sur son collègue des Affaires étrangères ; seules les provinces-frontières restèrent encore du ressort du secrétaire d'État de la Guerre. Exécuteur des "ordres du Roi", expédiant notamment les lettres de cachet de concert avec le chancelier et les cours souveraines, et rapportant les affaires au Conseil des Dépêches, il avait également des attributions de police qui le chargeaient du maintien de l'ordre public et de l'approvisionnement des villes. Chargé aussi des affaires religieuses, il était en relation avec ce qui restait encore le "premier ordre" de la société, le clergé. Rôle très important, puisque ce dernier payait au Roi le "don gratuit", imposition forfaitaire qu'il fallait négocier. Le ministre tenait également la Feuille des bénéfices, c'est-à-dire la distribution des prébendes ecclésiastiques, et avait en charge le contrôle des religions non-catholiques, en particulier depuis la réunion à son département en 1749 des affaires de la Religion Prétendue Réformée. Mais surtout, dans la deuxième moitié du siècle, il reçut un droit de regard important sur l'administration de la capitale, lorsque Saint-Florentin récupéra en 1757 les attributions de police, qui avaient été un temps laissées au secrétaire d'État de la Guerre, d'Argenson. Désormais appelé aussi "ministre de Paris", il exerçait une véritable surveillance en étroite relation avec le lieutenant général de Police, notamment dans les domaines littéraire ou artistique, ainsi que dans ceux de la santé, de l'urbanisme et de l'assistance publique.

Une autre mesure vint renforcer le pouvoir du secrétaire d'État : ce fut sa dignité de ministre d'État à partir de 1751, après que Saint-Florentin eût remplacé Maurepas à la tête du département. Cette accession au Conseil d'En-Haut, qui provoqua bien des remous, lui permit de prendre part directement au gouvernement et d'y accroître ainsi son influence, d'autant qu'il avait également des pouvoirs judiciaires et que par là, aux dépens du chancelier, il devint de plus en plus l'intermédiaire privilégié entre le Roi et les cours souveraines.

Très longtemps resté aux mains de la famille Phélypeaux, ce département connut des titulaires qui battirent les records de longévité ministérielle : plus de trente ans pour Maurepas, plus de vingt-cinq pour Saint-Florentin, qui était déjà secrétaire d'État depuis autant d'années. La bonne entente, l'amitié, voire la complicité avec le Roi expliquent la longueur de ces carrières, et Saint-Florentin reste à ce titre un exemple : plus de cinquante ans auprès de Louis XV, qui n'hésita pas à lui confier au moment de la crise de 1770 l'*interim* des secrétariats d'État de la Guerre et des Affaires étrangères ; le baron de Breteuil, également, est resté célèbre pour l'amitié qui le liait à Louis XVI, lequel contraint de s'en séparer après cinq ans de ministère, le rappela, malencontreusement d'ailleurs, à la tête du gouvernement.

### Le secrétariat d'État de Bertin.

Singulière institution que ce cinquième secrétariat d'État, constitué spécialement par le Roi pour son contrôleur général Bertin qui venait de démissionner, et qui ne subsista pas moins de dix-sept années durant lesquelles fut accomplie une vaste besogne en plusieurs domaines fort importants. Ce fut en effet pour conserver aux affaires un ministre qu'il avait estimé que le Roi en 1763 créa spécialement pour lui ce département, dont l'originalité fut de concentrer un certain nombre d'attributions particulièrement appréciées de Bertin. Celui-ci, grand passionné d'agriculture, se trouva dès lors à la tête d'une sorte de ministère de l'économie et des transports, couvrant les manufactures de porcelaines, l'agriculture, les mines, les canaux, les carrosses publics, les messageries et petites postes, les haras et écoles vétérinaires, ainsi que le dépôt des chartes, les loteries et la Compagnie des Indes (qui lui fut retirée dès l'année suivante). Il fut également chargé de la gestion de la fortune personnelle du Roi.

Sans conteste, ce département fut celui d'un seul homme : Henri Bertin. C'est ce qui fit à la fois sa force et sa faiblesse. Ce personnage que l'intendance de Lyon, puis le Contrôle général avaient particulièrement sensibilisé aux problèmes industriels et agricoles, sut déployer une remarquable activité, en particulier dans le domaine des mines, dont la prospérité ne fit que s'accroître, et dans celui de l'agriculture, avec la multiplication des sociétés d'agriculture. Toutefois, les attributions de ce secrétariat d'État ayant été formées en majeure partie aux dépens du Contrôle général, celui-ci supporta fort mal cette amputation et les contestations entre les deux départements furent constantes : c'est ainsi qu'après avoir péniblement obtenu, en 1773, le contrôle du partage des communaux, de la vaine pâture, des droits de clôture et des défrichements, Bertin se vit ôter deux ans plus tard les carrosses publics et les messageries par Turgot. Il ne parvint en outre jamais à obtenir le commerce, jalousement conservé par le contrôleur général.

Ce cinquième secrétariat d'État manquait par ailleurs d'un personnel compétent et d'une réelle autonomie financière, qui seuls lui auraient permis de se développer de façon durable. Aussi, le règne de Louis XVI fut-il pour lui une période de déclin. Lorsque Bertin démissionna, en 1780, le Roi supprima sa charge, et le Contrôle général récupéra toutes ses attributions.


## *LE CONTRÔLE GÉNÉRAL DES FINANCES.*


Souvent qualifié de "tentaculaire", ce département déjà important au XVII^ème siècle, connut dans la période suivante un développement tel que son titulaire, quoiqu'il ne fût ni secrétaire d'État, ni officier de la Couronne, était considéré comme le personnage essentiel du gouvernement, et que le département lui-même a pu être qualifié par Michel Antoine de "pionnier de l'impérialisme bureaucratique de la monarchie administrative", éclipsant presque totalement le Conseil royal des Finances : vers 1770, son personnel était aussi nombreux que celui de la Chancellerie et des autres départements réunis. A la fin du règne de

Louis XVI, avec la crise financière qui devait emporter la monarchie, son importance ne fit que s'accroître au point d'éclipser tous les autres ministres.

Créé par Louis XIV pour remplacer la Surintendance générale, le titre de contrôleur général connut quelques vicissitudes : ainsi d'Argenson, lors de la suppression du Conseil de Finance, fut-il à la tête de la *direction et de l'administration principale des Finances*. Necker, étranger et protestant, ne porta lors de ses deux ministères que le titre de *directeur général des Finances*, tandis que Joly de Fleury, en 1781, n'eut droit qu'à celui d'*administrateur général des Finances*. Qu'importait le titre, d'ailleurs ! Car le contrôleur général, assisté de plusieurs auxiliaires, "contrôlait" en quelque sorte l'ensemble de l'administration du royaume et son économie.

Dans ses attributions financières, il établissait les prévisions des recettes et des dépenses - à l'aide d'états de prévoyance, dont la précision, longtemps méconnue, permet de les apparenter à de véritables budgets -, contrôlait la rentrée des impôts, lançait les emprunts, créait au besoin de nouvelles contributions - les fameux vingtièmes -, et dirigeait le Trésor royal. Il visait les mandats de paiement, prérogative essentielle qui lui permettait de contrôler les dépenses des autres départements. Le Roi, cependant, restait seul ordonnateur des dépenses. C'est également le contrôleur général qui faisait établir la comptabilité générale, préparait les baux de la Ferme et surveillait l'administration des domaines du Roi. Par les relations permanentes qu'il entretenait avec les intendants de province, qu'il nommait souvent lui-même et qui devaient lui rendre compte régulièrement, il était à la tête de la pyramide administrative de l'État, et c'est sans doute là que résidait l'essence de son pouvoir. Ses principaux auxiliaires étaient les intendants de commerce, et surtout les intendants des finances. Ces derniers, souvent plus importants que les ministres, parce que plus stables et parfois plus compétents, étaient des rouages essentiels dans le gouvernement, dirigeant les différents départements qui composaient le Contrôle général, et traitant des affaires dont le contrôleur ne pouvait lui-même se charger. Selon la personnalité de ce dernier, les intendants des finance pouvaient acquérir une grande indépendance, et devenir, selon Michel Antoine, des "personnages quasi ministériels". Plusieurs d'entre eux, comme Le Peletier Des Forts, Peyrenc de Moras, Lefèvre d'Ormesson ou Bouvard de Fourqueux devinrent ensuite contrôleurs généraux. Certains, comme les Trudaine ou surtout les d'Ormesson - au département des impositions -, formèrent de véritables dynasties. Il était d'autres domaines, moins spécifiquement financiers, mais tout aussi fondamentaux, que le contrôleur général avait dans ses attributions : agriculture, industrie, transports - qui furent absorbés par le secrétariat d'État de Bertin entre 1763 et 1780 -, travaux publics, Compagnie des Indes, police, assistance, et surtout commerce en collaboration avec le secrétaire d'État de la Marine. Bâtiments et Beaux-Arts pouvaient parfois s'ajouter à ces domaines déjà fort nombreux. Ainsi l'économie du royaume dans son ensemble dépendait-elle du contrôleur général, et l'on ne s'étonnera pas qu'il ait été le département le plus instable de tout le gouvernement. Longue en effet est la liste de ceux qui ne firent que passer, à commencer par celui qui en restera le symbole : Silhouette ; le siège du Contrôle général avait même été surnommé "l'hôtel des déménagements". Seul Orry, avec ses quinze ans de ministère, demeure une exception. Mais qui se souvient encore de Le Pelletier de La Houssaye, Peyrenc de Moras, Maynon d'Invault, Clugny de Nuits, Taboureau des Réaux ou Bouvard de Fourqueux ?

Personnage puissant, le contrôleur général était souvent sollicité pour des faveurs ou des gratifications financières. Lui-même d'ailleurs, du fait de ses fonctions, pouvait espérer un revenu qui avoisinait les 200.000 livres.

*Le duc de Choiseul*
*par Louis Michel Van Loo (signé, daté 1763),*
*musée de Versailles. Photo R.M.N.*

# Chapitre troisième

# CARRIÈRES, TRAVAIL, ADMINISTRATION ET LOCAUX.

*LES PROFILS DE CARRIÈRES (voir le tableau n°1, p. 404).*

Quoiqu'il soit dangereux, parce que simplificateur, de procéder à des regroupements pour déterminer des carrières-types (Choiseul, par exemple, a-t-il une carrière plutôt militaire, ou plutôt diplomatique ?), on peut ébaucher quelques grands "profils" de carrières avant l'arrivée au ministère, qui en est souvent l'aboutissement.

Sur l'ensemble du siècle, la voie royale fut, pour la moitié des futurs ministres, la carrière administrative. L'autre moitié connut des chemins différents : le métier des armes, la magistrature, l'Église, la diplomatie, et enfin la haute finance. Ce fut du moins le cas sous Louis XV, qui puisa près des deux tiers de ses ministres dans l'administration. Son successeur Louis XVI, en revanche, ne donna la primeur à aucun groupe : moins d'un tiers des ministres avaient poursuivi la carrière administrative, tandis que plus d'un quart d'entre eux avaient suivi celle des armes (ils ne représentaient à peine qu'un peu plus d'un sixième sous Louis XV). Grands perdants sous Louis XVI : les gens d'Église, avec pour seul représentant Loménie de Brienne, alors que quatre, et non des moindres (Dubois, Fleury, Bernis et Terray) avaient exercé sous Louis XV d'importantes charges.

*La carrière administrative (voir le tableau n°2, p. 405).*

Le groupe le plus nombreux fut donc représenté par les "administrateurs". Ayant généralement commencé par un office de conseiller au Parlement, ils passèrent dans la carrière administrative en devenant, dans la plupart des cas, maîtres des requêtes.

C'est la commission d'intendance qui signa, pour près des deux tiers d'entre eux, leur véritable entrée dans l'administration, et c'est souvent dans les provinces du royaume qu'ils s'aguerrirent aux arcanes administratives ; c'était aussi l'occasion pour eux de se faire apprécier du Roi ou des populations, par la qualité de leur gestion et par les expériences locales qui allaient guider leur politique, une fois au gouvernement. Le cas le plus célèbre fut celui de Turgot, intendant du Limousin ; mais il y eut aussi, par exemple, les gestions remarquées de Bauyn d'Angervilliers, en Dauphiné, de Le Blanc, en Auvergne, ou de Bourgeois de Boynes, en Franche-Comté. D'autres reçurent plusieurs postes successifs, ce qui leur permit d'approfondir leur connaissance du pays ; ainsi Bauyn d'Angervilliers et Feydeau de Brou, qui eurent des carrières presque similaires avec quatre intendances chacun : Alençon, Dauphiné (Bretagne pour Feydeau de Brou), Alsace et Paris ; on peut citer aussi les cas d'Orry, de Clugny de Nuits, de Barberie de Saint-Contest et de Le Pelletier de La Houssaye qui reçurent chacun trois intendances ; enfin de Calonne, Le Blanc, Bertin, Moreau de Séchelles, Peyrenc de Moras et Pierre-Marc d'Argenson qui en connurent deux. Faut-il croire pour autant que l'intendance menait nécessairement au ministère ? Certainement pas, et la grande majorité des intendants de province ne furent jamais appelés au gouvernement.

Certaines intendances, en revanche, sans que ce fût une règle, ont souvent été le prélude, plus ou moins lointain, à une nomination au ministère. C'est le cas des provinces frontalières, en particulier celles du nord et de l'est : leur position stratégique nécessitait de grandes qualités d'administration et de gestion, ce qui faisait de leurs titulaires des gens *a priori* capables de plus hautes fonctions. Le record est détenu par le Hainaut, avec près de la moitié de ses intendants - six exactement - qui reçurent par la suite un poste ministériel, suivi par la Flandre (quatre intendants devenus ministres), puis, à égalité, par la Bourgogne, l'Alsace, le Roussillon, ainsi que l'intendance de Paris (trois intendants devenus ministres). L'Auvergne, Soissons, Alençon et Limoges n'envoyèrent chacune que deux de leurs intendants au gouvernement, tandis qu'un seul intendant de La Rochelle, d'Auch, de Caen, du Dauphiné, de Poitiers, de Lyon, de Tours, de Rouen, de Franche-Comté, de Metz, de Bordeaux, de Bretagne, de Montauban, d'Amiens et des Îles-sous-le-Vent, ne se retrouva par la suite ministre. Une dizaine d'intendances enfin, en particulier celles du centre (Orléans, Bourges ou Moulins) et du midi (Montpellier, Toulouse ou Aix) n'eurent aucun futur ministre parmi leurs titulaires.

Il n'y eut pas que l'intendance de province, dans la carrière administrative, pour précéder l'accession au ministère : l'intendance des finances, poste quasi ministériel, fut pour plusieurs d'entre eux un tremplin vers le gouvernement, et, on ne s'en étonnera pas, au Contrôle général des finances : Le Peletier Des Forts, Fleuriau d'Armenonville, Boullongne, Peyrenc de Moras, Lefèvre d'Ormesson et Bouvard de Fourqueux furent dans ce cas ; seuls les Amelot de Chaillou, père et fils, eurent d'autres postes ministériels. On peut enfin citer les cas de Clugny de Nuits, intendant de la Marine, de Rouillé, intendant du Commerce, et de Laurent de Villedeuil, intendant des Régies générales des Aides et Droits Réunis.

Autre étape importante dans la carrière administrative de nos futurs ministres : la nomination comme conseiller d'État après avoir été maîtres des requêtes. Ce fut le cas pour plus de la moitié d'entre eux ; ils siégeaient alors au Conseil d'État privé, finances et direction (Conseil des Parties) ; ils étaient nommés quelquefois à titre surnuméraire, mais le plus souvent pour la moitié de l'année - semestre -, puis devenaient "ordinaires" (c'est-à-dire pour toute l'année), enfin parfois honoraires. Beaucoup d'entre eux étaient déjà dans l'administration, généralement dans une intendance. Leurs nouvelles fonctions leur permettaient d'approfondir leur connaissance des affaires.

Un tiers enfin des futurs ministres furent conseillers dans un autre conseil, le plus souvent au Conseil des Finances, où l'on retrouve plusieurs futurs contrôleurs généraux (Bouvard de Fourqueux, Lambert, Taboureau des Réaux, etc.).

Par ailleurs, et c'est remarquable, quatre des futurs ministres (Pierre-Marc d'Argenson, Berryer, Bertin, Sartine) furent lieutenant généraux de police de Paris, fonction très importante qui mettait éminemment à l'épreuve son titulaire dans les tâches d'organisation et de gestion administratives.

Silhouette et Rouillé, quant à eux, exercèrent des fonctions originales dans ces profils administratifs, comme commissaires du Roi près la Compagnie des Indes, tandis que Laurent de Villedeuil fut directeur de la Librairie.

Il faut signaler enfin les cas de La Vrillière, Maurepas et Saint-Florentin qui entrèrent d'emblée au gouvernement comme secrétaires d'État, sans avoir été ni maîtres des requêtes, ni intendants.

*La carrière des armes.*

Deuxième par son importance, mais ayant donné à peine plus d'un cinquième des ministres, la voie militaire reprit quelque importance sous Louis XVI pour l'accession au gouvernement, à la Guerre ou à la Marine. Cette évolution s'était déjà esquissée dans la dernière partie du règne de Louis XV, avec la nomination de Puyzieulx, maréchal de camp, et surtout avec celle du maréchal de Belle-Isle. A leur suite, les ministres qui se succédèrent avaient poursuivi des carrières militaires brillantes dans les différents conflits du siècle, en commençant par être mousquetaires, comme d'Aiguillon, Belle-Isle, La Luzerne, Praslin ou Puyzieulx, puis lieutenants, capitaines, mestres de camp, brigadiers et maréchaux de camp.

Tous furent lieutenants généraux des armées du Roi ; presque tous, sauf Montbarrey, Praslin et Puyzieulx, furent gouverneurs ou commandants en chef d'une province, Monteynard ne recevant la Corse qu'à l'occasion de son ministère.

Un seul, Belle-Isle, fut maréchal de France avant sa nomination ; les autres (Du Muy, Castries et Ségur) reçurent cette dignité pendant ou après leur ministère.

Plusieurs d'entre eux exercèrent aussi des fonctions diplomatiques, le plus souvent en missions spéciales. Ce fut le cas de Belle-Isle, auprès de la diète d'élection de l'Empire, de Choiseul, à Rome et auprès de l'Empereur, de Praslin, également auprès de l'Empereur, puis au congrès de la paix en 1761, et enfin de Puyzieulx, auprès du roi des Deux-Siciles, puis au congrès de Bréda.

Quelques-uns eurent également des charges plus administratives au sein des armées, comme celles, en particulier, d'inspecteur général (La Luzerne, Montbarrey, Monteynard, Puységur et Ségur), de maréchal général des logis (Monteynard et Praslin), ou de commissaire général (Castries).

Enfin, un seul parmi eux, Saint-Germain, servit des souverains étrangers avant le roi de France : le prince de Savoie, l'électeur de Bavière et le roi du Danemark.

*La magistrature.*

Les magistrats de carrière sont assez rares parmi les ministres, et ont surtout fourni, cela n'est pas étonnant, des chanceliers et des gardes des sceaux. Plus nombreux sous Louis XV que sous Louis XVI, ils commencèrent généralement comme avocats au Châtelet ou conseillers au Parlement. Plus de la moitié d'entre eux poursuivirent des carrières brillantes comme premiers présidents de cours souveraines : la Cour des Aides (les Lamoignon, père et fils - Blancmesnil et Malesherbes -, et Barentin), le parlement de Paris (les Maupeou, père et fils), et le parlement de Rouen (Miromesnil), les autres étant arrivés, lors de leur nomination, à des niveaux moins élevés : procureur général (d'Aguesseau et Fleuriau de Morville), président à mortier (Chauvelin et Lamoignon de Basville) et même simple conseiller (Laverdy).

Deux choses sont à remarquer : aucun magistrat de cours souveraines de province, mis à part Miromesnil à Rouen, ne fut appelé au gouvernement. La fronde parlementaire qui fit rage tout au long du siècle contre le pouvoir royal et central l'explique aisément, et l'on comprend que Louis XV n'ait pas appelé à la Chancellerie un magistrat du parlement de Bretagne, de Besançon ou d'Aix-en-Provence ; par ailleurs, la nomination de ces magistrats au gouvernement n'intervint qu'après un assez long exercice de leur charge en cours : plus de quinze ans pour la majorité d'entre eux, le record étant détenu par Malesherbes (25 ans), suivi par Laverdy et Maupeou père (20 ans), Lamoignon de Basville (19 ans), enfin d'Aguesseau et Miromesnil (17 ans). Viennent ensuite Barentin (13 ans), Fleuriau de Morville (10 ans) et Chauvelin (9 ans) ; seuls Maupeou fils et Blancmesnil furent nommés après cinq et quatre ans seulement d'exercice de leur dernière charge.

*Les gens d'Église.*

Fait marquant sous Louis XV, la carrière ecclésiastique a pu mener aux plus hautes charges de l'État, à l'instar de ce qui s'était passé au XVII^ème siècle : deux premiers ministres, deux secrétaires d'État des Affaires étrangères, un contrôleur général des Finances ; le ministériat de Loménie de Brienne, sous Louis XVI, demeura, lui, une exception.

Leur nomination au ministère, et c'est remarquable, fut toujours due à des relations de confiance qui s'étaient établies entre eux et le souverain, ou son entourage : Dubois avec le duc d'Orléans, Fleury avec Louis XV lui-même, Bernis avec madame de Pompadour, Terray avec madame Du Barry et le chancelier Maupeou. Il n'est guère que Loménie de Brienne pour s'être fait remarquer autrement, à l'archevêché de Toulouse, d'abord, puis à la Commission des Réguliers.

Un seul parmi eux, Terray, ne fut pas cardinal, mais tous les autres obtinrent cette dignité suprême à l'occasion de leur ministère.

*La carrière diplomatique.*

Les diplomates de carrière furent rares parmi les ministres, et c'est surtout Louis XVI qui fit appel à eux ; le seul qui servit Louis XV, Antoine-René d'Argenson, fut nommé essentiellement à la faveur de son oncle, qu'il remplaça.

Si presque tous ont commencé auprès d'un électeur allemand (celui de Trèves ou de Cologne), les pays où ils représentèrent la France furent tous différents : Espagne, royaume de Naples, Suisse, Province-Unies, Autriche, Russie, Suède, Empire Ottoman. Généralement, ils ne passèrent que par un ou deux postes ; seul Breteuil s'est singularisé avec six postes diplomatiques successifs.

*Les autres.*

Law, Necker et le duc d'Orléans sont inclassables. Les deux premiers pourraient être qualifiés de "financiers" - ou d' "étrangers" ! Ils n'ont fait partie de l'administration française qu'au moment de leur nomination.

*LES CARRIÈRES ET LES DÉPARTEMENTS MINISTÉRIELS (voir tableau n°3, p.406).*

Des six départements ministériels, le Contrôle général fut celui dont les titulaires eurent les carrières les plus homogènes : les quatre cinquièmes d'entre eux furent des "administrateurs", la filière parlement-intendance-Conseil d'État étant la plus classique. Les financiers Law et Necker furent deux exceptions brillantes, ainsi que l'abbé Terray et Laverdy, qui passèrent directement du Parlement au ministère.

Au département de la Justice, si les chanceliers furent tous, à l'exception de Voysin, issus de la magistrature, les gardes des sceaux en revanche furent plus de la moitié à avoir suivi la carrière administrative ; tous ceux nommés par Louis XV, mis à part Chauvelin, furent dans ce cas, et tous, sauf Feydeau de Brou, exercèrent une autre charge, conjointement ou pas. Les trois nommés par Louis XVI, en revanche, étaient des magistrats de carrière.

Parmi les secrétariats d'État, la Maison du Roi fut le plus homogène : près des trois quarts de ses titulaires étaient issus de l'administration, et il n'est guère que Malesherbes et Breteuil pour avoir suivi d'autres voies. Les ministres des autres départements eurent en revanche des parcours plus variés, en particulier aux Affaires étrangères : deux diplomates (Vergennes et Montmorin), deux ecclésiastiques (Dubois et Bernis), deux magistrats (Chauvelin et Morville), trois étant issus de l'administration (Amelot de Chaillou, d'Argenson et Saint-Contest) et quatre de la carrière des armes (Puyzieulx, Choiseul, Praslin et d'Aiguillon). Quant aux autres départements, les militaires furent largement majoritaires à la Guerre, mais, on l'a vu, seulement à partir de la nomination de Belle-Isle, en 1758 : aucun de ses successeurs n'a suivi une autre carrière. La Marine, elle, s'équilibra entre les administrateurs, qui représentèrent la moitié de ses titulaires, et les militaires qui en composèrent le tiers.

*LES ÂGES (voir tableau n°4, p. 407).*

L'examen de l'âge des ministres à leur première arrivée au ministère révèle, d'une manière générale, un personnel assez jeune : la grande majorité d'entre eux avaient entre trente-cinq et cinquante-cinq ans à leur nomination.
Les âges extrêmes furent l'exception : le plus jeune, Maurepas, fut nommé à dix-sept ans, le plus âgé, Feydeau de Brou, à quatre-vingts. D'une manière

générale, les ministres de Louis XV furent plus jeunes que ceux de son successeur : la tranche des cinquante à soixante-cinq ans fut majoritaire sous Louis XVI, alors que les ministres de trente à cinquante ans étaient les plus nombreux sous Louis XV.

## *LA DURÉE MINISTÉRIELLE (voir tableau n°5, p. 408).*

Soixante-dix-huit ministres pour à peine soixante-quinze ans ! C'est peu pour une aussi longue période, mais certains départements furent plus instables que d'autres. A lui seul, le Contrôle général connut vingt-cinq titulaires, dont dix sous Louis XVI, tandis que la Maison du Roi se contenta de sept ministres : les carrières exceptionnellement longues de Maurepas et Saint-Florentin ont assuré à ce département une grande stabilité. Pour les autres, la moyenne se situa autour de quinze titulaires.

Le règne de Louis XV fut, malgré quelques crises, celui de la stabilité ministérielle, et il apparaît clairement que la plus grande turbulence se situa pendant les quinze années qui précédèrent la Révolution : Bouvard de Fourqueux resta à peine trois semaines, Clugny de Nuits ne tint pas six mois. D'Ormesson, Taboureau des Réaux, Puységur, Barentin et Malesherbes n'accomplirent pas une année, tandis que Loménie de Brienne et Lambert y parvenaient à peine. Sous Louis XV, en revanche, on n'eut guère que Law, Massiac et bien sûr Silhouette à être resté aussi peu en place, tandis qu'on enregistra les records de longévité : un demi-siècle pour Saint-Florentin, plus de trente ans pour Maurepas (sans compter les quelque huit années auprès de Louis XVI), plus de vingt pour Bertin, plus de quinze pour d'Aguesseau, Fleury et Orry ; sous Louis XVI, en revanche, il n'est guère que Miromesnil et Vergennes pour avoir dépassé dix années au ministère.

Les plus nombreux sont restés entre un an (quinze ministres) et cinq ans (huit ministres), mais il est à noter que treize sont restés de cinq à dix ans, avec une pointe pour la tranche six-sept ans, où les ministres de Louis XVI figurent en bonne place (Sartine, Castries, Ségur, Le Blanc, les Amelot de Chaillou père et fils).

## *LE TRAVAIL DES MINISTRES.*

*Les détails confiés aux ministres sont immenses*, écrivait d'Argenson vers 1750. *Rien ne se fait sans eux, rien que par eux.* Cette importance qu'il accorde aux ministres n'est pas exagérée ; encore dépendait-elle de la personnalité de chacun, et les titulaires des départements ne doivent pas masquer le rôle essentiel, aujourd'hui démontré, de l'administration qu'ils dirigeaient.

Le XVIII<sup>ème</sup> siècle a été caractérisé par le développement du travail en tête-à-tête avec le souverain, déjà bien amorcé sous le règne de Louis XIV. Les ministres prirent l'habitude de travailler chacun séparément avec le Roi pour lui soumettre les affaires du moment. Ce "travail du Roi", d'abord tenu en présence du principal ministre, devint courant après la mort de Fleury. Sortant rapports et mémoires d'un épais portefeuille en maroquin, le ministre les présentait au Roi, qui y apposait le mot "bon" lorsqu'il était d'accord. On décidait alors de l'importance à donner à telle ou telle affaire, et de son passage éventuel au Conseil pour délibération en présence des autres ministres. Cet entretien privilégié avec le souverain contribuait, pour certains, à créer ou à entretenir des liens de fidélité, d'estime et d'amitié. Le duc de Choiseul raconte dans ses *Mémoires*, d'une façon sans doute enjolivée, l'un de ces tête-à-tête, un jour que, victime d'une cabale, il songeait à son renvoi : *on vint m'avertir que le Roi m'attendait, à une demi-heure de là, pour le travail (...). Je me rendis chez le Roi à l'heure marquée pour mon travail, dans la sincère persuasion que ce serait la dernière fois de ma vie que j'aurais l'honneur de travailler avec Sa Majesté. Je proposai au Roi d'expédier quelques détails relatifs au Parlement ; je lui lus le petit mémoire politique que j'avais fait, ce même jour, sur la situation de ses affaires (...). Après quoi, je tirai le mémoire remis par M. le Dauphin et lui dis qu'il imaginait bien que j'aurais l'honneur de lui parler de cette pièce qui était une noire infâmie par rapport à moi (...). Je tenais deux papiers dans la main : l'un qui contenait ma démission, l'autre était une autorisation de porter l'affaire au Parlement (...). Le Roi prit les deux papiers ; il les déchira et me dit, avec une bonté apparente qui m'ébranla, qu'il ne voulait pas que je le quittasse. Je le remerciai de sa bonté (...). Le Roi parlait d'une manière entrecoupée, je ne le regardais pas : il prit ma main et me dit qu'il désirait instamment que je lui fisse le sacrifice qu'il me demandait. Quand je sentis sa main, je levai les yeux sur lui, et je vis les siens remplis de pleurs. Je pris sa main, la mouillai de mes larmes et m'écriai qu'il pouvait disposer de moi.*

Lorsqu'une affaire était admise à passer devant le Conseil, elle était d'abord délibérée et mise en forme au sein du comité des ministres. Cette réunion, tout-à-fait officieuse et tenue hors de la présence du Roi, était devenue pratique courante sous Louis XV, et destinée, selon le mot du cardinal de Bernis, *à épargner au prince les longues discussions nécessaires à la bonne conduite des affaires*. Ils se réunissaient soit chez le principal ministre, soit chez le chancelier ou le garde des sceaux, soit à Versailles. La marquise de Pompadour assista elle-même à plusieurs de ces comités de ministres. Moins fréquemment tenus après la mort de Fleury, qui leur avait accordé une grande importance, ceux-ci se réunirent à nouveau souvent à la fin du règne de Louis XV et tout au long de celui de Louis XVI. D'autres comités, plus secrets, pouvaient par ailleurs réunir les ministres pour des questions particulièrement importantes. Une fois l'affaire mise en forme, elle était enfin délibérée lors d'une séance du Conseil.

Ces séances étaient marquées par un cérémonial très précis. Le Roi s'installait dans un fauteuil en bout de table, imité ensuite par le Dauphin, les princes du sang, les cardinaux, le chancelier ou le garde des sceaux, les ducs, les ministres d'État, enfin, qui prenaient tous place sur de simples tabourets. Le nombre d'assistants pouvait varier. La séance ouverte, un ministre présentait son affaire, soit oralement, soit par extraits ou rapports, soit par lecture de dépêches ou de documents, ce qui était assez fréquent. On allait ensuite aux opinions, les différents ministres donnant leur avis sur l'affaire en question, dans l'ordre inverse de leur rang. La discussion se terminait avec l'opinion du Dauphin. Le Roi prenait alors sa décision, en théorie indépendante des avis formulés, mais en réalité toujours conforme à l'opinion de la majorité. Le Conseil rendait enfin un arrêt, qui était dressé en forme de minute, paraphé par le chancelier, et transmis au département concerné qui en assurait l'expédition comme "arrêt en commandement".


## LE PERSONNEL ET L'ADMINISTRATION.


Tandis que le Roi ne pouvait gouverner sans l'aide de ses ministres, ces derniers ne pouvait préparer les commandements du souverain, puis leur expédition, sans un personnel compétent. C'est ainsi que le principal ministre Fleury disposait d'un secrétariat nommé par lui, composé de quatre personnages aidés de commis, tandis que son aumônier l'abbé Brissart et son valet de chambre Barjac le secondaient efficacement. De même, le chancelier était aidé par les nombreux officiers de chancellerie, ainsi que par un secrétaire du Sceau. Le XVIIIème siècle est surtout marqué par l'apparition des secrétaires particuliers des ministres, ancêtres des directeurs de cabinets, qui servaient d'intermédiaires entre les secrétaires d'État et leurs départements respectifs, alors en croissance continue.

Chaque ministre était en effet à la tête d'un département, lui-même divisé en plusieurs bureaux, ou "détails". Chaque bureau était dirigé par un premier commis, assisté de plusieurs commis. Personnage plutôt discret, le premier commis constituait en réalité le rouage essentiel du fonctionnement de l'administration. Bien que n'étant pas titulaire d'un office, et dépendant exclusivement du ministre qui l'avait choisi, il possédait une situation très stable, confortée plus encore lorsqu'il fut "nommé et breveté par le Roi" et intitulé "secrétaire du Conseil d'État" sous le règne de Louis XVI. Issu souvent de la petite bourgeoisie, ensuite anobli, le premier commis était le plus souvent recruté en fonction de sa longue expérience administrative, et surtout de ses protections familiales et politiques, qu'il lui fallait puissantes. De véritables dynasties se constituèrent, qui ne furent en rien interrompues par les événements de 1789, et nombre de ces bureaucrates déjà sensibles aux idées véhiculées par certains ministres réformateurs, poursuivirent une carrière enviable dans l'administration révolutionnaire et impériale. Leur traitement était considérable : certains premiers commis touchaient près de 30.000 livres au milieu du siècle. Outre la noblesse, ils pouvaient jouir de nombreux privilèges, droit de *committimus*, ou croix de l'ordre de Saint-Lazare, par exemple. Quelques-uns furent d'une grande importance : aux Affaires étrangères, Péquet, grand amateur d'histoire, l'abbé de La Ville, qui devint lecteur du Dauphin, La Porte Du Theil, du temps en particulier d'Amelot de Chaillou, ou encore Hennin. A la Marine, Pellerin fut à l'époque de Maurepas un véritable vice-ministre sans le titre, tandis que Raudot fils fut à l'origine des premières plantations de café de la Guyane et de la Martinique ; à la Guerre enfin, Charlot avait une grande influence pour les nominations et les avancements.

Les premiers commis étaient donc l'âme de leur département, sans lesquels le ministre était impuissant. Beaucoup d'entre eux traitaient même ses affaires personnelles, tandis que tous avaient toujours un accès direct auprès du souverain, à tel point que certains furent employés dans le "Secret du Roi", le système de diplomatie parallèle créé par Louis XV.

Parmi le personnel ministériel, il convient de signaler aussi l'importance revêtue au XVIIIème siècle par les intendants des finances et du commerce. Ceux-ci dirigeaient les départements composant le Contrôle général, à l'exception d'un seul que le contrôleur se réservait, et ils étaient secondés par des premiers commis. Supprimés par Necker en 1777, rétablis par Joly de Fleury en 1781, les intendants des finances correspondaient directement avec les ministres et les intendants de province. Personnages puissants, intimement mêlés aux affaires, parfois même en rivalité avec le contrôleur général, ces hommes donnaient un caractère de collégialité original à l'administration des finances.

L'organisation du travail était complexe. Après que le ministre eût dépouillé ses papiers et sa correspondance, les documents et les dépêches étaient remis aux commis pour préparer les expéditions. Chaque ordre du ministre était rédigé par un premier commis, paraphé du mot "bon" par le ministre, puis revêtu du sceau ministériel.

Quoique l'organisation des départements soit fort difficile à dépeindre de manière exhaustive et homogène, il reste certain que le XVIII$^{ème}$ siècle constitua une étape décisive dans l'évolution de l'appareil d'État et de l'administration centrale, puisque ce fut alors que se façonna la bureaucratie moderne, au sein de laquelle les rapports de rivalité et de subordination devaient se substituer de plus en plus aux relations amicales et personnelles. Sans doute, l'augmentation du personnel ministériel est-elle l'expression la plus visible de cette évolution. C'est ainsi, par exemple, que le personnel des Affaires étrangères quadrupla pendant le règne de Louis XV, et que le nombre des premiers commis de la Marine doubla. Un net accroissement des affaires et une spécialisation des services de plus en plus marquée expliquent cette inflation de commis tant dénoncée, surtout dans la seconde moitié du siècle. Ainsi, parlant des commis de la Marine, un contemporain versifiait ironiquement :

*Le commis qui n'a pas, mais qui donne la gloire*
*Croit le sort de Neptune au fond d'un écritoire.*

Aussi plusieurs personnalités s'élevèrent-elles contre une telle situation, et notamment Malouet, qui pouvait écrire : *l'art si funeste de multiplier et de compliquer les affaires a produit la multiplication des places supérieures et inférieures, et chacune de ces planètes veut avoir son tourbillon. De là l'exagération des commis, des lettres, des états qui obstruent tellement le ministère qu'il n'y a plus de temps et de place pour les objets importants.* Jacques Peuchet, dans son *Traité de la police et de la municipalité* (1789) nous a laissé une critique sévère : *la bureaucratie est gouvernement lorsque, par un abus aussi bizarre qu'incroyable de bureaux faits pour jouer un rôle subalterne, elle s'érige en magistrat... Elle est administration lorsque des commis stupides ou corrompus s'érigent en ministres, font de la fortune publique l'objet de leurs spéculations particulières, changent, réforment, altèrent les meilleurs règlements ou altèrent les articles ; elle est commandement lorsque les agents du pouvoir souverain vont prendre l'ordre des hommes incompétents pour le donner... Ce genre d'abus règne depuis les premiers bureaux de l'État jusque dans ceux de la politique qui sont le résumé, et pour ainsi dire, l'âme du système despotique qui nous gouverne depuis si longtemps... Le citoyen n'est rien, le commis gouverne.* Malgré ce tableau, il importe de souligner cependant l'extrême modestie de ces effectifs par rapport à ceux que nous connaissons aujourd'hui.

## *LES LOCAUX.*

### *A Versailles.*

### Le château.

Demeure privée du souverain, entouré d'une cour nombreuse, le château de Versailles était avant tout le siège du gouvernement depuis, du moins, qu'en 1722, le Régent eût décidé d'y revenir.

Les conseils tenaient leurs réunions dans le cabinet du Conseil. Cette pièce, située au premier étage, et dont les deux fenêtres donnaient sur la cour de marbre, était au cœur même du château, puisqu'elle communiquait avec les appartements officiels, en particulier la galerie des glaces, et avec la chambre à coucher du Roi. Dessinée par Hardouin-Mansart en 1684 et complétée par une petite pièce appelée "cabinet des perruques", elle fut agrandie une première fois en 1701, puis en 1755, date à laquelle ce cabinet disparut. Antoine Rousseau refit alors le décor de la salle, y adaptant le style de l'époque - panneaux sculptés décorés d'enfants et d'attributs divers -, tout en conservant certains éléments anciens. Le cabinet du Conseil était - et demeure - l'une des plus riches pièces du château royal. Il se retrouvait d'ailleurs dans chacune des résidences occupées par le Roi lors de ses déplacements, en particulier au château de Fontainebleau.

Une autre pièce, appelée salle du Conseil, abritait les séances du Conseil privé. Elle était située au rez-de-chaussée de la vieille aile, donc assez loin de l'appartement du Roi, qui n'assistait jamais à ce conseil, où seul un fauteuil vide le représentait, tandis que le chancelier prenait les décisions en son nom. En 1762, cependant, Louis XV vint exceptionnellement siéger ici, en grande pompe.

Siège du gouvernement, le château abritait également les logements de fonction des ministres, qui occupaient, avec leurs bureaux, les trois étages de chacune des ailes encadrant l'avant-cour du palais, précisément dénommées "ailes des ministres". L'aile sud fut surtout occupée par les ministres de la Guerre - du côté de la place -, et des Affaires étrangères - du côté du château -, tandis que l'aile nord abrita plusieurs ministres de la Marine. Saint-Florentin, ministre de la Maison du Roi, occupa un appartement de l'aile nord, avant que Breteuil n'aille habiter l'aile sud. Quant aux contrôleurs généraux et aux chanceliers, ils avaient chacun leur hôtel de fonction à Paris.

Répartis par les soins de l'administrateur général du château, les appartements ministériels nécessitaient en permanence d'importants travaux ; les demandes de réparations, de décorations ou d'ameublement étaient innombrables. En 1757, par exemple, Saint-Florentin demandait la pose d'un double châssis pour éviter l'écoulement des eaux pluviales dans son bureau. L'année suivante, le maréchal de Noailles écrivait aux services de la Maison du Roi : *j'ai trouvé l'appartement du ministre de la Guerre dans un état de délabrement et de malpropreté qui n'est pas croyable. Je suis bien éloigné de demander que le Roi y fasse aucune dépense extraordinaire, et je me borne à prier M. le marquis de Marigny d'y faire ce qui est indispensable.*

Le Grand Commun (aujourd'hui l'hôpital militaire Larrey), situé en dehors de l'enceinte propre du château, disposait d'une quantité très importante de logements, qui étaient mis à la disposition de plusieurs ministres, généralement les moins importants.

## Les hôtels de Berthier.

Lorsque, vers le milieu du siècle, on se fut aperçu que les archives des départements de la Guerre, des Affaires étrangères et de la Marine étaient disséminées entre neuf maisons différentes, tant versaillaises que parisiennes (rue des Bons-Enfants, à Versailles, pour la Marine), Louis XV résolut de faire édifier près du château deux hôtels destinés à les abriter. La tâche en fut confiée à Jean-Baptiste Berthier - le père du futur maréchal d'Empire -, ingénieur en chef des camps et armées du Roi. Sous la direction de Belle-Isle, il éleva l'hôtel de la Guerre en 1759, puis, deux ans plus tard, sous celle de Choiseul, celui des Affaires étrangères et de la Marine (il abrite aujourd'hui la bibliothèque municipale). Ces hôtels, conçus pour être fonctionnels, étaient protégés des incendies par l'utilisation d'une voûte plate en brique et de carrelage au sol.

L'hôtel des Affaires étrangères et de la Marine reste le plus représentatif de cet ensemble administratif. Le premier étage était occupé par le dépôt des archives des Affaires étrangères. Créé en 1710 par le marquis de Torcy, et destiné à la conservation des papiers diplomatiques, ce dépôt s'était enrichi de nombreux documents sous l'impulsion de Chauvelin - qui avait récupéré notamment les papiers de Mazarin -, et il continua à se développer sous Louis XVI, héritant en particulier des cartes géographiques de la collection de Jean-Baptiste Bourguignon d'Anville en 1780. Les papiers étaient rangés dans des armoires réparties entre sept salles disposées en enfilade : salle des Traités, salle d'Allemagne, salle d'Italie, salle de France, salle des Puissances du Nord, salle des Puissances du Midi et salle des Mémoires. Ces différentes pièces séparées les unes des autres par des tapisseries de Beauvais, étaient ornées des portraits des souverains de l'Europe. La salle de France, dominée par le portrait de Louis XV dû à Van Loo, abritait plusieurs tables ayant servi à la signature de traités importants, notamment le traité de cession de la Corse à la France. Van Blarenberghe avait décoré les dessus de portes par des vues de différentes capitales.

Les bureaux de la Marine occupaient les étages supérieurs, ceux des Affaires étrangères étant restés au château. Le troisième étage était notamment occupé par le dépôt général des archives et celui des cartes et plans. L'imprimerie, commune aux trois départements de la Guerre, de la Marine et des Affaires étrangères, était au quatrième étage.

Marine et Affaires étrangères disposaient en outre de deux petits hôtels à Compiègne et à Fontainebleau.

*A Paris.*

## La Chancellerie.

Par principe, le chancelier suivait la cour dans ses déplacements ; il y avait donc des chancelleries à Fontainebleau, Compiègne et Versailles, mais il ne s'en trouvait point à Paris où était installée la cour du Régent.

Or, en 1716 et 1717, plusieurs financiers compromis dans des affaires de concussion, se firent confisquer leurs biens par une chambre de justice spéciale ; deux d'entre eux, Bourvallais et Villemarec, durent en effet céder deux magnifiques hôtels qu'ils avaient récemment acquis aux n[os] 11 et 13 de la nouvelle place Vendôme, construite d'après les plans et les dessins de Hardouin-Mansart. On y installa, dès 1718, la Chancellerie de France, et d'Aguesseau, quittant son étroit logis de l'actuelle rue Séguier à Paris, fut le premier à s'y installer, en juin 1719. Le duc d'Antin, alors intendant des bâtiments, fit réaliser une riche décoration qu'accompagnait un mobilier splendide. Les bureaux étaient placés dans l'ancien hôtel de Villemarec, tandis que d'Aguesseau s'était fait aménager un bureau personnel sur le jardin ; ses appartements, où sa famille presqu'entière était réunie, donnaient sur la place Vendôme. En 1749, l'hôtel s'agrandit jusqu'à la rue Neuve-du-Luxembourg (actuelle rue Cambon), avant que l'architecte Garnier de l'Isle n'aménageât le jardin en parterres. C'est encore aujourd'hui le siège du ministère de la Justice.

**L'hôtel du Contrôle général.**

Comme pour les secrétariats d'État, les bureaux du Contrôle général se partageaient, dans la première moitié du siècle, entre des maisons de location et l'hôtel particulier du contrôleur général. Ainsi, c'est l'hôtel de Beauvais, demeure d'Orry, qui abrita ses principaux bureaux entre 1730 et 1745.

En 1756, le Roi affecta définitivement au Contrôle général l'hôtel de Pontchartrain, rue Neuve-des-Petits-Champs. C'était l'ancien hôtel de Lionne, acheté en 1703 par le garde des sceaux Louis Phélypeaux de Pontchartrain, et hérité par Jérôme. En 1748, ses héritiers, dont Maurepas, l'échangèrent contre l'hôtel des Ambassadeurs extraordinaires, que le Roi possédait rue de Tournon. L'hôtel de Pontchartrain restera le siège du Contrôle général jusqu'à la Révolution, et abritera à partir de 1792, le ministère de l'Intérieur, puis, en 1800, le ministère des Finances. Acquis en 1824 par des banquiers, dont Mallet, il sera détruit trois ans plus tard pour faire place à la salle Ventadour ; il s'élevait à l'emplacement des actuels n[os] 38-44.

**Les maisons de location et les hôtels privés des ministres.**

Jusqu'aux regroupements de la plupart d'entre eux à Versailles dans la deuxième moitié du siècle, les bureaux avaient un caractère essentiellement itinérant, ce qui occasionnait désordre et confusion ; ils n'étaient par ailleurs guère fonctionnels, et si l'on ne connaît guère leur géographie exacte, on sait qu'ils manquaient cruellement de confort. La description des bureaux de la Guerre que laisse Audouin dans son *Histoire de l'administration de la Guerre*, est à cet égard édifiante : *l'ameublement se réduisait à deux tonneaux sur lesquels on fixait des planches pour y poser les papiers. C'était sur ces tables, ou plutôt sur ces échafaudages, que les commis, mal assis sur des escabelles, minutaient les ordres qu'ils adressaient aux chefs des armées, aux premiers magistrats, aux citoyens les plus considérables.*

Bien souvent, enfin, c'est dans les hôtels particuliers des ministres qu'étaient installés les principaux bureaux de l'administration centrale ; c'était d'ailleurs leur adresse "privée" qui figurait dans le très officiel *Almanach royal*.

# LES PREMIERS MINISTRES.

*Le cardinal Dubois*
*(anonyme), musée Ernest Rupin , Brive-la-Gaillarde*
*(droits réservés)*

## DUBOIS
Guillaume

Né à Brive-la-Gaillarde,
le 6 septembre 1656
Mort à Versailles, le 10 août 1723.
Inhumé dans la chapelle Notre-Dame
des Vertus de l'église Saint-Honoré,
à Paris.

### Famille

Originaire du Limousin.

*D'azur à trois palmiers d'or, posés deux et un ; au chef cousu de gueules, chargé de trois molettes d'éperon d'argent.*

<u>Son père</u> : Jean, apothicaire et médecin à Brive.

<u>Sa mère</u> : Marie Joyet de Chaumont.

<u>Ses frères et sœurs</u> : *Joseph*, directeur général des Ponts-et-Chaussées de France, et premier maire perpétuel de Brive ; *Jean*, chanoine de Brive et abbé de Caunes ; *Jeanne*, mariée à Guillaume Vielbans d'Aurussac, avocat au présidial de Bourges.

*Secrétaire d'État des Affaires étrangères depuis le 24 septembre 1717, il fut nommé principal ministre de l'État le 21 août 1722 ; il mourut en charge.*

**Carrière** : sous-précepteur (1683), puis précepteur (1687) du duc de Chartres ; secrétaire des commandements et du cabinet du duc d'Orléans (1701) ; conseiller d'État d'Église (1716) ; secrétaire de la chambre et du cabinet du Roi (1716) ;

conseiller au Conseil des Affaires étrangères, puis **secrétaire d'État des Affaires étrangères (1717-1723)** ; secrétaire du Roi (1718) ; conseiller au Conseil de Régence (1719) ; conseiller au Conseil de Conscience (1720) ; ordonné prêtre (1720) ; archevêque-duc de Cambrai (1720) ; grand maître et surintendant des Postes et Relais de France (1721) ; cardinal (1721) ; président de l'Assemblée générale du clergé de France (1721) ; chargé de la Feuille des bénéfices (1722) ; **principal ministre de l'État (1722-1723)**.

**Bénéfices ecclésiastiques** : chanoine de la collégiale Saint-Honoré (1689) ; abbé d'Airvault (1690) ; supérieur du collège Saint-Michel (1690) ; prieur de Brive (1791) ; abbé de Saint-Just (1693) ; abbé de Nogent-sur-Coucy (1705) ; abbé de Saint-Riquier (1717) ; abbé de Bourgueil (1717) ; abbé de Cercamp (1721) ; abbé de Bergues Saint-Winoc (1722) ; abbé de Saint-Bertin (1723).

**Places et dignités** : membre de l'Académie française (1722) ; membre honoraire de l'Académie des Sciences (1722) ; membre honoraire de l'Académie des Inscriptions et Belles-Lettres (1722).

Digne successeur des Richelieu et Mazarin, bien plus homme d'État qu'homme d'Église, Dubois a pourtant conservé dans l'histoire du XVIII<sup>ème</sup> siècle une fâcheuse réputation. Une légende noire, qui en fait à la fois un libertin hypocrite et un fourbe vénal, la controverse qui s'est installée à son époque sur son action diplomatique, et sa carrière brillante, mais trop précocement interrompue, n'ont pas toujours permis d'apprécier sainement son œuvre.

Issu d'une famille limousine, établie depuis longtemps à Brive, il était destiné à reprendre le métier d'apothicaire exercé par son père. Mais, se distinguant très tôt par son ardeur au travail, il fut envoyé chez les Doctrinaires de Limoges, avant de gagner la capitale en 1672, pour être placé au collège Saint-Michel, grâce à l'appui de Jean de Pompadour, alors lieutenant général du Limousin. Là, bénéficiant de plusieurs protections, il mit son intelligence et sa finesse au service d'une ambition qu'il ne dissimulait pas. Introduit comme répétiteur dans d'illustres maisons, en particulier chez les Choiseul, il fit la connaissance du précepteur du duc de Chartres, neveu du Roi, et futur Régent, qu'il finit par remplacer dans ses fonctions. Il rédigea à l'intention du duc un *Plan d'éducation* qui dément formellement la mauvaise influence qu'il aurait eue sur lui. Ce fut en tout cas le début d'une amitié qui ne faiblit jamais. Après différentes missions militaires où il accompagna son élève, il débuta dans la diplomatie avec l'ambassadeur Tallard, à Londres, et conquit l'amitié de Ninon de Lenclos, qui lui fut souvent précieuse au cours de ses négociations. Lorsque le duc de Chartres devint duc d'Orléans, puis Régent, Dubois avait déjà presque soixante ans. Sa fidélité fut récompensée par celui dont il était devenu le conseiller et ami, et explique la fulgurante ascension dont il bénéficia alors.

Faire reconnaître les droits du Régent sur la couronne, en cas de décès du jeune Louis XV pendant sa minorité, tel fut l'un de ses premiers objectifs. Il y parvint par une habile diplomatie qui devait amener la France à se rapprocher de l'Angleterre : en 1716 était signée, grâce à ses négociations, la convention de Hanovre par laquelle George 1er reconnaissait, en cas de disparition du Roi, les droits du Régent sur le trône de France, tandis que ce dernier acceptait de ne plus soutenir le prétendant qui menaçait le souverain anglais.

Mais Dubois voyait plus loin, et ce premier succès était pour lui le point de départ d'un plan général de paix européenne, qui devait aboutir à la réconciliation, tardive, de l'Autriche et de l'Espagne. Dès le traité de La Haye, en 1717, c'est la formation de la Triple Alliance, entre la France, l'Angleterre et les Provinces-Unies, devenue Quadruple Alliance en 1718 avec l'arrivée de l'Autriche. Officiellement investi du secrétariat d'État des Affaires étrangères, il avait mené de main de maître ce "chef d'œuvre de diplomatie occulte" auquel Pierre Gaxotte rend un juste hommage. Parvenant d'abord à déjouer la conspiration que l'ambassadeur d'Espagne Cellamare avait mise sur pied pour renverser le Régent et offrir le trône à Philippe V, il réussit même à faire renvoyer son homologue et rival espagnol, Albéroni. Après une courte guerre, devenue inévitable, l'Espagne, vaincue, adhéra à la Quadruple Alliance, et Philippe V renonça définitivement à ses prétentions sur la Couronne de France. La diplomatie de Dubois était victorieuse.

Mais la politique étrangère ne fut pas sa seule préoccupation ; il déploya dans l'administration intérieure du royaume autant d'énergie. Il sut régler l'épineuse question de la bulle *Unigenitus*, et parvint à la faire enregistrer par le Parlement, qui la refusait obstinément depuis des années. Au sein du gouvernement, il mit tous ses efforts à supprimer la Polysynodie, ce qu'il parvint à faire au bout de trois ans ; il se montra aussi le farouche adversaire de Law et de son système. Avec notamment l'aide des frères Pâris, il le fit évincer du Contrôle général, et tenta de réorganiser les finances.

Tandis qu'il montait ainsi vers les sommets du pouvoir civil, il bâtissait une "carrière" ecclésiastique qui lui assurait prestige et confort matériel. A la tête d'une dizaine d'abbayes, qui lui rapportaient près de 300.000 livres de rentes, il ne fut ordonné prêtre que très tardivement, dans le délai exceptionnel de neuf jours, alors qu'il convoitait l'archevêché de Cambrai. Il ne lui restait plus que le cardinalat pour combler son ambition : il l'obtint grâce au soutien de Bazin de Besons, archevêque de Rouen, et aux tractations du cardinal de Rohan auprès du Pape. Un an plus tard, enfin, il était déclaré principal ministre.

Entre un Roi mineur et un Régent fatigué, Dubois, fermement soutenu par l'Angleterre, fut alors au faîte de sa puissance. Parvenu en quelques années seulement à des charges que d'autres auraient mis une vie entière à obtenir, il pouvait désormais se considérer comme l'égal de ceux qui l'avaient précédé dans cette dignité. Malgré une santé fragile - il était affligé depuis de nombreuses années d'une maladie de la vessie -, il ne ménageait pas sa peine au service du gouvernement. Son emploi du temps quotidien, grâce à un rarissime document encore conservé, le montre travaillant sept jours sur sept, débutant sa journée vers neuf heures, et la finissant aux alentours de vingt-et-une heures, avec, chaque jour une audience chez le Régent (voir le tableau en annexe, p. 409). La mort l'emporta, en plein exercice du pouvoir, après plusieurs jours d'agonie particulièrement pénibles. Peu nombreux furent ceux qui le regrettèrent, et, fait unique pour un prince de l'Église, il n'y eut aucune oraison funèbre.

En 1725, son neveu Jean-Baptiste confia au sculpteur Guillaume 1er Coustou le soin de lui élever un mausolée dans la chapelle Notre-Dame-des-Vertus de l'église Saint-Honoré à Paris, dont il était chanoine (conservé aujourd'hui à l'église Saint-Roch). Le cardinal est représenté à genoux, les mains jointes. *Livide jalousie,* dit l'épitaphe, *cesse de mordre, cesse tes odieuses calomnies contre cette âme... Son génie, sa plume, ses veilles laborieuses l'ont élevé à l'éminente dignité de premier ministre... Il fut un grand serviteur.*

Car il est vrai que Dubois s'est attiré, de la part de ses contemporains comme des historiens, un grand nombre de jugements très hostiles, et toutes sortes de bruits, faux pour la plupart, ont couru sur son compte. Le commissaire de police de Versailles, Pierre Narbonne, les passe en revue : *on prétend qu'étant prêtre, et ayant dit la messe, il s'était marié ; qu'étant premier ministre, il donna ordre... de faire disparaître son acte de mariage... On estime sa succession, en argent et en meubles, à environ quatre millions.* Le portrait le plus virulent et le plus célèbre est celui de Saint-Simon : *l'abbé Dubois était un petit homme maigre, effilé, chafouin, à perruque blonde, à mine de fouine, à physionomie d'esprit... Tous les vices combattaient en lui, à qui en demeurerait le maître. L'avarice, la débauche, l'ambition étaient ses dieux, la perfidie, la flatterie, le servage, ses moyens ; l'impiété parfaite, son repos... Il avait de l'esprit, assez de lettres, d'histoire, de la lecture, beaucoup de monde, force envie de plaire et de s'insinuer, mais tout cela gâté par une fumée de fausseté qui lui sortait malgré lui de tous ses pores... Inconséquent, ignorant en toute affaire, passionné toujours, emporté, blasphémateur et fou... Tel fut le sage à qui Monsieur confia les mœurs de son fils unique à former.* Plus mesuré est le jugement de Pierre Narbonne, qui remarquant son amour de la grandeur et de la magnificence, reconnaissait qu'*il accordait avec discernement les grâces et les récompenses, mais n'aimait pas à être importuné par des discours trop longs.* Si la noblesse, et en particulier les princes et ducs qui composèrent l'éphémère Polysynodie, ne pardonnait pas à ce roturier une carrière aussi rapide que prestigieuse, on l'accusa généralement d'avoir débauché le futur Régent, et, par extension, on lui attribua la responsabilité des désordres de cette période. On lui reprocha aussi les faveurs qu'il accorda aux membres de sa famille, et principalement à son frère aîné Joseph, qui devint premier secrétaire du cabinet du Roi, puis directeur général des Ponts-et-Chaussées. On lui prêta enfin de multiples maîtresses, notamment des comédiennes de l'Opéra.

## Demeures

Dubois était logé dans l'hôtel de la chancellerie d'Orléans, rue des Bons-Enfants, qui fut plus tard habité par Pierre-Marc d'Argenson. Il disposait aussi à Versailles du pavillon de la Surintendance, où étaient installés ses appartements privés et ses bureaux. C'est là qu'il recevait les ambassadeurs, et Narbonne nous dit qu'*il y avait toujours, à son hôtel, table ouverte de trente-six à quarante couverts, finement servis.*

## Iconographie, bibliographie et sources

Le plus beau portrait du cardinal est celui peint par Hyacinthe Rigaud en 1723, le représentant, assis, vêtu de la pourpre cardinalice. Il est conservé au Cleveland Museum of Art, aux États-Unis, et a été étudié par Ann TZEUTSCHLER-LURIE, "A note on Rigaud's portrait of cardinal Dubois", *Bulletin of Cleveland Museum of Art*, vol. 54 (1967). Il en existe trois autres, de l'atelier de Rigaud, l'un au château d'Eu, les autres au musée Labinche de Brive-la-Gaillarde, qui conserve aussi plusieurs souvenirs. Un portrait, conservé au musée Carnavalet, le représente en compagnie du duc d'Orléans.

La dimension politique de Dubois a vivement intéressé les historiens, si l'on en croit les nombreuses biographies qui lui ont été consacrées. Parmi les meilleurs travaux, on pourra retenir le solide ouvrage de P. BLIARD, *Dubois, cardinal et premier ministre*, Paris, 1901, 2 volumes, celui de Victor de SEILHAC, *L'abbé Dubois, premier ministre de Louis XV*, Paris, 1862, 2 volumes, d'après ses archives de famille, et qui corrige de manière documentée la légende noire, les petits livres très clairs d'A. BAILLY, *Le cardinal Dubois*, Paris, sd, et de Jean-Louis AUJOL, *Le cardinal Dubois, ministre de la paix*, Paris, 1948. Louis DOLLOT, dans la *Revue d'histoire diplomatique* (n° 4, 1956) a publié l'emploi du temps quotidien du ministre. Son œuvre diplomatique est magistralement étudiée par Louis WIESENER, *Le Régent, l'abbé Dubois et les Anglais, d'après les sources britanniques*, Paris, 1891-1899, 3 volumes, Émile BOURGEOIS, *La diplomatie secrète au XVIII^{ème} siècle, ses débuts...*, Paris, 1909-1910, 3 volumes, et, plus modestement, par Georges COOLEN, *Le cardinal Dubois, abbé de Saint-*

*Bertin, d'après les documents du ministère des Affaires étrangères*, Paris, sd, et Maurice BOUTRY, *Une créature du cardinal Dubois. Intrigues et missions diplomatiques du cardinal de Tencin*, Paris, 1902.

Les historiens de sa région natale lui ont consacré plusieurs études intéressantes : une exposition, dont le catalogue, *Le cardinal Dubois, ministre de la paix, et son temps*, Brive, 1956, reproduit de nombreux documents ; plusieurs articles, dans le *Bulletin de la Société scientifique, historique et archéologique de la Corrèze*, évoquent sa famille, ses amis ou sa vie privée (1953, 1964, 1979), avec un numéro spécial, paru en 1956, consacré au tricentenaire de sa naissance (en particulier l'article de Léon DAUTREMENT, *La jeunesse briviste et parisienne de Guillaume Dubois*). On verra également le travail de Louis VEUILLOT, *Deux commensaux de l'abbé Dubois*, Paris, 1861. Le catalogue de sa bibliothèque, en 4 volumes, a été publié à La Haye en 1725.

Dubois n'a pas écrit de mémoires, mais des ouvrages polémiques, sans grande valeur historique, ont pu le laisser penser. Ainsi celui d'Antoine MONGEZ, *Vie privée du cardinal Dubois, premier ministre, archevêque de Cambrai*, Londres, 1789, qui serait l'édition du journal du secrétaire intime de Dubois, et celui, plus sérieux, de SÉVELINGES, *Mémoires secrets et correspondance inédite du cardinal Dubois*, Paris, 1815, 2 volumes.

Quelques-uns de ses papiers personnels, et en particulier sa correspondance avec son neveu, sont conservés aux Archives nationales (145 et 315 AP) ; une correspondance avec le duc de Lorraine est conservée aux archives départementales de Meurthe-et-Moselle (3 F 424).
[IAD : XLVIII (2-IX-1723). A disparu, avec la plupart des archives de cette étude, jusqu'en 1760.

## PHILIPPE, DUC DE CHARTRES, puis (1701) DUC D'ORLÉANS

Né à Saint-Cloud le 2 août 1674
Mort à Versailles le 2 décembre 1723.
Inhumé en la basilique royale
de Saint-Denis ; son cœur repose en
l'église royale du Val-de-Grâce, à Paris.

### Famille

Membre de la famille royale.

*De France, au lambel de trois pendants d'argent.*

<u>Son père</u> : Philippe, frère de Louis XIV, dit Monsieur, veuf d'Henriette-Anne d'Angleterre, fille du roi d'Angleterre Charles 1ᵉʳ et d'Henriette de France.

<u>Sa mère</u> : Élisabeth-Charlotte de Bavière, princesse Palatine, fille de l'Électeur palatin, Charles-Louis.

<u>Ses frères et sœurs</u> : *Élisabeth-Charlotte*, mariée à Léopold, duc de Lorraine et de Bar ; *Alexandre-Louis*, duc de Valois, mort jeune ; <u>ses demi-sœurs</u> : *Marie-Louise*, mariée au roi d'Espagne Charles II ; *Anne-Marie*, mariée à Victor-Amédée II, duc de Savoie et roi de Sardaigne (leur fille épousera le duc de Bourgogne, père de Louis XV).

<u>Il épousa</u> en 1692 Marie-Françoise de Bourbon, dite Mademoiselle de Blois, fille légitimée de Louis XIV et de madame de Montespan.

<u>Ses enfants</u> : *Louis*, duc de Chartres, puis duc d'Orléans, gouverneur du Dauphiné, ministre d'État sous Louis XV ; *Marie-Louise-Élisabeth, dite Mademoiselle*, mariée à Charles, duc de Berry ; *Louise-Adélaïde, dite Mademoiselle d'Orléans*, abbesse de Chelles ; *Charlotte-Aglaë, dite Mademoiselle de Valois*, mariée au prince de Modène ; *Louise-Élisabeth, dite Mademoiselle de Montpensier*, mariée à Louis de Bourbon, prince des Asturies ; *Philippe-Élisabeth*, promise à l'Infant d'Espagne Don Carlos, mais renvoyée en France en 1725 ; *Louise-Diane, dite Mademoiselle de Chartres*, mariée au prince de Conti, lieutenant général du Poitou. <u>Il eut trois enfants naturels</u> : *Jean-Philippe*, légitimé, Grand Prieur de France, général des Galères ; *Charles de Saint-Albin*, non reconnu, évêque-duc de Laon, puis archevêque de Cambrai ; *Philippe-Angélique de Froissy*, non reconnue, future mère du maréchal de Ségur, secrétaire d'État de la Guerre sous Louis XVI.

*Régent de France depuis la mort de Louis XIV, il fut nommé principal ministre le 10 août 1723, en remplacement du cardinal Dubois ; il mourut en charge.*

    Figure centrale du *beau spectacle* que fut, selon Montesquieu, la période de la Régence, personnage quasi-mythique dont l'œuvre et la personnalité ont été diversement jugées, le Régent Philippe d'Orléans a suscité une importante littérature, que de récents travaux ont débarrassé de bien des légendes.
    Élevé sous la tutelle de plusieurs gouverneurs, puis de celle de l'abbé Dubois, le futur principal ministre, il passa sa jeunesse dans l'armée. Après une cuisante

défaite en Italie, devant Turin, il accumula bientôt de brillantes victoires en Espagne, au point de prétendre à la couronne de ce pays. Rappelé par son royal grand-oncle Louis XIV, qui le soupçonnait à tort d'avoir empoisonné tous ses descendants pour rester le seul héritier du trône de France, il ne prit la première place qu'à la mort de ce dernier, après avoir obtenu du Parlement la régence du royaume. Commença alors une période où plusieurs innovations furent mises en place : la Cour ayant quitté Versailles, on supprima les secrétaires d'État pour créer la Polysynodie, on laissa l'écossais Law mettre en place son système financier, le Parlement recommença à s'exprimer... Si tout cela est bien connu, l'action du duc d'Orléans comme principal ministre l'est cependant beaucoup moins. La Régence officiellement achevée en février 1723, il remplaça en août le cardinal Dubois à la tête du gouvernement, avec le consentement du jeune Roi. La situation économique le conduisit à abaisser les monnaies et à instaurer la taxe du "joyeux avènement", avant de favoriser le commerce colonial et de restituer à la Compagnie des Indes le privilège des plantations de tabac aux Antilles. Il aurait souhaité relancer le crédit en adoptant certaines idées de Law. L'apoplexie qui le foudroya en présence de la duchesse de Falari vint mettre un terme à ces nouvelles tentatives.

Déjà prisonnier de sa légende, Philippe d'Orléans fut peu regretté de ses contemporains. Pourtant, cet homme avait fait montre de qualités certaines. *D'un port aisé et fort noble, le visage large, agréable, fort haut en couleur, le poil noir et la perruque de même*, comme l'écrit Saint-Simon, il frappait son entourage par une intelligence secondée par sa très bonne mémoire, son ardeur au travail, son sens de l'honneur et son habileté. L'histoire a aussi retenu son indécision, son penchant pour la moquerie et les intrigues, son goût du mensonge et des fausses promesses alimenté par une vive suspicion à l'égard de son entourage, et surtout son libertinage. Que n'a-t-on écrit sur les "petits soupers" du Palais-Royal, mêlant roués et maîtresses innombrables, en particulier madame de Parabère ! Saint-Simon les décrit plus justement comme de plaisants dîners où l'on aimait médire joyeusement. Pourtant, le Régent des derniers mois n'était plus que l'ombre de lui-même. *Le col court, les yeux chargés et tout le visage bouffi*, dit d'Argenson, il était devenu un vieillard sans force. *Je vis un homme la tête basse*, écrit Saint-Simon venu le visiter, *d'un rouge pourpre, avec un air hébété, qui ne me vit seulement pas approcher*. Certains de ses contemporains lui ont cependant rendu justice, en particulier Louis XV et les souverains européens.

## Demeures

Sa résidence parisienne était le Palais-Royal, qui abrite aujourd'hui le Conseil d'État, le Conseil Constitutionnel et le ministère de la Culture. Mais le duc d'Orléans possédait de multiples demeures, châteaux et hôtels, que sa grande fortune lui permettait d'entretenir. Il n'est pas question d'en faire état ici, et l'on se reportera pour cela aux travaux cités dans la bibliographie.

### Iconographie, bibliographie et sources

Donner la bibliographie du duc d'Orléans équivaudrait à donner celle de la Régence. Aussi, pour le personnage, se reportera-t-on à l'ouvrage de W.-H. LEWIS, *The scandalous Régent. Life of Philippe, duc d'Orléans and his family*, New-York, 1961, et surtout à la récente synthèse de Jean-Christian PETITFILS, *Le Régent*, Paris, 1986. Sur le collectionneur, on citera Casimir STRYIENSKI, *La galerie du Régent*, Paris, 1913.

Les archives de la famille de France sont conservées aux Archives nationales (300AP).
[IAD : 300 API 752*-764*.

## BOURBON-CONDÉ, DUC DE BOURBON

Louis-Henry de, dit Monsieur le Duc.

Né à Versailles, le 18 août 1692
Mort au château de Chantilly,
le 27 janvier 1740.
Inhumé à Enghien.

### Famille

Membre de la famille royale.

*De France, au bâton péri en bande de gueules.*

Son père : Louis III, Grand-Maître de la Maison du Roi et gouverneur de Bourgogne.

Sa mère : Louise-Françoise, fille naturelle légitimée de Louis XIV et de madame de Montespan, dite Mademoiselle de Nantes.

Ses frères et sœurs : *Charles, comte de Charolais*, pair de France, conseiller au Conseil de Régence, gouverneur et lieutenant général de Touraine ; *Louis, comte de Clermont*, abbé du Bec-Hellouin, de Chaâlis et de Saint-Germain-des-Prés ; *Louise-Élisabeth*, mariée à Louis-Armand de Bourbon, prince de Conti, conseiller au Conseil de Régence, gouverneur de Poitou, puis lieutenant général des armées du Roi ; *Marie-Gabrielle-Éléonor*, religieuse à Fontevrault, puis abbesse de Saint-Antoine-des-Champs-lès-Paris ; *Louise-Anne, dite Mademoiselle de Charolais* ; *Marie-Anne, dite Mademoiselle de Clermont*, surintendante de la Maison de la Reine ; *Henriette-Louise-Marie-Françoise, dite Mademoiselle de Vermandois* ; *Thérèse-Alexandrine, dite Mademoiselle de Sens* ; une demi-sœur (fille naturelle), *Louise-Charlotte, dite Mademoiselle de Dampierre*, mariée à Nicolas de Chaugy, marquis d'Aigrevaux, mestre de camp de cavalerie.

Il épousa en 1713 Marie-Anne de Bourbon-Conti (morte en 1720), fille d'un lieutenant général, élu roi de Pologne en 1697 ; il se remaria en 1728 avec Charlotte, princesse de Hesse-Rheinfels-Rotenbourg, fille du landgrave du même nom.

Son fils, du second lit : *Louis-Joseph*, pair et Grand-Maître de France, marié à Charlotte-Élisabeth de Rohan-Soubise.

*Nommé principal ministre le 2 décembre 1723 en remplacement du duc d'Orléans, il fut disgracié le 11 juin 1726.*

**Carrière** : colonel du régiment d'infanterie d'Enghien (1706) ; colonel du régiment de cavalerie de Bourbon (1709) ; colonel du régiment d'infanterie de Bourbon (1709) ; grand maître de la Maison du Roi (1710) ; gouverneur et lieutenant général de Bourgogne et Bresse (1710) ; colonel et mestre de camp des régiments d'infanterie et de cavalerie de Condé (1710) ; maréchal de camp (1713) ; chef du Conseil de Régence (1715) ; lieutenant général des armées du Roi (1718) ; surintendant de l'éducation du Roi (1718) ; **principal ministre (1723-1726)** ; grand maître et surintendant général des Postes (1724-1726) ; mestre de camp du régiment de Dragons de Condé (1731).

Petit-fils naturel de Louis XIV et arrière-petit-fils du Grand Condé, l'une des plus grandes gloires militaires du Grand Siècle, Louis-Henry de Bourbon, dit Monsieur le Duc, fut le bien piètre représentant de cette illustre famille, tant dans sa personnalité que dans ses fonctions ministérielles, et la mauvaise réputation qui s'est attachée à lui ne semble pas imméritée.

Promis tout naturellement à la carrière des armes, le futur premier ministre débuta comme colonel, avant d'hériter de son père, mort prématurément, le gouvernement de Bourgogne. Il aurait pu poursuivre une carrière traditionnelle pour une personne de son rang, mais la mort de Louis XIV lui fournit l'occasion d'entrer sur la scène politique. Violemment hostile aux princes légitimés, et notamment à son oncle le duc du Maine, il contribua à son arrestation et à celle des principaux chefs de la conspiration de Cellamare, membres de sa famille, attitude qui le rendit odieux à bien des gens. Cette réputation peu flatteuse ne fit que s'accroître lorsque fut affichée sa liaison avec la marquise de Prie, personne aux mœurs douteuses qui l'entraîna dans la spéculation, en particulier dans les opérations proposées par la banque de Law, dont il fut l'un des plus grands soutiens, avant qu'elle ne facilitât son accession au pouvoir en faisant compromettre le ministre de la Guerre Le Blanc dans l'affaire La Jonchère.

La mort du duc d'Orléans, qui avait remplacé Dubois comme principal ministre, et la trop grande jeunesse du Roi furent l'occasion de son élévation au ministère. Avec les financiers Pâris et sa maîtresse madame de Prie, qui devenaient ses soutiens et ses conseillers, le duc de Bourbon remplaçait donc des personnalités qui, quoique contestées, s'étaient comportées en véritables chefs d'État. Le nouveau ministère, en revanche, à côté de quelques mesures positives, comme le percement du canal de Saint-Quentin, le projet d'extinction de la mendicité ou la réorganisation de la milice, fut marqué par plusieurs décisions qui contribuèrent à accentuer l'impopularité de son chef. L'exercice de la religion réformée, déjà interdit, fut plus rigoureusement prohibé, le vol puni de peine de mort, les pensions révisées, au grand dam de la noblesse et du clergé ; la politique d'alliance avec l'Espagne, engagée par Dubois, fut abandonnée, et la jeune Infante que l'on destinait à Louis XV fut renvoyée. Ces erreurs et les scandales provoqués par la présence de la marquise de Prie et des frères Pâris, l'influence grandissante du cardinal de Fleury auprès du Roi, déterminèrent ce dernier à se séparer de son indigne serviteur.

Retiré définitivement des affaires publiques, Monsieur le Duc consacra les quelque quinze ans qui lui restaient à vivre à une existence dispendieuse, que l'embellissement du château de Chantilly ne fait pas regretter. Il mourut en 1740 et fut enterré dans la nouvelle sépulture des princes de Condé, à Enghien.

De l'homme ni du ministre les contemporains n'ont laissé de portrait flatteur. Devenu borgne à la suite d'un accident de chasse en 1712, il était, selon Toussaint, *grand, maigre, d'une figure peu revenante, d'une humeur brusque et peu commode, curieux, aimant les choses rares et précieuses, possesseur d'une très belle femme dont il ne connaissait pas tout le prix, cherchant ailleurs des plaisirs qu'il était peu en état de goûter, faisant une belle et grande dépense.* Si la princesse Palatine, sa parente, reconnaît qu'*il sait garder son rang*, elle ajoute que *son génie n'a ni beaucoup d'étendue, ni beaucoup d'instruction*. Saint-Simon, toujours sévère, n'est peut-être pas médisant en déclarant que *sans la moindre étincelle d'esprit*, il avait *une bêtise presque stupide, une opiniâtreté indomptable, une fermeté inflexible, un intérêt insatiable*. Ses aventures galantes et ses enrichissements importants à la faveur du système de Law noircirent un peu plus l'image de ce prince.

## Demeures

Il avait habité l'hôtel familial de Condé, rue de Condé. Construite au XVI^ème siècle, cette demeure fut achetée par Louis XV en 1773, pour permettre sa démolition et la construction du Théâtre-Français (actuel théâtre de l'Odéon) ; elle s'élevait à la hauteur des n° 9-15 rue de Condé (VI^ème arrt).

Possesseur du château de Chantilly, demeure familiale des princes de Condé, il y procéda à de nombreux embellissements, en faisant travailler notamment Coypel et Lemoyne, et bien d'autres artistes ; on lui doit en particulier les grandes écuries, élevées entre 1718 et 1735 par l'architecte Jean Aubert, et qui pouvaient abriter jusqu'à 240 chevaux. Actuellement propriété de l'Institut de France, Chantilly abrite le musée Condé, aux collections prestigieuses.

## Iconographie, bibliographie et sources

Le musée Condé à Chantilly conserve un portrait de Monsieur le Duc ; le château de Versailles possède deux portraits dûs à Pierre Gobert, l'un représentant le prince dans sa jeunesse, l'autre vers l'âge de vingt ans.

Le duc de Bourbon n'a jusqu'à présent fait l'objet d'aucune étude spécifique, si ce n'est la thèse de Jean DURENG, *Le duc de Bourbon et l'Angleterre (1723-1726)*, Toulouse, 1911-1912, et il est généralement évoqué dans les ouvrages sur la Régence et le règne de Louis XV. On aura des indications intéressantes dans les études d'A. BAUDRILLART, *Philippe V, le duc de Bourbon et le cardinal de Fleury*, Paris, 1898, du général de PIÉPAPE, *Histoire des princes de Condé au XVIII^ème siècle. Les trois premiers descendants du Grand Condé*, Paris, 1911, et dans les biographies de A. GARDIN, *La marquise de Prie, dame et châtelaine de Courbépine (1698-1727)*, Bernay, 1904, et de H. THIRION, *Madame de Prie*, Paris, 1905. Sur l'hôtel, on verra Maurice DUMOLIN, "L'hôtel de Condé", *Bulletin de la société historique du VI^ème arrt.*, tome 26 (1925). Sur le château plus célèbre aujourd'hui pour son hippodrome, et ses collections actuelles, on verra le guide de Raymond CAZELLES, *Chantilly, musée Condé, domaine*, Paris, sd.
[IAD : XCIII/504 (17-II-1740).

**FLEURY**
André-Hercule de

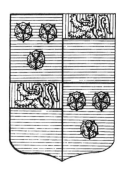

Né à Lodève, le 22 juin 1653
Mort à Issy-les-Moulineaux,
le 29 janvier 1743.
Inhumé en l'église Saint-Louis-du-Louvre,
à Paris.

**Famille**

Originaire du Languedoc, appartenant à la riche bourgeoisie.

*Écartelé : aux 1 et 4, d'azur à trois roses d'or boutonnées de gueules* (Fleury) *;
aux 3 et 4, d'azur ; au chef cousu de gueules chargé d'un lion naissant d'or ;
alias coupé : au 1, de gueules au lion naissant d'or ; au 2, d'azur plein* (La
Treilhe).

Son père : Jean, receveur des tailles du diocèse de Lodève.

Sa mère : Diane de La Treilhe, fille d'un gentilhomme.

Ses frères et sœurs : *Gabriel*, conseiller à la chambre des comptes de
Montpellier ; *Henry*, trésorier général des finances et intendant des gabelles ;
*Joseph*, capitaine au régiment de Picardie ; *Jean*, seigneur de Valquières ; *Marie*,
mariée à Jean-Hercule de Rosset, devenu duc de Fleury en 1735 ; *Diane-Marie*,
supérieure des Ursulines de Lodève ; *Élisabeth*, mariée à Charles-Jean de
Fontainieu, capitaine d'infanterie ; *Isabeau*, mariée à Jean Cordurier, avocat
général à la chambre des comptes de Montpellier.

*Ministre d'État depuis février 1723, il devint principal ministre de Louis XV le 11
juin 1726, sans toutefois en avoir le titre ; il mourut en charge.*

**Carrière** : chanoine de Montpellier ; aumônier de la reine Marie-Thérèse (1675) ;
aumônier du Roi (1678) ; évêque de Fréjus (1699-1715) ; précepteur du Roi
(1716) ; conseiller au Conseil de Conscience (1720) ; **ministre d'État (1723)** ;
grand aumônier de la Reine (1725) ; chargé de la Feuille des bénéfices (1725) ;
**principal ministre (1726-1743)** ; surintendant général des Postes et Relais de
France (1726) ; cardinal (1726).

**Bénéfices ecclésiastiques** : abbé de La Rivour (1690) ; abbé de Tournus (1715) ; abbé de Saint-Étienne de Caen (1722).

**Places et dignités** : membre de l'Académie française (1717) ; membre honoraire de l'Académie des Inscriptions et Belles-Lettres (1723) ; membre honoraire de l'Académie des Sciences (1731).

Par le poids de son influence directe sur le Roi, la durée exceptionnelle de son ministériat et l'efficacité de son administration, le cardinal de Fleury, en orchestrateur opiniâtre de la prospérité, marqua profondément la première partie du règne de Louis XV. Peu soucieux de popularité, il restera pourtant, pour la postérité, l'homme de la conciliation dans les querelles intérieures du royaume, et, en Europe, le champion d'une paix pourtant bien fragile, même si ses contemporains et certains historiens ont pu regretter que son omniprésence au sein du gouvernement ait contribué à désintéresser Louis XV de son "métier de Roi" et des affaires du royaume, et le pousser à cultiver son goût pour le secret et les galanteries.

Issu d'une famille nombreuse, modeste, mais d'ancienne extraction, le futur cardinal-ministre fut protégé dès son plus jeune âge par l'influent cardinal de Bonzi, évêque de Béziers, qui avait été employé par Mazarin pour les affaires diplomatiques. Envoyé à Paris à l'âge de six ans, il fit ses études dans les collèges les plus réputés, Navarre, Louis-le-Grand et enfin Harcourt. Sa vie prit un tournant décisif lorsque, devenu prêtre, il servit comme aumônier à la chapelle du Roi, et put ainsi approcher l'entourage du souverain. Soupçonné d'entretenir des relations avec la marquise de Montespan, il fut exilé pendant quelques années à Montpellier, avant de recevoir en commende l'abbaye de La Rivour. Louis XIV, qui le jugeait trop frivole, ne l'aimait d'ailleurs guère et lui refusa toute grâce pendant longtemps. Mais, soutenu par de puissantes familles, remarqué pour sa modestie et son manque apparent d'ambition, il reçut, par l'entremise du cardinal de Noailles, archevêque de Paris, le siège épiscopal de Fréjus. Il sut y appliquer ses principes de piété et de charité, s'attachant ainsi la population. Il créa un bureau des pauvres, fit prendre plusieurs ordonnances destinées à maintenir l'ordre au sein du clergé, réforma les couvents et fit restaurer plusieurs églises. Ses positions envers les jansénistes et les quiétistes le firent enfin apprécier de Louis XIV, qui lui proposa l'archevêché d'Arles. Refusant cet honneur, il remit en outre sa démission de Fréjus et obtint l'abbaye de Tournus.

A plus de soixante ans, Fleury pouvait alors songer à sa retraite. Il n'en fut rien : le second codicille du testament du Roi défunt le nommant précepteur du Roi mineur, décida pour lui d'une nouvelle carrière et de son entrée dans la politique.

Fleury eut à l'égard de son royal élève une attitude ouverte et bienveillante, heureux contrepoids à l'éducation maladroite et archaïque que Villeroy, son gouverneur, tentait de lui inculquer. Il lui assura une solide éducation, tant religieuse que profane, lui enseignant les matières les plus diverses, de l'histoire à l'astronomie, développant les exercices pratiques, lui faisant lire et recopier des maximes, des fables et des chroniques, et rédigeant lui-même des manuels à son intention. Ce zèle désintéressé lui attira l'estime du Régent, l'attachement quasi filial du petit Roi, mais aussi la haine farouche de Dubois, qui voyait en lui un concurrent dangereux. Les menaces, les calomnies, les séductions, rien ne parvint cependant à l'ébranler, sûr de la confiance qu'on lui accordait. A la mort du principal ministre, il eut la suprême habileté de ne pas se proposer pour le remplacer, préférant conserver un rôle d'éminence grise auprès du souverain, et laisser s'affirmer l'incapacité du duc de Bourbon, jusqu'au moment où Louis XV, décidé à prendre les rênes du pouvoir, lui confia la première place parmi ses ministres.

Âgé de soixante-treize ans, alors que la plupart de ses contemporains étaient déjà morts ou en retraite, il entamait ainsi une seconde carrière qui durera près de dix-sept ans, la plus prestigieuse que l'on pût espérer. Présidant aux destinées du royaume, il ne sera jamais l'homme d'un parti, préférant s'employer à ne pas raviver les crises intérieures, notamment en matière religieuse. Sans se faire l'avocat des Jésuites, il fit condamner par la Sorbonne les thèses jansénistes, après avoir obtenu la soumission de leurs principaux défenseurs et fait reconnaître la bulle *Unigenitus* comme loi de l'État. Méfiant à l'égard des nouveaux philosophes, il fit fermer le frondeur club de l'Entresol, mena quelques opérations de police contre les sociétés secrètes de franc-maçonnerie et certains imprimeurs suspects. Économe jusqu'à l'avarice, il fut particulièrement soucieux du bon état des finances et contribua largement, conjointement avec le contrôleur général Orry, à la stabilisation de la monnaie, vivement éprouvée après les turbulences occasionnées par le système de Law. A l'extérieur, il mena avec Chauvelin une diplomatie pacificatrice, tenant avant tout à maintenir les meilleurs rapports avec l'Angleterre. Très lié avec l'ambassadeur anglais Walpole, il ne cessa de temporiser, en tentant des rapprochements avec l'Autriche et l'Espagne sans froisser la cour de Londres, et fut l'un des artisans du traité de Séville (1728) qui unissait les puissances maritimes. Mais son grand âge, l'hostilité accrue du Parlement, la percée enfin du parti belliqueux de la cour, le contraignirent à accepter la guerre pour porter secours à Stanislas Leszcynski, père de la Reine. Dans un sursaut d'autorité, il fit renvoyer Chauvelin, désormais trop opposé à ses vues, et, alors qu'on attendait sa disparition à chaque instant, il fut sérieusement question, en 1740, de son élection à la papauté. La mort finit par l'emporter, dans le séminaire de Saint-Sulpice d'Issy-les-Moulineaux, à l'âge de quatre-vingt-dix ans. Pleuré par Louis XV, qui s'était beaucoup reposé sur lui, il s'était éteint dans la discrétion, laissant le royaume riche et prospère, doté d'une équipe gouvernementale solide. Avec ce long ministère, souvent qualifié par les historiens de "réparateur", s'achevait une période de relative tranquillité, après laquelle les querelles parlementaires et religieuses, et les conflits diplomatiques et guerriers reprirent le dessus. Louis XV tint à lui exprimer son attachement en organisant un grand service funèbre à Notre-Dame de Paris. Il avait exigé la présence de tous les ministres et veillé à la solennité de la cérémonie, qui resta longtemps dans les mémoires. Son corps, inhumé provisoirement dans la chapelle Saint-Charles de l'église Saint-Étienne d'Issy, fut transféré deux ans après dans l'église Saint-Louis-du-Louvre, à Paris. Le Roi lança un concours pour le mausolée. Bouchardon, pourtant favori, fut finalement supplanté par le projet de Jean-Baptiste Lemoyne. Inauguré seulement en 1768, le tombeau représentait le cardinal mourant, soutenu par la Religion, près d'une figure de la France en pleurs, symbolisée par un jeune homme portant l'écu des Bourbons. Transféré par Alexandre Lenoir au dépôt des Petits-Augustins, ce monument fut démantelé, et seuls quelques débris en ornent encore aujourd'hui la cour de l'École des Beaux-Arts de Paris.

Si Fleury s'est attiré autant de critiques de son vivant, c'est plus pour la longévité de son ministère, perçue comme la tyrannie persistante d'un vieillard têtu qui n'en finissait pas de mourir, que pour la réalité de son action. Le cardinal de Bernis, qui lui resta pourtant favorable, estimant qu'*il gouverna la France avec tout le pouvoir d'un premier ministre et toute la simplicité d'un favori modeste*, lui reprochait, après la paix de Vienne, de n'avoir pas eu *assez de courage pour abdiquer le premier ministère. Il aurait été rangé parmi les plus grands ministres ; il aurait conservé toute sa considération, même tout son crédit... Mais il se fiait en effet à son immortalité : sa santé était admirable ; moyennant un peu de rouge détrempé dans de l'eau, dont il frottait son visage, et de fausses dents, il désespérait ses ennemis et se faisait illusion à lui-même.* Plus gravement, il considérait que le cardinal accordait trop d'importance aux vertus de l'économie, et qu'*il n'avait aucune vue de grand ministre, ni sur le commerce, ni sur la marine qui en fait la force, ni sur la cultivation et population... Il caressait les financiers... et par cette méthode, il mettait les opérations du gouvernement dans* (leur) *dépendance.* Beaucoup ne lui pardonnaient pas non plus son ingratitude à l'égard de ceux qui l'avaient aidé, et sa propension, généralement observée, à exploiter pour sa propre gloire, le travail de ceux qu'il avait élevés et dont il avait fait ses créatures. Le duc de Luynes dénonça cette attitude, qui consistait à employer *des gens dont les talents pouvaient être réellement utiles ; il les mettait pour ainsi dire dans l'impossibilité d'exécuter l'entreprise dont il les avait chargés. Cet esprit de jalousie le déterminait à agir souvent... sans consulter personne... Demander conseil, ç'aurait été en quelque manière diminuer son autorité.* Mais, manifestement, d'Argenson est partial quand il parle de son *esprit médiocre*, et doute de sa finesse, n'y voyant que fourberie : *il ménage, il tripote, il s'insinue en confiance par une feinte amitié qui va à la perdition la plus dure.* S'il irritait par son despotisme sénile, chacun reconnaissait, avec le duc de Luynes, que *son tempérament était doux et tranquille*, et qu'*au milieu de tous ses défauts, M. de Fleury avait un véritable attachement pour la personne du Roi, un désir sincère de faire le bien, et surtout le bien de la religion... Ayant passé du frivole aux affaires les plus importantes, on peut dire qu'il a fait plus qu'on ne devait espérer de lui.* Saint-Simon résume superbement ce caractère complexe : *Fleury, avec son air doux, riant, modeste, était l'homme le plus superbe en dedans et le plus implacable que j'aie jamais connu.*

## Demeures

Naturellement sobre pour lui-même, il ne déploya aucun faste, vivant simplement, mais tout proche du Roi, dans les appartements du premier étage de la vieille aile Louis XIV, à Versailles ; pour tout château, il se contentait d'une maison de campagne qu'il possédait à Issy-les-Moulineaux. Sa sobriété confinait à la pingrerie, et, si elle fut un bienfait pour les finances du royaume, ce n'était pas, si l'on en croit le duc de Luynes, du goût de ses invités, auxquels *il donnait tous les jours un assez mauvais dîner.* On loua sa générosité pour les pauvres, et on lui sut gré, on s'en étonna même, de n'avoir pas exercé le népotisme en faveur de sa famille.

## Iconographie, bibliographie et sources

Le château de Versailles possède plusieurs copies du portrait qu'exécuta de lui Hyacinthe Rigaud, le représentant assis, vêtu de la pourpre cardinalice.

La première partie de la carrière de Fleury intéressa le chartiste Paul LORBER, "André-Hercule de Fleury, évêque de Fréjus et précepteur de Louis XV (1683-1726)", *Positions des thèses de l'École des Chartes*, 1905, p. 95-99, mais l'action du premier ministre a suscité de plus nombreuses études. Mise à part celle, bien vieillie, de l'abbé V. VERLAQUE, *Histoire du cardinal Fleury et de son administration*, Paris, 1879, on dispose de la thèse de Paul VAUCHER, *Robert Walpole et la politique de Fleury (1731-1742)*, Paris, 1924, de la biographie, essentielle, de Maxime de SARS, *Le cardinal de Fleury, apôtre de la paix*, Paris, 1942, et du travail très documenté de l'anglais Arthur M. WILSON, *French foreign policy during the administration of cardinal Fleury*, Cambridge, 1936, tandis que F. ROCQUAIN, "Les commencements du ministère Fleury", *Comptes rendus de l'Académie des Sciences morales et politiques*, publie une correspondance avec Rollin, et que Jean SAREIL, "Le cardinal de Fleury, candidat à la tiare ?", *Revue d'histoire diplomatique*, n° 4 (1966), évoque en détail cet épisode. Deux études de Georges HARDY, *Le cardinal Fleury et le mouvement janséniste*, Besançon, 1925, et "Le cardinal Fleury et le mouvement philosophique", *Annales historiques de la Révolution française*, tome 2 (1925), s'intéressent à son œuvre de pacification intérieure. Si l'on s'est peu penché, mis à part le travail de Charles BONAMI, *A propos de la famille du cardinal de Fleury*, Béziers, 1972, sur l'intimité et l'entourage du cardinal, les études ne manquent pas sur sa mort et son mausolée : Gustave LECLERC, "Le cardinal Fleury et le château de la reine Marguerite à Issy", *Bulletin de la société historique de Paris*, tome 6 (1879),sur sa maison, A. ROSEROT, *Mausolée du cardinal de Fleury, deux maquettes d'Edme Bouchardon*, Paris, 1893, ainsi que la publication des "Chansons sur différents projets de tombeaux pour le cardinal Fleury", *Archives de l'art français*, tome 5. Voir aussi J. NAUD, *Le Château d'Issy et ses hôtes*, Paris, 1926.

Une partie de ses papiers est conservée à la Bibliothèque nationale (naf 22404-22407) ; les Archives nationales détiennent plusieurs fonds concernant le cardinal et sa famille : les volumineux papiers de la famille Rosset de Fleury (T 166), les papiers déposés de madame de Blau (25 AP), ceux de Maurepas (257 AP 14), et une correspondance (AB XIX 3066).
[ Testament : CXX/507 (25-II-1738).

## PHÉLYPEAUX DE MAUREPAS

*Rappelé d'exil le 20 mai 1774, il fut nommé chef du Conseil royal des Finances le 14 mai 1776 avec le rôle d'un quasi premier ministre ; il mourut en charge.*

Voir sa notice, p. 283.

## LOMÉNIE DE BRIENNE
Étienne-Charles de

Né à Paris, le 27 octobre 1727
Mort à Sens, le 16 février 1794.
Inhumé dans le cimetière de la cathédrale de Sens.

**Famille**

Originaire du Limousin, anoblie au XVI^ème siècle.

*Écartelé : aux 1 et 4, d'or à deux vaches passantes de gueules, accornées, accolées, clarinées et onglées d'azur, l'une sur l'autre* (Béon) *; aux 2 et 3, d'argent au lion de gueules, la queue nouée, fourchée et passée en sautoir, armé et couronné d'or, lampassé d'azur* (Luxembourg) *; sur le tout, d'or à l'arbre de sinople, posé sur un tourteau de sable, alias de gueules ; au chef d'azur, chargé de trois losanges d'argent* (Loménie).

Son père : Nicolas-Louis, comte de Brienne.

Sa mère : Anne-Gabrielle de Chamillart de Villate.

Ses frères : *Athanase-Louis-Marie*, secrétaire d'État de la Guerre sous Louis XVI ; *François*, colonel au régiment d'Artois, tué au combat.

*Nommé chef du Conseil royal des Finances le 1^er mai 1787, puis principal ministre au mois d'août de la même année, sans que le Parlement n'enregistrât sa nomination ; il fut contraint de remettre sa démission le 24 août 1788.*

**Carrière** : grand vicaire de l'archevêque de Rouen ; évêque de Condom (1760) ; archevêque de Toulouse (1763) ; rapporteur de la Commission des Réguliers (1766) ; président de l'Assemblée des Notables (1787) ; **chef du Conseil royal des finances (1787-1788)** ; **principal ministre (1787-1788)** ; archevêque de Sens (1787) ; cardinal (1788-1791) ; évêque constitutionnel d'Auxerre (1790).

**Bénéfices ecclésiastiques** : abbé de Basse-Fontaine, de Moissac, de Moreilles, de Saint-Wandrille, de Saint-Ouen et de Corbie.

**Places et dignités** : membre de l'Académie française (1770) ; prélat de l'ordre du Saint-Esprit (1782).

Prélat remarqué pour son administration à l'archevêché de Toulouse où il resta près d'un quart de siècle, Loménie de Brienne commença à l'âge de cinquante ans une deuxième carrière, mais civile et à l'échelle nationale. Se voulant une sorte de ministre principal dans la lignée d'un Dubois ou d'un Fleury, il ne sut pas cependant montrer l'envergure politique suffisante entre ces deux événements importants que furent l'Assemblée des Notables et la convocation des États généraux.

Appartenant à une famille dont les membres s'étaient déjà illustrés au service de la monarchie, le futur ministre accompagna en 1758 le cardinal de Luynes pour élire le pape Clément XIII. Il gravit ensuite rapidement les échelons de la hiérarchie ecclésiastique. Archevêque de Toulouse à trente-six ans, il y fut un excellent administrateur, encourageant le travail des pauvres, dotant l'hôpital en lits, créant un petit séminaire, et faisant verser des secours à ses confrères vieux et infirmes. Il fit également percer un canal, qui porte son nom, pour réunir à la Garonne le canal Caraman. Il organisa la bibliothèque de Toulouse, faisant notamment don de six mille de ses ouvrages, fonda le "muséum littéraire" et fit acheter par les États du Languedoc l'observatoire de Garipuy, remis ensuite à l'Académie des Sciences dont il était membre. Président de la Commission de religion des assemblées du clergé, il fit voter l'*Avertissement du clergé de France sur les dangers de l'incrédulité*, qui réfutait les thèses philosophiques. Il devint ensuite, grâce à Choiseul, rapporteur de la Commission des Réguliers destinée à réformer les ordres religieux, qui siégea de 1766 à 1780. Son action y fut extrêmement critiquée. Considéré comme le fossoyeur impitoyable des congrégations, il fut surnommé l'«Antimoine» ; s'il est vrai en effet qu'il fit supprimer plusieurs ordres, notamment celui des Célestins, et qu'il fit modifier de nombreuses constitutions monastiques, ses détracteurs oublient qu'il se prononça, par exemple, pour le maintien des ordres mendiants. Cultivant une ambition certaine, l'archevêque de Toulouse obtint la commende de plusieurs abbayes, fut élu à l'Académie française, mais échoua à la candidature de l'archevêché de Paris.

Les temps troubles approchaient cependant, et la réunion de l'Assemblée des Notables lui donna l'occasion d'occuper le devant de la scène politique. Appelé à y siéger avec son frère, il s'opposa systématiquement aux propositions de Calonne, prônant notamment une subvention territoriale qui fût payée, non en nature, mais en numéraire. Après le renvoi du contrôleur général, il entama avec Louis XVI une correspondance officieuse et lui soumit plusieurs projets destinés à combler le déficit financier. Le Roi lui demanda alors de diriger le Conseil royal des Finances, aux côtés de Lambert, contrôleur général en titre. Aspirant ouvertement au cardinalat et prétendant diriger le gouvernement dans lequel il fit nommer son frère au secrétariat d'État de la Guerre, il accumula les maladresses. Il s'aliéna en particulier le Parlement, qu'il fit exiler à Troyes pour avoir refusé d'enregistrer les édits sur le timbre et la subvention territoriale. Après avoir obtenu l'archevêché de Sens et sa nomination comme principal ministre, il fit rendre l'arrêt annonçant la convocation des États généraux. Mais il dut céder à la pression conjuguée des parlementaires, du clergé et des coteries de la cour qui ne lui pardonnaient pas son hostilité aux pensions. Démissionnaire en août 1788, conspué par la foule qui brûla son effigie sur le Pont-Neuf, il se consola par l'obtention du chapeau de cardinal, malgré les réserves du pape.

Revenu en France après un prudent voyage en Italie, il eut une attitude équivoque : décidant dans un premier temps de prêter serment à la Constitution Civile du Clergé, il reçut la charge du département de l'Yonne ; mais ayant refusé plus tard d'accorder l'institution canonique à deux évêques constitutionnels, il préféra demander à Pie VI sa démission du cardinalat. Accusé en novembre 1792 *d'employer tous les moyens pour allumer la guerre civile*, il fut arrêté une première fois, puis libéré. Arrêté une seconde fois à son domicile de Sens l'année suivante, il fut foudroyé par une attaque d'apoplexie avant qu'on ait pu l'exécuter, à moins qu'il ne se suicidât, comme le suggère l'abbé Morellet. Son frère, en revanche, ne fut point épargné.

Celui que Picot accuse, dans le dictionnaire Michaud, d'avoir été *indécis et pusillanime, flottant sans dessein, avançant sans prudence, reculant sans honneur*, reçut des critiques où la reconnaissance de ses qualités d'administrateur le dispute aux reproches d'ambition mal placée. Lié avec les philosophes, il ne reçut jamais pourtant de leur part un appui sans réserve. Le portrait que laisse de lui l'abbé Morellet, qui l'a fort bien connu, est à ce propos très caractéristique, et à tout prendre, assez juste : *il avait une grande application, étudiant la théologie comme un Hibernois pour être évêque, et les* Mémoires *du cardinal de Retz pour être homme d'État ; lisant avec avidité tous les bons livres et s'en nourrissant avec tout ce que l'esprit lui donnait de discernement, mais avec peu de ce qu'on appelle goût, don de la nature qui lui a toujours manqué ; d'ailleurs facile à vivre, point dénigrant, point jaloux ; dépensier et généreux, quoique alors fort peu riche... se tenant assuré de payer un jour ses dettes... avec une église bien dotée.*

## Demeures

Né dans une famille qui, bien qu'illustre, était peu fortunée, c'est cependant plus au mariage de son frère qu'il dut l'aisance dans laquelle il vécut. Ce dernier avait d'une part acquis un hôtel rue Saint-Dominique qu'il partagea avec lui, et d'autre part fait reconstruire sur leur terre de Brienne, près de Troyes (Aube) un superbe château où l'archevêque réunissait une société de gens de lettres (voir à son nom, p. 221).

## Iconographie, bibliographie et sources

Un portrait de Despax, conservé à la bibliothèque municipale de Toulouse, le représente en archevêque.

Le rôle des deux frères à l'Assemblée des Notables est évoqué dans la publication qu'a faite Pierre CHEVALLIER, *Journal de l'Assemblée des Notables de 1787*, Paris, 1960, qui édite et commente les différents journaux du déroulement de l'assemblée, rédigés par les frères Loménie. On ne dispose, hélas, d'aucune biographie générale sur le cardinal, si l'on excepte l'excellente esquisse donnée par Michel PÉRONNET, "Loménie de Brienne, principal ministre de Louis XVI, et l'édit de 1787", *Bulletin de la Société de l'histoire du protestantisme français*, tome 134 (1988), et la synthèse de Jean EGRET, *La pré-Révolution française (1787-1788)*, Paris, 1962. En revanche, son action à la Commission des Réguliers a fait l'objet de la thèse de Pierre CHEVALLIER, *Loménie de Brienne et l'ordre monastique (1766-1789)*, Paris, 1959-1960, 2 volumes. Son épiscopat toulousain est succinctement évoqué dans le catalogue de l'exposition *Le portrait toulousain de 1550 à 1800*, Toulouse, 1987, présentée au musée des Augustins en 1987-1988. Les dernières années sont évoquées par Jean MONTIER, "Martial de Loménie, abbé de Jumièges, et son oncle Loménie de Brienne, ministre de Louis XVI", *Précis des travaux de l'Académie de Rouen*, 1967, et d'une manière un peu hagiographique, par Joseph PERRIN, *Le cardinal de Brienne, archevêque de Sens, ses dernières années*, Sens, 1896. Quant au château, il a fait l'objet de différents ouvrages, dont ceux de BOURGEOIS, *Histoire de Brienne*, Paris et Amiens, 1989 (rééd.), d'Alfonse BARDET, *Brienne, le château*, Bar-sur-Aube, 1904, et la vie y est largement évoquée par l'abbé MORELLET, *Mémoires sur le dix-huitième siècle et sur la Révolution*, Paris, rééd. 1988, et par Michel ROCHE, *Naître, vivre et mourir à Brienne-le-Château sous l'Ancien régime*, Reims, 1984.

Le volumineux chartrier de Brienne, déposé aux Archives nationales (4 AP) contient en particulier les dossiers de travail du cardinal à la Commission des Réguliers, ses papiers administratifs, ainsi que ceux de son frère.
[ Liquidation de sa succession : 4 AP 181.

# LES CHANCELIERS

# ET LES GARDES DES SCEAUX.

*Le chancelier d'Aguesseau*
*(1668-1751)*
*par Robert Tournières, musée de Versailles. Photo R.M.N.*

# *LES CHANCELIERS.*

## VOYSIN
Daniel-François

Né à Paris, le 27 février 1655
Mort à Paris, le 2 février 1717.
Inhumé en l'église
Saint-Gervais-Saint-Protais, à Paris.

### Famille

Originaire de Touraine.

*D'azur au croissant d'argent, accompagné de trois étoiles du même.*

Son père : Jean-Baptiste V. de La Noraye, maître des requêtes, intendant d'Amiens, de Rouen et de Tours.

Sa mère : Madeleine Guillart.

Ses frères et sœurs : *Jean-Baptiste*, conseiller-clerc au Grand Conseil, mort jeune ; *François-Louis*, chanoine de Saint-Augustin.

Il épousa en 1683 Charlotte Trudaine (morte en 1714), sœur du prévôt des marchands de Paris, fille d'un trésorier au bureau des finances d'Amiens, puis maître à la Chambre des Comptes de Paris.

Ses filles : *Cécile-Renée*, morte jeune ; *Madeleine-Charlotte*, mariée à Louis-Urbain Le Goux de La Berchère ; *Marie-Madeleine*, mariée à Charles-Guillaume de Broglie, lieutenant général ; *Charlotte-Marie-Gertrude*, mariée à Alexis de Châtillon ; *Marie*, mariée à Louis-Thomas Dubois de Leuville ; *Marie-Françoise*, religieuse.

*Nommé le 2 juillet 1714, à la suite de Pontchartrain ; à la mort de Louis XIV, il ne put conserver les sceaux qu'à la condition d'abandonner le secrétariat d'État de la Guerre dont il était le titulaire depuis 1709 ; il mourut en charge.*

**Carrière** : conseiller au Parlement (1674) ; maître des requêtes (1684) ; intendant du Hainaut (1688-1698) ; conseiller d'État semestre (1694) ; maître des requêtes honoraire (1694) ; directeur des affaires de la Maison royale de Saint-Cyr (1701) ; conseiller d'État ordinaire (1708) ; **ministre d'État (1709) ; secrétaire d'État de la Guerre (1709-1715) ; chancelier de France (1714-1717)**.

Arrivé en fin de règne, et encadré par deux illustres chanceliers, Voysin n'a guère eut le temps de s'illustrer dans ses fonctions de ministre de la Justice. Il était d'ailleurs plus un homme du Grand Siècle, dont il servit le maître avec conscience et probité, que celui de cette Régence dont il ne vit pas la fin.

Voysin dut la rapidité de sa carrière à la vive amitié que sa femme noua avec madame de Maintenon. Saint-Simon n'hésite pas à dire que, par cette amitié, Voysin devint très vite comme *le candidat banal de toutes les grandes places*. Tour à tour intendant du Hainaut, où il se fit connaître pour sa fermeté, puis intendant de la Maison royale de Saint-Cyr, il remplaça Chamillart, en 1709, au département de la Guerre. Il s'y illustra en garantissant l'approvisionnement et l'équipement des armées jusqu'à la fin des opérations militaires de Louis XIV. Devenu chancelier, il fut de ceux qui connaissaient la teneur du testament du roi défunt, qui révélèrent au duc d'Orléans les dispositions concernant les princes légitimés, et qui lui permirent ainsi de préparer son coup de force au Parlement pour obtenir la Régence. A l'étonnement de tous, Voysin demeura chancelier, mais à la condition d'abandonner la charge de secrétariat d'État de la Guerre. Elle lui fut achetée en 1716 par Fleuriau d'Armenonville. Désormais, et bien qu'entré au Conseil, il n'eut plus aucune influence.

La mort le surprit chez lui, tandis qu'il soupait avec sa famille ; l'apoplexie qui l'emporta brusquement le fit peu regretter, et marqua l'avènement de son éminent successeur, le chancelier d'Aguesseau.

Les contemporains du chancelier s'accordent pour lui trouver un caractère difficile, tout en reconnaissant qu'il était grand travailleur : *il était l'homme de son métier, et rien de plus. Un homme d'affaires intégral, à qui le domaine du sentiment demeurait impénétrable.* Cette dureté et ce manque de fantaisie faisait de lui, selon Saint-Simon, *un homme à peine visible, et fâché d'être vu, réfrogné, éconduiseur, qui coupait la parole, qui répondait sec et ferme en deux mots..., grossier, sans aucun tour et sans la moindre politesse.* Il avait en outre la réputation de s'être enrichi et d'avoir su parfaitement bien profiter de sa fortune, sans que cela l'ait rendu plus sympathique, à en croire ce jugement anonyme : *son mérite est des plus minces, et son esprit aussi plat que sa mine, qu'il a des plus mauvaises.* Sa femme, en revanche, qui avait su gagner l'amitié de madame de Maintenon, était saluée pour son esprit, sa conduite, son adresse, ainsi que ses qualités de maîtresse de maison, où elle savait montrer *de la magnificence, quand cela convenait, sans offenser par la profusion.* Mais elle ne porta jamais le titre de chancelière, puisqu'elle mourut avant la nomination de son mari.

## Demeures

Tant qu'il resta intendant, et pour la commodité de son service, Voysin et sa famille avaient une résidence à Dinan et une autre à Mons. Lorsqu'il quitta le Hainaut, en 1698, il s'installa à Paris, dans l'hôtel du président Duret de Chevry, rue du Parc-Royal (actuel n° 8, III^ème arrt.). Construit en 1619 par Jean Thiriot, et largement remanié sous le Second Empire, l'hôtel existe toujours. Il abrite aujourd'hui le Centre culturel allemand. Son dernier domicile était situé rue Saint-Louis-au-Marais, dans un hôtel qui subsiste toujours, au n° 80 de l'actuelle rue de Turenne (III^ème arrt.).

Il possédait depuis 1700 le château de Mesnil-Voysin, près de Bouray-sur-Juine (Essonne), construit vers 1639, et que sa mère, déjà veuve, avait acheté en 1677. Il confia à Robert de Cotte quelques réaménagements, et établit de superbes jardins, avec terrasses, parterres et canal, dont il ne reste rien aujourd'hui. Le château, en revanche, propriété privée, existe toujours.

## Iconographie, bibliographie et sources

Hyacinthe Rigaud a réalisé en 1715 un portrait du chancelier, *assis sur un fauteuil, vis-à-vis le coffre des sceaux du Roi.*

Seules ses fonctions d'intendant du Hainaut ont jusqu'à présent retenu l'attention de l'historien Jean MOSSAY, *Les intendants du Hainaut à Maubeuge (1678-1720)*, Avesnes, 1971 ; le *Dictionnaire du Grand Siècle*, sous la direction de François BLUCHE, dispose également d'une très bonne notice. On verra sur son hôtel parisien l'article de Jean-Pierre BABELON, "Jean Thiriot, architecte à Paris sous Louis XIII", *Cahiers de la Rotonde*, n° 10 (1987). Sur sa demeure, on verra "Le château de Mesnil-Voysin", *Bouray et son histoire*, n° 4 (1984).

Ses descendants ont versé le fonds seigneurial aux archives départementales de l'Essonne (27 J).
[IAD : CXII/483^A (8-II-1717).

## D'AGUESSEAU
Henry-François

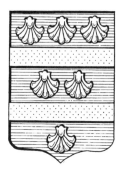

Né à Limoges, le 28 novembre 1668
Mort à Paris, le 9 février 1751.
Inhumé au cimetière d'Auteuil
(actuelle place d'Auteuil).

### Famille

Originaire d'Amiens, anoblie à la fin du XVI^{ème} siècle.

*D'azur à deux fasces d'or, accompagnées de six coquilles d'argent, trois, deux et une.*

Son père : Henry, successivement intendant de Limoges, de Bordeaux et de Montpellier.

Sa mère : Claire-Eugénie Le Picart de Périgny, fille d'un intendant de Soissons.

Ses frères et sœurs : *Joseph-Antoine d'A. de Valjouan*, conseiller au Parlement ; *Jean-Baptiste-Paulin*, prêtre, placé au contrôle de la Librairie ; *Marie-Catherine*, mariée à Charles-Marie de Saulx-Tavannes ; *Thérèse-Claire-Claude*, religieuse de la Congrégation de l'Enfance à Toulouse ; *Madeleine*, mariée à Pierre-Hector Le Guerchois, conseiller d'État.

Il épousa en 1694 Anne Françoise Lefèvre d'Ormesson (1678-1735), fille d'un maître des requêtes et intendant de Lyon.

Ses enfants : *Henry-François-de-Paule*, conseiller d'État et conseiller au Conseil royal de Commerce ; *Jean-Baptiste-Paulin d'A. de Fresnes*, conseiller d'État et conseiller au Conseil royal de Commerce ; *Henry-Charles d'A. de Plainmont*, avocat général ; *Henri-Louis d'A. d'Orcheux*, maréchal de camp ; *Claire-Thérèse*, mariée à Guillaume-Antoine de Chastellux, lieutenant général en Roussillon ; *Anne-Marie*, religieuse au couvent des bénédictines du faubourg Saint-Marcel à Paris.

*Nommé le 2 février 1717, à la mort de Voysin, il fut disgracié le 8 janvier 1718, et dut remettre les sceaux à Marc-René d'Argenson ; rappelé le 7 juin 1720, il fut à nouveau disgracié le 28 février 1722 et dut remettre les sceaux à Fleuriau d'Armenonville ; rappelé à la cour dès 1727, il ne retrouva les sceaux qu'à la disgrâce de Chauvelin, le 17 août 1727 ; il démissionna le 27 novembre 1750.*

**Carrière** : avocat au Châtelet (1690) ; avocat général au Parlement (1691) ; procureur général au Parlement (1700) ; **chancelier de France (1717-1750)**.

**Places et dignités** : membre honoraire de l'Académie des Sciences (1736).

L'une des plus grandes figures de la magistrature de la première moitié du XVIII^ème siècle, le chancelier d'Aguesseau resta un personnage discret, mais dont l'autorité fut rarement contestée, avant que ne se développât le conflit que les parlementaires engagèrent contre le pouvoir royal.

C'est à Montpellier que d'Aguesseau passa sa première jeunesse. Son père, qui y était intendant, lui prodigua, ainsi qu'à ses frères et sœurs, une éducation particulièrement soignée. Lors de ses déplacements, il prenait ses enfants avec lui et, dira plus tard le chancelier, *son carrosse devenait une sorte de classe où nous avions le bonheur de travailler avec un si grand maître.* Henry-François apprit sept langues, dont l'Hébreu et le Portugais, servi par une mémoire qui restera légendaire.

En 1685, il monta faire son droit et sa philosophie à Paris. Cinq ans plus tard, il faisait de modestes débuts au Châtelet, puis au Parlement, comme avocat général. A peine y fut-il reçu qu'on remarqua son art de l'éloquence, sa facilité d'improvisation et l'étendue de ses connaissances juridiques, qualités qui devaient faire toute sa gloire. En 1700, il fut nommé procureur général au Parlement. Dans ses nouvelles fonctions, il s'occupa avec passion de l'administration des hôpitaux, et acquit une réputation de bonté et d'humanisme au moment du cruel hiver de 1709. Dans toutes les affaires auxquelles il fut mêlé, il sut allier le service du Roi et la défense des droits du Parlement. Il se fit aussi le champion du gallicanisme en résistant très fermement à l'enregistrement de la bulle *Unigenitus*, voulu par Louis XIV.

Lié avec le Régent, sa nomination, après la mort du chancelier Voysin, ne fut pas une surprise. Mais les affaires financières, en particulier l'établissement du système de Law, la réapparition de la question de la bulle *Unigenitus*, son opposition enfin au cardinal Dubois, lui valurent ses deux exils successifs.

Son retour aux affaires, en 1737, lui permit d'établir ce qui restera son œuvre principale : les trois ordonnances sur les testaments, les donations et les substitutions, dans une perspective d'unification du droit civil. Si la différence entre les pays de droit coutumier et ceux de droit écrit ne fut pas totalement effacée, cette réforme - encore modeste, mais préférable à une authentique unification juridique, qui eût été prématurée en ce siècle de particularismes -, et l'ensemble de l'œuvre *du plus écrivain des magistrats* (Duchein) eurent le mérite de mettre en valeur les archaïsmes, très nombreux, de la justice française de cette époque.

Considéré comme le Caton de son temps par sa vertu, sa sagesse et sa science, d'un cartésianisme ayant imprégné toute sa conception du droit, ses contemporains lui reprochaient cependant une lenteur qui nuisait à la bonne application des règlements qu'il élaborait, et qui le laissa souvent méfiant face aux idées nouvelles. D'Argenson n'hésita pas à dire qu'il fut un *érudit déplacé, et que toutes ses connaissances, toute la fécondité de son esprit ne rendent aux affaires que des difficultés et des incertitudes.* Saint-Simon nous a laissé de lui un portrait plutôt flatteur : *de taille médiocre, il fut gros avec un visage fort plein et agréable jusqu'à ses dernières disgrâces, et toujours avec une physionomie sage et spirituelle, un œil pourtant bien plus petit que l'autre... Beaucoup d'esprit, d'application, de pénétration, de savoir en tout genre, de gravité et de magistrature, d'équité et de piété et d'innocence de mœurs firent le fond de son caractère,... avec cela doux, bon humain, d'un accès facile et agréable, et dans le particulier, de la gaîté et de la plaisanterie salée, mais sans jamais blesser personne ; extrêmement sobre, poli sans orgueil, et noble sans la moindre avarice.* Les dernières années du chancelier furent semées de deuils successifs (sa femme, puis deux de ses fils, sa fille et enfin son gendre), qui ne firent qu'affaiblir une santé déjà bien altérée. Outre un asthme qui le faisait souffrir depuis longtemps, une infection à la vessie aggrava son état, et quelques mois seulement après avoir donné sa démission, il mourut, dit-on, dans des souffrances terribles.

Sa famille fit ériger, en 1753, un magnifique mausolée. Sur une base de marbre blanc s'élevait une très haute pyramide en marbre du Languedoc, œuvre de Jean-François Dropsy, et surmontée d'un globe couronné d'une croix de cuivre doré. Le Roi lui-même fit don des marbres et des bronzes qui ornaient le monument. Il fut profané sous la Révolution, et ce n'est que sous le Consulat qu'on rendit leur dignité aux restes du chancelier et de sa femme. On peut toujours voir le monument, sur la place d'Auteuil, à Paris.

## Demeures

La famille s'installa à Paris en 1685, après avoir quitté Montpellier, dans un hôtel du XVII^{ème} siècle, rue Pavée-Saint-André-des-Arcs, qui fut détruit par un incendie en 1714 ; d'Aguesseau s'installa alors dans l'hôtel voisin, avant de prendre possession en 1719 de ses appartements de la Chancellerie (voir p. 56). Très remanié, l'hôtel existe toujours, au n° 18 rue Séguier (VI^{ème} arrt).

Sa propriété de Fresnes (Seine-et-Marne), située entre Clayes et Meaux, avait été achetée en 1708, par son père, au duc de Nevers. Le château, bâti sous Henri III, reçut ensuite plusieurs adjonctions. Il fut vendu en 1827 par son héritière, madame de Ségur, et entièrement démoli. Il en reste la description bien sommaire de Piganiol de La Force : *ce château est formé d'un seul corps de logis, décoré des trois ordres d'architecture (...); des deux côtés s'avancent deux gros pavillons aux extrémités desquels on voit deux tours rondes engagées dans le vif du bâtiment.* Le parc était grand, comme tous ceux de cette époque, planté de beaux arbres, et le jardin offrait à l'œil des tapis de gazon, des parterres de fleurs, des pièces d'eau et des statues. Devant le château, un canal se déroulait en demi-cercle, avant de se perdre dans la rivière voisine, la Beuvronne. Le chancelier écoula des jours heureux à Fresnes, en particulier au cours de ses deux exils. Les fêtes y étaient fréquentes ; elles étaient entourées de luxe et de grandeur que n'interdisaient pas cet asile paisible, les vertus domestiques et la sagesse des maîtres de maison. Les amis étaient fidèles, et on y reconnaissait, entre autres, le président Lambert, le maréchal d'Huxelles et le savant Maupertuis. Au sein de cette petite cour, d'Aguesseau montrait à maintes reprises ses talents de chanteur et exerçait son goût pour la poésie. La bibliothèque qu'il y avait installée, vendue en 1781 par ses héritiers, était à la fois celle d'un érudit et d'un bibliophile, qui servait sa mémoire qu'on disait prodigieuse, et sa passion pour les pièces rares.

Sa femme lui avait apporté en dot Coulanges-la-Vineuse et le Val-de-Mercy (Yonne) ; il les vendit en 1712.

## Iconographie, bibliographie et sources

Le musée des Arts décoratifs, à Paris, possède les portraits du chancelier et de sa femme, par Robert Tournières ; d'autres portraits, dûs à Vivien, sont conservés dans des collections particulières. En 1717, une médaille a été frappée lors de son accession à la Chancellerie. Le musée et la bibliothèque municipale de Limoges détiennent quelques souvenirs et gravures. Napoléon commanda une statue que l'on plaça devant le péristyle du Palais-Bourbon, où l'on peut toujours la voir (c'est aujourd'hui une copie récente). Le château de Versailles conserve sa statue, sculptée par Berruer.

D'Aguesseau a fait l'objet de plusieurs biographies, parmi lesquelles il faut retenir celle, un peu vieillie, de Francis MONNIER, *Le chancelier d'Aguesseau, sa conduite, ses idées politiques et son influence sur le mouvement des esprits*, Paris, 1860 (rééd. en 1975), et la dernière, de Jean-Luc A. CHARTIER, *Henri-François d'Aguesseau, chancelier de France*, Montpellier, 1989. Sa politique ecclésiastique a été analysée par Georges FRÊCHE, *Un chancelier gallican, d'Aguesseau*, Paris, 1969. Son œuvre législative a été publiée à plusieurs reprises, notamment par Pardessus, dans les *Oeuvres complètes du chancelier d'Aguesseau*, Paris, 1819, 16 volumes, et les légistes et historiens du droit lui ont consacré d'importantes études : ainsi Henri RÉGNAULT, *Les ordonnances civiles du chancelier*

d'Aguesseau, Paris, 1929-1965, ou Alain de FERRON, *Le chancelier d'Aguesseau et les gens de mainmorte*, Paris, 1933. D'autres aspects ont été étudiés par PANGON, *D'Aguesseau et la Compagnie des Indes*, Lyon, 1922, A. SAINT-MACARY, "Le chancelier d'Aguesseau et le parlement de Navarre", *Bulletin de la société des sciences, lettres et arts de Pau*, XV (1955), J. PORTEMER, "Un essai de méthode du chancelier d'Aguesseau", *Mémoires de la société pour l'histoire du droit et des institutions des anciens pays bourguignons*, 1957, Roland MOUSNIER, "D'Aguesseau et le tournant des ordres aux classes sociales", *Revue d'histoire économique et sociale*, n° 4 (1971), et Isabelle STOREZ, "La philosophie historique du chancelier d'Aguesseau", *Revue historique*, n° 540 (1981). Une étude de Jacques FOUCARD, "La fausse origine saintongeaise des d'Aguesseau", *Cercle généalogique de Picardie*, n° 34-35, suppl. (1981), fait le point sur l'histoire familiale. Un excellent article d'Yves COIRAULT, "Les charmes intérieurs de d'Aguesseau, le chancelier sans bonnet", *Le Limousin au XVII^{ème} siècle*, Limoges, 1979, permet d'entrer dans son intimité, tandis que l'étude de Victor OFFROY, "D'Aguesseau à Fresnes", *Oeuvres diverses*, Danmartin, 1872, évoque son lieu d'exil. L'hôtel parisien de la rue Séguier est décrit dans l'ouvrage collectif *L'Île Saint-Louis, l'Île de la Cité, le quartier de l'ancienne Université*, Paris, 1984. Une série d'études, accompagnées d'une exposition, ont donné lieu à un agréable ouvrage, *Le chancelier H.-F. d'Aguesseau,* Limoges, 1953, dans lesquels apparaissent des documents personnels, comme son testament, des portraits et autres souvenirs. Ses lettres intimes ont été publiées par D.-B. RIVES, *Lettres inédites du chancelier d'Aguesseau*, Paris, 1823. Il y a enfin deux écrits autobiographiques, l'un ayant trait à sa jeunesse, notamment à Montpellier, le *Discours sur la vie et la mort de mon père* (A Fresnes, 1720, et réimprimé dans ses *Oeuvres complètes*), l'autre racontant sa lutte contre la bulle *Unigenitus* en 1713, publié par A. GAZIER, "Fragment inédit des mémoires du chancelier d'Aguesseau", *Bulletin philologique*, 1918, Paris, 192. La Bibliothèque nationale conserve encore une partie de ses papiers (notamment mss. fs. 6820-6825, 7573, 12737, 13918, 22109).
[IAD : LI/968 (15-II-1751).

**LAMOIGNON DE BLANCMESNIL**
Guillaume de

Né à Paris, le 8 mars 1683
Mort à Paris, le 12 juillet 1772.

**Famille**

Originaire du Nivernais, agrégée à la noblesse au milieu du XVI^ème siècle.

*Losangé d'argent et de sable ; au franc quartier d'hermine.*

Son père : Chrétien-François, président à mortier au Parlement.

Sa mère : Marie-Jeanne Voysin, fille d'un conseiller d'État, cousine du chancelier Voysin.

Ses frères et sœurs : *Chrétien*, marquis de Basville, président à mortier au parlement de Paris, et grand-père du garde des sceaux de Louis XVI; *une sœur*, mariée à Longueil, président de la Chambre des Comptes de Paris ; *une sœur*, mariée à Massileau, président au parlement de Toulouse ; *quatre autres*, morts jeunes.

Il épousa en 1711 Marie-Louise d'Aligre (1697-1714), fille d'un président à mortier au parlement de Paris.
Il se remaria en 1715 avec Anne-Élisabeth Roujault (1692-1734), fille d'un maître des requêtes, intendant de Rouen, et cousine du futur contrôleur général des Finances, Maynon d'Invault.

Ses enfants : du premier lit, il eut *deux enfants,* morts jeunes ; du second lit, il eut *Chrétien-Guillaume* de Lamoignon de Malesherbes, directeur de la Librairie, puis secrétaire d'État de la Maison du Roi sous Louis XVI ; *Marie-Élisabeth*, mariée à César-Antoine de La Luzerne, et mère du secrétaire d'État de la Marine de Louis XVI ; *Marie-Louise*, mariée à Guillaume Castanier d'Auriac, conseiller d'État et secrétaire des Commandements de la Reine ; *Anne-Nicole*, mariée à Jean-Antoine Olivier de Sénozan, conseiller d'État ; *Agathe-Françoise*, religieuse de la Visitation ; *Barbe-Nicole*, morte jeune.

*Nommé le 10 décembre 1750, après la démission du chancelier d'Aguesseau, il ne tint jamais les sceaux ; il démissionna le 14 septembre 1768.*

**Carrière** : conseiller (1704), avocat général au Parlement (1707), puis président à mortier au Parlement (1723-1736) ; premier président de la Cour des Aides de Paris (1746) ; **chancelier de France (1750-1768)**.

**Places et dignités** : membre honoraire de l'Académie des Sciences ; membre honoraire de l'Académie des Inscriptions et Belles-Lettres.

La célébrité de ses grand-père, père et oncle, puis de son fils Malesherbes, une personnalité assez effacée, sa situation surtout de chancelier sans sceaux contribuèrent à faire de Blancmesnil un oublié de l'histoire.

Neveu du chancelier Voysin, il fut, dès son plus jeune âge, imprégné de culture juridique, et reprit au fur et à mesure, au sein du Parlement, les charges exercées par son père. Il eut, comme avocat général, à entrer dans les longs débats sur la bulle *Unigenitus*, qui battaient alors son plein. Réputé conciliateur et indépendant, il fut chargé par le Régent et le maréchal d'Huxelles de négocier secrètement avec les évêques du Languedoc, par l'intermédiaire de son oncle Basville. Poursuivant sans éclat et sans précipitation sa carrière de magistrat, il parvint à la première présidence de la Cour des Aides de Paris en 1746.

Lorsque, quatre ans après, le Roi lui confia la Chancellerie, rien ne pouvait laisser croire à une telle élévation. On sait même que Louis XV balança un moment et pensa nommer le vieux Lefèvre d'Ormesson, conseiller au Conseil des Finances depuis 1742, mais trop souffrant pour accepter une telle fonction. Après avoir gardé lui-même les sceaux une quinzaine de jours, son choix finit par se porter sur Blancmesnil, auquel il retira immédiatement les sceaux pour les remettre à Machault d'Arnouville, qui était déjà contrôleur général des Finances. Cette situation unique, qui mettait côte à côte un chancelier démuni de ses principales prérogatives, et un souverain qui n'hésita pas à garder les sceaux lui-même à plusieurs reprises, ou qui les confia à d'autres personnes, se prolongea durant dix-huit ans, jusqu'à ce que Blancmesnil, lassé, finît par démissionner. Trop proche du milieu parlementaire dont il était issu, il ne sut, ou ne voulut pas en effet manifester suffisamment de fermeté pendant la fronde qui opposa le Roi aux cours souveraines ; il essaya de sauver les Jésuites, et il se montra en définitive dépassé par les difficultés qui surgissaient. La famille rivale des Maupeou, enfin, travaillait contre lui, avec le soutien sans réserve de madame de Pompadour ; si bien qu'au cœur de la crise parlementaire, en 1763, René-Charles de Maupeou, père du futur chancelier, fut nommé vice-chancelier. Blancmesnil avait refusé de démissionner ; il fut exilé sur ses terres de Malesherbes, résolu à conserver sa charge. Seules la lassitude et la maladie eurent raison de son entêtement, et il mourut quatre ans après avoir abandonné ses fonctions, à l'âge de quatre-vingt-neuf ans.

Jugé sévèrement par ses contemporains, qualifié par Saint-Simon de *valet à tout faire, et comme tous les siens esclave des Jésuites*, il était au physique plutôt bien portant, avec un *gros ventre* et *un grand appétit* selon d'Argenson, qui lui prévoyait même de *crever de graisse ou d'apoplexie*. Le baron de Bésenval, plus aimable, parle d'un *maintien assuré*, le trouvant *d'un abord ouvert et facile, d'une affabilité prévenante*. Connu pour une piété profonde, il ne se fit guère d'ennemis ; mais on ne lui reconnut généralement pas de grandes qualités intellectuelles, sauf celles qui convenaient à un honnête magistrat. *Peu éclairé et de courtes lumières*, selon d'Argenson, on lui reprocha aussi un certain népotisme, en particulier lorsqu'il nomma son fils Malesherbes à la Librairie.

## Demeures

La principale demeure parisienne de la famille Lamoignon était un hôtel rue Pavée. Achetée par le père de Blancmesnil, cette résidence devint sa propriété en 1728, par héritage. C'est là, en 1721, que naquit Malesherbes. Le père et le fils y vécurent jusqu'en 1751, date à laquelle ils s'installèrent à la Chancellerie. L'hôtel fut alors loué par Antoine Moriau, procureur du Roi et de la Ville, pour y installer sa bibliothèque. L'édifice, dont la construction avait débuté en 1584, est surtout remarquable par sa façade. Il abrite aujourd'hui la Bibliothèque historique de la Ville de Paris (n° 24 rue Pavée, IV$^{ème}$ arrt).

Le chancelier possédait le château de Blancmesnil (Seine-Saint-Denis), maison de plaisance construite en 1752 sur les plans de l'architecte Pierre Faudemay. D'un seul étage, à la façade ornée d'un fronton et flanquée d'une petite tour, cette demeure était précédée d'une avant-cour bordée de deux pavillons ; elle ne comportait qu'une douzaine de pièces. L'ensemble fut détruit au début du XIX$^{ème}$ siècle.

Blancmesnil était également propriétaire du château de Malesherbes, près d'Étampes (Loiret), que son fils hérita (voir sa notice p. 267).

## Iconographie, bibliographie et sources

Le peintre Largillière a fait son portrait comme avocat général, conservé aujourd'hui dans le salon jaune de l'Hôtel Matignon, à Paris. Valade a également fait un portrait.

L'ensemble de cette famille ministérielle a été étudié par Louis VIAN, *Les Lamoignon, une vieille famille de robe*, Paris, 1896. Leurs archives sont actuellement déposées aux Archives nationales, dans le chartrier de Tocqueville (154 AP) et le fonds du château de Rosanbo (259-264 AP).

Personnage falot, le chancelier n'a guère attiré l'attention des historiens. Son point de vue et son action dans l'affaire de la bulle *Unigenitus* apparaissent dans la publication d'Henri COURTEAULT, "Journal historique de Guillaume de Lamoignon, avocat général au parlement de Paris (1713-1718)", *Annuaire-Bulletin de la Société de l'Histoire de France*, tome XLVII (1910). Les péripéties de sa nomination sont évoquées par Wladimir d'ORMESSON, "La nomination d'un chancelier de France sous Louis XV", *Revue de Paris*, 1967. D'intéressants renseignements dans les ouvrages de Pierre GROSCLAUDE, *Malesherbes, témoin* et interprète de son temps*, Paris, 1961, et de Jean EGRET, *Louis XV et l'opposition parlementaire*, Paris, 1970. Sur l'hôtel de Lamoignon, on verra l'excellente mise au point dans le catalogue dirigé par Alexandre GADY et Béatrice de ANDIA, *La rue des Francs-Bourgeois, au Marais*, Paris, 1992. Sa maison de campagne à Blancmesnil est évoquée par Eugène SOITEL, *Blancmesnil et son passé*, Montfermeil, 1973, et Albert GALICIER, *Histoire anecdotique de Blanc-Mesnil*, Blancmesnil, 1973.

Ses *Réflexions morales*, inédites, sont conservées dans les archives de Rosambo, aux Archives nationales (259-264 AP).
[IAD : CXII/754ᴮ (17-VII-1772).

### MAUPEOU
René-Charles.

*Vice-chancelier depuis 1763, il fut nommé le 15 septembre 1768, mais démissionna dès le lendemain en faveur de son fils.*

Voir notice, p. 101.

### MAUPEOU
René-Nicolas-Charles-Augustin

Né à Montpellier, le 25 février 1714
Mort au château du Thuyt (Eure),
le 29 juillet 1792.
Inhumé dans le cimetière du Thuyt.

### Famille

<u>Fils</u> de René-Charles de Maupeou, <u>vice-chancelier de France</u> (voir sa notice, p. 101).

<u>Il épousa</u> en 1744 Anne-Marguerite-Thérèse de Roncherolles (1725-1752), fille du marquis de Roncherolles.

<u>Ses enfants</u> : *René-Ange-Augustin*, président à mortier au parlement de Paris, marié à A.- J.- F. Feydeau de Brou, petite-fille de Feydeau de Brou, garde des

sceaux de Louis XV ; *Charles-Victor-René*, maître des requêtes et gouverneur de Loudun ; *une autre fille*, morte à la naissance.

*Nommé le 18 septembre 1768, grâce à la démission de son père ; il tint les sceaux jusqu'au 24 août 1774, date à laquelle il fut disgracié ; il ne démissionna jamais, et resta donc chancelier jusqu'à sa mort.*

**Carrière** : conseiller (1733), président à mortier en survivance (1737), puis premier président du Parlement (1763) ; **chancelier de France (1768-1792)**.

**Places et dignités** : chancelier-commandeur des Ordres du Roi (février-mars 1770).

Par sa réforme judiciaire qui supprimait la vénalité, et donc l'hérédité de la Robe, ainsi que toute forme d'épices, le chancelier Maupeou est sans doute l'un des ministres les plus controversés de son siècle. Qualifié de "révolution" par ceux qui dénonçaient l'expression du despotisme monarchique, l'édit du 23 février 1771 eût, selon d'autres, évité la "grande révolution" de 1789 et la chute de la monarchie, si son application n'avait pas été abandonnée.

Recevant à vingt-trois ans la charge de président à mortier en survivance de son père, qui le consulta ensuite souvent, l'influence de Maupeou fils ne cessa de grandir. Sa méfiance à l'égard du Parlement l'amena à engager son père dans les négociations dont résulta la déclaration de décembre 1756 restreignant les droits politiques du Parlement, déclaration finalement retirée par le Roi. Devenu à son tour premier président en remplacement de son père, Maupeou dut pourtant d'abord contenter les magistrats en acceptant l'expulsion des Jésuites, en signant l'arrêt de confirmation de la sentence du tribunal d'Abbeville qui condamnait à mort le chevalier de La Barre, en ne s'opposant pas enfin à la condamnation de Lally-Tollendal.

Mais c'est à la démission immédiate de son père en sa faveur que Maupeou accéda à la chancellerie de France. D'abord conciliant à l'égard du Parlement, il prit le parti de la fermeté à la suite de l'affaire de Bretagne, refusant toute atteinte à l'autorité du Roi. L'attitude de la compagnie parisienne qui avait rendu contre le duc d'Aiguillon un arrêt d'indignité le privant de la pairie, le détermina à préparer un "édit pour règlement" qui interdisait la correspondance entre les parlements, les cessations de service, les démissions collectives et la modification des édits après leur enregistrement. Le lit de justice de décembre 1770 imposa l'édit, tandis que Maupeou confisquait les pièces du procès du duc d'Aiguillon et contribuait à la disgrâce de Choiseul, favorable aux parlements. L'agitation se poursuivant et le Parlement ayant cessé le service, il envoya le mois suivant, en pleine nuit, des mousquetaires chez les magistrats pour leur enjoindre de reprendre le service et de se soumettre au Roi. La majorité d'entre eux s'y étant refusé, Maupeou résolut la suppression pure et simple du parlement de Paris. Il fit enregistrer par la Grand'Chambre, pourvue de nouveaux conseillers, trois édits. Le premier d'entre eux démembrait le ressort du Parlement entre six conseils supérieurs, tribunaux d'appel souverains jugeant en dernier ressort, aux fonctions purement judiciaires et dont les magistrats étaient nommés et rémunérés par l'État. Peu après la Cour des Aides et le Grand Conseil furent également dissous, et un nouveau parlement constitué. Ce "Parlement Maupeou" qui conservait le droit de remontrances, était présidé par Bertier de Sauvigny. Bien qu'inévitablement, on retrouvât les mêmes membres qui avaient composé l'ancien Parlement, Maupeou espérait réussir là une triple révolution : judiciaire, bien sûr, par une modernisation sans précédent ; sociale, puisque la caste parlementaire devait en principe être brisée par la fin de l'hérédité des charges ; politique, surtout, par l'anéantissement de l'opposition, qui jusqu'alors avait empêché toutes les tentatives de réformes, notamment fiscales, d'aboutir. Rien d'étonnant à ce que Maupeou ait déchaîné tant de haine et de passions, auxquelles il ne fut d'ailleurs guère sensible. Le bureau des finances de la généralité de Paris et l'Amirauté de Paris disparurent à leur tour. En province, enfin, de nouveaux parlements furent substitués aux anciens - sauf à Douai, où le parlement fut remplacé par un conseil supérieur -, et les cours des monnaies furent supprimées. Le célèbre avocat Linguet se faisait le champion du nouveau parlement et Maupeou poursuivit ses réformes, diminuant les frais de justice, restreignant la publicité des édits et arrêts du parlement et opérant de nombreuses transformations de détail. Mais les oppositions se déchaînèrent, et, comme jadis les mazarinades, les "Maupeouana" fleurirent sur tout le territoire. En dépit des querelles, de l'opposition janséniste et des rumeurs persistantes de sa disgrâce, le chancelier de France parvint à maintenir la cohésion du gouvernement, constitué principalement par l'abbé Terray aux Finances et le duc d'Aiguillon aux Affaires étrangères. Mais le "triumvirat" ne survécut pas à la mort de Louis XV : sur les conseils de Maurepas, et peut-être de la Reine, Louis XVI se décida à renvoyer Maupeou et à rappeler les cours. Une fois rétabli dans ses anciennes attributions, le Parlement reprit son opposition systématique aux réformes de fond, paralysant ainsi la réelle volonté gouvernementale de modernisation des institutions. D'aucuns ont vu là l'une des raisons profondes qui ont permis le déclenchement de la Révolution française.

Le chancelier en exil continua à se préoccuper du sort de la monarchie, et fit parvenir à Louis XVI un mémoire, sous forme de compte rendu, où il lui livra à nouveau son opinion sur les parlements, ainsi qu'un projet de réforme sur l'instruction publique.

Avant sa réforme, Maupeou était plutôt estimé, si l'on en croit l'avocat Barbier, qui écrit qu'il était *un rare sujet pour l'esprit, la science et la politesse.* Déjà, cependant, il suscitait des critiques importantes, et Dufort de Cheverny, alors qu'il n'était que premier président, dit que *n'ayant l'estime d'aucun parti, son esprit suppléait à tout : bas, haut, fier, insolent, menteur, effronté, caressant, il jouait tous les rôles qu'il voulait sans être estimé ; il faisait faire par d'autres, quand il ne pouvait s'en mêler, tout ce qui pouvait le conduire au ministère.* Reste enfin le portrait très partial et injuste, mais haut en couleur, de Sénac de Meilhan : *une figure de juif, un teint olivâtre, des manières de Pantalon, un regard faux et perfide, voilà à peu près l'extérieur du chancelier. Il n'a jamais connu de milieu entre la bassesse et l'insolence, et quand il cherchait à plaire, il tombait dans l'avilissement. L'ambition semble supporter quelque élévation dans l'âme. Celle du chancelier n'avait pour principe que l'amour de l'argent et d'autre objet que la satisfaction de sa méchanceté.*

## Demeures

Il semble qu'il n'habita pas la Chancellerie, où logeait cependant la famille de son fils.

Il avait acheté, au comte Déodati, une maison à Chatou, aujourd'hui disparue. Enfin, il avait acquis après sa disgrâce, au petit-fils du fermier général Monville, le château du Thuyt, près de Château-Gaillard (Eure). Il ne reste aujourd'hui de cette belle demeure, bâtie sur les falaises du bord de la Seine, que deux pavillons, certains bâtiments des communs et la grande terrasse, le reste ayant été complètement transformé au XIX$^{ème}$ siècle.

## Iconographie, bibliographie et sources

Le château de Versailles possède un portrait du chancelier, en robe, la main droite ouverte, attribué au peintre Taillasson, ainsi qu'un autre, par Decaudin, déposé au ministère de la Justice. Les descendants possèdent d'autres portraits, notamment un dessin de 1771 dû à Jean-Baptiste Lemoyne.

La "révolution Maupeou" a suscité de nombreuses études, parmi lesquelles on retiendra les thèses de Jules FLAMMERMONT, *Le chancelier Maupeou et les parlements*, Paris, 1885, de Robert VILLERS, *L'organisation du parlement de Paris et des conseils supérieurs d'après la réforme de Maupeou (1771-1774)*, Paris, 1937, et de A. BLOCH, *Maupeou, ses tribunaux, ses réformes*, Paris, 1887, ainsi que le récent ouvrage de Durand ÉCHEVERRIA, *The Maupeou revolution. A study in the history of libertarianism France (1770-1774)*, London, 1985, et l'éclairant article de Michel ANTOINE, "Sens et portée des réformes du chancelier Maupeou", *Revue Historique*, n° 583 (1992). La composition du "parlement Maupeou" est étudiée dans le dictionnaire de Joël FÉLIX, *Les magistrats du parlement de Paris (1771-1790)*, Paris, 1990. On trouve également des monographies pour les parlements de province (Pierre RABATEL, *Le parlement de Grenoble et les réformes de Maupeou*, Grenoble, 1912 ; Charles BABINET, "Notice sur le Conseil supérieur de Poitiers (1771-1774)", *Bulletin de la Société des Antiquaires de l'Ouest*, 1895 ; Jacques LE GRIEL, *Le chancelier Maupeou et la magistrature française à la fin de l'Ancien régime. Le conseil supérieur de Clermont-Ferrand (1771-1774)*, Paris, 1908 ; METZGER, pour Lyon, *Annales de l'Université de Lyon*, 1912 ; Jean SIGMANN, *La révolution de Maupeou en Bourgogne (1771-1775). La caste parlementaire à la fin du XVIII^ème siècle*, Besançon, 1981.)

Le "compte rendu au Roi", de 1789, publié en partie par Jules FLAMMER-MONT, *Le chancelier Maupeou et les parlements*, Paris, 1885, est conservé à la Bibliothèque nationale (mss. fs. 6570-6572). Le *Journal* autographe inédit du président d'Ormesson de Noiseau est d'un remarquable intérêt pour la vie des magistrats exilés par le chancelier Maupeou, et le précis de tous les événements de cette époque. Conservé au château d'Ormesson, il en existe un microfilm aux Archives nationales (144 AP 116-121).

[Dépôt de testament : XVIII/902 (6-VIII-1792).

# UN CAS PARTICULIER.

## MAUPEOU
René-Charles de

Né à Paris, le 11 juin 1688
Mort à Paris, le 4 avril 1775.

### Famille

Originaire de Poitiers, anoblie à la fin du XVI<sup>ème</sup> siècle.

*D'argent au porc-épic de sable.*

<u>Son père</u> : René, président au parlement de Paris.

<u>Sa mère</u> : Geneviève-Charlotte Le Noir, fille d'un trésorier de France à Caen.

<u>Sa sœur</u> : abbesse de Faremoutiers.

<u>Il épousa</u> en 1712 Anne-Victoire de Lamoignon de Courson (1696-1767), fille d'un intendant de Bordeaux.

<u>Ses enfants</u> : *René-Nicolas-Charles-Augustin*, chancelier de France à sa suite ; *Louis-Charles-Alexandre*, lieutenant général des armées du Roi et gouverneur de la ville de Béthune ; *Anne-Madeleine-Adélaïde*, mariée à François-Louis de Louet de Murat, comte de Nogaret et marquis de Calvisson.

*Il fut nommé vice-chancelier le 4 octobre 1763 ; cette charge n'existait pas auparavant, et ne fut pas enregistrée par le Parlement. Nommé chancelier le 15 septembre 1768, à la démission de Blancmesnil, il démissionna le lendemain en faveur de son fils.*

**Carrière** : avocat du roi au Châtelet (1707) ; conseiller au Parlement (1710) ; maître des requêtes (1712) ; président à mortier (1717), premier président du Parlement (1743-1757) ; **vice-chancelier de France (1763-1768) ; chancelier de France (15-16 septembre 1768)**.

Magistrat de tradition, René de Maupeou eut une fin de carrière originale qui le mit en opposition avec le Parlement dont il avait été le chef pendant près de quinze ans, annonçant la "révolution" que son fils allait mener quelque temps après au sein de la magistrature.

Appartenant à une ancienne famille de la Robe, Maupeou gravit lentement les échelons de la hiérarchie parlementaire, avant d'être premier président de la compagnie parisienne en 1743, au moment où les querelles entre les magistrats et le pouvoir royal devenaient plus intenses. Lors de l'affaire de l'Hôpital général, puis de celle des refus de sacrements, il présenta au Roi les remontrances parlementaires, tout en veillant à ne pas compromettre l'estime que lui portait la cour, obtenant en même temps le rappel du Parlement. La querelle des billets de confession relancée, et le désir du gouvernement de lever des impôts supplémentaires pour le financement de la guerre de Sept Ans, entraînèrent de nouvelles tensions. De nombreux magistrats furent exilés avant d'être finalement rappelés, mais Maupeou, qui ne semblait pas avoir manifesté toute l'autorité que ses confrères attendaient de lui, préféra démissionner de la première présidence.

L'ensemble de la magistrature traversait alors une période difficile, à commencer par la chancellerie, dont le titulaire Lamoignon de Blancmesnil, qui refusait de démissionner, n'avait toujours pas obtenu la garde des sceaux. Lorsqu'en 1763, après une instabilité peu habituelle où le Roi lui-même avait tenu les sceaux, le chancelier fut enfin exilé, Maupeou revêtit les fonctions tout aussi inhabituelles de vice-chancelier, qui lui donnaient la garde des sceaux, en attendant que Blancmesnil acceptât de quitter sa charge. Il fallut patienter cinq ans, au terme desquels Maupeou devint chancelier en titre. Mais, alors âgé de quatre-vingts ans, il préféra se retirer en faveur de son fils et lui laisser le soin d'accomplir la réforme fondamentale qu'il mûrissait.

Quoiqu'ayant eu à subir des reproches d'ignorance en matière juridique et de vanité, Maupeou se vit reconnaître aussi son habileté et sa culture. Il était, aux dires de l'avocat Barbier, *extrêmement gracieux, avec de l'esprit..., propre à avoir affaire à la cour*. Pour Gaillard, pourtant ennemi déclaré de sa famille, Maupeou était *d'une taille noble et majestueuse, d'une figure superbe, magistrat ignorant, homme aimable, aimé des femmes, il avait par elles du crédit à la cour... Il n'avait jamais entendu une seule des affaires qu'il avait jugées..., cependant il prononçait très bien les arrêts... Il était excellent dans les occasions d'éclat où il fallait de la représentation ; à la tête du Parlement, c'était un superbe général d'armée... A la cour, il savait faire rendre à sa compagnie tout ce qui lui était dû avec une hauteur et une noblesse qui le faisait respecter des courtisans... Il était en tout assez bon homme d'ailleurs, quoiqu'on en ait dit*. Son attitude et surtout celle de son fils envers le Parlement lui valurent bien sûr des jugements très négatifs, dont ce distique en forme d'épitaphe rend bien compte :

> *Ci-gît un vieux coquin qui mourut de colère*
> *D'avoir fait un coquin plus coquin que son père.*

**Demeures**

Alors qu'il n'était encore que premier président du Parlement, Maupeou avait obtenu du Roi l'insigne honneur d'avoir un logement au château de Versailles. Il avait également logé à Paris dans l'hôtel Châtillon de Lude, rue Payenne, dans lequel est né le futur chancelier. Cet hôtel, au n° 13 rue Payenne (III<sup>ème</sup> arrt), existe toujours. On le trouve plus tard rue de Varenne, dans l'hôtel Gouffier de Thoix, construit en 1719. Il existe toujours, au n° 56 de cette rue (VII<sup>ème</sup> arrt). Il habita ensuite la Chancellerie, place Vendôme.

Il possédait une propriété à Bruyères, près de Beaumont-sur-Oise (Val-d'Oise), et un château à Morangles, près de Senlis (Oise).

**Iconographie, bibliographie et sources**

Le musée Jacquemart-André possède un buste majestueux, dû à Jean-Baptiste Lemoyne ; le château de Guermantes conserve un portrait, par Van Loo.

Sur la famille de ces deux magistrats, on verra les deux ouvrages de J. de MAUPEOU, *Le chancelier Maupeou*, Paris, 1942 et *Histoire des Maupeou*, Fontenay-le-Comte, 1959.

Leurs archives sont toujours conservées par les descendants.
[IAD : LXVI/624 (10-IV-1775).

# LES GARDES DES SCEAUX.

### D'ARGENSON
Marc-René de Voyer de Paulmy, marquis

Né à Venise, le 4 novembre 1652
Mort à Paris, le 8 mai 1721.
Inhumé en l'église Saint-Nicolas-du-Chardonnet,
à Paris.

### Famille

Originaire de Touraine, de noblesse d'extraction.

*Écartelé : aux 1 et 4, d'azur à deux léopards, alias lions léopardés, d'or, couronnés du même, armés et lampassés de gueules, l'un sur l'autre* (Voyer) *; aux 2 et 3, d'argent à la fasce de sable* (Gueffault) *; et sur le tout, d'azur au lion ailé d'or, couronné du même, tenant de la patte dextre une épée d'argent sur un livre ouvert du même, le tout reposant sur une terrasse de sinople* (Venise).

Son père : René, maître des requêtes et ambassadeur à Venise.

Sa mère : Marguerite Houllier de La Poyade, fille d'un lieutenant au présidial d'Angoulême.

Ses frères et sœurs : *François-Hélie*, évêque de Dôle, successivement archevêque d'Embrun, puis de Bordeaux ; *Joseph-Ignace*, chevalier de Malte ; *Antoinette-Catherine*, mariée à Louis de Valori d'Estilly ; *Françoise* et *Thérèse-Hélène*, mortes jeunes ; *Marie-Scholastique*, carmélite à Angoulême.

Il épousa en 1693 Marguerite Lefèvre de Caumartin (1672-1719), fille d'un intendant de Champagne et conseiller d'État.

Ses enfants : *Marie-Catherine-Madeleine*, mariée à Thomas Le Gendre de Collande, maréchal de camp, et grand-mère de Montmorin, secrétaire d'État des Affaires étrangères sous Louis XVI ; *René-Louis*, secrétaire d'État des Affaires étrangères sous Louis XV ; *Pierre-Marc*, secrétaire d'État de la Guerre sous Louis XV.

*Il reçut les sceaux le 8 janvier 1718, après la première disgrâce du chancelier d'Aguesseau, et fut disgracié le 7 juin 1720 ; il exerça conjointement cette charge avec celle de directeur de l'administration des Finances.*

**Carrière** : lieutenant général civil d'Angoulême (1679) ; maître des requêtes (1694) ; lieutenant général de police de Paris (1697-1718) ; maître des requêtes honoraire (1703) ; conseiller d'État semestre (1709) ; **garde des sceaux (1718-1720) ; directeur de l'administration principale des Finances (1718-1720)** ; conseiller d'État ordinaire (1719).

**Places et dignités** : membre de l'Académie française (1718).

Policier redouté, administrateur efficace, d'Argenson fut le premier des quatre ministres de ce nom qui marquèrent le règne de Louis XV, père et grand-père de René-Louis, Marc-René et Antoine-René.

Bien que né à Venise, d'Argenson fit ses études à Paris. Dès l'âge de vingt-sept ans, il eut la charge du bailliage d'Angoulême. Sa capacité de travail le fit très vite remarquer par Caumartin, dont il épousera la sœur, et par le contrôleur général Pontchartrain, qui le pressa de venir s'installer à Paris.

C'est dans la capitale, comme lieutenant général de police, que d'Argenson donna toute sa mesure, et laissa sa marque dans l'histoire. Celui que Saint-Simon appelait *l'inquisiteur suprême* est considéré comme le véritable fondateur de la police politique. Au cours de ces vingt et un ans, il fut le bras droit efficace de Louis XIV, puis du Régent, dans le maintien de l'ordre, mais aussi dans la pratique de l'absolutisme, entouré d'un corps d'espions qui exerçaient une surveillance accrue sur l'ensemble de la capitale ; c'est lui qui, notamment, fit fermer le monastère de Port-Royal, et fit détruire, quelque temps plus tard, les bâtiments et le cimetière.

Après la mort de Louis XIV, le Régent, qui avait déjà pu apprécier ses services, en fit bientôt un allié presqu'indispensable, en particulier en face du Parlement. Remplaçant le duc de Noailles à la présidence du Conseil des Finances, et prenant les sceaux à d'Aguesseau, d'Argenson se retrouva dès 1718 l'un des plus puissants personnages du royaume. Bien que de très courte durée, son passage au ministère se marqua par une activité intense, que les contemporains ne manquèrent pas de relever. Ainsi Voltaire le trouvait *d'un grand courage dans les difficultés... d'un travail infatigable, désintéressé, ferme, mais dur, despotique, et le meilleur instrument du despostisme que le Régent pût trouver*. Mais, en cette période de trouble financier, et face aux ambitions conjuguées de Law et de Dubois, il dut bien vite rendre les sceaux et se retirer.

Au physique, Saint-Simon lui trouvait *une figure effrayante*, et son propre fils ne cache pas qu'*il était laid, avec une physionomie d'esprit et fort bien fait* ; il donne d'ailleurs de lui un portrait plein de nuances : *il était gaillard, d'une bonne santé, donnant dans les plaisirs sans crapule ni obscénité ; la meilleure compagnie de la province le recherchait ; il buvait beaucoup sans s'incommoder, avait affaire à toutes les femmes qu'il pouvait, séculières ou régulières, avec un peu plus de goût pour celles-ci, camuses ou à grand nez, grasses et maigres ; disait force bons mots à table ; il était de la meilleure compagnie qu'on puisse être. C'était un esprit nerveux, un esprit de courage, et le cœur presque aussi courageux que l'esprit ; une justesse infinie avec de l'étendue.*

S'il était né pauvre (il avait acheté sa charge de maître des requêtes avec l'aide de son oncle), il se retira riche, avec des enfants jeunes, bien pourvus, et bien placés. On estime qu'à sa mort, il disposait de 730.000 livres, somme importante pour cette époque. Son fils cadet lui ressemblera d'ailleurs beaucoup, réussissant à constituer une fortune de plus de deux millions de livres.

L'ancien lieutenant de police s'éteignit chez les bénédictines du faubourg Saint-Antoine, au couvent de la Madeleine-du-Traisnel ; c'est là, que, selon son désir, son cœur reposa, tandis que son corps était inhumé dans la chapelle familiale de Saint-Nicolas-du-Chardonnet. Le château de Versailles possède encore le buste, sculpté par Guillaume Coustou, qui en ornait le tombeau.

## Demeures

Lorsqu'il fut nommé lieutenant général de police de Paris, d'Argenson s'installa rue Vieille-du-Temple, dans un hôtel familial qu'il hérita en 1693 de son oncle. Peu à peu, il fit l'acquisition d'autres maisons situées autour, constituant ainsi un véritable ensemble immobilier, en plein cœur du Marais, qui resta jusqu'à l'époque de sa mort la demeure de prestige de toute la famille. On peut encore le voir, au bout de l'actuelle impasse de l'Hôtel d'Argenson, au n° 20 rue Vieille-du-Temple (IVème arrt). Mais le ministre avait l'habitude de faire retraite dans un grand pavillon qu'il avait fait bâtir, à côté du couvent des bénédictines de la Madeleine-du-Traisnel. Situé hors les murs, au faubourg Saint-Antoine, ce monastère avait été sous la protection de la reine Anne d'Autriche. D'Argenson, ami intime de la mère prieure, avait confié à l'architecte Cartaud le soin de construire la chapelle. Le pavillon s'étendait sur un vaste rez-de-chaussée de douze pièces. Hélas, le percement du boulevard Voltaire, au XIXème siècle, fut fatal à l'ensemble des bâtiments, dont il reste quelques vestiges au n° 100 de l'actuelle rue de Charonne ; le pavillon s'élevait à la hauteur de l'actuel n° 188 (IXème arrt). C'est là que, veuf depuis deux ans, il mourut.

Sa propriété d'Argenson, dans la commune de Maillé (Indre-et-Loire), fut élevée au marquisat en 1718. Un modeste château s'y élevait depuis le XVI^{ème} siècle, et plusieurs autres maisons, fortes et grosses fermes en dépendaient. La fortune qu'il s'était constituée lui permit d'en agrandir les terres et d'embellir sa demeure, mais il ne la fréquenta guère, résidant à Paris le plus clair de l'année. Propriété privée, cette demeure existe toujours.

## Iconographie, bibliographie et sources

Le sculpteur Guillaume Coustou a réalisé un buste du garde des sceaux, destiné à son tombeau, et conservé aujourd'hui à Versailles. Il a été étudié par François SOUCHAL, *Les frères Coustou*, Paris, 1980 ; il existe également plusieurs portraits, dont le plus important est celui de Rigaud, conservé au musée Atger de Montpellier. Il y aurait aussi un portrait de Tournières, et un autre portrait au musée de Caen.

Sur l'ensemble des quatre ministres et de leur famille, on verra la synthèse, hélas inédite, de Jean-Paul TSAPAS, *Les Voyer d'Argenson, une famille de grands commis de l'État sous l'Ancien régime*, maîtrise de l'Université de Paris-X Nanterre, 1978, qui fait une analyse précise de la fortune du garde des sceaux et de ses deux fils.

Il n'existe pas d'étude d'ensemble sur ce personnage si important. Il faut s'en remettre aux mémorialistes, et en particulier à son fils, ainsi qu'au très bel *Éloge* qu'en fit Fontenelle au moment de sa mort.

En revanche, son activité de lieutenant de police a suscité de nombreux travaux et éditions de textes : *Notes de René d'Argenson, lieutenant de police, intéressantes pour l'histoire des mœurs et de la police à Paris à la fin du règne de Louis XIV*, Paris, 1866 ; Paul COTTIN, *Rapports inédits du lieutenant de police René d'Argenson (1697-1715)*, Paris, 1891 ; Jacques SAINT-GERMAIN, *La vie quotidienne à la fin du Grand Siècle, d'après les archives en partie inédites, de d'Argenson*, Paris, 1965 ; "Le lieutenant général de police d'Argenson vu par ses contemporains", *Liaisons*, n° 225, (1976), et enfin H. TULARD, "D'Argenson à Port-Royal (29 octobre 1709)", *Vigilat*, n° 13 (1955). Sur l'hôtel du Marais, on verra l'article de Maurice DUMOLIN, "Le fief d'Automne", *La Cité*, n° 101-102, et sur sa maison du faubourg Saint-Antoine, Lucien LAMBEAU, "Le prieuré de la Madeleine-du-Tresnel, rue de Charonne", *Commission du Vieux-Paris*, annexe du procès-verbal du 31 mai 1911. La Bibliothèque nationale conserve encore un grand nombre de ses papiers de fonction.
[IAD : CXV/399 (14-V-1721).

## FLEURIAU D'ARMENONVILLE
Joseph-Jean-Baptiste

Né à Paris, le 22 janvier 1661
Mort au château de Madrid,
à Boulogne-sur-Seine, le 27 novembre 1728.
Inhumé dans la chapelle
Saint-Jean-Baptiste de l'église Saint-Eustache,
à Paris.

### Famille

Originaire de Tours, anoblie au XVII^ème siècle.

*D'azur à l'épervier d'argent, membré, longé et grilleté du même, perché sur un bâton de gueules ; au chef d'or, chargé de trois glands, feuillés et tigés de sinople.*

<u>Son père</u> : Charles, secrétaire du Roi, veuf de Marguerite Lambert de Thorigny, procureur en la Chambre des Comptes.

<u>Sa mère</u> : Françoise Guillemin, fille d'un secrétaire des commandements de Gaston d'Orléans, conseiller du Roi.

<u>Ses frères et sœurs</u> : une demi-sœur, *Marguerite*, mariée en premières noces à Jean de Fourcy, conseiller au Grand Conseil, et en secondes noces à Claude Le Peletier, contrôleur général des Finances sous Louis XIV, oncle de Le Peletier Des Forts, contrôleur général des Finances sous Louis XV ; *Louis-Gaston*, trésorier de la Sainte-Chapelle, évêque d'Orléans ; *Thomas-Charles*, jésuite ; *Marie-Madeleine*, mariée à François de Gasville, secrétaire du Roi, commissaire des guerres ; *Françoise-Marguerite*, mariée à Jean-Louis de Laurency de Montbrun, président à mortier au parlement de Toulouse ; *Marie-Françoise-Angélique*, religieuse de la Visitation Sainte-Marie à Paris ; *Daniel-Claude*, jésuite ; *Françoise-Catherine* et *Marguerite-Thérèse*, mortes jeunes.

<u>Il épousa</u> en 1685 Marie-Jeanne Gilbert (1660-1716), fille d'un marchand bourgeois de Paris et secrétaire du Roi.

<u>Ses enfants</u> : *Charles-Jean-Baptiste F. de Morville*, secrétaire d'État de la Marine, puis des Affaires étrangères sous Louis XV ; *Marie-Jeanne*, mariée à Jean de Gassion, maréchal de camp, gouverneur de Dax ; *Marie-Thérèse*, mariée à Henri de Moncault d'Autrey, colonel au régiment de la Sarre-Infanterie ; *Marguerite*, morte jeune.

*Après avoir racheté au chancelier Voysin sa charge de secrétaire d'État, le 3 février 1716, il reçut les sceaux le 28 février 1722, après la deuxième disgrâce du chancelier d'Aguesseau ; il fut disgracié le 17 août 1727.*

**Carrière** : premier commis de Claude Le Peletier, son beau-frère, et de Pontchartrain, contrôleurs généraux des Finances ; conseiller au parlement de Metz (1686) ; intendant des finances (1690) ; directeur des finances (1701-1708) ; bailli et capitaine de Chartres (1702) ; conseiller d'État semestre (1705) ; **secrétaire d'État (1716-1721)** ; secrétaire du Roi (1716) ; conseiller d'État ordinaire (1717) ; **garde des sceaux de France (1722-1727)**.

**Places et dignités** : capitaine des châteaux de Madrid et de la Muette, et des chasses du Bois de Boulogne (1705) ; grand-croix secrétaire-greffier de l'Ordre de Saint-Louis (1719) ; grand trésorier-commandeur des Ordres du Roi (1724).

Ce serviteur de l'État, né l'année de la prise du pouvoir par Louis XIV, à la carrière atypique et d'une fraîche noblesse, fut, quoique fort discret, et par là-même, méconnu, l'un des ministres les plus stables de la Régence.

Entré jeune dans l'administration des finances grâce à l'appui de son beau-frère, le contrôleur général Le Peletier, il y resta près de vingt ans, finissant même par en devenir, pendant quelques années, le directeur. Sa charge de capitaine des chasses aurait pu lui permettre de terminer précocement, mais paisiblement, sa carrière administrative ; il n'en fut rien, et la mort de Louis XIV l'amena plus près du gouvernement qu'il n'en avait jamais été.

Commençant par racheter au chancelier Voysin, que l'on pressait de quitter les affaires pour installer la Polysynodie, sa charge de secrétaire d'État, il obtint une commission pour tout ce qui regardait la marine, et se montra très favorable à la Compagnie du Mississipi, un des éléments du système de Law. En 1720, il présida la Chambre des vacations, établie pendant l'exil du Parlement à Pontoise, puis fut de ceux qui enquêtèrent lors de l'affaire du duc de La Force. En 1722, enfin, le Régent le pria de reprendre les sceaux au chancelier d'Aguesseau, qui, trop hostile à Law et son système, se vit disgracier une seconde fois. Abandonnant son secrétariat d'État à son fils, le comte de Morville, il ne fit que gérer les affaires courantes. Cinq ans plus tard, l'arrivée aux affaires du cardinal Fleury, et de son protégé, le jeune Chauvelin, le contraignit à donner sa démission et à se retirer définitivement du gouvernement. Il mourut un an plus tard, après s'être consacré à de nombreux travaux civils à Neuilly et dans la plaine des Sablons. Il fut inhumé dans une chapelle qu'il avait dotée quelques années auparavant, où s'éleva plus tard un mausolée, pour lui et son fils, formé d'une urne double adossée à une grande draperie, œuvre du sculpteur Bouchardon, aujourd'hui disparue.

Fleuriau d'Armenonville semble avoir été plutôt d'un caractère facile, et Saint-Simon nous dit qu'*il était un homme léger, gracieux, respectueux, quoique familier, toujours ouvert, toujours accessible, qu'on voyait peiné d'être obligé de refuser, et ravi de pouvoir accorder, aimant le monde, la dépense, et surtout la bonne compagnie qui était toujours nombreuse chez lui*. On lui reconnaissait généralement de l'esprit, de l'expérience ; on lui reprochait cependant de ne pas s'être défait d'une *fatuité qu'une fortune prématurée donne aux gens de peu* ; mais c'était son grand sérieux dans le travail qui impressionnait ses contemporains. Mathieu Marais, qui eut l'occasion de travailler avec lui, raconte qu'*il lisait tous les arrêts qu'il scellait et qu'on lui présentait, et qu'il ne signait jamais rien qu'après l'avoir lu* ; il ajoute : *le travail ne lui coûte rien ; il est très poli, reçoit bien tout le monde dans ses audiences*.

## Demeures

Très habile dans la finance, d'Armenonville avait su se constituer une fortune importante, qui lui permit d'acheter charges, hôtels et demeures. Il occupait à Paris l'hôtel d'Epernon dans le quartier des Halles, rue Plâtrière. Il l'avait acheté au fils de l'ancien contrôleur général des Finances, Barthélémy Hervart, et le fit somptueusement aménager. Après que son fils l'eût habité, l'hôtel abrita à partir de 1756 la Ferme générale des Postes. Il fut démoli en 1880, et remplacé par le bâtiment actuel, à l'emplacement du n° 61 de la rue Jean-Jacques Rousseau (I<sup>er</sup> arrt).

En 1705, il dut céder son château de Rambouillet au comte de Toulouse. Le Roi lui donna en dédommagement la capitainerie du château de La Muette et du bois de Boulogne. Il habita un certain temps le château, ancien pavillon de chasse transformé au milieu du XVI<sup>ème</sup> siècle par Philibert Delorme, l'embellit considérablement, mais, en 1716, Louis XV le lui racheta pour y loger la duchesse de Berry. Il s'installa donc en face, au château de Madrid. Celui-là avait été construit par François 1<sup>er</sup> et avait été richement décoré, en particulier par Della Robbia. D'illustres personnages l'habitèrent, avant que Colbert n'installât dans les communs une manufacture de bas de soie. Après la mort d'Armenonville, le château entama une lente décadence qui le mena vers la ruine. Il fut vendu, sous la Révolution, à un marchand de biens qui en poursuivit peu à peu la démolition ; elle ne s'acheva que sous le Second Empire, avec un démantèlement de la propriété en plusieurs lots. L'ensemble se situait entre les actuelles rues de Bagatelle et de Lattre de Tassigny, à Boulogne.

Il avait également hérité le château d'Armenonville, près de Chartres (Eure-et-Loir), acheté par son père en 1649. Il le quitta en 1690, pour habiter le château des Loreaux, près de Hanches (Eure-et-Loir). Vendu en 1705 au duc d'Antin, il fut racheté en 1724 par son fils Morville qui le détruisit pour en récupérer les matériaux nécessaires à la construction de son château de Morville, non loin de là. Il avait également acheté vers 1710 le château de Villepion, à Terminiers (Loiret), mais il semble qu'il n'y habita jamais.

### Iconographie, bibliographie et sources

Le château de Versailles possède la réplique d'un portrait fait par Hyacinthe Rigaud, tandis que le musée des Beaux-Arts de Chartres détient un autre portrait, dû à N. Lefebvre.

Ce personnage intéressant n'a fait l'objet d'aucune étude, mis à part le petit article de C. LEROUX-CESBRON, "Fleuriau d'Armenonville", *Bulletin de la commission municipale historique et artistique de Neuilly*, 1910, son hôtel étant étudié par Maurice DUMOLIN, "Le lotissement de la rue de Flandre", *Études de topographie parisienne*, II (1930), et E. VAILLÉ, "L'achat, en 1757, de l'hôtel d'Armenonville pour y installer la Ferme des Postes", *Revue des P.T.T.*, nov.-dec. 1952. Enfin, on pourra consulter le travail inédit de Monique CHATENET, *Le château de Madrid au bois de Boulogne*, thèse Paris-IV (dir. Chastel), 1981, 4 volumes (un exemplaire à la bibliothèque de l'EPHE).

Un article de Jean-Pierre PICARD, "Armenonville et ses seigneurs", *Informations généalogiques*, n° 14 (1978) donne de précieux détails sur les biens de la famille.

Quelques-unes des archives familiales sont conservées dans les papiers de la famille de Crussol, aux Archives nationales (6 AP).
[IAD : 6AP12 (22-XII-1728).

## CHAUVELIN

*Il reçut les sceaux le 17 août 1727, à la disgrâce de Fleuriau d'Armenonville ; il dut les remettre au chancelier d'Aguesseau le 20 février 1737. Il exerça cette charge conjointement avec le secrétariat d'État des Affaires étrangères.*

Voir sa notice, p. 134.

## MACHAULT D'ARNOUVILLE.

*Contrôleur général des Finances depuis 1745, il reçut les sceaux le 10 décembre 1750, à la démission du chancelier d'Aguesseau ; il fut disgracié le 1ᵉʳ février 1757 ; il avait également été nommé en 1754 secrétaire d'État de la Marine.*

Voir sa notice, p. 318.

## BERRYER

*Ayant démissionné du secrétariat d'État de la Marine, dont il était titulaire depuis 1758, il reçut les sceaux le 13 octobre 1761, après que le Roi les eût gardés lui-même depuis 1757 ; il mourut en charge, le 15 août 1762.*

Voir sa notice, p. 235.

## FEYDEAU DE BROU
Paul-Esprit

Né à Paris, le 16 mai 1682
Mort à Paris, le 3 août 1767.
Inhumé en l'église Saint-Merry, à Paris.

### Famille

Originaire de la Marche, anoblie au début du XVIIᵉᵐᵉ siècle.

*D'azur au chevron d'or, accompagné de trois coquilles du même.*

Son père : Denis, intendant de Montauban, puis de Rouen, et président au Grand Conseil.

Sa mère : Marie-Anne Voysin, fille de Charles Voysin.

<u>Ses frères et sœurs</u> : *Henri-Paul-Augustin*, docteur à la faculté de théologie de Paris, conseiller au Parlement et fondateur des orphelins de Saint-Sulpice ; *Marie-Thérèse*, mariée à Jean-Antoine de Mesmes, premier président du Parlement.

<u>Il épousa</u> en 1712 Louise-Antoinette de La Bourdonnaye (1697-1720), fille d'un conseiller d'État. <u>Il se remaria</u> en 1730 avec Marie-Jeanne Le Jay de Tilly (1714-1740), fille du gouverneur d'Aire.

<u>Ses enfants</u>, tous nés du deuxième lit : *Antoine-Paul-Joseph*, intendant de Rouen ; *Anne-Marie-Henriette*, mariée à Joseph de Mesmes ; *Henriette-Flore*, mariée à François-Bernard de Sassenay ; *Louise-Julie*, mariée à Jean-Nicolas de Boullongne, fils du contrôleur général des Finances sous Louis XV.

*Il reçut les sceaux le 27 septembre 1762, après la mort de Berryer ; il remit sa démission le 9 octobre 1763.*

**Carrière** : conseiller au Parlement (1705) ; maître des requêtes (1710) ; intendant d'Alençon (1713) ; intendant de Bretagne (1715) ; maître des requêtes honoraire (1723) ; conseiller d'État semestre (1722) ; intendant d'Alsace (1728) ; gouverneur de Montereau (1731) ; conseiller d'État ordinaire (1737) ; intendant de Paris (1742) ; conseiller au Conseil royal des Finances (1744) ; conseiller au Conseil des Dépêches (1761) ; **garde des sceaux (1762-1763)**.

Cet homme, dont la carrière administrative fut d'une étonnante longévité, était un vieillard depuis longtemps déjà, lorsque Louis XV lui confia la garde des sceaux de France, et les douze mois pendant lesquels il les conserva ne firent que couronner plusieurs dizaines d'années passées au service du Roi dans les différentes provinces du royaume.

Né dans une famille de magistrats dont l'influence s'était accrue par un anoblissement récent et des alliances savamment choisies, Feydeau de Brou reçut sa première intendance à l'âge de trente ans. Mais c'est surtout deux ans plus tard, lorsqu'il fut nommé en Bretagne, qu'il eut l'occasion d'illustrer ses talents. Pendant treize ans, il y développa son sens remarquable de l'organisation, de la conciliation et de l'initiative. Les bureaux de l'intendance étaient alors en désordre ; il mit sur pied les structures définitives de cette administration. Cela n'alla pas sans exciter la méfiance du parlement et des États de Rennes, très jaloux de leur indépendance. Il tenta de se les concilier, avec plus de succès que, plus tard, le duc d'Aiguillon, mais dut parfois déployer son autorité, notamment après que le parlement eût soutenu la sédition de Pontcallec (1718). Dans le domaine administratif, il participa à l'élaboration de vastes enquêtes judiciaires. L'incendie du centre de Rennes, en 1720, lui fournit l'occasion de montrer ses qualités d'urbaniste, en présidant au plan de reconstruction et d'embellissement de la ville, qui en fit le père du Rennes moderne. Il collabora également, avec son subdélégué Mellier, à la modernisation de Nantes et au développement de l'hygiène dans plusieurs autres villes. Mais sa mésentente grandissante avec les cours souveraines bretonnes lui fit abandonner ce pays pour rejoindre l'Alsace, et enfin Paris, ce qui lui permit d'approcher la cour et de faire valoir son attachement au Roi. Invité à prendre part de plus en plus à la marche du gouvernement, il fut admis à siéger au Conseil royal des Finances, puis au bureau de commerce, dont il devint président en 1750.

Lorsque Louis XV demanda à ce vieil administrateur de garder les sceaux de France, la Chancellerie traversait une crise depuis plusieurs années. Après la disgrâce de Machault d'Arnouville, en 1757, le Roi lui-même avait tenu les sceaux pendant plus de trois ans, se refusant absolument à les laisser au chancelier de Blancmesnil, et devant en même temps subir de plein fouet le paroxysme de la fronde parlementaire. Les ayant confié à Berryer, mort en charge, la nomination de Feydeau de Brou, déjà à la tête de la commission des conseillers d'État qui l'assistaient pour la tenue du sceau, lui parut être la solution d'attente la plus raisonnable, en attendant qu'il ne jetât son dévolu sur les Maupeou, père et fils.

Usé par son grand âge, Feydeau préféra démissionner au bout d'un an, n'ayant guère eut le temps ni l'occasion de s'illustrer dans cette fonction. Il vécut encore quelques années avant de mourir, doyen du Conseil, à plus de quatre-vingt-cinq ans. Ses héritiers lui firent élever dans l'église Saint-Merry un mausolée de marbre, réalisé par le sculpteur Louis-Claude Vassé. Un grand socle portait le médaillon du ministre, aux traits marqués, coiffé d'une lourde perruque, que la critique artistique de l'époque qualifia d'*ornement ridicule*, enveloppé d'un voile de crêpe *propre à faire rire*, et flanqué des masses, attributs du garde des sceaux ; il était surmonté d'une statue de la Douleur. L'ensemble, profané pendant la Révolution, fut sauvé par Alexandre Lenoir. Le médaillon, récemment identifié, est conservé au château de Versailles, tandis que la figure de la Douleur est au musée du Louvre.

## Demeures

Logé à l'hôtel de l'intendance, à Rennes, pendant son administration en Bretagne, Feydeau de Brou s'installa à son retour dans l'appartement que sa mère occupait à Paris, rue de l'Université, au cœur d'un ensemble de trois agréables maisons qu'elle avait acquises plus de vingt ans auparavant. Il put réunir ainsi toute sa famille auprès de lui, après avoir opéré de nombreuses transformations, tant sur le plan de l'architecture que sur celui de la décoration intérieure. Tandis qu'il habitait au premier étage de l'aile gauche, où étaient tendues plusieurs très belles tapisseries, il avait fait de l'ancien appartement de sa mère, au premier étage du corps de logis, des salons de réception, richement aménagés. Plus tard, Turgot en fut locataire, avant que, la succession réglée, le fils du chancelier Maupeou, marié à la petite-fille de Feydeau, ne l'héritât. Après la Révolution, l'hôtel et ses dépendances fut le siège du dépôt des cartes et plans, puis du service hydrographique de la Marine, et subit de ce fait de nombreuses altérations. A partir de 1968 enfin, l'ensemble abrita l'École Nationale d'Administration, définitivement installée en 1978 ; de très importantes transformations ont détruit la quasi totalité des bâtiments, et seule la façade de l'hôtel a été sauvée. On peut la voir au n° 13, rue de l'Université (VII$^{ème}$ arrt).

La seigneurie de Brou, à Brou-sur-Chantereine, près de Meaux (Seine-et-Marne) érigée en marquisat en 1761 au profit de son fils unique, était la terre familiale depuis 1608. Le château, bâti au début du XVII$^{ème}$ siècle, fut souvent remanié, notamment entre 1753 et 1764 par les architectes Vigné de Vigny et Le Carpentier. Remanié à nouveau par Pierre-Adrien Pâris à la fin du XVIII$^{ème}$ siècle, le château, propriété privée, existe toujours.

En 1759, son fils Antoine-Paul-Joseph acquit, non loin de là, près de Lagny, le marquisat de Pomponne (Seine-et-Marne), où s'élevait le château qui avait appartenu à Arnauld d'Andilly, et dont il avait fait sa résidence ; mais il mourut prématurément en 1762, cinq ans avant son père. Mutilé pendant la Révolution, restauré au XIX$^{ème}$ siècle avec ses jardins à la française, le château fut vendu au XX$^{ème}$ siècle et resta longtemps abandonné. Il abrite aujourd'hui une caserne de CRS.

### Iconographie, bibliographie et sources

Mis à part le médaillon de son tombeau, conservé au château de Versailles, il nous est resté un portrait de famille, anonyme.

On peut déplorer qu'aucun historien ne se soit penché sur cet homme et cette carrière exemplaires. Seul Henri FRÉVILLE, *L'intendance de Bretagne (1689-1790)*, Paris, 1953, 2 volumes, consacre quelques dizaines de pages à son administration, tandis qu'un de ses rapports est étudié par S. de LA NICOLLIÈRE-TEIJEIRO, "Mémoire concernant les salines et le commerce par l'intendant Feydeau de Brou", *Association bretonne d'agriculture*, Le Croisic, 3° session (1887). Les différentes branches de sa famille depuis son origine sont étudiées par P. FLAMENT, "Étude sur la famille de Feydeau", *Bulletin de la société d'émulation du Bourbonnais*, XXI (1913). Un mémoire de DES, hélas inédit, de

J. LATXAGUE, *Une famille de magistrats parisiens au XVII<sup>ème</sup> siècle : les Feydeau de Brou*, DES Paris-IV, 1970, met en lumière l'importance de ses liens familiaux ; son mausolée a été bien identifié par Jean COURAL, "Note sur le tombeau de Paul-Esprit Feydeau de Brou, par Louis-Claude Vassé", *Revue de l'Art*, n° 40-41 (1978). Quant à l'hôtel, il est entièrement décrit par Françoise MAGNY dans le catalogue de l'exposition *La rue de l'Université*. Paris, 1987 ; le château de Brou est étudié par Michel BORJON et Pascal SIMONETTI, *Approche historique et archéologique du château de Brou-sur-Chantereine*, Paris, documentation du GRAHAL, 1990 (25 rue des Mathurins 75008 Paris).

Une partie de ses papiers est conservée dans les Archives de la famille Sassenay, déposées aux Archives nationales (337 AP 29) ; une autre partie, concernant notamment la terre de Brou, se trouve aux archives de Paris (DE 1) ; enfin il existe un intéressant mémoire que Feydeau de Brou adressa au contrôleur général en 1759, conservé aux Archives nationales (AB XIX 3493/2).
[IAD : XXIII/691 (27-VIII-1767).

## HÜE DE MIROMESNIL
Armand-Thomas

Né au château de Latingy,
près de Mardié (Loiret),
le 15 septembre 1723
Mort au château de Miromesnil,
près de Tourville-sur-Arques (Seine-Maritime),
le 6 juillet 1796.
Inhumé en l'église de Tourville.

### Famille

Originaire de Normandie, anoblie à la fin du XVI<sup>ème</sup> siècle.

*D'argent à trois hures de sanglier de sable, défendues d'argent.*

<u>Son père</u> : Jacques-Thomas, capitaine de cavalerie au régiment de Quercy.

<u>Sa mère</u> : Anne Lambert, fille d'un auditeur ordinaire à la Chambre des Comptes de Paris.

<u>Ses frères</u> : *Nicolas-Thomas*, maréchal de camp ; *Thomas-Claude* et *Marie-Thomas-François*, morts jeunes.

<u>Il épousa</u> en 1749 Georgette Duhamel de Bretteville (1727-1760), fille d'un président à mortier au parlement de Rouen. <u>Il se remaria</u> en 1762 avec Blanche-Françoise-Rosalie Bignon (1744-1777), fille du prévôt des marchands de Paris, et cousine du ministre Maurepas.

<u>Ses enfants</u> : du premier lit, *Jacqueline-Anne-Georgette*, mariée à Paul-Cardin-Charles Le Bret, greffier en chef au Parlement ; *Marie-Thomas-Jérôme, Marie-Armande-Georgette*, et *un autre fils*, tous morts jeunes ; du second lit, *Thomas Louis*, avocat du Roi au Châtelet, émigré en Espagne pendant la Révolution et *Bernard-François*, officier aux Gardes Françaises ; *Marie-Rosalie-Blanche*, morte jeune.

*Il reçut les sceaux à la disgrâce du chancelier Maupeou, le 24 août 1774 ; il fut disgracié le 8 avril 1787.*

**Carrière** : conseiller au Grand Conseil (1745) ; maître des requêtes (1751) ; premier président du parlement de Rouen (1757-1771) ; **garde des sceaux (1774-1787)**.

**Places et dignités** : grand trésorier-commandeur des Ordres du Roi (1781).

Modéré et sage pour les uns, timoré et sans largeur de vue pour les autres, Miromesnil, par son tempérament et la longévité de son administration, partagea avec Louis XVI les critiques contradictoires par lesquelles contemporains et postérité ont voulu expliquer les causes de la Révolution.

Né dans une famille de magistrats, dont la tradition exaltait les sentiments d'attachement à la monarchie, il resta toujours très fortement influencé par cet état d'esprit, alors même que l'ensemble de la magistrature frondait contre le pouvoir royal. Entré comme conseiller au Grand Conseil avec dispense d'âge, il fut remarqué par le chancelier Lamoignon de Blancmesnil, qui lui confia l'inspection de la Librairie de Rouen. Il exerça cette fonction, souvent perçue comme répressive, avec cet esprit de mesure qu'on lui reconnaîtra dans toutes ses actions, et notamment lorsque, nommé premier président du parlement de Rouen, particulièrement turbulent, il sut se faire respecter de tous, défendant fermement les intérêts du Roi sans s'aliéner ses confrères, parmi lesquels il comptait d'ailleurs de nombreux parents et amis. Dans la phase finale de la lutte contre les Jésuites, épisode pénible où l'excès fut la règle, il fit cause commune avec les parlementaires, mais tenta toujours d'apaiser les passions. Ce sens aigu de la conciliation lui permit de maintenir, pendant près de quinze ans, un équilibre délicat et presque factice. La réforme du chancelier Maupeou vint mettre un terme à ses activités, et, comme la majorité de ses collègues, il fut disgracié et exilé dans son château de Bretteville, bien qu'il emportât toute l'estime et l'amitié du Roi.

Compte tenu de son caractère, cet éloignement des affaires aurait pu être définitif ; mais son second mariage avec la fille de Jérôme Bignon, prévôt des marchands de Paris, le fit entrer, entr'autres, dans la famille du ministre déchu Maurepas ; ce dernier lui accorda tout son soutien, et, lorsque, revenu triomphalement en grâce après la mort de Louis XV, il eût obtenu le renvoi de Maupeou, il obtint que la garde des sceaux fût confiée à son parent. Intégré dans une équipe gouvernementale aux hommes nouveaux et audacieux, Miromesnil ne s'accorda ni avec Turgot, ni avec Necker, échouant également dans sa tentative de faire adopter un code de commerce. Ces contrariétés le poussèrent à proposer sa démission, que Louis XVI lui refusa. N'ayant pas réussi à imposer durablement le trop jeune d'Ormesson au Contrôle général, il fut forcé de collaborer avec Calonne, dont l'esprit trop réformateur lui inspirait méfiance et hostilité. Réfugié dans une sorte d'immobilisme politique, il ne fit que suivre son souverain dans le train de mesures humanitaires qui marquèrent cette période, et on lui sut gré, par exemple, d'avoir inspiré l'édit qui supprimait dans les interrogatoires la question préalable, terrible torture venue du fond des âges, que le siècle des Lumières triomphant ne pouvait plus tolérer. Mais ces actions, dont la valeur symbolique n'est pas à négliger, ne pouvaient suffire, en ces temps troublés où l'effervescence grandissait, à déterminer une politique. Aussi, quoiqu'à regret, Louis XVI se décida-t-il à se séparer de ce ministre dont il se sentait si proche. Celui-ci, épuisé, accablé par la mort récente de sa fille, se retira à nouveau dans sa demeure normande. Il lui fut donné d'assister, impuissant, au déroulement de la Révolution, qu'il n'avait pas, avec son Roi, su éviter ; il lui donna sa dernière marque d'attachement, en proposant de le défendre lors de son procès. On lui préféra Malesherbes, mais cette manifestation de fidélité à Louis XVI lui valut d'être arrêté et incarcéré à Paris. Seule la chute de Robespierre le sauva de l'échafaud, et c'est complètement oublié qu'il mourut, dans son château de Miromesnil. Une simple plaque, déposée en 1864 dans l'église de Tourville où il repose, rappelle son souvenir.

La douceur de son tempérament lui permit de se ménager, sinon l'estime, du moins une certaine considération, de la plupart de ceux qu'il fréquenta, et tous se sont accordés sur l'avis du comte de Cluzel, que *jamais caractère ne fut plus doux, plus calme, plus modéré que le sien*. Cette unanimité n'empêcha pas l'historiographe de France Jacob-Nicolas Moreau, qui, par ses fonctions, eut l'occasion de bien le connaître, d'émettre certaines réserves, se demandant si, en tant que créature de Maurepas, *ce pauvre premier président et le plus pauvre propriétaire de*

*Normandie… n'était pas autre chose qu'une espèce de Scaramouche, qui dans ses comédies, et même des arlequinades de société, s'était rendu le bouffon du ministre, qu'il servait suivant son goût, en le divertissant.* Si Miromesnil faisait preuve de quasi servilité politique à l'égard de Maurepas, il était ferme, voire dur dans son ménage ; il n'hésita pas à faire enfermer sa seconde femme à l'abbaye de Port-Royal, l'accusant d'infidélité. Nommé à la garde des sceaux, il tenta, en vain, de s'en rapprocher. Cette absence d'intimité conjugale fut aggravée par une inimitié grandissante avec ses fils, auxquels il reprocha une conduite légère et inconséquente.

## Demeures

Grand seigneur normand quelque peu désargenté, le garde des sceaux eut de très nombreux problèmes d'ordre financier ; cela explique peut-être qu'il se soit si souvent déplacé, au gré de différentes opportunités. En 1756, on le trouve rue de Verneuil, puis rue d'Artois, avant qu'en 1777, il ne prenne la place de Monteynard, ministre de la Guerre, dans l'hôtel de Châtillon, rue Saint-Dominique, construit entre 1706 et 1707. Détruit au XIXème siècle par le percement du boulevard Saint-Germain, l'hôtel s'élevait à l'emplacement des n° 213-217 bd Saint-Germain (VIIème arrt). En 1781, il acheta à la famille de Sénozan l'hôtel de Jars, rue de Richelieu. Construit par François Mansart, ce magnifique hôtel fut détruit lors du percement de la rue Rameau, pendant la Révolution.

Le ministre possédait, en Normandie, le château familial de Miromesnil, situé près de Dieppe (Seine-Maritime), où il vécut ses derniers jours. Propriété privée, le château, ouvert à la visite, conserve des souvenirs de famille. Quant au château de Bretteville, près de Saint-Laurent-en-Caux (Seine-Maritime), dans lequel il séjourna pendant ses vacances parlementaires, il le tenait de sa première femme. Cette demeure, propriété privée qui existe toujours, s'ordonne autour d'une cour d'honneur, entourée d'un vaste parc planté de hêtres majestueux. Derrière l'aile gauche du château, était aménagé un théâtre de verdure. Miromesnil mena ici une vie simple, parfois agrémentée de grandes réceptions où il recevait les magistrats de son parlement, ainsi que l'aristocratie de la région. Il avait pu acquérir également, en 1783, le château de Montalet, non loin de Mantes (Yvelines), ainsi qu'une gentilhommière, à Maisons.

## Iconographie, bibliographie et sources

Le premier président de Rouen fut assez estimé en Normandie pour donner lieu à une abondante iconographie, gravée pour la plus grande partie. Plusieurs portraits, anonymes, dont un se trouve au château de Latingy, nous représentent les traits du magistrat. Le plus beau est certainement celui du peintre Guillaume Voiriot, conservé au château de Bretteville. Rien ne vaut cependant le buste que fit Jean-Antoine Houdon, en 1777, et dont il était lui-même très fier. L'original est aujourd'hui propriété de la Frick Collection, à New-York, mais on trouve plusieurs répliques d'époque, dont une est conservée au musée Fabre de Montpellier ; il a été étudié par Georges WILDENSTEIN, *Notice sur le buste de Miromesnil, par Houdon*, slnd. Le même sculpteur réalisa une statue en pied du garde des sceaux, qui, jusqu'à la fin de la seconde guerre mondiale, ornait le palais de Justice de Rouen.

Si le rôle du ministre n'a fait, hélas, l'objet d'aucune étude particulière, l'action du premier président a suscité un plus grand intérêt, si l'on en juge par l'importante publication, pour les années 1757 à 1771, de Pierre LE VERDIER, *Correspondance politique et administrative de Miromesnil, premier président du parlement de Normandie*, Rouen et Paris, 1899-1903, 5 volumes. L'homme et la personnalité du garde des sceaux ont inspiré les deux thèses demeurées, hélas, inédites, de Paul BISSON, *Un premier président de parlement et un grand seigneur de l'Ancien régime : Hüe de Miromesnil*, Paris-Cujas, 1954, et *L'influence familiale et sociale sur Armand-Thomas Hüe de Miromesnil, premier président du parlement de Normandie et garde des sceaux (1723-1796)*, Paris-I, 1962. Le château familial est évoqué par Amédée HELLOT, *Notes historiques sur Miromesnil, près Dieppe*, Rouen, 1891. Sur ses hôtels, on verra les travaux de Bruno PONS dans le catalogue de l'exposition *La rue Saint-Dominique*, Paris, 1984, et de Maurice DUMOLIN, "L'enceinte des Fossés-Jaunes", *Études de topographie parisienne*, II (1930).

Les propriétaires du château de Bretteville ont vendu récemment les papiers du ministre (catalogue Audap, Godeau, Solanet du 31 janvier 1990, à Drouot), dont les Archives nationales ont acquis une petite partie (512 AP) ; d'autres documents se trouvent, également aux Archives nationales, dans les papiers Chambray (T 103). La Bibliothèque nationale conserve aussi d'importants documents, en particulier ses mémoires concernant le code de commerce qu'il n'avait pu imposer (naf 20073-20074), et une partie de sa correspondance (mss. fs. 10986).

## LAMOIGNON DE BASVILLE
Chrétien-François, marquis de

Né à Paris, le 18 décembre 1735
Mort à Bâville, le 16 mai 1789.

### Famille

<u>Cousin</u> de Lamoignon de Malesherbes, secrétaire d'État de la Maison du Roi, et petit-neveu de Lamoignon de Blancmesnil, chancelier de France (voir sa notice, p. 92).

<u>Son père</u> : Chrétien-Guillaume, conseiller, puis président à mortier au parlement de Paris.

<u>Sa mère</u> : Henriette Bernard, petite-fille du banquier Samuel Bernard.

<u>Ses sœurs</u> : *Olive-Claire*, mariée à Guillaume-François de Gourgues, conseiller au Parlement ; *Catherine-Luce* et *une autre sœur*, mortes jeunes.

<u>Il épousa</u> Marie-Élisabeth Berryer (morte en 1802), fille de Nicolas-René, secrétaire d'État de la Marine et garde des sceaux de Louis XV.

<u>Ses enfants</u> : *Chrétien-René-Auguste*, conseiller au parlement de Paris ; émigre pendant la Révolution, puis devient conseiller général de la Gironde et pair de France ; *Marie-Charles-Guillaume*, capitaine, fusillé à Quiberon en 1795 ; *Anne-Pierre-Chrétien*, émigre pendant la Révolution, puis devient conseiller général de Seine-et-Oise, conseiller municipal de Paris et pair de France ; *Marie-Constance*, mariée à François-Philibert-Bertrand de Caumont La Force ; *Marie-Catherine*, mariée à Henri-Cardin-Jean-Baptiste d'Aguesseau de Fresnes, conseiller d'État, petit-fils du chancelier d'Aguesseau ; *Marie-Gabrielle-Olive*, mariée à Charles Henri Feydeau de Brou, petit-fils du garde des sceaux de Louis XV ; *trois autres enfants*, morts jeunes.

*Il reçut les sceaux le 8 avril 1787, à la disgrâce de Miromesnil ; il fut disgracié le 19 septembre 1788.*

**Carrière** : conseiller (1755), puis président à mortier au Parlement (1768) ; **garde des sceaux (1787-1788)**.

**Places et dignités** : chancelier et surintendant des finances de l'Ordre du Saint-Esprit (1787).

Beaucoup moins connu que Maupeou, dont il fut la victime avec tous ses confrères du Parlement, Lamoignon de Basville opéra, lorsqu'il eut à son tour la garde des sceaux, l'une des dernières grandes réformes tentées par la monarchie.

Petit-neveu du chancelier Lamoignon de Blancmesnil, et donc cousin de Malesherbes, Lamoignon fut aussi le gendre du ministre de la Marine et garde des sceaux Berryer. Entré dans la magistrature à l'âge de vingt ans, il s'en fit très vite le champion, se montrant solidaire de ses collègues pour l'ensemble des affaires qui marquèrent la seconde moitié du siècle : la suppression de la Compagnie de Jésus, et la confirmation de l'arrêt de condamnation à mort du chevalier de La Barre et du général Lally en sont les principaux éléments. Mais la "révolution" du chancelier Maupeou, en 1771, le contraignit à prendre la route de l'exil. Retiré dans le petit village de Thizy, en Beaujolais, il provoqua et sut maintenir l'indignation des officiers du bailliage qui manifestèrent solennellement leur mécontentement au Roi contre cette atteinte au Parlement, la cour "la plus inviolable du monde". Lamoignon rédigea lui-même un pamphlet contre Maupeou, dont la famille était une grande rivale de la sienne. Après le rappel des parlements par Louis XVI, Lamoignon n'hésita pas à montrer son hostilité aux projets de Necker ; cette attitude lui valut un nouvel exil.

Mais, peu à peu, l'intransigeance des cours et du corps auquel il appartenait lui parut avoir des conséquences néfastes sur la stabilité même du régime monarchique ; et s'il avait, par principe, combattu les excès de la monarchie absolue, il n'en demeurait pas moins attaché à cette forme de gouvernement. Aussi sut-il se ménager la confiance de Louis XVI, qui lui remit la garde des sceaux en remplacement de Miromesnil. Prenant alors sans équivoque le parti du Roi, il s'illustra dans un grand assaut contre les parlements, dernier coup d'éclat d'envergure de la politique de Louis XVI avant la Révolution. Voulant mettre un terme à leur conservatisme, qui stoppait systématiquement toute réforme, il rédigea plusieurs édits qui furent enregistrés en lit de justice ; les parlements perdaient leur pouvoir politique et une grande partie de leurs prérogatives judiciaires, confiées dès lors à 47 présidiaux élevés à la dignité de Grands Bailliages. Une cour plénière recevait le droit d'enregistrement des édits royaux, et la législation criminelle était également modifiée. Si cette "réforme Lamoignon" bouleversait les institutions, la faiblesse du gouvernement et surtout la puissance des particularismes eurent, une fois encore, le dessus. L'opinion était hostile à la suppression des cours, qui avaient réussi à se faire considérer auprès d'elle comme le seul bouclier contre le despotisme. Victime d'une violente campagne de libelles, il dut voir son effigie brûlée sur le Pont-Neuf, en même temps que celle du cardinal Loménie de

Brienne. Necker, très populaire, et qui venait d'être rappelé au Contrôle général des Finances, parvint à obtenir sa disgrâce. Lamoignon assista à la convocation des États généraux retiré sur ses terres d'Île-de-France. Mais, désespoir ou dépit, il mit sans doute fin à ses jours une semaine après les cérémonies d'ouverture à Versailles. Son corps fut retrouvé dans le parc de son château, gisant près d'un fusil de chasse, et, comme à tous les suicidés, la sépulture religieuse lui fut refusée.

Le retournement d'attitude de Lamoignon à l'égard des parlements a suscité des témoignages hostiles. Un contemporain affirme que l'intrigue était *son élément naturel... Il faisait ou faisait faire contre sa compagnie de petits pamphlets, ce qui ne faisait qu'aigrir ses confrères contre lui... Voilà l'origine de la haine qu'il a gardée contre le Parlement... et de la rage qu'il a employée depuis pour en opérer la destruction.* On l'accusa même d'avoir vendu sa démission au comte d'Artois en échange d'une gratification, de l'élévation à la pairie et d'une ambassade pour l'un de ses fils. Plus juste sans doute, Marmontel reconnaît qu'il était *un homme d'un caractère ferme et franc, mais d'un esprit sage*, et pense que *la haine même des parlements était un éloge pour lui (et) que le Roi perdit dans Lamoignon un bon ministre, et l'État un bon citoyen.*

## Demeures

Lamoignon habita dans un hôtel rue de Grenelle, autrefois occupé par Berryer. Aujourd'hui disparu, cet hôtel s'élevait à l'emplacement du n° 105 rue de Grenelle (VII^ème arrt.).

C'est dans la propriété de Bâville, près de Saint-Chéron (Essonne), achetée par Charles de Lamoignon en 1559, élevée au marquisat sous Louis XIV, que vint se retirer, accablé, l'ancien garde des sceaux. L'élégant petit château fut construit au XVII^ème siècle. Caractéristique du style Louis XIII, il est constitué d'un pavillon central, précédé d'une cour d'honneur, et flanqué de deux corps de logis. A l'intérieur, de magnifiques boiseries, surtout dans la chapelle. La bibliothèque, sans cesse enrichie, fut vendue à Catherine de Russie pendant la Révolution, avant d'être achetée par le British Museum. Le parc, de plus de 250 hectares, où Lamoignon a trouvé la mort, a été plusieurs fois remanié. Il était décoré de grottes artificielles et de statues mythologiques ; il comportait un prieuré et un ermitage où l'on allait faire ses Pâques, ainsi qu'un petit pavillon appelé "le Café", dont le plafond en coupole est toujours orné de quatre personnages symbolisant la Chine, les Antilles, l'Amérique et les Indes. L'ensemble, propriété privée, existe toujours.

Le sévère exil de 1771 avait retranché Lamoignon dans le village de Thizy (Rhône). Arrivé en plein hiver, il y loua la maison de La Platière, berceau de la famille de Roland, futur ministre pendant la Révolution. Il y réalisa d'importants travaux et passa nombre de ses journées aux champs. Il organisait également des réceptions à l'intention de la noblesse locale, et, tenant toujours table ouverte, se fit une réputation dans la région.

Bibliophile passionné, il cultiva sans cesse son goût pour les beaux livres et agrandit les collections, déjà importantes, laissées par sa famille. Il hérita en particulier le superbe cabinet de son beau-père, qui recelait des lettres originales des rois de France, de ministres, d'ambassadeurs et de généraux du XVI^{ème} siècle, ainsi que la Bible latine de Mayence de 1462.

### Iconographie, bibliographie et sources

Pas de portrait connu.

L'importance de la réforme qu'il a entreprise a suscité l'étude détaillée de Marcel MARION, *Le garde des sceaux Lamoignon et la réforme judiciaire de 1788*, Paris, 1905, tandis que P. de SAINT-VICTOR, *Exil en Beaujolais de Lamoignon, Camus et Pontcarré*, Lyon, 1883, a publié le registre original du bailliage où sont consignés ces événements de 1771. Pour des aspects plus personnels, on verra la conférence de Tony de VIBRAYE, *Bâville (le château)*, Paris, 1952, tandis que le travail inédit de Alain HUBERT, *Le marquisat de Bâville et la baronnie de Saint-Yon à la veille de la Révolution* (maîtrise Paris-I, 1972) renseigne sur la situation économique et sociale de ses propriétés.

**BARENTIN**
Charles-Louis-François-de-Paule de

Né à Paris, le 1^{er} juillet 1738
Mort à Paris, le 30 mai 1819.

### Famille

Originaire de Blois, agrégée à la noblesse à la fin du XVI^{ème} siècle.

*D'azur à trois fasces, la première d'or, les deux autres ondées d'argent, accompagnées en chef de trois étoiles d'or.*

<u>Son père</u> : Charles-Amable-Honoré, intendant de La Rochelle, puis d'Orléans, conseiller d'État.

<u>Sa mère</u> : Marie-Catherine Lefèvre d'Ormesson, fille d'un intendant des finances, nièce du chancelier d'Aguesseau.

<u>Sa sœur</u> : *Marie-Charlotte*, religieuse aux Filles Bleues, puis abbesse des Annonciades de Paris.

<u>Il épousa</u> en 1766 Anne-Albertine-Antoinette Masson de Meslay, fille d'un président de la Chambre des Comptes de Paris.

<u>Sa fille</u> : *Marie-Charlotte-Antoinette*, mariée à Charles-Henri Dambray, devenu chancelier de France en 1814 ; *Charles*, mort jeune.

*Il reçut les sceaux le 20 septembre 1788, à la disgrâce de Lamoignon ; il démissionna le 16 juillet 1789.*

**Carrière** : conseiller au Parlement avec dispense d'âge (1758) ; avocat général (1764) ; premier président de la Cour des Aides (1775) ; **garde des sceaux (1788-1789)**.

**Places et dignités** : chancelier des Ordres du Roi (1789) ; chancelier honoraire (1814) ; commandeur de l'Ordre du Saint-Esprit (1814).


Dernier garde des sceaux de l'Ancien régime, oublié par les historiens, Barentin fut l'un des membres d'une lignée prestigieuse de juristes et de magistrats, à commencer par son grand oncle d'Aguesseau ; par sa grand-mère, il était allié à la famille d'Ormesson ; enfin, son propre gendre sera chancelier sous la Restauration.

Très jeune, Barentin profita, à Orléans où son père était intendant, de l'enseignement du célèbre juriste Pothier. Puis, avant même d'avoir atteint l'âge requis de vingt-deux ans, il obtint avec une dispense la charge de conseiller au Parlement, à la deuxième chambre des requêtes. Lors de la mise en place du parlement Maupeou, il ne fit que peu de résistance et se retira sur ses terres.

En 1775, il fut amené à remplacer Malesherbes comme premier président de la Cour des Aides, et, durant ces douze ans, il montra un très grand sens de l'ordre qui le fera apprécier même de son prédécesseur, lequel dira de lui : *c'est l'homme de tous les temps et de toutes les affaires.* Dans les troubles financiers importants qui précédèrent la Révolution, Barentin fut appelé à l'Assemblée des Notables que Calonne avait convoquée. Quoiqu'opposé à la réforme de Lamoignon, il fut très vite accusé d'être gagné par la Cour, recevant le sobriquet de "Barbotin", et gardera cette réputation pendant son ministère.

Une fois nommé garde des sceaux, et tandis que les magistrats en général ne paraissaient pas mécontents de le voir élevé à cette place importante (Hardy), il montra son ouverture auprès des protestants, qui venaient de bénéficier de l'édit de tolérance. Mais, très rapidement, à l'approche des États généraux, une grave mésentente l'opposa à Necker, en particulier sur la double représentation du Tiers qu'il ne souhaitait pas. Dès lors, son action sera perçue comme essentiellement rétrograde, et son discours à l'ouverture des États généraux de Versailles, prononcé, d'après un témoin, *d'un ton si bas, si nasillard, si capucin et si dégoûtant qu'il n'a pas été entendu de la dixième partie de l'assistance*, acheva son discrédit auprès des députés, qui l'accusèrent du renvoi de Necker. Convaincu sans doute que les événements allaient se précipiter, et que le Roi était malgré tout, et contre lui, décidé à les dominer, voire à les diriger, Barentin préféra donner sa démission. Quelques mois plus tard, persuadé que sa sécurité n'était plus assurée, il trouva refuge en Piémont, et de là, se rendit à Bruxelles, puis à La Haye, avant de s'installer en Angleterre, où il fonda une école de droit pour les fils d'émigrés.

Il ne rentra en France qu'en 1814 ; selon la règle de l'Ancien régime, il était théoriquement devenu chancelier à la mort de Maupeou, en 1792, ayant reçu la survivance de cet office lors de sa nomination à la garde des sceaux. Son âge ne lui permettant pas d'assurer ces fonctions, c'est son gendre qui les reçut, lui-même ne gardant qu'un titre honorifique.

### Demeures

En 1788, il avait loué à Necker son hôtel de la Chaussée d'Antin ; l'année d'après, il était locataire de l'hôtel de Tresmes, place Royale, qui appartenait à l'Hôtel-Dieu (actuel n° 26, place des Vosges, IV^ème arrt.).

Sa famille possédait plusieurs propriétés qui furent vendues peu à peu : Monnaie, près de Tours, en 1770 ; les Belles-Ruries et surtout le château de la Malmaison (Hauts-de-Seine), vendu à d'Aguesseau de Fresnes en 1762. Il abrite aujourd'hui un musée bien connu consacré au souvenir de l'impératrice Joséphine, qui l'avait acheté en 1799. Barentin avait l'habitude, avec sa femme, de séjourner chez son beau-frère, au château de Meslay-le-Vidame, près de Chartres (Eure-et-Loir). Devenu propriété du chancelier Dambray, son gendre, le château abrite aujourd'hui le Centre Charles Péguy.

## Iconographie, bibliographie et sources

Pas de portrait connu, sauf sur une toile de 1840, peinte par Couder et représentant l'ouverture des États généraux ; on y aperçoit, au fond, le garde des sceaux.

Si les historiens de la Révolution le connaissent un peu, Barentin n'a fait l'objet d'aucune étude générale. Seuls quelques textes ont été publiés, mais ils datent de l'époque révolutionnaire et n'ont pas été accompagnés de notices très étendues, notamment le *Mémoire autographe sur les derniers conseils du roi Louis XVI*, publié par Maurice CHAMPION, Paris, 1844, les *Lettres et bulletins adressés à Louis XVI (avril-juillet 1789)*, publiés par AULARD, Paris, 1955. Il existe aussi deux publications, moins importantes : Armand BRETTE, "La séance royale du 23 juin 1789, ses préliminaires et ses suites, d'après deux documents inédits : la correspondance de Barentin et le journal de l'abbé Coster", *La Révolution française*, tomes 22-23 (1892) et "La magistrature en 1802. Note adressée par Barentin à Louis XVIII", *Revue de la Révolution*, tome 1 (1883). Il avait également écrit des *Mémoires*, restés inédits, et dont on a aujourd'hui perdu la trace. Sur ses demeures, on verra les articles de Maurice DUMOLIN, "Les propriétaires de la place Royale", *La Cité*, n° 95-96 (1925), et de Bernard CHEVALLIER, "La Malmaison avant Joséphine", *Bulletin de la société de l'histoire de Paris et de l'Île-de-France*, 1979.

Les papiers de sa famille sont conservés en partie aux Archives nationales (T 426, T 1604, AB XIX 3784-3795, dans les papiers Christian de Parrel).
[PV d'inventaire de ses papiers : T 1604 (1790-an III).

# LES SECRÉTAIRES D'ÉTAT.

*Vergennes*
*par Antoine-François Callet, portrait présenté au salon de 1781,*
*musée de Versailles. Photo R.M.N.*

## *LES SECRÉTAIRES D'ÉTAT DES AFFAIRES ÉTRANGÈRES.*

### DUBOIS.

*Nommé le 24 septembre 1717, il est mort en charge le 10 août 1723 ; il était également principal ministre depuis 1722.*

Voir sa notice, p. 61.

### FLEURIAU DE MORVILLE
Charles-Jean-Baptiste

Né à Paris, le 30 octobre 1686
Mort à Paris, le 3 février 1732.
Inhumé dans la chapelle Saint-Jean-Baptiste de l'église Saint-Eustache, à Paris.

**Famille**

Fils de Fleuriau d'Armenonville, garde des sceaux (voir sa notice, p. 108).

Il épousa en 1711 Charlotte-Élisabeth de Vienne (1687-1761), fille d'un conseiller au parlement de Paris.

Ses enfants : *Jean-Baptiste*, brigadier des armées du Roi, marié à Anne-Philiberte Amelot de Chaillou, fille du secrétaire d'État des Affaires étrangères sous Louis XV ; *Jacquette-Jeanne-Thérèse*, mariée à Alexis-Nicolas de La

Rochefoucault-Surgères, lieutenant général des armées du Roi ; *Charlotte-Marguerite*, mariée à Emmanuel de Crussol de Florensac, ministre de France à Parme ; *un autre fils*, mort jeune.

*Ayant reçu en survivance de son père la charge de secrétaire d'État en 1721, il fut chargé quelques mois de la Marine en 1723, et fut nommé aux Affaires étrangères le 10 août 1723 ; il fut disgracié le 19 août 1727.*

**Carrière** : avocat du Roi au Châtelet (1706) ; conseiller au Parlement (1708) ; procureur général du Grand Conseil (1711) ; ambassadeur auprès des Provinces-Unies (1718) ; **secrétaire d'État en survivance (1721), chargé de la Marine (1723) ; secrétaire d'État des Affaires étrangères (1723-1727).**

**Places et dignités** : grand croix-secrétaire-greffier de l'Ordre de Saint-Louis (1719-1727) ; membre de l'Académie française (1723) ; conseiller d'honneur au Grand Conseil (1724) ; chevalier de la Toison d'Or (1724).

S'il est certain que le comte de Morville bénéficia de la position de son père pour débuter brillamment dans la magistrature, puis pour s'introduire dans le gouvernement, il eut des talents personnels suffisants pour attirer l'attention du cardinal Dubois, assurer plusieurs missions diplomatiques, et se couvrir d'honneurs.

Lui ayant accordé son estime et sa confiance, Dubois le nomma en effet ambassadeur à La Haye. Il en devint le fidèle agent, et le seconda efficacement dans les négociations qui aboutirent à la Quadruple Alliance. Il fut, en 1721, plénipotentiaire au congrès de Cambrai où il appuya la politique de l'Angleterre, conformément aux principes poursuivis par le ministre français.

Entré au gouvernement l'année suivante grâce à la nomination de son père à la garde des sceaux, qui lui laissait ainsi la survivance de son secrétariat d'État, il fut invité par le Régent à remplacer son protecteur, le cardinal Dubois, aux Affaires étrangères. Mais il ne sut, ou ne voulut, comme son illustre prédécesseur, maintenir les éléments des récentes alliances, si savamment combinées. En 1725, l'alliance d'Hanovre liait la France, l'Angleterre et la Prusse, puis la Hollande, la Suède et le Danemark contre les Habsbourg. C'en était fait de la paix européenne rêvée par Dubois, et le parti de la guerre faillit triompher. L'avènement au pouvoir du cardinal Fleury fit échouer cette politique, du moins pour un temps. Son jeune protégé, Chauvelin, remplaça les Fleuriau, père et fils, dans un cumul de fonctions que l'on avait rarement vu.

Maintenu, comme son père, dans une disgrâce relative, puisqu'il conservait un logement à Versailles, et recevait une pension, il mourut cinq ans après, du chagrin, dit-on, de l'injustice de Fleury à leur égard. Il fut inhumé à Saint-Eustache, auprès de son père. Il laissait le souvenir d'un homme doux et affable, sans avoir les qualités d'un esprit éminent. Le président Hénault, qui fut l'un de ses proches amis, dit qu'*il avait reçu de la nature cet air de considération que l'on ne peut définir, mais qui attire les égards et qui distingue du commun des hommes : de la bonté, de la droiture, portée jusqu'à l'extrême rigueur, du goût pour toutes les choses d'agrément... M. le Régent, bon juge du mérite, en faisait un cas extrême... Il fut toujours aimé partout où il se montra..., on ne saurait dire à quel point il captiva l'amitié et l'estime des ministres étrangers.* A ce portrait dicté par l'amitié fait écho celui de Mathieu Marais, qui vantait, en déplorant auprès du président Bouhier, la perte de cet académicien, *ses bonnes qualités dans le cœur, dans l'esprit, dans les manières,* mais un contemporain, moins indulgent, rappelle que, *créature de Dubois, habile homme, sachant obéir, écouter et se taire, il avait été, comme son père, insuffisant en toutes choses.*

Ses diverses amitiés, et son introduction parmi les membres éminents du gouvernement, lui permirent de conclure pour ses enfants de solides alliances familiales, dans l'administration aussi bien que dans la vieille noblesse, et de leur assurer ainsi une position sociale et un train de vie élevés.

## Demeures

Morville vécut à Paris dans l'hôtel de la rue Plâtrière que lui avait laissé son père.

Ayant aussi hérité la seigneurie de Morville, près de Hanches (Eure-et-Loir), il y fit bâtir un château avec les matériaux du château des Loreaux. Propriété privée, le château est toujours visible sur la route d'Epernon à Hanches.

## Iconographie, bibliographie et sources

Le château de Versailles conserve deux portraits anonymes, d'assez méchante facture, mais très expressifs.

Aucune étude, et c'est regrettable, ne vient éclairer la personnalité intéressante de ce ministre. Il faut s'en remettre aux articles des dictionnaires classiques et aux mémoires du temps.

Le manuscrit de ses *Principes* est conservé à la Bibliothèque nationale (naf 21261), tandis que sa correspondance comme ambassadeur en Hollande est conservée à la bibliothèque Mazarine (mss. 2352-2353).
[IAD : 6 AP 9 (3-III-1732).

## CHAUVELIN

Germain-Louis

Né à Amiens, le 26 mars 1685
Mort à Paris, le 1ᵉʳ avril 1762.
Inhumé en l'église de
Boissy-Saint-Léger (Val-de-Marne).

**Famille**

Originaire du Vendômois, anoblie dans la première moitié du XVIIᵉᵐᵉ siècle.

*D'argent au chou pommé de cinq branches et arraché de sinople, la tige accolée par le fût d'un serpent d'or, la tête en haut.*

<u>Son père</u> : Louis, intendant d'Amiens, puis conseiller d'État.

<u>Sa mère</u> : Marguerite Billard, fille d'un avocat au Parlement.

<u>Ses frère et sœurs</u> : *Louis*, avocat général et contrôleur général des Ordres du Roi, président au Parlement ; *Angélique-Henriette-Thérèse*, mariée au marquis de Bissy ; *Marie-Hélène*, religieuse ; *Françoise*, religieuse ; *Henriette-Marguerite*, morte jeune.

<u>Il épousa</u> en 1718 Anne Cahouet de Beauvais (1695-1758), fille d'un premier président du bureau des finances d'Orléans.

<u>Ses enfants</u> : *Claude-Louis*, gouverneur de Brie-Comte-Robert, tué au cours d'un duel ; *Anne-Espérance*, mariée à Henri Colbert de Maulévrier, puis au comte de l'Aigle ; *Anne-Madeleine*, mariée à Michel Chamillart, petit-fils du contrôleur général de Louis XIV ; *Anne-Sabine-Rosalie*, mariée à Jean-François de La Rochefoucault de Surgères.

*Nommé le 23 août 1727, il fut disgracié le 20 février 1737 ; il fut garde des sceaux pendant la même période.*

**Carrière** : conseiller au Grand Conseil et grand rapporteur en Chancellerie (1706) ; maître des requêtes (1711) ; avocat général au Parlement (1715) ; maître des requêtes honoraire (1716) ; président à mortier au Parlement (1718) ; **garde**

**des sceaux (1727-1737) ; secrétaire d'État des Affaires étrangères (1727-1737) ; ministre d'État (1727).**

**Places et dignités** : secrétaire-commandeur des Ordres du Roi (1736).

Oublié par l'Histoire, considéré comme un parvenu par ses contemporains, ce jeune et brillant magistrat cumula pourtant deux charges ministérielles importantes qui firent de lui, pendant dix ans, un personnage de tout premier plan, avant qu'il n'eût sombré dans une longue disgrâce.

Élevé dans une famille de la Robe, Chauvelin montra très tôt des dispositions pour la magistrature. Maître des requêtes à l'âge de vingt-six ans, il put acheter, sous la Régence, une charge de président à mortier. Attaché à la personne du cardinal Fleury, c'est par lui, que, contre toute attente, il reçut les sceaux en 1727, et c'est à lui qu'il dut sa nomination au "grand ministère".

Très vite, cependant, le principal ministre et son protégé divergèrent dans leur vue sur la politique extérieure. Le pacifique Fleury déploya ses efforts pour maîtriser les intentions belliqueuses que nourrissait Chauvelin à l'égard de la Maison d'Autriche, et qui flattaient le parti guerrier de la cour, pressé de voir disparaître le vieux cardinal. Chauvelin, en effet, présenta, dès 1729, un projet prévoyant la constitution d'une ceinture d'États septentrionaux liés à la France - il fit verser des subsides conséquents aux électeurs allemands -, et la formation d'un "tiers parti" en Italie, n'étant rattaché ni à la Maison de Bourbon, ni à celle d'Autriche, et destiné à sauvegarder l'indépendance de la péninsule face aux prétentions de Vienne. Les premières opérations militaires françaises destinées à repousser les Autrichiens d'Italie décidèrent Fleury à faire mettre un terme aux initiatives de son trop remuant secrétaire d'État. Celui-ci eut cependant le temps d'être à l'origine du dernier agrandissement important du royaume : la réunion de la Lorraine à la France, prévue par le traité de Vienne de 1735, et qui sera effective à la mort de Stanislas Leszczynski, beau-père de Louis XV, en 1766.

La disgrâce de Chauvelin fut brutale et lui fut signifiée sans ménagements. Le bruit en courait déjà depuis plus d'un an. On lui attribuait la volonté d'encourager le parti janséniste, et surtout on le soupçonnait de vouloir remplacer le cardinal Fleury. Il fut exilé à Bourges, où il rédigea un mémoire justificatif dans lequel on vit une attaque contre le cardinal, ce qui lui valut d'être exilé plus loin encore, à Issoire. C'est seulement trois ans plus tard, en 1746, qu'il put regagner sa demeure de Grosbois, d'où il tenta, en vain, de retrouver la faveur du Roi, et c'est en proscrit qu'il mourut, en 1762.

D'Argenson, avant de trouver Chauvelin *grand travailleur par goût et d'une assiduité surprenante*, ne se gêna pas pour dire qu'*il n'y avait jamais eu au monde plus habile homme pour ses propres affaires, pour les travailler en grand, pour faire une grande et belle fortune... Il voulait parvenir sous le Régent..., il agiota... Il a paru dans ses places crasseux et honorable, plaçant encore bien sa dépense pour être comme tout le monde.* Il est vrai qu'on lui reprochait généralement d'être un parvenu, *affectant un air de bon et ancien magistrat de race* ; menant une vie laborieuse et simple, d'aucuns pensaient qu'*il faisait passer pour modération ce que la lésine le portait à refuser.* Sa fortune, importante, servit ses ambitions, mais la disgrâce dont il fut l'objet l'éloigna jusqu'à sa mort de la vie politique.

## Demeures

Il habita jusqu'à la mort de son père, en 1719, dans un hôtel que possédait sa famille, rue de Richelieu, depuis 1695. Cette demeure, habitée plus tard par Gribeauval, existe toujours, au n° 43 de la rue de Richelieu (Ier arrt.). On le trouve ensuite rue de Tournon.

Sa fortune lui avait permis, en 1731, d'acquérir du banquier Samuel Bernard la magnifique propriété de Grosbois, près de Boissy-Saint-Léger (Val-de-Marne). C'était au centre d'un immense bois que s'élevait le château de briques et de pierres, bâti à la fin du XVI^ème siècle. Remanié sous Louis XIII par le duc d'Angoulême, qui y installa la congrégation des Camaldules, le château ne compta plus ses illustres habitants. Après le président de Harlay, qui fit embellir le parc, Samuel Bernard et Chauvelin, ce furent Peyrenc de Moras, contrôleur général des Finances et secrétaire d'État de la Marine sous Louis XV, puis le futur Louis XVIII, Barras, et enfin le maréchal Berthier qui s'en rendirent acquéreurs. Le château, ouvert à la visite, est actuellement le siège de la Société d'Encouragement à l'Élevage du Cheval Français.

Chauvelin avait obtenu son élévation au marquisat en 1734. Sa disgrâce l'ayant exilé à Bourges, puis à Issoire, il ne put retrouver Grosbois qu'en 1746. Il y intrigua beaucoup, et d'après d'Aguesseau de Fresnes, *sa cabale était puissante.* Il y possédait une fort belle bibliothèque, en partie héritée de Harlay, ainsi que plusieurs collections d'estampes, de tableaux et autres objets d'art.

## Iconographie, bibliographie et sources

Un portrait de Hyacinthe Rigaud, daté de 1727, et conservé au Musée des Augustins de Toulouse, le représente assis, tenant une plume à la main.

Peu de travaux pour ce ministre important, si ce n'est la courte étude de E. DRIAULT, "Chauvelin (1733-1737), son rôle dans l'histoire de la réunion de la

Lorraine à la France", *Revue d'histoire diplomatique*, 1893. Sa chute et son exil ont en revanche beaucoup plus inspiré les chercheurs : d'Antonio de BÉTHECOURT-MASSIEU, "El sistema de Fleury : Espana y la caida de Chauvelin (1736-1737)", *Homenaje al Dr. Emilio Alaros Garcia*, 1965-1967, tome 2, aux recherches de John ROGISTER, "New light on the fall of Chauvelin", *English historical review*, n° 327 (1968), et "A minister's fall and its implications : the case of Chauvelin (1737-1746)", *Studies in the French Eighteen century presented to J. Lough*, 1978, en passant par le petit article du comte de LA RUPELLE, "L'exil du ministre Chauvelin à Bourges (1737-1743)", *Cahiers archéologiques et historiques du Berry*, n° 29 (1972) et la publication du "Miserere de M. de Chauvelin au cardinal de Fleury", *Mémoires de la Société d'émulation des Côtes-du-Nord*, tome 106 (1977), ces travaux expriment l'intérêt que l'on a porté à cet aspect de la vie de cet homme, *si connu*, selon Saint-Simon, *par l'essor de sa fortune et la profondeur de sa chute*.

Sa demeure de Grosbois a fait l'objet d'une notice d'Henry SOULANGE-BODIN, *Le château de Grosbois*, éditée par la Société d'Encouragement du cheval français, et l'on trouve des notes et dossiers de travail sur les Chauvelin et le marquisat de Grosbois aux archives départementales des Yvelines (36 F 3).

Les archives de sa famille sont conservées aux Archives nationales (T 247) ainsi que dans les papiers de Courcel, aux archives départementales des Yvelines (79 J 136-137).

[IAD : LXXXVIII/1071 (7-II-1763).

## AMELOT DE CHAILLOU
Jean-Jacques

Né à Paris, le 30 avril 1689
Mort à Paris, le 7 mai 1749.

**Famille**

Originaire d'Orléans, anoblie à la fin du XVI^ème siècle.

*D'azur à trois cœurs d'or, accompagnés en chef d'un soleil du même.*

<u>Son père</u> : Denis-Jean-Michel, conseiller au parlement de Paris, puis intendant du commerce.

<u>Sa mère</u> : Philiberte de Barrillon d'Amoncourt, fille d'un conseiller d'État, ambassadeur extraordinaire en Angleterre.

<u>Ses frères et sœurs</u> : *Valence* et *Madeleine-Bonne*, mortes jeunes ; *Marie-Philiberte*, mariée à Hubert d'Étampes de Valençay ; *Michel-Denis*, colonel de régiment.

<u>Il épousa</u> en 1716 Marie-Pauline Bombarda (1697-1719), fille du trésorier de l'électeur de Bavière. <u>Il se remaria</u> en 1726 avec Marie-Anne de Vougny (morte en 1783), fille d'un secrétaire du Conseil d'État ; elle-même se remaria au marquis d'Amezaga, premier gentilhomme de la Chambre du roi de Pologne, puis lieutenant général des armées du Roi.

<u>Ses enfants</u>, du premier lit : *Anne-Philiberte*, mariée à Jean-Baptiste Fleuriau d'Armenonville, fils de F. de Morville, secrétaire d'État des Affaires étrangères ; *Marie-Louise*, mariée à Claude-Thomas de Pont-Saint-Pierre, marquis de Roncherolles, maréchal de camp, puis lieutenant général des armées du Roi ; du second lit : *Marie-Philiberte*, mariée à Armand de Caumont-La Force, colonel au régiment de Beauce ; *Antoine-Jean*, secrétaire d'État de la Maison du Roi sous Louis XVI.

*Nommé le 21 février 1737, il fut contraint de donner sa démission le 26 avril 1744.*

**Carrière** : avocat général aux requêtes de l'hôtel (1708) ; maître des requêtes (1712) ; intendant de La Rochelle (1720-1726) ; intendant des finances (1726) ; maître des requêtes honoraire (1728) ; conseiller d'État (1732) ; **secrétaire d'État des Affaires étrangères (1737-1744)** ; surintendant général des Postes (1737-1744) ; bailli de Châtillon-sur-Indre (1738).

**Places et dignités** : membre de l'Académie française (1727) ; membre honoraire de l'Académie des Sciences (1741) ; prévôt-maître des cérémonies-commandeur des Ordres du Roi (1743).

C'est au sein d'une famille parlementaire déjà ancienne et nombreuse, qu'Amelot, dès son enfance, fit preuve d'un goût particulier pour l'étude. On le vit apprendre l'hébreu, les sciences naturelles et même les mathématiques, et ces inclinations qu'il gardera toute sa vie le porteront à l'Académie française à l'âge de trente-huit ans, et à l'Académie des Sciences quinze ans plus tard.

A peine fut-il nommé maître des requêtes qu'il accompagna son père à Rome pour les négociations relatives à la bulle *Unigenitus*. Ce fut l'occasion pour lui de se faire apprécier de Torcy, secrétaire d'État des Affaires étrangères.

Mais c'est dans les questions financières qu'il devait forger sa réputation. C'est *avec beaucoup d'esprit, ni entêté, ni prévenu*, dit Fréteau, qu'il fit partie de la chambre de Justice, qui, sous la Régence, condamna plusieurs financiers.

En 1720, il fut nommé intendant de La Rochelle, et six ans plus tard, obtint une charge d'intendant des finances, qu'il gardera onze ans.

Sa nomination aux Affaires étrangères, après la disgrâce de Chauvelin, étonna ses contemporains et Barbier exprima bien l'opinion générale, en disant : *il peut avoir de l'esprit, mais ne doit rien savoir de ce métier-là*. D'ailleurs, on ne prêta longtemps aucune influence à cet *esprit timide et méticuleux*, et l'on attribua la réalité des décisions au premier commis, La Porte Du Theil. On lui reconnaissait pourtant une grande conscience dans le travail ; il privilégiait les entretiens particuliers avec le Roi, au détriment des comités de ministres, qui le jalousèrent pour cela. Mais on lui reprocha une lenteur d'esprit et une incompétence en matière de politique étrangère, bien qu'il obtînt des succès dans sa diplomatie orientale. Peu apprécié des ambassadeurs étrangers, on dit que son départ fut exigé par Frédéric II.

Sa petite taille et son bégaiement excitèrent la verve des chansonniers :

> *Petit Amelot*
> *Ta langue se brouille*
> *Barbouille, bredouille*
> *Quand tu dis un mot.*
> *S'il faut traiter*
> *S'il faut discuter*
> *Un rien t'embarrasse ;*
> *Trop court pour ta place*
> *Tu ne peux rester.*

Toussaint ne le ménage pas autrement, disant qu'*issu d'une famille connue dans la politique, il avait longtemps rempli des emplois relatifs à la finance, à laquelle il était plus propre qu'à la place où on l'avait élevé... il avait de l'esprit, était laborieux, vif et ambitieux, et jaloux. Il bégayait, défaut considérable dans un homme destiné à conférer journellement avec des ministres étrangers.*

Sa femme, très bien introduite chez la Reine, était une beauté connue de tout Paris, et bien des personnes de la cour de Versailles se réunissaient chez elle. A la mort d'Amelot, elle défraya la chronique en se remariant avec le marquis d'Amezaga, gentilhomme espagnol de quinze ans plus jeune qu'elle.

## Demeures

Son hôtel parisien, remanié par l'architecte Pierre Bullet, était situé rue du Grand-Chantier. L'ayant hérité de son père, il le vendit en 1720 au maréchal de Tallard, mais continua de l'habiter jusqu'à sa mort. L'hôtel, restauré, subsiste toujours au n° 78 rue des Archives (III<sup>ème</sup> arrt).

Il reçut également de son père la seigneurie de Chaillou, entrée dans la famille par les Barillon d'Amoncourt à la fin du XVII<sup>ème</sup> siècle. Vers 1735, il échangea avec le Roi des terrains qu'il possédait dans le parc de Versailles contre la châtellenie de Châtillon-sur-Indre. Le château, aujourd'hui propriété privée (Indre), fut construit au XVI<sup>ème</sup> siècle ; flanqué de deux tours, il reçut au XVIII<sup>ème</sup> siècle l'adjonction d'un pavillon. La seigneurie fut élevée au marquisat en 1783, au profit de son fils Antoine-Jean.

## Iconographie, bibliographie et sources

Pas de portrait connu.

Aucune étude d'ensemble ne lui a été consacrée, et seuls les mémorialistes permettent de connaître quelques anecdotes. L'hôtel a fait l'objet d'une étude de Jean-Pierre BABELON, "Une œuvre mal connue de Pierre Bullet, l'hôtel Amelot de Chaillou, puis de Tallard", *Le Bulletin Monumental*, tome 136 (1978), et le château a bénéficié du travail de Jean-Pascal FOUCHER, "L'inventaire des meubles du château de Chaillou, 1781", *Patrimoine et histoire en Châtillonnais*, n° 1 (1991).
[IAD : LXVIII/567 (21-V-1749).

**D'ARGENSON**
René-Louis de Voyer de Paulmy,
marquis d'

Né à Paris, le 18 octobre 1694
Mort à Paris, le 26 janvier 1757.
Inhumé en l'église Saint-Nicolas-
du-Chardonnet, à Paris.

**Famille**

Fils de Marc-René, garde des sceaux (voir sa notice, p. 104).

Il épousa en 1718 Marie-Madeleine-Françoise Méliand (1704-1781), fille d'un intendant de Flandre.

Ses enfants : *Antoine-René*, secrétaire d'État de la Guerre sous Louis XV, et ambassadeur à plusieurs reprises ; *Marie-Madeleine-Catherine*, mariée à Marc-Yves Desmarets de Maillebois, lieutenant général du Haut-Languedoc.

*Après que le Roi eût assuré l'intérim entre le 27 avril et le 18 novembre, il fut nommé le 19 novembre 1744, et fut contraint de donner sa démission le 10 janvier 1747.*

**Carrière** : conseiller au Parlement (1716) ; maître des requêtes (1718) ; conseiller d'État semestre (1720) ; intendant du Hainaut (1720-1724) ; maître des requêtes honoraire (1720) ; conseiller d'État ordinaire (1728) ; chancelier-garde des sceaux du duc d'Orléans (1742-1744) ; conseiller au Conseil royal des Finances (1744) ; **secrétaire d'État des Affaires étrangères (1744-1747) ; ministre d'État (1744-1747)**.

**Places et dignités** : membre honoraire de l'Académie des Inscriptions et Belles-Lettres (1733).

Le célèbre auteur des *Mémoires*, grâce auquel non seulement lui-même, mais toute sa famille nous est connue plus directement, fit ses études avec son frère au collège Louis-le-Grand. Voltaire fut leur camarade, et leurs relations furent par la suite toujours fort bonnes. Aidé par la position de son père, René-Louis gravit rapidement les échelons de l'administration, et avant d'avoir atteint l'âge de vingt-cinq ans, fut à la tête de l'intendance du Hainaut. Il parvint à y maintenir l'ordre, dans les temps difficiles du système de Law. Mais, sachant qu'il ne pourrait escompter la succession de son beau-père à l'intendance de Flandre, il abandonna le Hainaut, restant simple conseiller d'État. Jusqu'à sa nomination aux Affaires étrangères, il se piqua de philosophie, et entra au club de l'Entresol, sorte d'académie qui se réunissait régulièrement dans un hôtel de la place Vendôme. Il y développa une pensée politique qui reste controversée, et qui s'exprime dans ses *Considérations sur le gouvernement de la France* : l'égalité fiscale et la fin des privilèges, la décentralisation et l'autonomie municipale, destinées à faire participer la population à la gestion des affaires dans le cadre d'une "démocratie" respectueuse à la fois des provinces et de l'État, tels sont les quelques traits qui lui valurent l'estime de la République des Lettres, et le compliment de Rousseau : *il avait conservé jusque dans le ministère le cœur d'un bon citoyen.*

Mais celui que ses contemporains surnommaient *d'Argenson la Bête* n'a pas tant la faveur de l'Histoire. Tandis que son frère était nommé à la Guerre, lui reçut le portefeuille des Affaires étrangères, et la différence entre les deux s'affirma très rapidement. Si le premier recueillit le succès des victoires de Lawfeld et surtout de Fontenoy, le second, d'après le maréchal de Richelieu, *sans trop se soucier de leur résultat exploitable, forgeait de vastes plans pour l'unité italienne.* Incapable de mettre fin à la guerre de Succession d'Autriche, il lassa la patience du Roi, qui le disgracia sans lui octroyer la moindre pension, tandis que son frère, lui, restait en poste.

Ce gouvernant aventureux, "réformateur malavisé" et quelque peu utopiste, se consacra dès lors, pour les dix ans qui lui restaient à vivre, à la lecture et à l'écriture, et l'Histoire peut tout de même lui savoir gré des neuf volumes de *Mémoires* qu'il a laissés à la postérité.

Le duc de Luynes n'a pas fait de lui un portrait bien flatteur : *petit et laid, une timidité naturelle, un aspect triste, un peu sévère* ; madame Du Hausset, plus indulgente, relève *un air de bonhomie et un ton bourgeois.* Le marquis de Valori, lui, préfère les accents de l'amitié, et affirme qu'il *il n'y eut jamais plus honnête homme, aimant plus son roi et sa patrie. Jamais aucun ministre n'a apporté, en arrivant en place, autant de connaissance et de théorie... Mais, peu au fait de la cour, il n'avait jamais pu acquérir cet esprit d'intrigue si nécessaire pour s'y maintenir. Il crut qu'en se renfermant dans les devoirs de sa place, dans un travail réglé et assidu, il pouvait se confier aux bontés que son maître lui marquait.* Mais laissons à celui que Saint-Simon appelait *le balourd,* le soin de se présenter lui-même : *j'ai de l'imagination, l'esprit vif... J'ai le cœur et le sentiment lent, mais rude et tenace pour quelque temps, c'est-à-dire opiniâtre ; la mémoire prompte et habile, et qui se porte naturellement au droit et au parfait. Je suis naturellement fort gai, aisé à gêner, timide et craintif, étant peu sanguin. Mais quand la bile s'allume, j'irais dans le feu... J'ai toujours aimé le projet et pas mal l'exécution, mais petit à petit, vivement d'abord et sur mon projet tout chaud, et avec grande volupté ; puis je ralentis, me dégoûte, mais je reprends et mets à fin quand cela est bon.*

## Demeures

Philanthrope dans ses idées, d'Argenson fut pourtant mauvais époux, piètre père et gestionnaire maladroit. En 1720, il acheta à la veuve de Bazan de

Flamenville, lieutenant général, un hôtel place Royale. Il le légua en 1746 à sa fille, à l'occasion de son mariage avec le comte de Maillebois. L'hôtel existe toujours, au n° 22, place des Vosges (IV^ème arrt.). Deux ans après, il vendit la part qui lui était échue dans l'ensemble immobilier du Marais. Rapidement séparé de sa femme, il vécut dans différentes maisons de location à Paris, avant de s'installer, lors de sa disgrâce, au château de Segrais.

C'est dans cette demeure, construite entre 1733 et 1749, et située sur la commune de Saint-Sulpice de Favières, près d'Arpajon (Essonne) qu'il coula une paisible retraite. Il l'avait loué à Haudry de Soucy, qui possédait plusieurs domaines dans la région. Si l'on en croit la peinture qu'il fait des lieux, il semble y avoir été très attaché : *rien ne ressemble aux Champs Élysées, séjour des ombres heureuses, comme la maison de Segrais. Il y a un jour doux et non brillant comme celui des vues étendues sur de grandes rivières. Cet affaiblissement du jour vient de quantité de montagnes vertes qui rendent ce séjour sauvage avec peu d'échappée de vue. Il y a des prairies, et surtout des eaux courantes... On y vit heureux, et sans bruits du monde.* Cet endroit enchanteur, où il donna des fêtes somptueuses, reçut les visites de d'Alembert, La Condamine, Condillac, et même, en 1750, de Voltaire. Le château, qui a conservé ses décors intérieurs, est aujourd'hui une propriété privée. Mais c'est à Paris qu'il revint mourir, atteint d'un anthrax au cou, dans un hôtel de la rue de Richelieu.

Il évoque également dans ses *Mémoires* sa propriété de Réveillon-en-Brie (Marne). Il l'avait achetée en 1719 à Philippe Millien, directeur général des vivres. Afin d'éteindre certaines de ses dettes, il la revendit dès 1730 au fils de Robert de Cotte. Restauré après la seconde guerre mondiale, ce superbe château, propriété privée, existe toujours. Il est aujourd'hui malheureusement très abîmé.

## Iconographie, bibliographie et sources

Il existe un portrait dans une collection particulière. La bibliothèque de l'Arsenal, à Paris, conserve un recueil de dessins des propriétés familiales, que René-Louis réalisa dans ses moments de loisirs.

Bien que très critiqué, et peut-être justement à cause de cela, le marquis a suscité plusieurs études. SAINTE-BEUVE, dans ses *Causeries du Lundi*, tome XII, en a fait un portrait qui fait référence, tandis que d'autres chercheurs, et en particulier des étrangers, ont analysé sa pensée politique. Parmi la longue liste, on peut retenir les ouvrages et travaux de Peter GESSLER, *René-Louis d'Argenson, seine Ideen über Selbstverwaltung, Einheitsstaat, Wohlfart und Freiheit in biographischem Zusammenhang*, Bâle, 1957 - de loin le plus excellent -, Arthur OGLE, *The marquis d'Argenson. A study in criticism*, Londres, 1893, Charles TASSIN, "Un membre de l'académie de l'Entresol : le marquis d'Argenson", *Le Correspondant*, tome 97 (1883), p. 332-359 (qui utilise des textes aujourd'hui disparus), André ALEM, *Le marquis d'Argenson et l'économie politique au début du XVIIIème siècle*, Paris, 1899, J. LAMSON, *Les idées politiques du marquis d'Argenson*, Montpellier, 1943, H. LAGRAVE, "René-Louis de Voyer de Paulmy, marquis d'Argenson, notice sur les œuvres de théâtre", *Studies on Voltaire and the XVIIIth century*, Genève, tome 42-43 (1966), Joseph GALLANAR, "Argenson's Platonic republics", *Second congress of the Enlightenment*, Saint-Andrew, tome 2 (1967), R. VILLERS, "Un républicain mal avisé, le marquis René-Louis d'Argenson. Études en souvenir de G. Chevrier", *Mémoires de la société pour l'histoire du droit et des institutions des anciens pays bourguignons*, fasc. 30 (1970-1971), l'excellent travail de Neal JOHNSON, "L'idéologie politique du marquis d'Argenson, d'après ses œuvres inédites", *Études sur le XVIIIème siècle*, tome 11 (1984), qui s'est fondé sur les archives conservées à Poitiers, et enfin le récent article de Guy THUILLIER, "La réforme de l'administration selon le marquis d'Argenson", *La Revue administrative*, 1991, ainsi qu'une étude inédite de Louis-Jean FESQUET, *Étude critique et commentaire des "Considérations sur le gouvernement ancien et présent de la France"*, maîtrise Paris-IV (dir. Poussou), 1987. Son passage au gouvernement a été étudié par Edgar ZEVORT, *Le marquis d'Argenson et le ministère des Affaires étrangères*, Paris, 1880 (rééd. en 1976), le duc de BROGLIE, *Maurice de Saxe et le marquis d'Argenson*, Paris, 1891, 2 volumes, Reginald RANKIN, *The marquis d'Argenson and Richard II*, London, 1901, et Pio ZABALA Y LERA, *El marquès d'Argenson y el Pacto de Familia de 1743*, Madrid, 1930. Son hôtel place des Vosges est étudié par Maurice DUMOLIN, "Les propriétaires de la place Royale (1605-1789)", *La Cité*, n° 97-98 (1926). Quelques détails plus personnels dans l'article de J.-L. de LA MARSONNIÈRE, "La succession du marquis d'Argenson", *Bulletin de la société des antiquaires de l'Ouest*, tome VI (1892-1894). Enfin, on aura des renseignements sur sa maison de campagne dans Félix LORIN, "Le marquis d'Argenson à Segrais", *Mémoires de la société archéologique de Rambouillet*, XIII (1898).

Ses *Mémoires* ont fait l'objet de plusieurs éditions, la seule valable étant : *Journal et mémoires du marquis d'Argenson, publiés pour la première fois d'après les manuscrits autographes*, Paris, 1857-1869, 9 volumes. Ils ont été étudiés dans la thèse de Carl DURAND, *Die memoiren des marquis d'Argenson*, Berlin, 1908.

La plus grande partie de ses papiers, qui était conservée à la bibliothèque du Louvre, a brûlé en 1871. Il en reste quelques épaves, à la bibliothèque Mazarine, à la bibliothèque de l'Arsenal et au ministère des Affaires étrangères, ainsi qu'une partie, encore peu exploitée, dans les papiers de son frère, à la bibliothèque universitaire de Poitiers (et notamment des copies, réalisées au XIXème siècle sur les papiers, aujourd'hui disparus, de la bibliothèque du Louvre).
[IAD : CXV/616 (4-II-1757).

## PUYZIEULX
Louis-Philogène Brûlart,
comte de Sillery,
puis (1727) marquis de

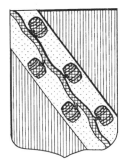

Né à Paris, le 12 mai 1702
Mort à Paris, le 8 décembre 1770.

**Famille**

Originaire de Bourgogne, de noblesse d'extraction.

*De gueules à la bande d'or, chargée d'une traînée de cinq barillets de sable.*

<u>Son père</u> : Carloman-Philogène Brûlart de Sillery, premier écuyer du prince de Conti, gouverneur d'Épernay, puis d'Huningue.

<u>Sa mère</u> : Marie-Louise Bigot, fille d'un auditeur de la Chambre des Comptes de Paris.

<u>Sa sœur</u> : *Marie*, dite mademoiselle de Sillery.

<u>Il épousa</u> en 1722 Charlotte-Félicité Le Tellier de Souvré (1707-1783), fille d'un lieutenant général au gouvernement de Navarre et Béarn, petite-fille de Louvois, secrétaire d'État de la Guerre sous Louis XIV.

<u>Sa fille</u> : *Adélaïde-Félicité*, mariée à Louis-Charles-César Le Tellier d'Estrées, maréchal de France, veuf d'Anne-Catherine de Champagne-La Suze.

*Nommé le 21 janvier 1747, il démissionna le 9 septembre 1751.*

**Carrière** : mousquetaire (1716) ; capitaine au régiment de cavalerie de Villeroy (1719) ; gouverneur d'Épernay (1719) ; mestre de camp de cavalerie (1721) ; mestre de camp du régiment de cavalerie de son nom (1734) ; brigadier de cavalerie (1734) ; ambassadeur auprès du roi des Deux-Siciles (1735-1739) ; maréchal de camp (1743) ; plénipotentiaire au congrès de Bréda (1746) ; conseiller d'État d'épée (1746) ; **secrétaire d'État des Affaires étrangères (1747-1751) ; ministre d'État (1747-1756, rappelé en 1758)** ; lieutenant général pour le Bas-Languedoc (1751).

**Places et dignités** : chevalier de l'Ordre du Saint-Esprit (1748).

A la tête des Affaires étrangères au moment de la clôture de la guerre de Succession d'Autriche, Puyzieulx fut un diplomate apprécié et compétent, et fut l'un des rares ministres à rester au Conseil, et même à y être rappelé, après son renvoi du secrétariat d'État.

Issu d'une vieille famille de serviteurs de l'État, qui avait notamment donné un chancelier et un secrétaire d'État de la Guerre, Puyzieulx commença dans la carrière des armes ; succédant à son père au gouvernement d'Épernay, il participa aux opérations de la guerre de Succession de Pologne, et débuta dans la diplomatie en 1735, auprès du roi des Deux-Siciles.

C'est le congrès de Bréda, où se négocièrent les préliminaires de la paix d'Aix-la-Chapelle, qui révéla les qualités de Puyzieulx, et qui lui valut sa nomination aux Affaires étrangères en remplacement de d'Argenson. Menant la politique traditionnelle dirigée contre la Maison d'Autriche, il était partisan de l'élection du prince de Conti à la couronne de Pologne ; il y fut aidé en particulier par un de ses très proches amis, le comte de Saint-Séverin d'Aragon, qu'il parvint à faire entrer au Conseil en 1748, et qui le seconda au point de devenir un véritable vice-ministre.

Affaibli par d'importants problèmes de santé, Puyzieulx préféra se retirer des affaires, mais le Roi tint à le garder au Conseil, lui conservant son logement à la cour et sa pension. Il y resta jusqu'en 1756 et le quitta à nouveau pour des raisons de santé ; cependant, après la défaite de Crevelt, en 1758, Louis XV lui demanda de revenir.

Détesté par son prédécesseur d'Argenson, qui juge qu'*avec son peu d'esprit, il n'aurait jamais dû y être installé* (dans sa charge), Puyzieulx a généralement laissé une bonne impression. *Parfait honnête homme* selon Choiseul, le duc de Luynes estima, lorsqu'il se démit, qu'il *serait difficile de trouver un ministre qui ait servi le Roi avec plus d'assiduité, de respect en parlant à son maître, et de dignité lorsqu'il parlait en son nom*. On lui reprocha cependant une certaine vanité à propos de l'obtention du cordon bleu comme chevalier, et non par charges, comme c'était la coutume pour les secrétaires d'État. On considéra alors que l'une des dernières distinctions entre la haute noblesse et la noblesse de robe était tombée. Mais c'est sans doute au cardinal de Bernis que revient le jugement le plus proche de la réalité : *M. de Puyzieulx a l'esprit sage et juste ; il parle avec noblesse et dignité, ses principes et procédés sont honnêtes ; il connaît bien son maître et sait se conduire à la cour et dans le public ; mais on sent la différence entre un courtisan adroit et vertueux et un ministre habile, entre un esprit sage et un esprit étendu.*

**Demeures**

Il habitait à Paris dans l'hôtel familial de Sillery, quai Conti, construit au XVIIème siècle. Habité au XIXème siècle par le baron Larrey, l'hôtel existe toujours, au n° 13 quai Conti (VIème arrt). On le trouve plus tard rue de Grenelle.

Il possédait également le château de Sillery, près de Reims (Marne), construit au début du XVIIème siècle par son aïeul, le chancelier Brûlart de Sillery. Sa nièce, madame de Genlis, fut reçue au château ; propriété plus tard du général Gérard, il fut démoli au XIXème siècle, et ses vestiges détruits pendant la guerre de 1914. C'est aujourd'hui l'emplacement d'un grand cimetière militaire.

**Iconographie, bibliographie et sources**

Le château de Versailles possède une belle toile peinte par Louis-Joseph-Toussaint Rossignon, représentant le ministre assis, accoudé à son bureau et portant l'ordre du Saint-Esprit.

Puyzieulx est un laissé pour compte de l'historiographie. Aucune étude ne lui a été consacrée, et l'on puisera dans quelques ouvrages généraux, comme celui d'Hélion de LUÇAY, *Les secrétaires d'État, depuis leur institution jusqu'à la mort de Louis XV*, Paris, 1881, ou l'ouvrage publié par le CNRS, *Les Affaires étrangères et le corps diplomatique français*, Paris, 1984, tome 1. Quelques renseignements également dans l'étude consacrée à son oncle par Jean de BOISLISLE, *Les Suisses et le marquis de Puyzieulx, ambassadeur de Louis XIV (1698-1708)*, Paris, 1906. [IAD : XCII/736 (14-XII-1770).

**BARBERIE DE SAINT-CONTEST**
François-Dominique, marquis de

Né à Paris, le 26 juin 1701
Mort au château de Versailles,
le 24 juillet 1754.

**Famille**

Originaire de Normandie, anoblie dans la première moitié du XVIIème siècle.

*D'azur à trois têtes d'aigles arrachées d'or.*

<u>Son père</u> : Dominique-Claude, intendant de Metz, puis conseiller d'État et pléni-potentiaire au congrès de Cambrai en 1721.

<u>Sa mère</u> : Marie-Françoise Le Maistre de Bellejamme, fille d'un président au parlement de Paris.

<u>Son frère</u> : *Henri-Louis B. de La Châtaigneraye*, intendant de Limoges et de Champagne.

<u>Il épousa</u> en 1735 Jeanne-Philippe-Monique Desvieux (1716-1746), fille d'un secrétaire-greffier au Conseil d'État privé.

<u>Ses enfants</u> : *Marguerite-Marie-Louise-Victoire*, mariée en premières noces à Félix Du Plessis-Châtillon, sous-lieutenant des chevau-légers d'Orléans, et en secondes noces à Alexandre de Canonville de Raffetot, capitaine-lieutenant des chevau-légers du Berry ; *Claude-François*, cornette de la première compagnie de mousquetaire, mort sans alliance.

*Il fut nommé le 11 septembre 1751, et mourut en charge.*

**Carrière** : avocat du Roi au Châtelet (1721) ; conseiller au Parlement (1724) ; maître des requêtes (1728) ; intendant d'Auch et de Béarn (1737-1740) ; intendant de Caen (janvier-avril 1740) ; intendant de Bourgogne (1740-1749) ; ambassadeur dans les Provinces-Unies (1749-1751) ; maître des requêtes honoraire (1750) ; **secrétaire d'État des Affaires étrangères (1751-1754)**.

**Places et dignités** : prévôt-maître des cérémonies-commandeur des Ordres du Roi (1754).

Avec une carrière classique et sans éclat, le marquis de Saint-Contest a surtout connu son heure de gloire pendant son intendance de Dijon. Au contraire de ses prédécesseurs, il s'éloigna rarement de sa province et prit un soin particulier à son administration. Son mandat resta marqué par la nouvelle route qui fut tracée entre Paris et Dijon. C'est par la faveur de la marquise de Pompadour qu'il fut appelé aux Affaires étrangères, à l'issue d'une mission diplomatique dans les Pays-Bas.

Son passage au ministère fut des plus controversés, et il reste encore très mal connu. On lui reprocha surtout un manque de fermeté dans ses idées, notamment après qu'il eût abandonné son projet fédératif d'alliance avec plusieurs puissances pour isoler l'Autriche, la Russie et l'Angleterre, ainsi qu'une faiblesse qui le laissait gouverner par le maréchal de Noailles, au Conseil d'État depuis longtemps. On dit également qu'il mettait par dessus tout l'amour de la paix, en l'occurrence, lors de l'affaire qui opposa la France et l'Angleterre au sujet de l'Acadie.

Au physique, Dufort de Cheverny le décrit ainsi : *c'était un petit homme gros et court... ; il ne passait pas un instant sans avoir une convulsion dans le visage, qui lui faisait froncer les sourcils et retirer les coins de la bouche et du nez ; au surplus, le meilleur et le plus excellent homme, bon bourgeois dans cette place, en faisant les fonctions magistralement et très rondement.* Un contemporain fait écho à ses compliments, disant de lui qu'*on ne peut avoir plus d'intelligence et de facilité pour les affaires ; il est plein de feu, despote par caractère plus que par intérêt, servant ses amis, mais voulant être servi de même. Il est impossible d'avoir la tête plus froide, plus vaste et mieux ordonnée.* D'ailleurs, malgré les critiques qui fusaient, et les "sottises" que lui reprochait le duc de Luynes, Saint-Contest fut un des rares ministres à mourir en charge.

## Demeures

Saint-Contest habitait rue de Thorigny, dans l'hôtel Salé, que le Roi possédait depuis 1696. Il y fit faire quelques réaménagements avant que Louis XV ne le revendît, en 1728. L'hôtel abrite aujourd'hui le musée Picasso (5 rue de Thorigny, III^ème arrt). En 1752, il loua un appartement dans l'hôtel de Lautrec, quai Malaquais, au coin de la rue des Petits-Augustins (actuelle rue Bonaparte). Plus connu sous le nom d'hôtel de Transylvanie, il avait été bâti au XVII^ème siècle, et, plus tard, Vergennes en fut également locataire. Situé au n° 9, quai Malaquais (VI^ème arrt), il a conservé nombre de ses décors intérieurs.

La seigneurie de Saint-Contest (Calvados), fut élevée au marquisat tardivement, mais il semble que la famille n'y venait plus depuis longtemps. Seule une cloche a été baptisée du prénom de son grand-père.

Il est fait mention, enfin, dans le *Journal d'exil* du comte de Belle-Isle, de la propriété de Embourg, près de Nevers, que possédait alors ses parents.

## Iconographie, bibliographie et sources

Pas de portrait connu.

Bien pauvre bibliographie ; les *Mémoires* contemporains en parlent à peine. Seule la notice du *Dictionnaire de biographies françaises* donne quelques élé-

ments. Son passage en Bourgogne a suscité une petite étude de J. LAVIROTTE, "Les ordonnances d'un intendant de la généralité de Dijon", *Mémoires de la société pour l'histoire du droit et des institutions des anciens pays bourguignons*, 1939. On consultera également l'ouvrage de l'abbé ÉLIE, *Histoire de la paroisse de Saint-Contest*, Caen, 1901, mais qui ne donne presque rien sur la famille. On verra, sur ses hôtels parisiens, l'étude de Maurice DUMOLIN, "Les deux rues de Thorigny", *La Cité*, n° 125 (1933), et celle de Léo MOUTON, "L'hôtel de Transylvanie", *Bulletin de la société historique du VI<sup>ème</sup> arrt. de Paris*, 1905.
[IAD : XXVI/479 (12-VIII-1754).

## ROUILLÉ

*Nommé le 24 juillet 1754 à la suite du décès de Saint-Contest, il abandonnait le département de la Marine dont il était titulaire depuis 1749. Il démissionna le 24 juin 1757.*

Voir sa notice, p. 225.

## BERNIS
François-Joachim de Pierre de

Né au château de Saint-Marcel
en Vivarais, le 22 mai 1715
Mort à Rome, le 2 novembre 1794.
Inhumé en l'église Saint-Louis-des-Français,
à Rome ; ses cendres furent transférées en la
cathédrale Saint-Castor de Nîmes, en 1800.

### Famille

Originaire du Vivarais, de noblesse d'extraction.

*D'azur à la bande d'or, accompagnée à senestre d'un lion du même, armé et lampassé de gueules.*

<u>Son père</u> : Joachim, page du Roi, puis capitaine de cavalerie.

<u>Sa mère</u> : Marie-Élisabeth Du Chastel de Condres, fille d'un gentilhomme.

<u>Ses frères et sœurs</u> : *Philippe-Charles-François*, cornette au régiment Royal Pologne ; *Françoise-Hélène*, mariée à Claude de Narbonne-Pelet ; *Gabrielle-Élisabeth*, religieuse ursuline à Bagnols ; *huit autres frères et sœurs*, morts en bas âge.

*Nommé le 28 juin 1757, il démissionna le 9 octobre 1758 avant d'être exilé.*

**Carrière** : ambassadeur à Venise (1752-1755) ; ordonné sous-diacre (1755) ; conseiller d'État d'Église (1756) ; **ministre d'État (1757)** ; **secrétaire d'État des Affaires étrangères (1757-1758)** ; cardinal (1758) ; ordonné prêtre (1760) ; archevêque d'Albi (1764) ; chargé d'affaires auprès du Saint-Siège (1769-1791).

**Bénéfices ecclésiastiques** : chanoine-comte de Brioude (1739) ; chanoine-comte de Lyon (1749) ; abbé de Saint-Arnould de Metz, qu'il échange contre Saint-Médard de Soissons (1756) ; prieur de la Charité-sur-Loire (1757) ; abbé de Trois-Fontaines (1758).

**Places et dignités** : membre de l'Académie française (1744) ; membre honoraire de l'Académie des Inscriptions et Belles-Lettres (1770).

L'un des derniers cardinaux-ministres de la monarchie d'Ancien régime, venant après les Richelieu, Mazarin, Dubois ou Fleury, Bernis fut l'un de ces prélats qui donnèrent à la diplomatie française sa dimension européenne.

Passant du petit collège des Barnabites de Bourg-Saint-Andéol (Vivarais) au collège Louis-le-Grand, à Paris, le jeune comte de Bernis cultiva son goût pour la lecture et la poésie. Ne pouvant embrasser la carrière militaire, faute d'une fortune suffisante, il entra au séminaire de Saint-Sulpice en 1731, d'où il sortit abbé, avant de devenir chanoine à Brioude. De retour à Paris, il fut introduit dans divers salons littéraires, en particulier dans celui de madame Geoffrin. Brillant, apprécié pour la finesse de son esprit, il poursuivit la publication de ses poésies, comme son *Épître à mes dieux pénates*, qui le rendit célèbre, ou ses *Saisons*, et Voltaire lui-même ne cacha pas son enthousiasme : *que cela est plein de verdure, de roses, de lys, de pivoines ! Cet homme est Babet la Bouquetière.* A vingt-neuf ans, il entra à l'Académie française.

Ce fut alors qu'il rencontra madame de Pompadour, dont il devint le grand protégé. Après avoir été son précepteur au château d'Étioles, il obtint, grâce à elle, une pension et un logement au Louvre, puis pénétra à la cour. Quelque temps après, il fit son entrée dans la vie politique en obtenant le poste d'ambassadeur à Venise. Durant trois ans, il s'efforça, sans y parvenir, de placer la République sous la protection de la France. Rappelé à Versailles, il fut chargé de préparer le rapprochement avec l'Autriche, qui devait aboutir au traité de 1756, au renversement des alliances et à la guerre de Sept Ans. Le Roi lui confia alors le secrétariat d'État des Affaires étrangères, où il n'allait se maintenir que quinze mois. Recherchant avant tout l'efficacité, ébauchant une politique financière, mettant au point un projet de réforme gouvernementale finalement repoussé, il fut proposé comme premier ministre par son grand ami Choiseul, ce que Louis XV refusa. Puis, la défaite de Rosbach lui ayant fait prendre conscience de la faiblesse des armées, il refusa tout héroïsme inutile, préférant prôner la paix avec l'Angleterre. Cette attitude lui aliéna madame de Pompadour, et bientôt le Roi lui-même. L'obtention de la pourpre cardinalice ne fit que renforcer les attaques de ses adversaires, qui le présentaient comme un ambitieux avide de richesses et de prestige. Inquiet, nerveusement épuisé, il fut finalement disgracié et exilé dans son château de Vic-sur-Aisne, dépendance de l'abbaye de Saint-Médard de Soissons. Là, dans l'interdiction de recevoir quiconque, et seulement entouré de sa belle-sœur et de ses nièces, il reprit une vie familiale et commença la rédaction de ses *Mémoires*.

Après quelques années d'une existence austère, il fut autorisé à se rapprocher de Versailles. Il commença alors, dans une sorte de second souffle, ce qui restera sans doute la période la plus importante de sa carrière. Nommé archevêque d'Albi en 1764, il développa dans son diocèse l'instruction religieuse, réorganisa le grand séminaire et se montra exemplaire dans son administration. A la demande du Roi, auprès duquel il était rentré en grâce, il assista au conclave de 1765, où il contribua à l'élection du pape Clément XIV. Désormais fixé à Rome comme chargé d'affaires, il y fut le brillant représentant de la France, et y négocia, en particulier, la dissolution de l'ordre des Jésuites. Sans entretenir de relations intimes avec la cour de Louis XVI, il ne manifesta pas moins sa crainte à la veille de la Révolution : "l'avenir me fait peur", écrivait-il en 1787. Défenseur convaincu des privilèges de la noblesse et du clergé, il préféra rester à Rome au début des troubles. Refusant de prêter le serment officiel à la Constitution Civile du Clergé, il fut destitué en 1791, et termina sa vie au service des Français qui résidaient dans la capitale italienne. Lorsqu'il s'éteignit, l'ambassadeur de France était un proscrit pour son pays. Son corps, déposé à Saint-Louis-des-Français, ne fut rapatrié qu'en 1800, et inhumé dans la cathédrale Saint-Castor de Nîmes, ce qui explique les deux monuments élevés à sa mémoire. Celui de Rome, qui conserve encore son cœur, est l'œuvre du sculpteur Laboureur. Un bas-relief soutient les allégories de la Poésie et de la Religion, ainsi que le médaillon du cardinal. Celui de Nîmes fut sculpté par Maximilien, sur le modèle du tombeau de Clément XII ; entièrement de marbre blanc, il est surmonté du buste de Bernis et d'une inscription à sa mémoire.

Ce diplomate poète a suscité des jugements contrastés. Un contemporain le décrivait au début de sa vie comme *doué d'une imagination assez brillante, d'une gaîté soutenue avec l'air et l'agrément de la santé, d'une façon noble de penser, mais aussi de discrétion*, et sa correspondance, dont une partie a été publiée, confirme cette impression. Longtemps on a vu en lui, comme Marmontel, *un poète galant, bien joufflu, bien frais, bien poupin*. Mais son action dans la guerre de Sept Ans, ses relations avec madame de Pompadour, ses multiples dettes et une certaine frivolité, ont inspiré d'autres commentaires. Pour le président Hénault, *son ministère n'a été qu'une aventure, la plus funeste, en vérité, que la France et l'Europe aient éprouvée depuis bien des siècles* ; le maréchal de Richelieu n'est pas moins sévère, comparant Bernis à *une comète qui avait bien une queue très longue, mais à qui il manquait une tête*.

## Demeures

Pendant son court ministère, Bernis fut logé à Versailles, ainsi qu'au Palais-Bourbon, que Louis XV avait acheté en 1756. Après sa disgrâce, il alla s'installer dans son château de Vic-sur-Aisne (Aisne), dépendance de l'abbaye Saint-Médard de Soissons. C'était une jolie demeure, d'époque féodale, encore dominée par son donjon et entourée de fossés. Les siècles suivants l'avaient agrémenté d'un parc, que couronnait un coteau en bordure de l'Aisne. On peut toujours le voir aujourd'hui. Mais l'ami des lettres et le collectionneur impénitent qu'était Bernis oublia bien vite cette sobre demeure lorsqu'il s'installa dans le palais du Petit-Lude à Albi. Il le fit entièrement restaurer et décorer d'un superbe mobilier, dont il ne reste que quelques groupes de biscuits de Sèvres et sa chaise à porteur, au musée de Toulouse. A Rome, son goût pour le faste s'exprima plus encore au palais de Carolis, dont il fit sa demeure pendant plus de vingt ans. Situé dans le Corso, face à la petite place Saint-Marcel, ce palais majestueux avait été bâti au siècle précédent par l'architecte Alessandro Specchi. Bernis y occupait le second étage, avec quelques membres de sa famille, dont sa nièce, la marquise Du Puy-Montbrun, et son personnel. Tout était somptueusement aménagé, et cette maison, au train de grand luxe, réputée en particulier pour ses excellents cuisiniers, fut rapidement surnommée *l'auberge de France au carrefour du monde*. Il avait encore, *extra muros*, deux résidences, le palais du Vascello et sa maison d'Albano, dans lesquelles il se rendait, selon la saison.

## Iconographie, bibliographie et sources

Le château de Versailles possède une toile anonyme le représentant un livre à la main et vêtu d'un manteau d'hermine, ainsi qu'un buste, anonyme aussi. Mais la plupart des portraits sont encore dans des collections particulières. Ainsi, celui du peintre toulousain Jean-Baptiste Despax le représentant assis, en robe d'archevêque, et tenant un livre, ou ceux de Callet, Giovanni Pichler et d'Anton-Raphaël Mengs. Une amusante caricature dessinée par Vivant Denon, et conservée dans une collection particulière, le montre au milieu d'un groupe de mondains.

Bernis a fait l'objet d'études sérieuses, et portant sur l'ensemble de sa carrière. Ainsi, les désormais classiques ouvrages de Frédéric MASSON, *Mémoires et lettres de François-Joachim de Pierre, cardinal de Bernis (1715-1758), publiés avec l'autorisation de sa famille, d'après les manuscrits inédits*, Paris, 1903, 2 volumes (rééd. en partie en 1986) et *Le cardinal de Bernis depuis son ministère (1759-1794)*, Paris, 1903. Plus récemment, les biographies de l'anglais Marcus CHEKE, *The cardinal de Bernis*, London, 1958, de Jean SUDREAU, *Un cardinal diplomate : Bernis*, Paris, 1969, de Serge DAHOUI, *Le cardinal de Bernis ou la royauté du charme*, Aubenas, 1972, et de Roger VAILLOT, *Le cardinal de Bernis, la vie extraordinaire d'un honnête homme*, Paris, 1985, ont renouvelé la vision du personnage. Tout récemment, ses descendants ont publié un ouvrage collectif, *Essai sur la descendance Pons-Simon et Sophie de Pierre de Bernis (1794-1994)*, Imprimerie Paillart, 1994. De nombreuses autres études, plus modestes, comme celles de Pierre BREILLAT, *Esquisse du cardinal de Bernis*, Albi, 1946, ou de P. RASCOL, "Le cardinal de Bernis et l'administration du diocèse d'Albi", *Revue du Tarn*, X (1944) et XI (1945), éclairent des points plus précis. Quelques renseignements sur son lieu d'exil, dans Denis ROLLAND, *Le château et les châtelains de Vic-sur-Aisne*, Saint-Quentin, 1983, et son séjour à Albi au Petit-Lude, dans le *Bulletin de la Société des Sciences, Arts et Belles-Lettres du Tarn*, I (1921-1927) ; sur ses luxueuses collections, les travaux de P. LESPINASSE, "La collection de Bernis au musée de Toulouse", *Revue du Tarn* (1942), p. 216-226, Serge DAHOUI, "Le destin hors série de la bibliothèque du cardinal de Bernis et du manuscrit original de ses poèmes", *Revue du Vivarais*, n° 76 (1972), d'E. LAMOUZÈLE, *Catalogue de la collection du cardinal de Bernis à l'archevêché d'Albi*, Paris, 1910, et de Maurice CAILLET, "Le cardinal de Bernis, bibliophile", *Bulletin de la société des bibliophiles de Guyenne*, n° 85 (1967), p. 87-111, apportent de précieux éléments. Son activité littéraire a fait l'objet de la thèse de Kurt SCHÄFER, *Fr.-J. de Pierre, cardinal de Bernis, de l'Académie française, der Freund Voltaire's als Schriftsteller und Mensch (1715-1794)*, Dresden, 1939, et nombre de ses œuvres ayant été déclarées apocryphes, on aura intérêt à se reporter à la bibliographie établie par l'italien Furio LUCCICHENTI, *Intreccio libraro-enologico tra Casanova et De Bernis, con appendice iconografica et bibliografica relativa al cardinale*, Roma, 1980. Une édition de ses œuvres fut réalisée en 1818, en 2 volumes. Une grande partie de sa correspondance, qui permet d'entrer dans son intimité, a été publiée : avec Pâris-Duverney (en 1790), Voltaire (en 1804), la marquise de La Ferté-Imbault (dans *L'Amateur d'auto-*

*graphes*, en 1906) la princesse de Sainte-Croix (en 1921), le comte Des Alleurs (en 1938), Duclos (dans les *Annales de Bretagne*, LVI, en 1949). Bien d'autres lettres, inédites encore, ainsi que les archives de ses fonctions, sont conservées dans la famille, au château de Saint-Marcel-en-Vivarais (Ardèche), à la Bibliothèque nationale, aux Archives nationales (164 AP, AB XIX 3066) et aux Archives des Affaires étrangères (PAP 14). D'autres archives, très importantes, non encore exploitées et microfilmées en partie par les archives départementales du Gard, sont conservées au château de Salgas (Lozère) ; enfin, d'autres papiers volumineux, avec notamment une correspondance de Vivant Denon, sont conservés au château de Crolles (Isère).
[Papiers de sa succession : chartrier de Salgas, liasses 233-239.

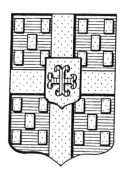

## CHOISEUL
Étienne-François, duc de

Né à Nancy, le 28 juin 1719
Mort à Paris, le 8 mai 1785.
Inhumé dans le cimetière
d'Amboise (Indre-et-Loire).

## Famille

Originaire de Champagne, de noblesse immémoriale.

*D'azur à la croix d'or, cantonnée de vingt billettes du même, cinq à chaque canton posées en sautoir* (Choiseul), *avec, en cœur, un écu d'or à une croix ancrée de gueules* (Stainville).

<u>Son père </u>: François-Joseph, marquis de Stainville, ministre de Lorraine, puis de Toscane en France.

<u>Sa mère </u>: Louise-Charlotte-Élisabeth de Bassompierre.

<u>Ses frères et sœurs </u>: *Léopold-Charles*, évêque d'Évreux, puis archevêque d'Albi et enfin archevêque-duc de Cambrai ; *Jacques-Philippe*, lieutenant général des armées du Roi, puis gouverneur d'Alsace ; *Charlotte-Eugénie*, abbesse de Saint-Louis à Metz ; *Béatrix*, chanoinesse de Remiremont, puis mariée au duc de Gramont.

<u>Il épousa</u> en 1750 Louise-Honorine Crozat du Châtel (1735-1801), fille d'un lieutenant général des armées du Roi.

<u>Sans postérité</u>.

*Nommé le 3 décembre 1758, il démissionna le 12 octobre 1761 en faveur de Praslin, pour occuper le département de la Marine ; il reprit à ce dernier les Affaires étrangères le 10 avril 1766 ; il fut disgracié le 24 décembre 1770 ; il était également secrétaire d'État de la Guerre depuis le 26 janvier 1761.*

**Carrière** : lieutenant réformé à la suite du Royal-Allemand cavalerie (1730) ; lieutenant en second au régiment d'infanterie du Roi (1739) ; colonel au régiment d'infanterie de Stainville (1743) ; brigadier des armées du Roi (1746) ; gouverneur de Mirecourt et des pays des Vosges (1748) ; maréchal de camp (1748) ; Grand Bailli et gouverneur des Vosges (1751) ; ambassadeur auprès du Saint-Siège (1753-1757) ; ambassadeur auprès de l'Empereur (1757) ; **secrétaire d'État des Affaires étrangères (1758-1761) ; ministre d'État (1758)** ; lieutenant général des armées du Roi (1759) ; gouverneur de Touraine (1760) ; surintendant des courriers, postes et relais de France (1760) ; **secrétaire d'État de la Guerre (1761-1770) ; secrétaire d'État de la Marine (1761-1766)** ; colonel général des Suisses et Grisons (1762-1771) ; **secrétaire d'État des Affaires étrangères (1766-1770)**.

**Places et dignités** : chevalier des Ordres du Roi ; duc et pair de France (1758) ; chevalier de la Toison d'Or.

Militaire confirmé, diplomate raffiné, Choiseul est sans conteste l'un des ministres les plus célèbres du XVIII<sup>ème</sup> siècle. Règnant sans partage avec son lointain cousin Praslin, pendant plus de douze ans, sur l'équipe gouvernementale, influant sur l'ensemble de la diplomatie européenne, ce quasi premier ministre fut aussi au centre de multiples cabales et intrigues de cour auxquelles il finit par succomber.

Issu d'une très ancienne famille champenoise et lorraine, Choiseul fut destiné au métier des armes, après ses premières études chez les Jésuites de Nancy et au collège Louis-le-Grand de Paris. Envoyé à Vienne, dans le régiment Royal-Allemand, dès l'âge de dix-neuf ans, il put assister à plusieurs campagnes de l'Autriche, qui venait d'entrer en guerre contre l'Empire Ottoman. Entré au régiment du Roi, il combattit ensuite l'ancien duc de Lorraine François II, pénétra dans Prague, et devint colonel, à la tête d'un régiment qui prit le nom de

Stainville. Il participa à la bataille de Dettingen, avant d'être nommé brigadier, puis maréchal de camp.

Quelques années plus tard, en partie grâce à la faveur de la marquise de Pompadour, il débuta dans la diplomatie par une ambassade auprès du Saint-Siège : il s'agissait de négocier avec le pape son intervention dans le conflit qui opposait alors le Roi aux parlements jansénisants. Il parvint brillamment à vaincre l'hésitation de Benoît XIV, dont il obtint l'encyclique *Ex omnibus*, qui condamnait les jansénistes. Ce succès lui valut en 1757 l'ambassade de Vienne, où il fut chargé de resserrer l'alliance, toute fraîche, entre la France et l'Autriche. Sous les ordres de Bernis, alors aux Affaires étrangères, qui lui envoyait ses instructions, il ne tarda cependant pas à manifester une grande indépendance, s'attachant l'amitié de Marie-Thérèse, dont il devint un véritable conseiller, en soutenant la guerre contre Frédéric de Prusse, malgré le désastre de Rosbach et la volonté de paix de Bernis. Celui-ci lui resta cependant fidèle, et, lorsqu'il quitta les Affaires étrangères, en 1758, Choiseul l'y remplaça.

Tous les efforts du nouveau ministre devaient tendre désormais vers un seul but : l'union des différentes branches de la Maison de Bourbon contre les prétentions de l'Angleterre. L'alliance autrichienne fut renforcée, quoique Choiseul, en concluant le troisième traité de Versailles, réduisît les dépenses en argent et en hommes, jusque-là accordées à l'Autriche. Un rapprochement avec la Hollande fut tissé dans le dessein de constituer une ligue des États neutres. Ses projets de débarquements en Angleterre ayant échoué, Choiseul finit par engager des négociations officieuses à La Haye, mais qui ne purent aboutir. Son projet d'union des Bourbons devait surtout le mener à se tourner vers l'Espagne. Après sa nomination à la Guerre, tandis qu'il abandonnait les Affaires étrangères à Praslin, il entreprit des négociations avec Charles III qui aboutirent à la signature du Pacte de Famille, même si, par la suite, ses relations avec le souverain espagnol devaient se dégrader.

La même année, en 1761, il obtint la Marine. Dès lors, Choiseul s'attacha à mettre en œuvre un impressionnant train de réformes. Dans l'armée, il fit réduire le nombre des officiers, encourageant ceux que formait l'École militaire de Paris, institua une administration régimentaire contre le gaspillage, créa un corps spécial de l'intendance pour l'approvisionnement des équipements, confia le recrutement à des sergents contrôlés, et chargea Gribeauval de transformer l'artillerie. En faveur de la Marine, il réussit à obtenir un don gratuit qui lui permit la construction de quinze vaisseaux ; il redonna vie aux grands ports, limita l'action des intendants au profit des commandants de la Marine et dressa un vaste plan de construction navale, qui ne put, hélas, être mené à son terme. Choiseul, avec Belle-Isle, avait également fait édifier à Versailles deux somptueux hôtels destinés à abriter, l'un le ministère de la Guerre, l'autre ceux des Affaires étrangères et de la Marine. Les colonies bénéficièrent aussi de ses faveurs. Faisant racheter par la Couronne les îles de France et de Bourbon, ainsi que les Seychelles, il y établit un service régulier de transports, agrandit et fortifia les ports, et créa des chambres syndicales pour dynamiser la vie locale. Sa grande tentative de colonisation en Guyane fut pourtant un échec.

En 1766, Choiseul reprit à son cousin le département des Affaires étrangères, et lui céda celui de la Marine. Il obtint à nouveau d'éclatants succès, en particulier l'union du Dauphin, futur Louis XVI, et de Marie-Antoinette. C'est également sous son ministère que furent rattachées au royaume la Lorraine (1766) et la Corse (1768), cédée par la République de Gênes. Au cours de toutes ces années, Choiseul accumula un grand nombre de charges, souvent honorifiques. Du roi Stanislas, il reçut le gouvernement du Pays des Vosges, avant de recevoir de Louis XV l'ordre du Saint-Esprit. Enfin, sa terre de Stainville fut érigée en duché héréditaire en 1758.

Pourtant ce prestige, qui semblait solide, fut peu à peu terni auprès du Roi, et l'hostilité de la nouvelle favorite, madame Du Barry, dont il ne sut se concilier les faveurs, y fut pour quelque chose. Sa bienveillance à l'égard des parlements en révolte, le soutien public qu'il apportait à l'*Encyclopédie* et aux philosophes, la préparation enfin, à l'insu du Roi, d'une intervention contre l'Angleterre aux côtés de l'Espagne, précipitèrent sa chute. Brusquement disgracié, il fut exilé dans sa propriété de Chanteloup, à côté d'Amboise. Il reconstitua, dans cette demeure véritablement princière, une sorte de cour depuis laquelle il critiquait ouvertement la nouvelle politique gouvernementale du Triumvirat, formé par Maupeou, d'Aiguillon et Terray. Il ne put obtenir son retour à Paris qu'à l'avènement de Louis XVI, grâce à Marie-Antoinette, qui lui témoignait ainsi sa reconnaissance d'avoir tant œuvré à ce mariage qui la faisait désormais reine de France. Malgré ce retour en grâce, il restait indésirable à la cour, et, après avoir vécu dans un luxe incomparable, le brillant, mais imprudent ministre mourut dix ans plus tard, ruiné, oublié de tous, et sans postérité. Son corps fut ramené à Amboise et inhumé dans le nouveau cimetière qu'il avait offert à la ville. Le simple tumulus de pierre surmonté d'un cyprès, fut remplacé, en 1787, par un mausolée chargé d'inscriptions à sa gloire, que lui fit élever sa veuve. Détruit et profané pendant la Révolution - le cercueil de plomb ayant été fondu pour faire des balles -, il fut entièrement reconstitué en 1802 et existe toujours.

Une implication aussi longue et aussi absolue dans toutes les affaires intérieures et extérieures du royaume ne pouvait que susciter des commentaires contradictoires, au moins quant à son caractère. Ainsi, si l'avocat Barbier le trouvait *méchant, très haut, très fier*, et si Sénac de Meilhan, qui l'avait bien connu, regrettait *son talent pour le persiflage et les tracasseries*, le baron de Gleichen le reconnaissait à l'inverse *bon, noble, franc, généreux*. Beaucoup, comme le président Hénault, s'accordent cependant sur *sa supériorité, son génie* vaste, profond et lumineux, sur son *esprit supérieur, qui n'a rien à dissimuler, parce qu'il ne craint point de se laisser pénétrer.* La grande conscience qu'il a mise dans son administration ne l'empêcha pas d'avoir une vie galante et fort dissolue. Aimé, adoré, pourrait-on dire, des femmes, s'affichant avec de nombreuses maîtresses, dont la sœur de sa future femme, ce n'était sans doute pas pour son physique, et Sénac de Meilhan explique où il trouvait son succès : *sa figure pouvait être appelée laide, mais des yeux vifs et expressifs l'animaient, et des manières nobles, polies, audacieuses donnaient à toute sa personne un caractère qui la faisait distinguer et en dérobaient les défauts.* D'après le baron de Bésenval, son grand tort fut précisément d'avoir *laissé les femmes prendre un trop grand crédit sur lui... Un commerce aisé, une gaîté intarissable le rendaient parfaitement aimable dans la société... Inaccessible aux conseils, jamais il n'en a demandé... Souverainement noble dans sa façon de penser, il a toujours conservé auprès du Roi, avec lequel il a longtemps vécu dans la plus grande familiarité et la plus grande confiance, un respect qu'il sied si bien de garder pour son maître.* Son épouse était, aux dires de son ami Horace Walpole, *la plus aimable et la plus honnête petite créature qui soit jamais sortie d'un œuf de fée.* Elle donna, sa vie durant, l'exemple d'une conduite vertueuse, et à la mort de son remuant époux, s'attacha à régler les dettes qu'il avait laissées, avant de se retirer dans un couvent. Pendant la Révolution, elle échappa de justesse à l'échafaud, et mourut dans la misère en 1801.

Toute la vie de Choiseul fut placée sous le signe du faste et de la richesse, même si la ruine vint ternir les dernières années de sa vie. Sa grande jovialité lui avait attiré un nombre d'amis considérable, envers lesquels il déploya toujours une générosité sans limites. Il était fort intime avec la marquise de Pompadour, l'abbé Barthélémy, qui ne le quitta jamais, madame Du Deffant, l'une des reines des salons philosophiques, et Voltaire, qu'il appelait sa "marmotte", et avec lequel il entretint une correspondance pendant douze ans. Lors de son ambassade à Rome, il tint table ouverte et le palais Cesarini, où il avait ses logements, était le théâtre de somptueuses réceptions où se pressaient artistes et savants. Une fois exilé à Chanteloup, il continua à entretenir l'atmosphère la plus animée, recevant ses amis avec faste, dans un tourbillon de fêtes, de chasses et de comédies. Cette débauche de luxe s'exprimait aussi dans une prodigieuse collection qu'il commença à se constituer dès son accession aux Affaires étrangères. A partir des toiles léguées par son beau-père, il ne cessa d'acheter, par l'intermédiaire du marchand Boileau, les plus grandes signatures, qu'elles fussent anciennes (Rembrandt ou Le Nain), ou contemporaines (Boucher, Greuze ou Hubert Robert). Il avait même acquis une partie du fameux service "Bleu céleste" de Louis XV. Mais les 800.000 livres que lui rapportaient chaque année ses différentes charges ne suffisaient pas à couvrir ces dépenses considérables ; aussi ses dettes ne l'étaient-elles pas moins. En même temps qu'il vendait son hôtel de la rue de Richelieu, il dut se résigner à se défaire d'une grande partie de ses collections. Une vente aux enchères, qui le priva de cent-quinze toiles, lui rapporta 440.000 livres, somme très importante à laquelle nul ne s'attendait. Et, une fois disparu, sa femme fit vendre tout ce qui subsistait. Aujourd'hui, ce sont les plus grands musées du monde qui abritent quelques éléments de cette collection.

## Demeures

A Paris, Choiseul occupait depuis 1754 l'hôtel Crozat, rue de Richelieu, hérité de sa belle-famille et bâti par Cartaud au début du XVIII<sup>ème</sup> siècle. Une petite boîte en or due au miniaturiste Van Blarenberghe, représente, de la manière la plus précise, la disposition des différents appartements de l'hôtel, ainsi que l'arrangement des collections précieuses du ministre. A partir de 1772, Choiseul, pressé par ses créanciers, entreprit une vaste opération spéculative, vendant au Roi ce terrain, faisant démolir l'hôtel et construire un ensemble de maisons dont il afferma le loyer, avec l'aide financière de Beaumarchais. L'hôtel s'élevait à l'emplacement des actuels n° 91-93 rue de Richelieu (II<sup>ème</sup> arrt). Le ministre déménagea alors rue de la Grange-Batelière, dans une partie du lotissement qu'il venait de créer.

En 1761, Choiseul acquit le domaine de Chanteloup (Indre-et-Loire). Le château, ancien castel transformé par la princesse Des Ursins, comportait un corps de logis central flanqué de deux ailes s'avançant vers le sud. D'immenses communs et basses-cours complétaient l'ensemble. De chaque côté, le duc fit élever deux colonnades. Au nord, s'étendaient de vastes parterres jusqu'à l'entrée principale, formée de quatre travées de grilles dorées et ornées de lances. Au sud et à l'est, étaient d'autres jardins, les uns à la française, les autres dans l'esprit "anglo-chinois" qui entrecroisait des fabriques, des rivières et des allées sinueuses. Mais le plus curieux de cet ensemble reste la fameuse pagode, que le ministre déchu commanda à l'architecte Le Camus. Inspiré de celle de Kew, près de Londres, elle fut élevée entre 1773 et 1778, en l'honneur de ses amis venus le visiter durant son exil. Six étages de colonnades, allant en rétrécissant, l'amènent à près de quarante mètres de haut. A l'intérieur, Choiseul fit graver sur des tables de marbre le nom de ses fidèles, et une inscription rappelait la raison d'être de ce monument : *Étienne-François, duc de Choiseul, pénétré des témoignages d'amitié, de bonté, d'attention dont il fut honoré pendant son exil par un grand nombre de personnes empressées à se rendre en ces lieux, a fait élever ce monument pour éterniser sa reconnaissance.* Après sa mort, sa femme dut vendre le domaine. Tombé, plus tard, entre les mains de marchands de biens, le château fut totalement démoli en 1823, et le parc divisé en plusieurs lots. Seule la pagode, toujours visible aujourd'hui, et ouverte à la visite, a été épargnée.

## Iconographie, bibliographie et sources

Louis-Michel Van Loo a réalisé le portrait le plus connu du ministre, conservé au musée de Versailles. De nombreuses œuvres d'atelier ou copies d'époque ornent les salons de plusieurs ministères et lieux publics (le musée des Beaux-Arts de Tours, la bibliothèque municipale de Versailles, etc.). Il existe d'autres portraits, beaucoup moins célèbres, et bien plus beaux, mais conservés dans des collections particulières : celui de Michel Romagnesi, le représentant pendant son ambassade à Vienne, et celui d'Adélaïde Labille-Guiard, achevé en 1786, après sa mort. Il existe aussi des tableaux le représentant avec d'autres personnes : celui de Jacques Wilbaut, où on le voit, à Chanteloup, avec M^me de Brionne et l'abbé Barthélémy ; celui d'Alexandre Roslin, toujours à Chanteloup, avec sa femme (collections particulières), ou celui de Guérin, avec M^me de Pompadour (conservé à Waddeston Manor, à Londres). Quant à la duchesse, Jean-Baptiste Greuze a fait son portrait, conservé aujourd'hui au musée de Phénix (États-unis).

La personnalité et le poids de Choiseul dans l'histoire du XVIII^ème siècle expliquent peut-être la prolifération des études qui lui sont consacrées, et qu'il est impossible de citer toutes. Certaines, cependant, sont à remarquer, et, en tout premier lieu, l'énorme et excellent travail, hélas non encore achevé, de l'anglais Rohan BUTLER, *Choiseul. Volume I, father and son (1719-1754)*, Oxford, 1980, consacré aux années les moins connues. D'autres biographies sont plus accessibles et suffisamment récentes, comme celles d'Henri VERDIER, *Le duc de Choiseul. La politique et les plaisirs*, Paris, 1969, de Jacques LEVRON, *Choiseul, un sceptique au pouvoir*, Paris, 1976, ou d'Annie BRIÈRE, *Le duc de Choiseul*, Paris, 1986. Des travaux plus précis se sont intéressés à certains aspects de son œuvre. Ainsi, pour ses débuts dans la diplomatie, la publication de Maurice BOUTRY, *Choiseul à Rome (1754-1757), Lettres et mémoires inédits*, Paris, 1895, puis, pour son ambassade à Vienne, les ouvrages d'Auguste FILON, *L'ambassade de Choiseul à Vienne en 1757 et 1758 (correspondances et mémoires)*, Paris, 1872, et de Louis DOLLOT, *Bernis et Choiseul (1757-1758)*, Paris, 1941. Quant à son œuvre ministérielle, il faut voir, pour les Affaires étrangères, les intéressants travaux de John-Fraser RAMSEY, *Anglo-French relations (1763-1770). A study of Choiseul's foreign policy*, Berkeley, 1939, d'Alfred BOURGUET, *Le duc de Choiseul et l'alliance espagnole*, Paris, 1906 et de Louis BLART, *Les rapports de la France et de l'Espagne après le Pacte de Famille jusqu'à la fin du ministère du duc de Choiseul*, Paris, 1915 ; pour son œuvre à la Marine et aux Colonies, on dispose de la récente thèse de l'école des Chartes, hélas inédite, de René ESTIENNE, *La marine royale sous le ministère du duc de Choiseul (1761-1766)*, 1979, et des articles de Louis BATTIFOL, "Le ministère de la Marine du duc de Choiseul et la préparation de l'ordonnance de 1765", *Revue maritime*, 1893, et de Paul

ROGER, "Choiseul, ministre de la Marine", *Revue maritime*, n° 203 (1963), des ouvrages d'E. d'AUBIGNY, *Choiseul et la France d'Outre-Mer après le traité de Paris*, Paris, 1892 et de Willy MARCUS, *Choiseul und die Katastrophe am Kourou Flusse (1763-1765), eine Episode aus Frankreichs Kolonialgeschichte*, Breslau, 1905. Plusieurs publications de documents évoquent ses relations avec ses amis ou connaissances. Ainsi, celle avec le comte Bernstorff (1758-1766), publiée à Copenhague en 1871, ou avec Voltaire, publiée à Paris par CALMETTES en 1902.

Choiseul dans son intimité, puis dans son exil, a été délicieusement étudié dans les ouvrages désormais classiques de Gaston MAUGRAS, *Le duc et la duchesse de Choiseul. Leur vie intime, leurs amis et leur temps*, Paris, 1902 et *La disgrâce du duc et de la duchesse de Choiseul, la vie à Chanteloup, le retour à Paris, la mort*, Paris, 1903. La duchesse elle-même a fait l'objet de plusieurs études particulières, dont celles de Jeanne d'ORLIAC, *La duchesse de Choiseul*, Paris, 1948 et de Margaret TROUNCER, *A duchess of Versailles. The love story of Louise, duchesse de Choiseul*, London, 1961, tandis que l'amitié avec la Pompadour est évoquée dans la publication du général de PIÉPAPE, *Lettres de madame de Pompadour à Choiseul, ambassadeur à Rome (1754-1757)*, Versailles, 1917. Quant au lieu d'exil, il suffira de voir les travaux d'Édouard ANDRÉ, Roland ENGERAND et André HALLAYS, *Chanteloup, le domaine, les souverains*, Tours, 1958, d'Albert BABEAU, "La pagode de Chanteloup et le tombeau du duc de Choiseul", *Réunion des sociétés des Beaux-Arts des départements*, 1900, et de T. MASSEREAU, *Les tombeaux de M. le duc de Choiseul et de Léonard Perrault son ami, à Amboise*, Tours, 1909. Ses opérations immobilières ont attiré l'attention de Maurice DUMOLIN, "Notes sur le lotissement de la Grange-Batelière", *Le Vieux Montmartre*, 1926, Ferdinand BOYER, "Un lotissement à Paris au XVIIIème siècle ; de l'hôtel de Choiseul à la Comédie Italienne", *La vie urbaine*, n° 4 (1962) et de Jacques SEEBACHER, "Autour de Figaro : la famille de Choiseul", *Revue d'histoire littéraire de la France*, n° 2 (1962). Le luxe et le faste qu'a déployé le ministre ont également intéressé les historiens. Ainsi, l'ouvrage méconnu, mais très documenté de C. PORT, *Le train de maison du duc de Choiseul (1763-1766)*, Paris, Champion, sd, et, bien sûr, les travaux et publications concernant ses collections, par Émile DACIER, "La curiosité au XVIIIème siècle, Choiseul collectionneur", *Gazette des Beaux-Arts*, 1949, Victor PERROT, "Dessins du cabinet du duc de Choiseul", *Le vieux papier*, tome 20 (1950-1953), Pierre GRÉGORY, "Le service Bleu céleste de Louis XV à Versailles : quelques pièces retrouvées", *Revue du Louvre*, n° 1 (1982), Barbara SCOTT, "The duc of Choiseul : a minister in the grand manner", *Apollo*, janvier 1973, et enfin Frank-John B. WATSON, *The Choiseul box*, London, 1963 et "La boîte la plus extraordinaire", *Connaissance des Arts* (avril 1954), qui reproduisent de superbes photographies de cette fameuse boîte représentant les appartements de Choiseul.

Le ministre n'a pas laissé à proprement parler de *Mémoires*, mais une série de fragments autobiographiques, qui ont été réunis, avec différents autres textes (dont une partie de l'opuscule douteux *Mémoires du duc de Choiseul, ancien ministre, écrits par lui-même et imprimés sous ses yeux dans son cabinet de Chanteloup*, Paris et Chanteloup, 1790, 2 volumes) par Fernand CALMETTES, *Mémoires du duc de Choiseul (1719-1785)*, Paris, 1904 et réédités par Jean-Pierre GUICCIARDI en 1987. L'histoire, assez complexe, de la publication de ces manuscrits est narrée par Émile BOURGEOIS, "Une nouvelle édition des mémoires de Choiseul", *Revue historique*, tome 88 (1905). Quoiqu'il en soit, une partie autographe de ces mémoires a été acquise par la bibliothèque municipale de Versailles, où se trouvent d'autres papiers le concernant (mss. F 850). Ses papiers sont conservés chez les descendants, au château de Ray-sur-Saône (Haute-Saône), dont une partie a été déposée aux archives départementales de la Haute-Saône (48 J), le ministère des Affaires étrangères ne conservant que quelques documents relatifs à ses collections (M & D France 2189-2190) mais on trouve, dans de très nombreux dépôts publics et privés, des éléments de sa correspondance et de ses travaux, notamment à la Bibliothèque nationale, pour les papiers de l'ambassade de Vienne (mss. fs. 7134-7137). On peut aussi signaler les papiers de son intendant Ambroise Ribot, conservés aux Archives nationales (AB XIX 3952).
[IAD : LXXXIV/615 (8-VI-1785).

## PRASLIN

*Nommé le 13 octobre 1761, il démissionna le 10 avril 1766 en faveur de Choiseul, et reçut le département de la Marine.*

Voir sa notice, p. 238.

## CHOISEUL

*Quittant le département de la Marine en faveur de Praslin, mais conservant toujours le département de la Guerre, il fut nommé le 10 avril 1766 et fut disgracié le 24 décembre 1770.*

Voir sa notice, p. 155.

## PHÉLYPEAUX DE SAINT-FLORENTIN

*Il assura l'intérim, ainsi que celui du département de la Guerre, du 24 décembre 1770 au 6 juin 1771.*

Voir sa notice, p. 262.

### D'AIGUILLON
Emmanuel-Armand de Vignerot
Du Plessis de Richelieu, comte,
puis duc d'Agenois, puis duc d'

Né à Paris, le 31 juillet 1720
Mort à Paris, le 1er septembre 1788.
Inhumé dans la chapelle de la Sorbonne,
à Paris.

### Famille

Originaire du Poitou, anoblie au XVIIème siècle.

*D'argent à trois chevrons de gueules, surmontés d'un lambel de gueules ; ou : d'argent à la croix de gueules* (Gênes) *portant en cœur un écu chargé des armes qui précèdent.*

Son père : Armand-Louis, lieutenant au régiment de Toulouse-Cavalerie et gouverneur de La Fère.

Sa mère : Anne-Charlotte de Crussol-Florensac, fille d'un maréchal de camp.

Ses frères et sœurs : *trois frères et deux sœurs*, tous morts jeunes.

Il épousa en 1740 Louise-Félicité de Bréhan de Plélo (1726-1796), dame du Palais de la Reine, fille d'un ambassadeur du Danemark, petite-fille du marquis de La Vrillière, secrétaire d'État pendant la Régence, et nièce du comte de Saint-Florentin, duc de La Vrillière, et du comte de Maurepas, secrétaires d'État de la Maison du Roi et de la Marine sous Louis XV et Louis XVI.

<u>Ses enfants</u> : *trois filles*, mortes jeunes ; *Innocente-Aglaë*, mariée à Jean-Dominique Guigues de Moreton de Chabrillan, colonel au régiment de Conti ; *Armand-Désiré*, colonel au régiment de Royal-Pologne, puis député sous la Constituante, mort à Hambourg, en exil.

*Nommé le 6 juin 1771, après la disgrâce de Choiseul et l'intérim assuré par Saint-Florentin, secrétaire d'État de la Maison du Roi, il fut disgracié le 2 juin 1774 ; il était également, depuis le début de l'année 1774, secrétaire d'État de la Guerre.*

**Carrière** : mousquetaire (1737) ; lieutenant en second au régiment du Roi (1738) ; colonel du régiment d'infanterie de Brie (1739) ; brigadier d'infanterie (1744) ; maréchal de camp (1748) ; gouverneur de La Fère (1750) ; lieutenant général du comté Nantais (1753-1768) ; commandant en chef en Bretagne (1753-1768) ; lieutenant général des armées du Roi (1758) ; gouverneur et lieutenant général d'Alsace (1762) ; **secrétaire d'État des Affaires étrangères (1771-1774) ; ministre d'État (1771-1774) ; secrétaire d'État de la Guerre (janvier-juin 1774)**.

**Places et dignités** : noble Génois (1748) ; pair de France (1750) ; chevalier des Ordres du Roi (1756).

Connu essentiellement par la querelle qui l'opposa au parlement de Bretagne, le duc d'Aiguillon fut l'un des trois piliers de ce gouvernement que l'histoire a retenu sous le nom de Triumvirat, qui succéda aux douze années de domination du clan des Choiseul, et qui fut le dernier du règne de Louis XV.

Ce ministre, qui mourut duc et pair de France, naquit pourtant dénué de tout titre. La famille en effet, était illustrée par le grand oncle, cardinal de Richelieu. C'est lui qui avait acquis la baronnie d'Aiguillon ; mais elle ne fut érigée en duché-pairie qu'en 1730, au profit d'Armand-Louis, et c'est seulement à sa mort, en 1750, que son fils hérita le titre.

Lorsqu'il devint le duc d'Aiguillon, Emmanuel-Armand avait déjà conquis ses propres lettres de noblesse pendant la guerre de Succession d'Autriche ; il s'était distingué sur les champs de bataille italiens, recevant blessures et décorations. Les services qu'il rendit à la cause de Gênes lui valurent d'être inscrit au livre d'or de la noblesse génoise.

En 1753, il acheta au duc de Chaulnes la charge de commandant en chef en Bretagne, alors que ni son âge, ni son grade ne pouvaient lui permettre d'y prétendre. C'est son action, comme représentant du Roi dans la province, qui fera toute sa réputation, bien plus que son passage, plus tard, au gouvernement. Il créa le réseau des "grands chemins", développa l'hygiène urbaine, essaya de réduire les impôts. Mais la fronde parlementaire, qui faisait rage dans toute la France, était en Bretagne particulièrement soutenue. Sous la menée du procureur général La Chalotais, le parlement de Rennes lui reprocha une gestion qu'il jugeait despotique, lui intenta un procès et finit par obtenir sa démission, en 1768.

Mais d'Aiguillon avait l'appui du Roi et celui de madame Du Barry. La disgrâce du duc de Choiseul, son plus puissant adversaire, lui valut son entrée au gouvernement, au sein de ce que l'histoire appellera le Triumvirat (d'Aiguillon, Terray, Maupeou). Dans ses nouvelles fonctions, dès 1771, il ne sut empêcher le premier démembrement de la Pologne, mais il contribua à la réussite du coup d'État de Gustave III en Suède. Prenant systématiquement le contre-pied de l'œuvre de Choiseul, il développa une politique anti-autrichienne. Quelques mois avant la mort de Louis XV, dont il avait gagné la confiance, il reçut le département de la Guerre, laissé vacant par la disgrâce de Monteynard, et à la tête duquel il contribua à apaiser la "querelle de l'artillerie" qui déchirait les officiers. A l'arrivée de Louis XVI, il fut entraîné dans la chute du triumvirat et fut contraint à la démission, sans que son oncle Maurepas ne fît quoi que ce soit pour l'éviter. Marie-Antoinette, qui lui était hostile, obtint qu'il fût exilé sur ses terres d'Aiguillon. Sa retraite, qu'il consacra à l'aménagement de sa nouvelle demeure, fut entachée d'affaires financières qui le laissèrent encore quelque temps sur la sellette.

Il put revenir à Paris sur la fin de sa vie. Son corps fut inhumé dans les caveaux familiaux de la chapelle de la Sorbonne, autour du cardinal de Richelieu ; le tombeau, comme toutes les sépultures de cette famille, fut profané pendant la Révolution.

Le jugement de ses contemporains est plutôt négatif ; l'abbé Baudeau résume assez bien l'opinion générale en disant qu'*il était parcimonieux pour la chose publique, dans un règne de gaspillage ; vétilleux, absolu, travailleur, colère, rancunier, présomptueux, petit et vindicatif à l'excès, tous les vices du cardinal de Richelieu sans en avoir l'esprit.* La duchesse, modèle de piété et de résignation, resta toujours très effacée. La nature ne semblait pas l'avoir gâtée, si l'on en juge par le portrait sévère qu'en fit madame Du Deffand : *la bouche enfoncée, le nez de travers, le regard fol et hardi, et malgré cela elle est belle. L'éclat de son teint l'emporte sur l'irrégularité de ses traits. Sa taille est grossière, sa gorge, ses bras sont énormes ; pourtant, elle n'a point l'air pesant ni épais... C'est un spectacle chargé de machines et de décorations, où il se trouve quelques traits merveilleux sans suite et sans ordre, que le parterre admire, mais qui est sifflé des loges... Ce sont les impuissants qui doivent l'aimer, ce sont les sourds qui doivent l'entendre.*

## Demeures

Le duc d'Aiguillon avait l'âme d'un bâtisseur et d'un collectionneur. Son hôtel parisien, construit en 1718 par les soins de son père, était situé rue de l'Université (à l'emplacement de l'ancien n° 73). Dès 1751, à la mort de ce dernier, il fit appel à l'architecte Contant d'Ivry pour l'aménager et l'agrandir. Le rez-de-chaussée, somptueusement décoré, était réservé à sa femme, tandis que lui-même occupait le premier étage. C'est là qu'il mourra, le 1er septembre 1788. Sous la Révolution et l'Empire, l'hôtel fut utilisé comme dépendance du ministère de la Guerre, avant d'être restitué à ses héritiers. Mais en 1867, il fut en grande partie détruit pour le percement du boulevard Saint-Germain. Il en reste quelques vestiges dans l'actuel ministère de la Défense (VIIème arrt).

Le duc affectionnait particulièrement son château de Veretz (Indre-et-Loire) qu'avait fait aménager son père sur une ancienne bâtisse féodale. Situé à quelques kilomètres de Tours, il s'élevait sur un coteau qui dominait le Cher. Il fut, sous la Révolution, entièrement détruit, à l'exception des magnifiques communs qui subsistent encore ; le château néo-gothique que l'on voit aujourd'hui a été bâti au milieu du XIXème siècle ; seules deux gouaches attribuées à Van Blarenbergue et une description d'époque permettent aujourd'hui d'évoquer ce que fut ce Versailles en miniature. Flanqué de deux pavillons, un très vaste corps de logis faisait face à la rivière, et encadrait une cour carrée. L'appartement du premier étage était le plus réputé : des fenêtres élevées, poursuivies par des balcons galbés, éclairaient des pièces au mobilier délicat. Celles qui donnaient sur le parc permettaient d'apercevoir d'immenses prairies traversées par une superbe allée ; çà et là, des bouquets d'arbres, des ruisseaux, des jets d'eau s'étageaient sur ce coteau borné par un belvédère qui dominait le paysage environnant. A l'intérieur, des collections d'œuvres d'art, une magnifique bibliothèque et une série d'instruments de physique, très prisés par le ministre. Le duc cependant profita peu de la douceur de ces lieux, qu'il habita surtout entre 1765 et 1771, et quelque temps en 1774, après sa disgrâce. Il y mena grand train, donnant fête sur fête. Le beau duc, fin, recherché des grandes dames, trompant sa femme impunément, y recevait une cour choisie de fidèles, parmi lesquels on reconnaissait le chevalier de Balleroy et La Noue.

En 1775, contraint de se retirer à Aiguillon, près d'Agen (Lot-et-Garonne), l'ancien ministre retrouva le château familial, qu'il avait commencé de faire restaurer en 1765 par l'architecte Le Roy, élève de Soufflot. Les ailes et le corps de logis, indépendants les uns des autres, constituaient un ensemble impressionnant. A l'aile gauche, artistes et serviteurs ; à l'aile droite, tout était installé pour le théâtre et la comédie : scène, amphithéâtre, foyer, lustres de cristal, loges et banquettes rembourrées. Le duc suivait de près l'avancement des travaux, et écrivait en 1781 à Balleroy, non sans fierté : *notre salle de spectacle a eu le plus grand succès et fait l'admiration de toute la province. Elle est effectivement belle, agréable et commode. Il est vrai qu'elle m'a coûté un peu cher, mais elle est payée et je n'y pense plus.* A nouveau, les fêtes et les spectacles reprirent ; la table était abondante, les vins raffinés ; les collections de peintures et d'objets précieux s'amoncelaient. On y trouvait aussi une riche bibliothèque, un des joyaux de l'actuelle bibliothèque municipale d'Agen, ainsi qu'une bibliothèque musicale, composée de 400 volumes, et conservée aujourd'hui aux archives départementales de Lot-et-Garonne. Pourtant, peu à peu, la vie s'éteignit douce-ment. Celui qui fut le sémillant jeune homme, le séducteur des propres maîtresses du Roi, fit un dernier voyage à Paris en janvier 1788, pour y mourir quasiment oublié, d'une maladie des os. Le somptueux mobilier du château fut vendu par les révolutionnaires, tandis que les appartements furent occupés par des locataires successifs. Aujourd'hui, très transformés, les bâtiments sont affectés à des usages municipaux et privés.

Le duc d'Aiguillon avait également fait reconstruire en 1750 le château de Saint-Bihy, près de Saint-Brieuc (Côtes-d'Armor), qui lui venait de la famille de sa femme.

### Iconographie, bibliographie et sources

Un portrait, fait par Drouais, ainsi qu'un autre, anonyme, nous le représentent en pleine force de l'âge, et portant ses insignes. Ils sont tous deux conservés dans une collection particulière.

Le duc d'Aiguillon a peu intéressé les biographes. Seul Lucien LAUGIER, *Le duc d'Aiguillon, commandant en Bretagne et ministre d'État*, Paris, 1984, lui a consacré une étude d'ensemble, et Bertrand de FRAGUIER, "Le duc d'Aiguillon et l'Angleterre", *Revue d'histoire diplomatique*, n° 4 (1912) étudie un aspect de son ministère. Son action en Bretagne a, en revanche, suscité bien plus d'intérêt : Barthélémy POCQUET, *Le duc d'Aiguillon et La Chalotais*, Paris, 1900-1901, Marcel MARION, *La Bretagne et le duc d'Aiguillon*, Paris, 1898, Ch. de CALAN, *La chute du duc d'Aiguillon*, Vannes, 1894, H. BINET, "Le commandement du duc d'Aiguillon en Bretagne au début de la guerre de Sept Ans (1756)", *Annales de Bretagne*, tome 26 (1910-1911), colonel JUGE, "Vannes en 1759. L'expédition particulière du duc d'Aiguillon et la flotte du Morbihan", *Bulletin de la société archéologique du Morbihan*, 1928, ou encore E. MONIER, "Le débarquement des Anglais à Cancale, le 5 juin 1758, à travers la correspondance du duc d'Aiguillon", *Annales de la société historique et archéologique de Saint-Malo*, 1967. Bien des aspects de sa vie privée et de celle de sa femme sont racontés par

Paul d'ESTRÉES et Albert CALLET, *Une grande dame de la cour sous Louis XV : la duchesse d'Aiguillon*, Paris, 1912. Pendant la Révolution, l'abbé Soulavie a fait paraître des *Mémoires du ministère du duc d'Aiguillon et de son commandement en Bretagne*, Paris, 1792, qui ne sont pas de lui ; on n'omettra pas l'intéressante publication de L. EHRHARD, "Correspondance entre le duc d'Aiguillon et le prince coadjuteur de Rohan", *Revue d'Alsace*, tomes 54-57 (1903-1906). Quant à ses différentes demeures, plusieurs monographies leur ont été consacrées : l'article de Brigitte GOURNAY pour son hôtel parisien, dans *La rue de l'Université*, Paris, 1987, l'abbé BOSSEBOEUF, *Le château de Veretz, son histoire et ses souvenirs*, Tours, 1903, l'abbé ALIS, *Histoire de la ville d'Aiguillon et de ses environs depuis l'époque gallo-romaine jusqu'à nos jours*, Agen, 1895, et surtout Agnès BIROT, "Le château ducal d'Aiguillon", *Revue de l'Agenais*, n° 2 (1984), et J. TONNADRE, "Le duc d'Aiguillon urbaniste", *L'urbanisation de l'Aquitaine*, Pau, 1975. On verra aussi l'article de René PAGEL, "La place du duc d'Aiguillon dans la cathédrale de Condom", *Bulletin de la société archéologique du Gers*, tome 21 (1920).

Une grande partie de ses papiers sont conservés dans les archives de la famille de Nadaillac, au château de Saint-Vallier (Drôme), microfilmées par le soin des archives départementales. On y trouve en particulier son *Journal* (1753-1767), resté inédit. Les Archives nationales conservent les papiers relatifs à son administration en Bretagne (H1 622-643), ainsi que sa correspondance avec Balleroy (T 243).

## BERTIN

*Il assura l'intérim entre le 2 juin et le 21 juillet 1774, alors qu'il était secrétaire d'État chargé spécialement des manufactures.*

Voir sa notice, p. 290.

## VERGENNES
### Charles Gravier, comte de

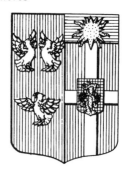

Né à Dijon, le 28 décembre 1719
Mort à Versailles, le 13 février 1787.
Inhumé en l'église Notre-Dame
de Versailles.

**Famille**

Originaire de Bourgogne, anoblie au XVII<sup>ème</sup> siècle.

*Parti : au 1, de gueules à trois oiseaux essorants d'argent, les deux du chef affrontés* (Gravier) ; *au 2, de gueules à la croix d'argent, à l'écu de sable au cep de vigne d'or ; au chef cousu d'azur, chargé d'un soleil d'or, brochant sur la croix* (Chavigny).

<u>Son père</u> : Charles, président à mortier au parlement de Bourgogne.

<u>Sa mère</u> : Marie-Françoise Chevignard de Charodon.

<u>Son frère</u> : *Jean*, président de la Chambre des Comptes de Bourgogne, puis ambassadeur en Suisse, au Portugal et à Venise.

<u>Il épousa</u> en 1767 Anne Du Viviers, veuve de Testa, médecin, et fille d'un gentilhomme de Chambéry.

<u>Ses enfants</u> : *Constantin*, ministre plénipotentiaire près l'Électeur de Trèves ; *Louis-Charles-Joseph*, inspecteur d'infanterie.

*Nommé le 21 juillet 1774, après la disgrâce d'Aiguillon et l'intérim de Bertin, secrétaire d'État, il mourut en charge.*

**Carrière** : ministre du Roi auprès de l'Électeur de Trèves (1750) ; ministre plénipotentiaire, puis ambassadeur à Constantinople (1755-1768) ; ambassadeur en Suède (1771) ; **ministre d'État (1774) ; secrétaire d'État des Affaires étrangères (1774-1787) ; secrétaire d'État de la Guerre par** *intérim* **(décembre 1780)** ; chef du Conseil royal des Finances (1783).

**Places et dignités** : secrétaire-commandeur (1774) et grand-aumônier des Ordres du Roi (1781).

Figure essentielle du règne de Louis XVI, mais peu reconnu de son temps, Vergennes est trop souvent considéré dans son seul rôle aux Affaires étrangères ; on oublie ainsi qu'il fut, après la mort de Maurepas, le ministre principal sur lequel le Roi s'appuya, et qu'une mort brusque vint ôter à la conduite des affaires alors même qu'il eût pu, selon certains, influer profondément dans le cours des événements tragiques qui suivirent.

Initié très jeune à l'art de ce que l'on appelait alors la "grande politique" sous la conduite de son oncle Théodore de Chavigny, ancien agent du cardinal Dubois, Vergennes fit ses premières armes comme "gentilhomme d'ambassade" à Lisbonne, ce qui lui permit de prendre part aux affaires politiques, au moment des négociations de l'Union de Francfort. L'enseignement qu'il reçut, auquel il devait rester fidèle toute sa vie, consistait en deux mots : modération et équilibre des forces. Remarqué par d'Argenson, il fut chargé d'une première mission auprès de l'Électeur de Trèves, avant de recevoir en 1755 l'ambassade de Constantinople. Les treize années qu'il y passa devaient faire de lui un diplomate confirmé. Après avoir contribué à tenir l'Empire Ottoman à l'écart du conflit franco-anglais, il le détermina à se lancer contre Catherine II qui envahissait la Pologne. Cependant Choiseul, alors au faîte de sa puissance, lui reprocha de ne pas assez servir sa politique pro-autrichienne et parvint à le faire rappeler ; Vergennes se retira dans ses terres de Bourgogne, mais lorsqu'à son tour Choiseul fut chassé du gouvernement, le diplomate reprit du service en Suède. Trois ans durant, ayant fermement soutenu le coup d'État de Gustave III, il œuvra pour le maintien de l'équilibre des puissances du Nord et travailla à la neutralité de la Russie.

Lorsque, à la mort de Louis XV, Maurepas conseilla au nouveau souverain de confier, à la surprise de la cour, le portefeuille des Affaires étrangères à Vergennes, ce fut un homme d'expérience et de pratique qui prit la tête de ce département ; en effet, outre sa collaboration, depuis plusieurs années déjà, au "Secret du Roi", Vergennes était un technicien susceptible de fournir à Louis XVI un personnel de spécialistes au sein d'un ministère qu'il s'attacha à restructurer. Le renversement des alliances opéré par Choiseul, et concrétisé par le mariage de Louis XVI avec Marie-Antoinette, n'avait pas modifié les vues du nouveau secrétaire d'État vis-à-vis de l'Autriche, qu'il fallait toujours tenter de contenir pour conserver l'indépendance des petits États. Parvenant à maintenir la paix en Europe, notamment par la convention de Teschen (1779), où il fut secondé par le baron de Breteuil, il ne se dissimulait pas pourtant la nécessité d'une guerre de revanche contre l'Angleterre, à qui nul ne pardonnait le traité de Paris de 1763. L'occasion lui fut offerte par le conflit qui opposa George III et ses colonies américaines. D'abord hostile à toute intervention précipitée aux côtés de l'Amérique, tentant de calmer une jeune noblesse surexcitée, il se rapprocha de la Russie avant de déclarer finalement le soutien de la France aux Insurgents. Ferme dans cet engagement, il obtint par la convention d'Aranjuez la participation de l'Espagne au conflit, renforçant ainsi le Pacte de Famille. La guerre, close par le traité de Versailles de 1783, fut pour lui un grand succès politique en dépit de son coût élevé, et même si tous les territoires coloniaux perdus vingt ans plus tôt n'avaient pu être récupérés. Cette œuvre diplomatique, importante, ne doit pas masquer le travail et l'influence grandissante que le ministre avait prise très tôt au sein du gouvernement. Turgot, puis à sa suite Necker, durent en partie leur chute à Vergennes. Désireux d'être informé sur les affaires intérieures, il dirigea en collaboration avec le lieutenant général de police Le Noir une équipe d'agents secrets, faisant notamment surveiller les étrangers, poursuivre les ouvrages interdits et contrôler les journaux venant de l'extérieur. Son efficacité et sa conscience professionnelle le créditèrent de la confiance absolue du Roi, surtout après la disparition de Maurepas. Coordinateur du travail des ministres, chef du Conseil royal des Finances, il devint véritablement le principal ministre du royaume sans en voir le titre et s'occupa des domaines les plus variés. Après avoir créé avec Joly de Fleury un Comité des finances, il envisagea une réforme de la fiscalité, favorisa le percement des canaux de Bretagne et de Bourgogne, protégea le commerce, etc. Mais cette politique n'emportait pas tous les suffrages, et, dans un mémoire lu au Conseil du Roi, le maréchal de Castries fustigea ce qu'il appelait indécision et maladresses, lui reprochant même d'avoir abaissé le prestige du royaume. Le soutien que Vergennes apporta au cardinal de Rohan lors de l'affaire du collier (1784) lui valut également l'inimitié de la Reine ; mais le Roi ne voulut pas s'en séparer ; Vergennes conserva sa charge jusqu'à sa mort, qui le surprit, dit-on, à sa table de travail. Enterré à Versailles, son mausolée fut élevé par le sculpteur Blaise, en l'église Notre-Dame.

D'une manière générale, si la postérité lui a depuis rendu justice, Vergennes n'a pas été très apprécié par ses contemporains, et l'abbé de Véri rapporte qu'au moment du choix, *Louis XVI n'ignorait pas la médiocre opinion qu'on avait des lumières de M. de Vergennes..., et qu'il a été préféré parce qu'il est un travailleur et au fait des cours d'Europe.* Le maréchal de Castries lui reprochait une pusillanimité et s'en explique : *le grand moyen de politique du comte de Vergennes, comme son trait de caractère marquant... fut de ne jamais donner une réponse décisive... Cette indécision volontaire et calculée n'est qu'une forte nuance de la fausseté la plus consommée.* François Barthélémy, plutôt modéré à son égard, dit de lui qu'il était *très laborieux ; son travail était facile, mais prolixe. Il avait les idées fort nettes et s'énonçait avec beaucoup de justesse... Sa politique était droite, pacifique et timide..., mais son caractère était faible, son âme peu élevée... La place de premier commis des Affaires étrangères lui aurait infiniment mieux convenu que celle de ministre... Toutefois, sous les dehors d'une grande humilité, il cachait beaucoup de prétentions* ; le même rapporte également, non sans malice, que *lorsqu'on prenait une allumette dans le cabinet de M. de Vergennes pour* allumer à son feu une bougie, il ne permettait pas qu'on ne conservât pas le reste de l'allumette, observant qu'elle pouvait encore servir. Peu fortuné à sa naissance, Vergennes se vit reprocher par d'aucuns, dont Moreau, d'avoir été *l'homme de son temps qui ait le plus aimé l'argent*. Son mariage à Constantinople avec une femme dont l'origine était douteuse provoqua un scandale, de même que le népotisme qu'il pratiqua ouvertement, nommant son frère ambassadeur en Suisse, puis à Venise, son beau-frère à Hambourg, et intervenant régulièrement en faveur de ses amis. Il maria son fils à une demoiselle de Sédières, de la plus ancienne noblesse limousine, et œuvra beaucoup en faveur de sa Bourgogne natale.

## Demeures

A Paris, Vergennes habita dans le petit hôtel de Mesmes, qui existe toujours, au n° 7 de la rue de Braque (III^ème arrt). En 1782, il loua l'hôtel de Transylvanie, au n° 9 quai Malaquais, naguère occupé par Barberie de Saint-Contest.

Propriétaire du château de Toulongeon, près d'Autun (Saône-et-Loire) et de la maison du Petit-Montreuil à Versailles, sur l'avenue de Paris, Vergennes habita, probablement vers 1780, dans un hôtel de Saint-Germain-en-Laye, toujours existant, élevé dans le style "colonial" hérité de la guerre d'Amérique. Le parc est agrémenté d'une grotte artificielle qui soutenait un petit temple de l'Amour.

## Iconographie, bibliographie et sources

Le château de Versailles conserve une copie du portrait que fit de lui en 1781 Antoine-François Callet dont l'original figure dans une collection particulière ; le château de Blérancourt possède un pastel attribué à Gustav Lundberg le représentant lors de son ambassade en Suède. Son épouse, enfin, a été peinte par le chevalier Antoine de Favray en 1766 ; ce portrait est dans une collection particulière.

Souvent étudié dans les différentes phases de sa politique étrangère, Vergennes a peu fait l'objet de biographies générales, avant l'excellent et classique ouvrage de Charles de CHAMBRUN, *A l'école d'un diplomate, Vergennes*, Paris, 1944, complété par ceux d'Orville T. MURPHY, *Charles Gravier, comte de Vergennes*, Paris, 1982, qui développe son article "Charles Gravier de Vergennes, profile of an old regime diplomate", *Political science quarterly*, volume 83, n° 3 (1968), et surtout la somme récente de Jean-François LABOURDETTE, *Vergennes, ministre principal de Louis XVI*, Paris, 1990, ouvrages que l'on pourra compléter par le catalogue de l'exposition *Vergennes (1719-1787) et la politique étrangère de la France à la veille de la Révolution*, Paris, 1987, tenue à Paris, à la galerie de la SEITA, et par le résumé de la thèse de Raymond MIGEOT, "La diplomatie du comte de Vergennes et la liberté de l'Escaut (1784-1785)", *Positions des thèses de l'École des Chartes*, 1924, p. 129-131. Pour sa carrière pré-ministérielle, on dispose des deux études de BONNEVILLE DE MARSANGY, *Le chevalier de Vergennes, son ambassade à Constantinople*, Paris, 1894, 2 volumes, et *Le comte de Vergennes, son ambassade en Suède (1771-1774)*, Paris, 1898. Son œuvre ministérielle est abondamment étudiée. Ainsi, sur la réorganisation du département, on verra la publication du mémoire de son collaborateur Hennin, par Henri DONIOL, *Le comte de Vergennes et Pierre-Michel Hennin*, Paris, 1898, et l'article de Bernard FAY, "Le comte de Vergennes et les services techniques du ministère des Affaires étrangères", *Sources, études, informations, chroniques des bibliothèques nationales de France*, 1er fascicule (1943). On verra également les ouvrages de Gustave FAGNIEZ, *La politique de Vergennes et la diplomatie de Breteuil (1774-1787)*, Paris, 1922, de Georges GROSJEAN, *La politique rhénane de Vergennes*, Paris, 1925, de Robert SALOMON, *La politique orientale de Vergennes (1780-1784)*, Paris, 1935, et surtout la thèse inédite de Munro PRICE, *The comte de Vergennes and the baron de Breteuil : french politics and reforms in the reign of Louis XVI*, Cambridge, 1990. Le guerre d'Amérique est présentée dans la courte étude d'HENNET DE GOUTEL, *Vergennes et l'indépendance américaine*, Paris, 1918, et dans le catalogue de l'exposition *Vergennes et l'indépendance américaine*, Versailles, 1976. L'homme privé est peu étudié, et l'on doit à M. LE DANOIS, dont les recherches ont été publiées dans un article "L'hôtel de Vergennes", la probable indentification de son hôtel de Saint-Germain-en-Laye. Charles-Joseph MAYER a écrit une *Vie publique et privée de Charles Gravier, comte de Vergennes*, Paris, 1789, et lui-même a laissé à ses enfants des *Observations et conseils* (1775) conservés à la bibliothèque de l'Arsenal (mss. 2328). La bibliothèque municipale de Versailles détient sa correspondance avec le comte de Durfort, entre 1784 et 1785 (mss. 1323). Les archives départementales des Yvelines conservent quelques-uns des papiers de sa famille (E 1097) et celles de Saône-et-Loire des documents concernant les biens de son fils Constantin (1 J 261). Les Archives nationales conservent le microfilm des archives Cardaillac-Vergennes (134 Mi) et une correspondance avec Louis XVI (K164). Les descendants conservent toujours des papiers.

[Renonciation à la succession : LXXI/76 (25-IV-1787). Il n'y a pas eu d'IAD.

## MONTMORIN SAINT-HÉREM
Armand-Marc, comte de

Né au château de La Barge, près de Thiers (Puy-de-Dôme) le 13 octobre 1746.
Assassiné à Paris, le 2 septembre 1792.
Inhumé dans une fosse commune, à Paris.

**Famille**

Originaire d'Auvergne, de noblesse immémoriale.

*De gueules, semé de molettes d'argent au lion du même, brochant sur le tout.*

Son père : Armand-Gabriel, lieutenant général du Roi au gouvernement de Verdun, menin du Dauphin, père de Louis XVI.

Sa mère : Catherine Le Gendre de Collande, fille d'un maréchal de camp, et petite-fille du garde des sceaux d'Argenson.

Ses frères et sœurs : *un frère* et *deux sœurs*, morts jeunes.

Il épousa en 1763 Françoise-Gabrielle de Tane, sa cousine, fille du comte de Tane.

Ses enfants : *Auguste*, aspirant de marine, mort noyé ; *Antoine-Hugues-Calixte*, sous-lieutenant au 5ème régiment des chasseurs à cheval ; *Victoire*, mariée à César-Guillaume de La Luzerne, fils du secrétaire d'État de la Marine de Louis XVI ; *Pauline*, mariée au comte de Beaumont ; *Françoise-Augustine-Marie-Henriette*.

*Nommé le 13 février 1787, il démissionna le 11 juillet 1789 ; il fut rappelé le 16 juillet de la même année, mais dut démissionner le 20 novembre 1791 ; il eut également la charge de la Marine pendant quelques mois en 1787.*

**Carrière** : menin de Louis XVI ; cornette avec rang de mestre de camp (1765) ; ministre plénipotentiaire près l'électeur de Trèves (1774) ; ambassadeur en Espagne (1777) ; brigadier (1780) ; maréchal de camp (1784) ; commandant en chef en Bretagne (1784) ; **secrétaire d'État des Affaires étrangères (1787-1791) ; ministre d'État (1787 et 1789) ; secrétaire d'État de la Marine, par** *intérim* **(août-décembre 1787) ; ministre de l'Intérieur, par** *intérim* **(décembre 1790-janvier 1791).**

**Places et dignités** : chevalier de l'Ordre de la Toison d'Or ; chevalier de l'ordre de Saint-Louis (1777) ; chevalier de l'Ordre du Saint-Esprit (1783).

Avec la délicate et lourde tâche de diriger les Affaires étrangères au début des troubles révolutionnaires, Montmorin fut l'un des ministres de Louis XVI les plus critiqués par ses contemporains. N'ayant réussi à contenter personne dans ses différentes prises de position, il fut l'une des victimes malheureuses des massacres de septembre 1792.

De souche auvergnate, mais élevé, en sa qualité de menin du Dauphin, futur Louis XVI, dans le meilleur monde, Montmorin poursuivit une carrière diplomatique honorable. Parvenant à rallier l'Espagne à la politique américaine de la France, il fut nommé maréchal de camp, puis envoyé en Bretagne comme commandant en chef, où il sut s'attirer l'estime de l'opinion.

La mort de Vergennes rendait vacant le département des Affaires étrangères, et Louis XVI décida pour le remplacer de nommer le diplomate auvergnat, dont les succès lui avaient inspiré confiance. Après le renvoi presque immédiat de Calonne et de Miromesnil, le nouveau ministre ébaucha une alliance avec la Russie, l'Autriche et l'Espagne. Bientôt, cependant, les affaires intérieures devaient accaparer toute son attention. Il travailla de concert avec son ami Necker pour la convocation des États généraux. Partisan d'un régime à l'anglaise, il contribua à faire adopter le doublement du Tiers, et se rapprocha en particulier de Mounier. Cette attitude finit par déplaire au Roi, qui le disgracia le 11 juillet avec l'ensemble du gouvernement Necker ; mais Louis XVI dut le rappeler après la chute de la Bastille. Désormais membre de la Société des Amis de la Constitution, Montmorin s'attacha à défendre au-dehors l'image de la monarchie constitutionnelle. Il signa plusieurs conventions commerciales, notamment avec l'Angleterre, renouvela les traités de paix avec la régence d'Alger et confirma quelques arrangements avec les Indes. Proche de La Fayette et de Mirabeau, il fut bientôt le seul à défendre ouvertement le Roi et la famille royale. Mais il devait très vite souffrir d'une grande impopularité. Accusé d'avoir fourni les passeports de la famille royale, lors de son départ de Paris en 1791, il fut exclu du club des Jacobins et fut sommé par l'Assemblée de présenter un rapport sur la situation de la France vis-à-vis de l'étranger. Il préféra alors remettre sa démission.

Violemment attaqué par les Girondins, soupçonné d'être le chef du Comité autrichien, il finit par être arrêté quelques jours après la chute de Louis XVI. Conduit à la prison de l'Abbaye, c'est là qu'il périt, lors des massacres des prisons, dans les premiers jours de septembre 1792. Sa femme et son fils Calixte devaient être exécutés quelques mois plus tard.

Souvent accusé de faiblesse par ses contemporains, Montmorin n'a pas gardé l'image d'un grand homme d'État. Bertrand de Molleville reconnaît que *cette faiblesse morale, dont la faiblesse philosophique était le principe et la cause, n'était point lâcheté.* Quant au comte Ferrand, il déclare que *c'était un esprit faible, mais pur et honnête ; il aimait le Roi et en était aimé comme véritable ami. Cette amitié fut même un malheur.* Plus sévère, Tilly le décrit comme *occupé de son département, de sa petite ambition, cultivant de petites vertus et les bontés du Roi que, sans les trahir, il a mal récompensées.* Ce petit homme, nerveux jusqu'à l'excès, sut s'entourer aussi de nombreux amis, dont Mégret de Sérilly et les Trudaine.

## Demeures

Montmorin avait acheté en 1784 un hôtel rue Plumet (actuel n° 27 rue Oudinot) élevé seize ans plus tôt pour Jean-Baptiste de Beaumanoir par l'architecte Brongniart. L'un des plus luxueux du quartier, l'hôtel mèna un grand train de vie, qui ruinera le ministre. Après avoir été occupé par différents propriétaires, il devint la maison-mère des Frères des Écoles Chrétiennes, et subit des transformations. A partir de 1910, il fut occupé par le ministère des Colonies. Il est aujourd'hui encore le siège du ministère des DOM-TOM.

Montmorin était également propriétaire du château familial de La Barge, près de Thiers (Puy-de-Dôme), où il naquit. Bâti sur un vieux fort, très joliment remanié à la Renaissance, le château reçut un beau corps de ferme réaménagé au XVIII^{ème} siècle. Toujours propriété des descendants, il est ouvert à la visite. Montmorin acheta en 1791 à son cousin Mégret de Sérilly le château du Theil, près de Sens (Yonne). Revendu par sa fille Pauline de Beaumont en 1800, il fut détruit en 1810. Une route nationale passe maintenant sur ces lieux. Connu pour un certain goût du faste, Montmorin organisait chez lui de somptueuses réceptions, dont les seuls frais de table montaient à plus de 200.000 livres chaque année. D'importants problèmes financiers le contraignirent cependant à vendre ses propriétés auvergnates, en particulier La Barge, en 1784, et le château de Montmorin (Puy-de-Dôme), en 1791. De même, en 1790, avait-il dû se séparer de l'énorme domaine de Gaillefontaine, près de Gournay-en-Bray (Seine-Maritime), qui lui venait, par sa mère, des Le Gendre. Le château actuel, de style néo-gothique, date de la fin du XIX^{ème} siècle. C'est une propriété privée.

## Iconographie, bibliographie et sources

Le château de Versailles conserve un buste du ministre, par Jacques-Auguste Collet.

Trop peu d'études sur ce personnage qui vécut pourtant des heures importantes. L'ouvrage de base reste celui d'A. BARDOUX, *La comtesse de Beaumont, Pauline de Montmorin*, Paris, 1884, dont deux chapitres sont consacrés au père de l'égérie de Châteaubriand et à sa carrière. On complétera par deux récents travaux anglo-saxons, ceux de Barry ROTHAUS, "Justice from the fall of the Monarchy to the september massacres : the case of the count of Montmorin", *Proceeding of the XIVth annual meeting of Western society for french history*, Baltimore, 1987, p. 153-162, et de Hugh RAGSDALE, "Montmorin and Catherine' Greek project : revolution in french foreign policy", *Cahiers du monde russe et soviétique*, volume 27, n° 1 (1986), p. 27-44. Sur la famille, d'intéressants renseignements donnés par l'abbé GUÉLON, *Vollore et ses environs*, Clermont-Ferrand, 1890, et dans l'article de Michel de GOUBERVILLE, "Une idylle sous la Révolution : le 'roman' de Victoire de La Luzerne, sœur de Pauline de Beaumont", *Études villeneuviennes*, n° 17 (1991). Sur son hôtel, on verra l'article de M. SAUNIER, *Revue d'histoire des Colonies* (1916) et la notice de Georges VALLY, "Les avatars de l'hôtel Montmorin, rue Plumet, à Paris", *La revue de la France d'Outre-Mer* (décembre 1955). On verra également Bernard BROUSSE, "Notes sur le château du Theil", *Actes du 56ème congrès de l'association bourguignonne des sociétés savantes*, 1985.

Des recueils généalogiques, contenant de nombreux autographes de la famille se trouvent à la bibliothèque municipale de Clermont-Ferrand (mss. 736-739, et fonds Paul Le Blanc, n° 1017 et 1339). D'autres papiers sont conservés aux Archives nationales (T 427), mais le fonds principal est conservé par les descendants. Les archives départementales du Puy-de-Dôme en ont opéré un microfilmage.

[Inventaires de ses papiers : T 1646.

# LES SECRÉTAIRES D'ÉTAT DE LA GUERRE.

**LE BLANC**
Claude

Né le 1ᵉʳ décembre 1669
Mort à Versailles, le 19 mai 1728.
Inhumé en la chapelle des Ursins
de Notre-Dame de Paris.

**Famille**

Originaire de Paris, anoblie au XVIIᵉᵐᵉ siècle.

*D'or à une aigle de gueules.*

Son père : Louis, conseiller à la Cour des Aides, puis intendant de Rouen.

Sa mère : Suzanne-Henriette Bazin de Bezons, sœur du maréchal de Bezons.

Ses frères et sœurs : *François-César*, évêque d'Avranches ; *Denis-Alexandre*, évêque de Sarlat.

Il épousa en 1697 Madeleine Petit de Passy (morte en 1727), fille d'un conseiller au parlement de Metz.

Sa fille : *Louise-Madeleine*, mariée à Esprit Juvénal des Ursins, marquis de Tresnel, enseigne des gendarmes de la Garde du Roi.

*Nommé le 24 septembre 1718, il fut disgracié le 1ᵉʳ juillet 1723, avant d'être embastillé, puis exilé ; rappelé le 19 juin 1726, il mourut en charge.*

**Carrière** : conseiller au parlement de Metz (1694) ; maître des requêtes en survivance (1697) ; intendant d'Auvergne (1704) ; intendant de Flandre maritime (1708) ; conseiller au Conseil de la Guerre (1716) ; maître des requêtes honoraire (1716) ; **secrétaire d'État de la Guerre (1718-1723 et 1726-1728).**

**Places et dignités** : grand-croix, grand prévôt et maître des cérémonies de l'Ordre de Saint-Louis (1719).

Embastillé, exilé, rappelé au gouvernement et finalement mort en charge, Le Blanc fut, malgré sa carrière ministérielle mouvementée, un administrateur consciencieux et populaire.

Appartenant par son père à une famille encore peu élevée, il bénéficia de l'influence de celle de sa mère, sœur du puissant maréchal de Bezons. Engagé dans une traditionnelle carrière administrative, il reçut une première intendance en Auvergne. Quoiqu'épargnée par les combats qui faisaient alors rage aux frontières, cette province devait cependant mettre à l'épreuve le nouvel intendant, confronté à la contrebande, au faux-saunage, au faux-monnayage et à la désertion. La tentative de renforcement de l'autorité qu'il conduisit se heurta aux particularismes, notamment au syndic des Fermiers généraux. Son attachement profond aux intérêts de la monarchie le fit remarquer de Chamillart, qui lui confia bientôt l'intendance de Flandre maritime, point stratégique délicat. D'abord initiateur du canal de Mardyck, destiné à protéger la région de Dunkerque des risques d'inondation et qui fut muni de l'une des plus grandes écluses d'Europe, Le Blanc eut cette fois à faire face aux conséquences de la guerre de Succession d'Espagne, œuvrant de tout son possible en faveur des troupes royales, pratiquant notamment de sévères confiscations à l'égard des fournisseurs de l'ennemi.

Après la mort de Louis XIV, il entra au gouvernement comme conseiller au Conseil de la Guerre, auquel il se substitua dès 1718 lors du rétablissement du secrétariat d'État. Mettant à profit l'absence temporaire de conflits importants, il rédigea un *Mémoire sur les arrangements à faire au commencement d'une guerre*, dans lequel il proposait un état estimatif des dépenses à prévoir dans ce cas. Mais la peste qui éclata à Marseille en 1720 le plaça devant une nouvelle épreuve ; il institua une Commission de la peste et sut faire de l'armée un instrument de protection. Songeant aussi à différentes réformes administratives, il plaça les maréchaussées sous les ordres des intendants, et réorganisa l'artillerie, en créant notamment une réserve royale d'artillerie. Mais cette œuvre équilibrée et sage, qui aurait pu se poursuivre sans encombre, fut brutalement interrompue par l'éclatement d'un scandale, où se mêlaient crimes, intrigues politiques et concussions de toutes sortes, et dont le principal accusé était le trésorier de l'Extraordinaire des Guerres, La Jonchère. Négligence ou imprudence, victime sans doute de la malveillance de la marquise de Prie, maîtresse du duc de Bourbon, alors principal ministre, Le Blanc fut en tout cas suffisamment impliqué pour se voir destitué et exilé. Avec lui, plusieurs personnages haut placés furent compromis, dont certains, comme Belle-Isle ou Moreau de Séchelles, seront plus tard ministres. Comme eux, après un exil (sur les terres de son gendre, à Doué, près de Meaux), il fit un séjour éprouvant de plusieurs mois à la Bastille, mais, comme pour eux aussi, son innocence fut reconnue après un long et retentissant procès. La chute du duc de Bourbon, trois ans après sa destitution, permit son retour au gouvernement. Il mourut en poste deux ans plus tard.

Malgré cette affaire politico-financière dont les ressorts et le déroulement sont loin d'être encore connus et compris, Le Blanc a gardé dans l'histoire, à juste titre semble-t-il, une image de victime, aidé, il est vrai, par une réputation d'efficacité et de grande civilité qu'il s'était forgée dans l'exercice de ses fonctions successives. Si le *Mercure de France* déclarait publiquement dès 1704 qu'il avait *tout le savoir et toute la politesse imaginables, et il n'y a aucune bonne qualité qu'il ne possède*, Saint-Simon lui fit écho vingt ans plus tard, expliquant qu'il était *souple, docile, plein de ressources et d'expédients, le plus ingénieux homme pour la mécanique des diverses sortes d'exécutions où il était employé sans cesse*. Homme de terrain, et apprécié pour cela par les officiers, Le Blanc était aussi un érudit et un bibliophile passionné. Sa bibliothèque, qui comprenait près de 6.000 volumes, dont plusieurs centaines de manuscrits, fut vendue après sa mort.

## Demeures

A Paris, Le Blanc habitait l'hôtel de Pléneuf, où il installa les bureaux de la Guerre. Occupé plus tard par les Necker, cette vaste et somptueuse demeure fut démolie en 1842, lors du percement de la rue de Mulhouse. Il était situé à l'emplacement de l'actuel n° 29, rue de Cléry (II$^{ème}$ arrt).

Lors de sa disgrâce, il dut se rendre chez son gendre, le marquis de Tresnel, à Doué, près de Meaux (Seine-et-Marne).

## Iconographie, bibliographie et sources

Le château de Versailles possède un portrait anonyme, le représentant avec les plans de la bataille de Fontarabie en 1719. Il existe des gravures, d'après les portraits de Tournières ou Le Prieur.

Quoiqu'étudié à plusieurs reprises, bien des aspects de l'homme et de l'œuvre restent obscurs. Ainsi, l'important travail de Victor de SWARTE, *Un intendant, secrétaire d'État au XVIII$^{ème}$ siècle, Claude Le Blanc, sa vie, sa correspondance (1669-1728)*, Dunkerque, 1900, bien que très documenté et toujours valable, est déjà vieilli dans ses problématiques. L'américain Claude C. STURGILL, "Un homme du Roi, Claude Le Blanc (1669-1728)", *Bulletin du comité flamand de France*, tome 19 (1974), puis *Claude Le Blanc, civil servant of the king*, Gainesville (Floride), 1975, et "Claude Le Blanc, secrétaire d'État de la Guerre : un échec couronné de succès ?", *Revue historique de l'armée*, n° 2 (1973), n'a guère éclairci, hélas, l'affaire La Jonchère, pour laquelle on dispose du journal de détention du trésorier ("Un financier à la Bastille sous Louis XV : Journal de La Jonchère", publié par Albert BABEAU dans les *Mémoires de la Société de l'histoire de Paris et de l'Île-de-France*, tome XXV (1898). STURGILL s'est intéressé plus spécialement à sa carrière d'intendant dans "Claude Le Blanc, intendant d'Auvergne (1704-1708)", *Bulletin historique et scientifique de l'Auvergne*, tome 84 (1970), tandis que le lieutenant-colonel HÉRAULT, *Claude Le Blanc, intendant de Flandre maritime*, Dunkerque, 1928, et *L'intendant Le Blanc et les Anglais à Dunkerque*, Dunkerque, 1925, étudie la suite de sa carrière.

Le *Journal du procès* de Le Blanc (92 ff.), toujours inédit, est conservé dans le fonds d'Ormesson, aux Archives nationales (144 AP 86, dr. 4).

## LE TONNELIER DE BRETEUIL
François-Victor,
marquis de Fontenay-Trésigny.

Né à Paris, le 7 avril 1686
Mort à Paris, le 7 janvier 1743.

### Famille

Originaire de Beauvais, anoblie au XVI<sup>ème</sup> siècle.

*D'azur à l'épervier d'or, le vol étendu, longé et grilleté du même.*

<u>Son père</u> : François, intendant de Flandre, puis intendant des finances et conseiller d'État.

<u>Sa mère</u> : Anne de Calonne de Courtebonne, fille d'un maréchal de camp.

<u>Ses frères</u> : *Charles-Louis-Auguste*, abbé de Saint-Pierre de Chaume, prieur de Deuil et Escarmeil, Grand Maître de la Chapelle de la Musique du Roi, évêque de Rennes ; *Claude-Alexandre*, capitaine aux Gardes Françaises.

Il épousa en 1714 Marie-Anne-Angélique Charpentier d'Ennery (1689-1760), fille d'un entrepreneur des boucheries des armées et sous-lieutenant de la vénerie du Roi.

Ses enfants : *Marie-Anne-Julie*, mariée à Charles-Henri-Jules de Clermont-Tonnerre ; *Gabrielle-Rosalie*, mariée à Charles-Armand de Pons ; *François-Victor*, sous-lieutenant de la compagnie de chevau-légers du Dauphin.

*Nommé le 1er juillet 1723, il fut disgracié le 16 juin 1726 ; rappelé le 20 février 1740, il mourut en charge.*

**Carrière** : conseiller au Parlement (1705) ; maître des requêtes (1712) ; intendant de Limoges (1718) ; **secrétaire d'État de la Guerre (1723-1726)** ; chancelier de la Reine (1725) ; **secrétaire d'État de la Guerre (1740-1743) ; ministre d'État (1741)**.

**Places et dignités** : prévôt-maître des cérémonies-commandeur des Ordres du Roi (1721).

Nommé à deux reprises au même secrétariat d'État, à l'instar de son prédécesseur, Le Tonnelier de Breteuil a laissé le souvenir ambigu d'un personnage aux origines obscures, aux alliances douteuses, mais bien choisies, et dont l'habileté, la courtoisie et la discrétion dans les services rendus ont permis l'élévation.

Issu en effet d'une modeste famille du Beauvaisis, mais qui s'était élevée et enrichie grâce à son grand-père, contrôleur général des Finances sous Louis XIV, et à son père, intendant des finances, son mariage avec la fille de l'entrepreneur des boucheries des Invalides, qui, quoique méprisé, était fort riche, ne fit qu'accroître sa fortune et son influence.

Après quelques années à l'intendance de Limoges, et l'achat de la charge de prévôt de l'ordre du Saint-Esprit, Breteuil accédait au secrétariat d'État de la Guerre, en remplacement de Le Blanc, malheureusement compromis dans l'affaire du trésorier de l'Extraordinaire des Guerres. Cette éminente charge lui aurait été confiée en récompense de son zèle à faire disparaître les preuves du mariage de Dubois au moment où ce dernier postulait l'archevêché de Cambrai, raison à laquelle on ne saurait accorder un grand crédit. Mal accueilli par les officiers qui regrettaient son prédécesseur, et surtout incompétent dans les matières dont il avait la charge, il dut quitter son ministère dès le retour en grâce de Le Blanc, en 1726, mais *sans aucun sujet de mécontentement contre lui* (Barbier). Conservant la charge de chancelier de la Reine, ainsi qu'une pension de 14.000 livres, il demeura dans l'ombre durant une longue période, pendant laquelle il s'ingénia à devenir un favori des gens en place. Rappelé aux affaires près de quinze plus tard à la faveur, dit-on, de mademoiselle de Charolais, il fut beaucoup mieux accueilli que lors de son premier ministère, car il était d'après Barbier, *fort poli, gracieux, aimant à faire plaisir et fort aimé*. Il mourut en charge, en 1743, foudroyé par une apoplexie. Il fut avantageusement remplacé par le comte d'Argenson.

Raillé pour sa rapide élévation et son manque de connaissance, le jugement des contemporains reste cependant mesuré. Voici ce que déclare Mathieu Marais au moment de sa nomination : *tout le monde est surpris du successeur (de Le Blanc) qui ne sait rien de la guerre, mais il a de l'esprit et de la politesse, et on croit qu'il réussira.* Le son de cloche de l'avocat Barbier, moins favorable, résume assez bien l'opinion de la rue : *homme de condition et d'infiniment d'esprit, qui faisait à outrance le petit maître étant conseiller au Parlement ; mais ce grand feu est passé. Il est beau d'être ministre à trente-huit ans ! Cela est encore plus beau pour sa femme... Elle va se voir dame et maîtresse à présent dans l'Hôtel des Invalides dont son père était boucher. Cela est fort plaisant... On croit que M. de Breteuil aura peine à se soutenir dans cette place ; il se sait rien, et il entre après un homme qui la faisait parfaitement bien.*

## Demeures

En 1720, il hérita de son oncle, le baron de Breteuil, introducteur des ambassadeurs, un hôtel rue du Paradis-au-Marais. En 1733, il le remplaça par un hôtel, bâti sur les plans de l'architecte Jacques Vinage, mais n'y demeura jamais. L'hôtel de Breteuil-Fontenay existe toujours, au n° 56 rue des Francs-Bourgeois ; il abrite aujourd'hui le bureau du directeur général des Archives de France. François-Victor résidait habituellement dans un autre hôtel, rue Vivienne, que lui avait légué son beau-père, Jacques Charpentier d'Ennery, en 1716. C'était un bel immeuble construit au milieu du XVII^ème siècle par Jacques Bruant, frère de Libéral Bruant ; disposant de deux grands corps de logis en aile, avec une cour au milieu, il donnait sur le jardin des Augustins déchaussés de la place des Victoires. Sa veuve s'en défit en 1750 ; il fut plus tard habité par le banquier Vandenyver. On peut toujours le voir, au n° 18, rue Vivienne (II^ème arrt.).

Il possédait le château de Fontenay-Trésigny, près de Meaux (Seine-et-Marne), que son père avait acheté en 1689. Construit au XVI^ème siècle, remanié au XVII^ème, il a été très altéré ; à sa mort, il fut acheté par le duc de Crillon, puis par la duchesse de Noailles au XIX^ème siècle. Propriété privée, le château existe toujours.En outre, il acheta en Touraine la baronnie de Preuilly, près de Loches (Indre-et-Loire).

## Iconographie, bibliographie et sources

Un portrait de l'école française du XVIII<sup>ème</sup> siècle, conservé au château de Versailles, le représente avec les attributs de l'Ordre du Saint-Esprit. Il existe deux autres portraits au château de Breteuil.

On dispose, sur cette famille, du travail de Charlotte NEVEU, *Monographie des origines des Le Tonnelier de Breteuil*, Paris, 1974, qui étudie les origines médiévales de la famille, et de l'ancienne "Généalogie de la maison Le Tonnelier, comtes de Breteuil", *Le Moniteur de la noblesse*, n° 5 (1856). L'histoire du château et de la famille est racontée par l'actuel descendant, Henri-François de BRE-TEUIL, *Un château pour tous : cinq siècles de souvenirs d'une famille européenne*, Paris, 1975, et les archives sont toujours conservées au château : les documents concernant François-Victor sont peu nombreux ; en revanche la correspondance de Louis-Auguste est importante, notamment pendant ses ambassades (voir sa notice, p. 273). On ne dispose d'aucune étude spécifique sur ce ministre. On s'en remettra aux mémorialistes, tels que Saint-Simon, Barbier ou Marais. En revanche, sur ses demeures, on verra les travaux de Maurice DUMOLIN, "L'enceinte des Fossés-Jaunes", *Études de topographie parisienne*, II (1930), Jean-Pierre BABELON, "L'hôtel de Breteuil-Fontenay", *Bulletin de la société de l'histoire de Paris et de l'Île-de-France*, 1964, et Philippe SEYDOUX, *Châteaux et manoirs de la Brie*, Paris, 1991.
[IAD : XXXIX/370 (15-I-1743).]

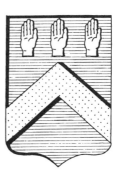

## BAUYN D'ANGERVILLIERS
Nicolas-Prosper

Né le 15 janvier 1675
Mort à Marly, le 15 février 1740.

## Famille

Originaire d'Amiens, agrégée à la noblesse au milieu du XVI<sup>ème</sup> siècle.

*D'azur au chevron d'or, accompagné de trois mains dextres appaumées d'argent posées en fasce.*

<u>Son père</u> : Prosper, maître de la Chambre aux deniers du Roi.

<u>Sa mère</u> : Gabrielle Choart de Buzenval, nièce de l'évêque de Beauvais.

<u>Fils unique</u>.

<u>Il épousa</u> en 1694 Marie-Anne de Maupeou (1676-1741), fille d'un maître en la Chambre des Comptes de Paris.

<u>Sa fille</u> : *Marie-Jeanne-Louise*, épousa en premières noces René de Longueil de Maisons, et en secondes noces, Armand-Jean de Saint-Simon de Ruffec.

*Nommé le 22 mai 1728, il mourut en charge.*

**Carrière** : conseiller au Parlement (1692) ; maître des requêtes (1797) ; intendant d'Alençon (1702-1705) ; intendant du Dauphiné (1705-1715) ; intendant d'Alsace (1715-1724) ; maître des requêtes honoraire (1717) ; conseiller d'État semestre (1720) ; intendant de Paris (1724-1728) ; **secrétaire d'État de la Guerre (1728-1740) ; ministre d'État (1729).**

Généralement peu connu des historiens, d'Angervilliers pourrait passer comme le modèle idéal du ministre de Louis XV. Son père et ses deux oncles, Bauyn de Bersan et Bauyn de Cormery, avaient bâti d'importantes fortunes financières, notamment au service de Colbert. Compétent et discret, Bauyn reçut, grâce au soutien de Chamillart, l'intendance d'Alençon, dans laquelle il se distingua. Mais c'est comme intendant du Dauphiné que ses talents d'administrateur le firent remarquer, en particulier pendant l'hiver de 1709, où il sut animer le patriotisme de la population pour éviter la famine à l'armée des Alpes. Quelques temps après, les habitants de la province lui surent gré d'avoir abaissé le prix du sel sur la région. Le maréchal de Villars, une des plus grandes figures militaires du temps, avait alors remarqué ses grandes capacités, et soutint sa nomination à l'intendance d'Alsace. C'était une des plus importantes du royaume, par sa place stratégique et par les troupes qui y étaient stationnées. Sa réputation de compétence et de droiture ne faillit pas lors de ces nouvelles fonctions qu'il exerça pendant près de dix ans, réorganisant en particulier la fiscalité. Puis, dès 1724, l'intendance de Paris le rapprocha du pouvoir central et lui permit de s'en faire apprécier mieux encore, si bien que quatre ans à peine après sa nomination, il reçut le secrétariat d'État de la Guerre, à la mort de Le Blanc.

Curieusement, alors qu'il fut, après d'Argenson, le ministre de la Guerre dont la longévité aura été la plus grande, son passage au gouvernement a été parfois oublié et son œuvre est fort peu connue. Il est vrai que les grands conflits du règne se déroulèrent plus tard et que la paix fut plus présente pendant son ministère, malgré la guerre de succession de Pologne. Aussi, il employa les soldats désœuvrés à des tâches civiles, en particulier à la construction du canal de Picardie, s'occupa de la liquidation des dettes des armées, imposa pour la première fois l'uniforme aux officiers et institua des camps d'instruction militaire. Cette œuvre de fond qu'il mena avec une grande conscience de travail ne fut interrompue qu'avec sa mort. Le bruit courut qu'il avait succombé à une indigestion, sa gourmandise étant célèbre ; *il était extrêmement déraisonnable pour les attentions nécessaires à sa santé*, rapporte d'autre part le duc de Luynes.

Les jugements à son égard ont été plutôt partagés. D'Argenson, pour des raisons personnelles, en fit un portrait très sévère auquel on ne peut entièrement souscrire : *quelle âme que celle d'un robin sorti de la finance et entré sur la cour ! Tout y est, l'ingratitude, la fourberie, et vil intérêt personnel et la trahison.* Saint-Simon, allié à lui familialement, le présente sous un jour beaucoup plus flatteur, disant que *sa capacité le distingua extrêmement dans tous ses emplois, ainsi que sa probité*. D'une manière générale, les contemporains ont pensé qu'il était le fidèle et laborieux exécutant des vues du cardinal de Fleury.

## Demeures

D'Angervilliers habitait rue Royale (actuelle rue de Birague, IV^ème arrt) avant sa nomination au ministère. Puis, à la mort de son premier gendre, il reçut en location l'hôtel de Maisons, situé rue de l'Université (actuel n° 51, VII^ème arrt). Construit au début du XVIII^ème siècle par l'architecte Lassurance, il avait été acheté par le président de Maisons. Bauyn n'occupa qu'une partie des appartements, le reste étant réservé à la marquise de Maisons. L'hôtel avait reçu une décoration aux lambris assez sobres, et dont aujourd'hui il ne reste plus rien ; le jardin était orné d'un groupe en marbre de Germain Pilon représentant les *Trois Parques*, actuellement conservé au château d'Écouen. Mais c'est après la mort du ministre que l'hôtel, propriété des Soyecourt, reçut la très belle décoration dont on peut toujours voir une partie aujourd'hui. Habité par différents ambassadeurs, puis acquis par la famille Pozzo di Borgo, il subit quelques transformations ; il est actuellement encore leur propriété.

Le château d'Angervilliers (Essonne), situé près de Limours, fut hérité de son père qui l'avait acquis en 1668 de la veuve du marquis Édouard Ollier de Nointel. Entouré d'un vaste parc, il fut construit au début du XVII^ème siècle. Détruit après la Révolution, il a été remplacé par une demeure dite "le château rose", et par un manoir du début du XX^ème siècle. Il ne reste de l'ancien château que le pressoir et le vieux colombier. Le domaine est aujourd'hui la propriété des Eaux Minérales Perrier.

Bauyn possédait également en Alsace la propriété du Banc de La Roche, près de Molsheim (Bas-Rhin), vieille demeure féodale héritée en 1723 des marquis de Maisons. Les ruines en sont toujours visibles.

### Iconographie, bibliographie et sources

Il existe à la mairie de Briançon un portrait, le représentant en pied. Le château de Versailles en conserve une copie d'époque.

Les rares études qui le concernent ont porté sur ses activités d'intendant ; ainsi, lorsqu'il était en Alsace, la publication de L. SPACH, "Lettres écrites à la cour par d'Angervilliers (1716-1724)", *Bulletin de la société pour la conservation des monuments historiques d'Alsace*, 2ème série, X (1878), et le petit article de Jean-Armand CHABRAND, *Aperçu historique sur Briançon, ses escartons et l'intendant d'Angervilliers*, Grenoble, 1893. Daniel DESSERT, *Argent, pouvoir et société au Grand Siècle*, Paris, 1984, a bien mis en lumière, dans ses notices biographiques, le rôle de son père et de ses deux oncles. L'hôtel qu'il habita a fait l'objet d'une monographie de Bruno PONS dans *La rue de l'Université*, Paris, 1987, et le château d'une étude documentée parue dans le *Bulletin municipal d'Angervilliers*, n° 8 (1985).

Une bonne partie de sa correspondance est conservée à la Bibliothèque nationale (mss. fs. 8346-8348), ainsi qu'aux archives du ministère de la Guerre. [Partage de succession : CXVII/432 (4-VI-1740).

### D'ARGENSON
Pierre-Marc de Voyer de Paulmy, comte

Né à Paris, le 16 août 1696
Mort à Paris, le 22 août 1764.
Inhumé en l'église Saint-Nicolas-du-Chardonnet, à Paris.

### Famille

Frère cadet de René-Louis, secrétaire d'État des Affaires étrangères, et fils de Marc-René, garde des sceaux (voir sa notice, p. 104).

Il épousa en 1719 Anne Larcher (1706-1764), fille d'un conseiller au parlement de Paris.

<u>Ses enfants</u> : *Marc-René*, directeur des Haras, puis lieutenant général des armées du Roi et gouverneur de Vincennes ; *Louis-Auguste*, chevalier de Malte, mort au service.

*Nommé le 8 janvier 1743, il fut disgracié le 1ᵉʳ février 1757.*

**Carrière** : avocat du Roi au Châtelet (1717), conseiller au Parlement, puis maître des requêtes (1719) ; lieutenant général de police de Paris (janvier-juillet 1720) ; intendant de Tours (1721-1722) ; lieutenant général de police de Paris pour la deuxième fois (1722-1724) ; chancelier, chef du conseil et surintendant des finances du duc d'Orléans (1723-1742) ; conseiller d'État surnuméraire (1724) ; conseiller d'État semestre (1729) ; premier président du Grand Conseil (1738) ; conseiller d'État ordinaire (1740) ; intendant de Paris (1740-1743) ; **ministre d'État (1742-1757) ; secrétaire d'État de la Guerre (1743-1757)** ; directeur des fortifications de terre (1743) ; surintendant général des postes et relais de France (1744-1757) ; directeur général des Haras (1749-1752).

**Places et dignités** : chancelier-garde des sceaux de l'Ordre de Saint-Louis (1721-1749) ; membre honoraire de l'Académie des Sciences (1726) ; membre honoraire de l'Académie des Inscriptions et Belles-Lettres (1749).

Le fils cadet du garde des sceaux eut à peu près les mêmes débuts de carrière que son frère René-Louis, mais il montra très vite une aptitude bien supérieure pour les hautes responsabilités. Lieutenant général de police de Paris à deux reprises, il se révéla dans ces fonctions aussi efficace que son père, et sut conserver la faveur du Régent, qui le nomma son chancelier et surintendant. La disparition de son protecteur et l'hostilité du cardinal de Fleury, qui le savait lié, comme son frère, aux philosophes, furent un obstacle majeur à la poursuite de sa carrière. Mais il restera pendant dix-huit ans au service du duc d'Orléans, exerçant pour lui tous ses talents d'administrateur, tandis qu'il constituait pour lui-même et sa famille une solide fortune.

A la fin de l'année 1742, il fut nommé ministre d'État, avant même de recevoir, quelques mois après, le secrétariat d'État de la Guerre. On était en pleine guerre de Succession d'Autriche, très mal engagée pour la France. Mais, coup sur coup, les deux éclatantes victoires de Lawfeld et Fontenoy lui assurèrent la confiance du Roi, et il sut terminer ce conflit avec la paix d'Aix-la-Chapelle (1748). Dès lors, il avait conquis l'amitié du Roi, et c'est avec lui qu'il fonda, en 1751, l'École Militaire de Paris, l'un des établissements les plus prestigieux de la monarchie. Au cours de ses quelque quinze ans de ministère, d'Argenson se montra un gestionnaire apprécié des armées ; il institua le casernement, réglementa l'habillement des troupes, perfectionna l'administration des vivres, et améliora, avec l'aide de La Peyronie, les services de santé ; il réunit à l'armée le corps des ingénieurs et des artilleurs ; enfin, il s'attacha à la réparation des fortifications. Après la disgrâce de Maurepas, il joignit également à son département celui de Paris, et il s'y montra le protecteur des gens de lettres.

Mais l'attentat perpétré par Damiens sur la personne du Roi lui fut fatal ; la Pompadour, qui lui était hostile, obtint son exil, qui lui fut très durement signifié. Il dut se retirer sur sa terre des Ormes, en Poitou.

Par sa carrière et son caractère, Pierre-Marc est l'antithèse de son frère aîné, et les contemporains ne s'y sont pas trompés. Selon Luynes, c'était *un esprit froid, mais sage, fort instruit, et capable des plus grandes places.* On louait son abord prévenant, sa conversation animée et sa facilité de caractère, qui faisait de lui, au contraire de son frère, un parfait courtisan, brillant, aimable, sachant *plaire sans s'avilir, et cacher des pensées hautes sous des formes légères* (Lacretelle). Cette habileté à se maintenir "sur les pics aigus du pouvoir" lui valut le surnom de *d'Argenson la chèvre,* et son propre frère ne cache pas une certaine rancœur à son égard, où la jalousie le dispute au mépris : *fripon spirituel, chef d'espions, intrigant,* le ministre de la Guerre aurait profité de sa situation pour *se faire des créatures, et non des obligés ni des amis, s'assujettir les hommes en augmentant leur dépendance,* occupé seulement *à multiplier les dupes.*

## Demeures

La résidence ordinaire du ministre était à Paris, rue des Bons-Enfants, à l'emplacement des actuels n° 19 et n° 10 rue de Valois (Ier arrt), dans un hôtel remanié par l'architecte Germain Boffrand, et dont le duc d'Orléans lui avait fait cadeau. Ayant un accès sur les jardins du Palais-Royal, d'Argenson l'agrandit, l'embellit et en fit une somptueuse demeure, dont le mobilier était d'un grand luxe. Plus tard, son fils, le marquis de Voyer, le fit modifier par l'architecte Charles de Wailly, et Augustin Pajou sculpta plusieurs dessus de porte. Ensemble unique de salons, cet hôtel fut occupé, après la Révolution, par différents locataires, avant que ne s'y installe en 1907, la Société Linotypique Française. Malheureusement, en 1916, la ville de Paris en autorisa la démolition pour l'agrandissement de la rue de Valois et des locaux de la Banque de France. Cette dernière conserve encore dans ses dépôts les plafonds et les somptueuses boiseries qui formaient le décor intérieur.

Le ministre de la Guerre, a, contrairement à son frère, constitué une fortune conséquente et un patrimoine immobilier de première importance. En 1729, il acheta la baronnie des Ormes-Saint-Martin, qui deviendra son fief ; en 1750, il fit l'acquisition du château familial de Paulmy, en Touraine. Mais c'est surtout à Neuilly, au bord de la Seine, sur un terrain qu'il avait acquis en 1741, que l'on peut mesurer l'étendue de sa richesse. Il y fit bâtir, par l'architecte Jean-Sylvain Cartaud, une vaste construction à l'italienne, couronnée d'une balustrade interrompue par des piédestaux portant alternativement des groupes d'enfants et des urnes. Les sculpteurs Vassé et Allegrain y avaient travaillé, ainsi que Pigalle, auquel on devait les allégories de la Fidélité et du Silence, et surtout une monumentale statue de Louis XV, qui s'élevait dans le parc. L'intérieur abritait des collections de Boucher et de Fragonard. Mais d'Argenson ne put guère en profiter, car, en 1757, date de son exil aux Ormes, cette maison n'était pas encore terminée. Elle devint, plus tard, la propriété de Murat, puis de la famille d'Orléans, mais fut détruite au moment de la Révolution de 1848 ; le parc fut vendu et loti. Il n'en reste que quelques vestiges, datant du Premier Empire. L'actuel boulevard d'Argenson, à Neuilly, a gardé le tracé qui conduisait au château.

La lettre de cachet de 1757 intimait l'ordre au comte d'Argenson de rejoindre sa terre des Ormes, près de Poitiers (Vienne). Cette propriété, qu'il avait acquise presque trente ans auparavant, n'était guère prête à recevoir son propriétaire, ainsi que nous le rapporte le duc de Luynes : *la terre des Ormes est dans une situation unique ; il y a beaucoup à faire au dedans du château, dont l'extérieur est fort bien, et M. d'Argenson en fera une habitation grande et commode. Mais les dehors sont admirables : c'est une rivière (la Vienne) qui porte des bâtiments à voile, et qui est commandée par une terrasse d'une lieue de long, et par un parc immense et bien percé.* Il consacra le restant de sa fortune à d'importants travaux, qui firent le bonheur de ses hôtes ; car les visiteurs affluèrent auprès de l'exilé ; on pouvait y voir Dufort de Cheverny, Moncrif, Voltaire et Marmontel, qui suffisaient à peine à consoler le chagrin du ministre déchu, auquel l'inactivité pesait beaucoup. Il ne fut autorisé à rentrer à Paris qu'à la mort de la Pompadour, en 1764, mais mourut presque aussitôt après. Son fils, employant les services de Charles de Wailly, transforma totalement le château en demeure à l italienne, surmontée d'une immense tour, qui resta jusqu'a sa démolition une curiosité régionale. Le château, propriété privée, existe toujours.

Le château de Paulmy, près de Loches (Indre-et-Loire), était une demeure familiale qu'il fit restaurer ; il acheta en 1750 le château du Chatellier, à quelques kilomètres de là, mais n'y résida jamais. Les deux châteaux existent encore ; le premier, propriété de la Ville de Paris, est une colonie de vacances, le second appartient toujours aux descendants.

Enfin, de son mariage avec Anne Larcher, il reçut le château de Pocancy, près de Châlons-sur-Marne (Marne), détruit par un incendie en 1902.

**Iconographie, bibliographie et sources**

Le musée Atger de Montpellier conserve un portrait peint par Rigaud, dont le château de Versailles possède une réplique. Un portrait de sa femme, par Nattier, est conservé dans une collection particulière.

Bien que son œuvre ministérielle soit de loin plus importante que celle de ses père, frère et neveu, on ne dispose d'aucune biographie d'ensemble et il faudra attendre une thèse de l'École des Chartres préparée actuellement par Yves COMBEAU. Seule une partie de ses papiers a été publiée, par son descendant le marquis d'ARGENSON, *Correspondance du comte d'Argenson, ministre de la Guerre*, Paris, 1924. Les propriétés et demeures, en revanche, ont fait l'objet de plusieurs monographies : A. TORNÉZY, "Le comte d'Argenson, sa disgrâce, son exil aux Ormes", *Mémoires de la Société des Antiquaires de l'Ouest*, 1892, Charles d'ARGENSON, *Notice sur l'ancienne châtellenie des Ormes-Saint-Martin*, Poitiers, 1856, J. MAYOR, "L'hôtel de la chancellerie d'Orléans", *Gazette des Beaux-Arts*, août 1916, plus récemment Christian GUISELIN, *L'hôtel de la chancellerie d'Orléans, ancien hôtel d'Argenson*, Mée-sur-Seine, 1986, FRANCOEUR, "L'hôtel de la chancellerie d'Orléans, ancien hôtel d'Argenson", *Du Palais-Royal au Marais*, Paris, 1984, et C. LEROUX-CESBRON, *Le château de Neuilly, chronique d'un château royal*, Paris, 1923, ainsi que la publication d'un factum concernant cette maison dans le *Bulletin de la commission municipale historique et artistique de Neuilly*, 1909. On verra enfin l'édition du marquis d'ARGENSON, "Lettres inédites de la duchesse de Villars au comte d'Argenson (1738-1741)", *Revue de France*, tome 3 (1923).

Ses papiers, qui étaient conservés aux Ormes, ont été déposés en grande partie à la bibliothèque universitaire de Poitiers. On trouve une correspondance adressée à lui comme ministre de la Guerre à la Bibliothèque nationale (naf 22426) et aux Archives nationales (AB XIX 3492/7). La Banque de France conserve toujours l'ensemble du décor (boiseries et plafonds) de l'hôtel de la rue des Bons-Enfants, étudié par Bruno PONS, "Germain Boffrand et le décor intérieur", *Germain Boffrand (1667-1754), l'aventure d'un architecte indépendant*, Paris, 1986.

[IAD : CXV/631 (28-VIII-1764).

## D'ARGENSON
Antoine-René de Voyer,
marquis de Paulmy

Né à Valenciennes, le 22 novembre 1722
Mort à Paris, le 13 août 1787.
Inhumé en l'église Saint-Nicolas-
du-Chardonnet, à Paris.

### Famille

Fils de René-Louis, secrétaire d'État des Affaires étrangères, et petit-fils de
Marc-René, garde des sceaux (voir sa notice, p. 104).

Il épousa en 1744 Anne-Louise-Jacquette Dangé (1723-1745), fille d'un secrétaire du Roi, devenu fermier général, puis administrateur de la Loterie ; il se remaria
en 1748 avec Marguerite-Suzanne Fiot de La Marche (morte en 1784), fille d'un
premier président au parlement de Dijon.

Sa fille, du deuxième lit : *Adélaïde-Geneviève*, mariée à Anne-Charles Sigismond
de Montmorency, duc de Luxembourg.

*Secrétaire d'État en survivance de son oncle depuis 1751, il fut nommé en titre le
3 février 1757 ; il démissionna le 22 mars 1758.*

**Carrière** : avocat du Roi au Châtelet (1742) ; conseiller au Parlement (1744) ; maître
des requêtes (1747) ; ambassadeur en Suisse (1747-1751) ; maître des requêtes honoraire (1750) ; **secrétaire d'État de la Guerre, en survivance de son oncle (1751-
1757), puis en titre (1757-1758) ; ministre d'État (1757-1758)** ; bailli de Touraine
(1758) ; ambassadeur en Pologne (1759-1765) ; ambassadeur à Venise (1767-1768) ;
lieutenant général pour le Roi en Touraine (1769) ; chancelier de la Reine (1774).

**Places et dignités** : membre de l'Académie française (1748) ; chancelier-garde
des sceaux de l'Ordre de Saint-Louis (1749) ; membre honoraire de l'Académie
des Inscriptions et Belles-Lettres (1756) ; chancelier de l'Ordre de Saint-Lazare
(1757) ; grand trésorier-commandeur des Ordres du Roi (1758) ; membre honoraire de l'Académie des Sciences (1764) ; bailli d'épée de l'artillerie (1771).

Le marquis de Paulmy restera sans doute aux yeux de l'histoire le plus attachant personnage de cette nombreuse famille ministérielle. Très vite délaissé par

son père, il ne put compter, pour son éducation, que sur son oncle. Ce dernier, tout en le préparant à une carrière politique, n'entrava pas les talents précoces que son neveu manifesta très tôt dans les matières littéraires. Poésies, pièces de théâtre, comédies, c'est une véritable petite œuvre, sans grande envergure certes, que Paulmy laisse à la postérité ; il fréquenta les milieux philosophiques, et en particulier Voltaire, et devisa avec Frédéric II. A vingt-six ans, ce jeune homme *doux, aimable et spirituel* était élu à l'Académie française. Mais sa réussite mondaine et littéraire ne le combla pas, et, sous la tutelle de son oncle, il entama une carrière publique dans la diplomatie. Il accomplit une ambassade en Suisse, après quoi le comte d'Argenson le prit pour adjoint dans son ministère, où il le remplacera après sa disgrâce.

Ce fut un épisode désastreux qui suffit à révéler son incapacité ; seule sa prudente démission, un an après, lui permit de sauver la petite réputation qu'il avait acquise précédemment.

Ce court passage au gouvernement ne calma pourtant pas ses ambitions, et il poursuivit après sa retraite une nouvelle carrière diplomatique, à Varsovie, puis à Venise, de laquelle il n'emporta que des échecs. Enfin lassé, devenant gouverneur de l'Arsenal, il se consacra désormais à sa passion dévorante pour les livres.

Dernier arrivé sur la scène politique, Paulmy succéda à un homme brillant, alors qu'il en était tout le contraire. Le fils de "la bête" n'accusa qu'un peu plus les défauts de son père, au point qu'on le surnomma "la petite horreur" : disgracieux, sans allure et timide, d'une santé précaire, le président Hénault le trouvait *d'une contenance mal assurée et d'une modestie qui lui venait du manque d'usage.* Son père en fit un portrait sans indulgence, mais pourtant plein de perspicacité : *mon fils sort du collège. Il demeure chez moi, il étudie. Il a été fort délicat dans son enfance et l'est encore, quoique sain... Il ne croît plus depuis l'âge de seize ans, et n'est pas si grand que moi, qui suis de la taille médiocre ; il n'aime aucun exercice de corps. Dès son enfance toutes ses forces ont passé à l'esprit, mais je ne vois rien de passé à l'imagination, aux sens, ni à la partie la plus subtile et la plus louable des sens, qu'on appelle le cœur. Son cœur est bon, mais il n'est point sensible... Il aime beaucoup les comédies et s'y acquiert une vaste érudition, mais il n'y rit que l'esprit, et aux tragédies, il n'y pleure jamais... Le pauvre enfant n'a nulle sensibilité aux sens, et tous les esprits se sont enfuis au cerveau... Il a une mémoire prodigieuse, il juge, il pense, il démêle, il conçoit, il a avidité de connaître... Avec cela, je lui voit une médiocre imagination... Il n'est pas stérile, mais peu fécond ; il ne se sent jamais inspiré, il n'a pas besoin d'écrire,... satisfait de parcourir ma bibliothèque et de lire à toute heure... Je l'ai vu versifier dans son enfance, mais c'était par imitation, par singerie, et sans génie, sans goût... Cet esprit combinateur et comparateur sans génie... n'aura que les idées des autres... Ce sera un bon juge, un sage intendant, un administrateur éclairé... mais jamais réformateur, avec peu de vues, mais des vues com-*

*munes... Ne faisant folie de rien, il conservera son bien et il en aura. N'est-ce pas là un fils tel que tout père peut le souhaiter ?* C'est pourtant à ce personnage, qui paraît bien falot, que l'on doit les fleurons de la bibliothèque de l'Arsenal, aujourd'hui dépendance de la Bibliothèque nationale. Sa retraite définitive en 1768 lui laissa le loisir tout à la fois de s'instruire, et de constituer une merveilleuse collection de livres, dont le catalogue à lui seul constitue 24 volumes. Fréquentant plus volontiers les milieux académiques et érudits que les salons mondains, il lança la *Bibliothèque universelle des romans*, puis les *Mélanges tirés d'une grande bibliothèque*, séries d'extraits savamment choisis, et à parution régulière ; puis il édita des écrits de son père, avant de s'enfermer de plus en plus à l'intérieur de ses cabinets d'étude, déçu de ne pas avoir été nommé, comme il l'avait demandé à Louis XVI, bibliothécaire du Roi. Ce *savant très gauche, cet entêté bibliomane*, selon le mot de la marquise de Créqui, constitua sa bibliothèque en l'espace de trente ans, avec celles, bien sûr, de son père et de son oncle, mais aussi de la marquise de Pompadour, du duc de La Vallière et de Jean-Baptiste d'Aguesseau. L'ensemble reflète sa très grande curiosité et sa connaissance des livres, et de nos jours, les collectionneurs du monde entier en admirent la composition.

## Demeures

Quittant son logement de la rue de Richelieu, hérité de son père, il avait installé ses quelque 50.000 volumes dans les appartements de l'Arsenal, autrefois affectés au Grand maître de l'Artillerie, et qui lui avaient été attribués dès 1756. Il y resta jusqu'à sa mort. Les livres, rangés par matières, tenaient dans trois grandes pièces, auxquelles il ajouta, en 1778, une grande galerie qui contenait à elle seule plus de 15.000 volumes. Ses propres appartements se réduisaient à une chambre, un oratoire et un cabinet de travail, où il avait réuni quelques tableaux et meubles précieux. Quant à la décoration intérieure, elle était plutôt sobre. La bibliothèque, après sa mort, fut vendue au comte d'Artois, et la Révolution ne dispersa pas cette *collection immense, rassemblée par un littérateur éclairé, pour satisfaire son goût pour l'étude, et non comme objet de luxe.* Aujourd'hui, la bibliothèque de l'Arsenal est installée dans ces locaux (IV^ème arrt).

## Iconographie, bibliographie et sources

Il existe un buste, conservé à la bibliothèque de l'Arsenal ; il y a également un portrait conservé dans une collection particulière ; enfin deux autres portraits, conservés à Versailles, sont des toiles anonymes d'époque qui ne le flattent guère.

Ce bibliophile et bibliographe de génie n'a pas eu la faveur de l'Histoire, et aucune biographie d'ensemble ne lui a été consacrée. Seul l'article de Martine LEFÈVRE et Danielle MUZERELLE, "La bibliothèque du marquis de Paulmy", dans l'*Histoire des bibliothèques françaises*, Paris, 1988, tome II, fait une bonne synthèse sur la vie de ce grand collectionneur, tandis que le *Catalogue de l'exposition Antoine-René d'Argenson*, Paris, 1987, donne un aperçu de la richesse de sa collection. L'Arsenal et les transformations qu'il y fit faire sont étudiés par Louis BATIFFOL, "La construction de l'Arsenal au XVIII^{ème} siècle et Germain Boffrand", *La Cité*, n° 121 (1932). Ses œuvres littéraires ont été publiées de son vivant, et l'on pourra lire avec intérêt la publication par H. DUHAMEL de son *Voyage d'inspection de la frontière des Alpes en 1752*, Grenoble, 1902, ainsi que certaines de ses notes de voyage publiées par Carlo CONTESSA, *Note et relazioni del marchese di Paulmy dall'Italia (1745-1746)*, Turin, 1901. Bien que la plus grande partie de ses papiers ait brûlé avec ceux de son père dans l'incendie du Louvre, en 1871, il s'en trouve encore à l'Arsenal.
[IAD : LI/1192 (23-VIII-1787).

**BELLE-ISLE**
Charles-Louis-Auguste Foucquet,
comte, puis duc de

Né à Villefranche-de-Rouergue,
le 22 septembre 1684
Mort à Versailles, le 26 janvier 1761.
Inhumé en la collégiale Notre-Dame
de Vernon.

**Famille**

Originaire d'Anjou, anoblie à la fin du XVI^{ème} siècle.

*Écartelé : aux 1 et 4, d'argent à l'écureuil de gueules* (Foucquet) *; aux 2 et 3, d'or à trois chevrons de sable* (Lévis).

Son père : Louis, fils de Foucquet, surintendant des Finances sous Louis XIV.

Sa mère : Catherine-Agnès de Lévis de Charlus, fille du gouverneur du Bourbonnais.

Ses frères et sœurs : *Louis-Charles-Armand*, lieutenant général des armées du Roi ; *Anne-Madeleine*, mariée à Marc-Antonin Valon de Montmain ; *Marie-*

*Madeleine*, mariée à Louis de La Vieuville ; *Marie-Anne*, religieuse de la Visitation de Moulins ; *Marie-Louise*, chanoinesse à l'abbaye de Poulangis ; *trois autres*, morts en bas-âge.

Il épousa en 1711 Henriette-Françoise de Durfort-Civrac (morte en 1724) ; il se remaria en 1729 avec Marie-Emmanuelle de Béthune (morte en 1755), veuve de François Rouxel de Médavy de Grancey, et fille d'un maréchal de camp.

Ses enfants : *Marie-Auguste,* mort jeune ; *Louis-Marie,* comte de Gisors, gouverneur de Metz, marié à la fille du duc de Nivernais, tué au combat en 1758.

*Nommé le 3 mars 1758, il mourut en charge.*

**Carrière** : mousquetaire (1701) ; capitaine au régiment Royal-Cavalerie (1702) ; mestre de camp du régiment de dragons de Belle-Isle (1705) ; brigadier de dragons (1708) ; mestre de camp général des dragons (1709) ; maréchal de camp (1718) ; commandant dans les évêchés de Metz et Verdun (1727) ; secrétaire du Roi (1728-1738) ; gouverneur d'Huningue (1729) ; lieutenant général des armées du Roi (1731) ; gouverneur et lieutenant général des pays Messin et Verdunois (1733) ; gouverneur de Metz (1733) ; ambassadeur auprès de la diète d'élection de l'Empire (1741) ; maréchal de France (1741) ; **ministre d'État (1756) ; secrétaire d'État de la Guerre (1758-1761)**.

**Places et dignités** : membre de l'Académie française (1749) ; duc et pair de France ; chevalier des Ordres du Roi ; chevalier de la Toison d'Or.

Le futur maréchal-ministre, duc et pair de France, vécut sa première enfance dans une atmosphère de proscription où avait été jetée sa famille tout entière après la disgrâce de son grand-père, le surintendant Foucquet. Le jeune Belle-Isle reçut une excellente éducation au collège de Sorèze, où l'on remarqua son application à l'étude. Il débuta dans les armes à l'âge de dix-sept ans, au commencement de la guerre de Succession d'Espagne, participant ensuite aux dernières campagnes du règne de Louis XIV, au cours desquelles il fut souvent blessé. Il se fit une excellente réputation d'homme courageux et modeste : *il est très bon officier,* note un contemporain, *fort appliqué à son régiment ; il est très brave homme et a des talents pour le métier qu'il fait.* Mais ses vertus militaires furent un moment ternies lors d'un scandale financier à la fin de la Régence, qui éclaboussa le ministre de la Guerre Le Blanc, et qui lui valut d'être embastillé, puis exilé à Nevers. Cet épisode malheureux ne brisa pourtant pas sa carrière ; il revint dans les grâces du

Roi, et fut engagé dans la plupart des guerres qui se livrèrent à cette époque. Envoyé comme ambassadeur en Allemagne en 1741, il s'employa à ramener les princes allemands aux vues françaises. Ce fut l'une des plus brillantes périodes de sa carrière. Il participa ensuite à la guerre de Succession d'Autriche, au cours de laquelle ses faits d'armes confirmèrent sa réputation militaire, malgré un court emprisonnement en Angleterre après la reddition de Münich.

C'est aussi comme gouverneur de Metz qu'il s'illustra, à partir de 1733. Il y accomplit une œuvre considérable. Fondation de la Société royale des Sciences et Arts et de l'Hôpital militaire, grands travaux urbains dans la vieille cité, qu'il transforma totalement, agrandissement de l'enceinte et assainissement des quartiers insalubres, tels sont les quelques domaines qui firent sa réputation dans la ville. Metz devint sous son gouvernement une place frontière primordiale, aux intenses activités artisanales et commerciales.

Lorsque Belle-Isle fut appelé au secrétariat d'État de la Guerre, il hésita longtemps, de crainte de déroger : il était en effet le premier duc et pair à être appelé aux affaires de l'État. Ce fut un précédent à la suite duquel des membres la haute noblesse exercèrent des charges gouvernementales. Son expérience était déjà grande, ses capacités d'organisation et de jugement, certaines, et on pouvait alors le considérer comme l'un des esprits les plus éclairés de son époque. Son œuvre principale au cours de ces trois années fut la réforme de l'armée, qu'il mena avec ténacité, en dépit de l'hostilité de la cour. Les mesures qu'il inspira pouvaient apparaître tardives, mais n'en furent pas moins considérées comme audacieuses, préfigurant celles de Du Muy, Ségur et Saint-Germain. Elles touchèrent à la fois le haut commandement, avec des réductions de personnel et de dépenses, et la troupe, dont le sort fut amélioré et les soldes augmentées. Il supprima également la vénalité au sein des régiments et réorganisa la milice garde-côte. Il fonda par ailleurs une académie militaire à Versailles, et inspira l'édit portant création de l'ordre du mérite militaire pour les officiers protestants (1759).

La fortune importante qu'il avait bâtie fut entièrement léguée à Louis XV, la mort prématurée de son fils, le comte de Gisors, en 1758, le privant d'héritier. Terrassé par une fièvre putride, son corps alla rejoindre celui de sa femme, dans la collégiale de Vernon, à côté de Bizy, sa terre d'élection. Un monument à sa mémoire fut élevé par l'architecte Jean-Baptiste Chaussard, à la demande du marquis de Castries, près du grand autel. Dans un encadrement de marbre blanc, surmonté d'un crâne ailé orné de voiles funèbres, figurait un médaillon le représentant, sous lequel s'élevait une table de marbre portant ses épitaphes, celles de sa femmes et de son fils. L'ensemble fut profané et détruit pendant la Révolution. Un projet du sculpteur Augustin Pajou, qui fut abandonné parce que trop coûteux, représentait le maréchal sous les traits d'un général romain pénétrant dans le domaine des morts.

Belle-Isle n'avait parfois pas hésité à intriguer pour accéder aux places importantes, et, si l'on s'en tient au mot perfide de Saint-Simon, *ses qualités lui ouvrirent une infinité de portes : il ne négligea ni les cochères, ni les carrées, ni les rondes*, et d'Argenson est du même avis : *ami des excès en toutes choses, s'il était premier ministre, il voudrait être Régent, maire du Palais et usurpateur de la Couronne.* Mais l'homme était reconnu comme de grande valeur, et fut d'ailleurs l'un des rares ministres à mourir encore en charge.

Au physique, bien que d'une santé chancelante, il était grand et plutôt bien fait. Son visage, sévère, au front haut et fuyant, au nez retroussé, lui donnait un *petit air de mutinerie* qui cachait pourtant une certaine timidité.

Quant à son épouse, elle était d'une beauté moyenne, mais *aux grâces infinies dans les manières* (d'Argenson).

## Demeures

Donnant sur le quai d'Orsay, Belle-Isle avait fait construire à partir de 1722 par le fils de l'architecte Libéral Bruant, un extraordinaire hôtel. De facture originale, l'édifice disposait d'un jardin qui donnait sur la Seine (actuel quai Anatole-France), tandis que la façade sur cour donnait dans la rue de Bourbon (actuel n° 56 rue de Lille, VII^ème arrt). Les contemporains le mettaient *au nombre des plus remarquables de cette ville, par son étendue et sa situation.* Si sa décoration extérieure était restée sobre, la magnificence du maréchal s'étalait dans ses appartements. Boiseries richement sculptées, ouvrages de serrurerie finement ciselés, servaient d'écrin à un mobilier de la plus belle facture. L'incendie de la Commune en 1871 a fait hélas disparaître la quasi totalité de ce somptueux décor. A sa mort, ayant légué sa fortune à Louis XV, l'hôtel revint à la Couronne, qui l'échangea quelques années plus tard au duc de Choiseul-Praslin. Depuis le Second Empire, l'hôtel est le siège de la Caisse des Dépôts et Consignations.

Cette richesse, Belle-Isle ne l'avait pas au départ et la constitua peu à peu, grâce à de bonnes affaires qu'il effectua. Sa fortune augmenta considérablement lorsqu'il échangea, avec le Roi, Belle-Isle-en-Mer contre le riche comté de Gisors et bien d'autres terres et seigneuries. C'est dans cette région, à deux pas de Vernon (Eure), qu'il acheta, en 1721 à l'intendant d'Orléans Jubert de Bouville, le château de Bizy ; il y fit de très nombreux travaux, qu'il confia à Contant d'Ivry à partir de 1741, et s'adonna à sa passion pour l'horticulture ; il y avait fait planter de superbes jardins et pépinières, et bâtir de magnifiques basses-cours et écuries, qui subsistent toujours. En revanche, le château qui s'élève aujourd'hui est une construction du Second Empire. Propriété privée, il est ouvert à la visite.

## Iconographie, bibliographie et sources

Le château de Versailles possède un portrait en pied, par Anne-Baptiste Nivelon, le représentant avec son bâton de maréchal de France, ainsi qu'un tableau de Valade, où il figure dans un médaillon porté par des muses légèrement dévêtues. Il existe un autre portrait, du pastelliste Quentin de La Tour. On trouve de nombreuses autres copies de ces portraits.

Le personnage du maréchal-ministre n'a pas laissé indifférents les historiens, mais l'ensemble de ces travaux reste ancien. Juste après sa mort, une première biographie de CHEVRIER, *Vie politique et militaire du maréchal-duc de Belle-Isle*, La Haye, 1762, plusieurs fois rééditée. Le militaire a fait l'objet de deux importantes études, l'une du vicomte FLEURY, *Une grande ambassade au XVIII^{ème} siècle : le secret du maréchal de Belle-Isle*, Paris, 1934, l'autre du vicomte de BOISLECOMTE, *Le maréchal de Belle-Isle pendant la guerre de Succession d'Autriche, d'après les lettres écrites au comte de Labasèque, ministre à la cour de Trèves (1741-1743)*, Paris, 1899, des articles de RAIMBAULT, "Un maréchal de France savonnier à Marseille (1754)", *Bulletin du comité des travaux historiques*, 1900, et de Louis CHARVET, "Le maréchal-duc de Belle-Isle, commandant pour le Roi en Dauphiné", *Bulletin de l'Académie Delphinale*, IV (1965), et de la publication d'une correspondance par M. MUTERSE, "Le siège d'Antibes (1746-1747)", *Annales du Midi*, 1891. Le ministre a également suscité deux ouvrages très intéressants : André DUSSAUGE, *Le ministère de Belle-Isle*, Paris, 1914, et beaucoup plus récemment, la thèse de droit inédite de Philippe KEIME, *Les réformes du maréchal de Belle-Isle (1758-1761)*, Paris-II, 1981. L'œuvre du bâtisseur n'est pas oubliée avec l'ouvrage de CHABERT, *Notice sur Foucquet, duc de Belle-Isle, avec un précis historique des embellissements exécutés dans la ville de Metz de 1727 à 1761*, Metz, 1856-1863. D'autres auteurs entrent dans l'intimité et la famille du maréchal : ainsi, la très précise notice de Louis-Théodore JUGE, *Étude historique sur les Foucquet de Belle-Isle*, Paris, 1865, complétée par la récente étude de Jean BÉRENGER, "Le maréchal de Belle-Isle (1684-1761). Esquisse prosopographique", *Bulletin de liaison et d'information de la Fondation pour les études de défense nationale et de l'Institut d'histoire militaire comparée*, n° 2 (1983), p. 11-51. Il faut lire également les ouvrages de Pierre d'ÉCHÉRAC, *La jeunesse du maréchal de Belle-Isle*, Paris, 1908, Laurent LECLERC, *Notice sur la maréchale de Belle-Isle*, Metz, 1864, le commandant SAUTAI, *Deux admiratrices du comte de Belle-Isle : Adrienne Lecouvreur et la comtesse de Bonneval*, Lille, 1909. L'histoire de l'hôtel est abondamment décrite par DEROY, "L'hôtel de Belle-Isle et la maison de Robert de Cotte", *Bulletin de la société historique du VII^{ème} arrt.*, n° 43 (1936), Jean-Marie THIVEAUD, *Caisse des Dépôts et Consignations, 56 rue de Lille*, Paris, 1986, et Bruno PONS, dans *La rue de Lille*, Paris, 1984. On verra également l'article de M. DALIGAUT, "Les projets de Belle-

Isle en 1719", *Bulletin de l'association historique de Belle-Isle*, n° 33 (1972). Enfin, les fastes et l'histoire du château de Bizy sont évoqués par E. MEYER, *Histoire de la ville de Vernon et de son ancienne châtellenie*, Les Andelys, 1874-1876, 2 volumes.

Quelques-uns de ses écrits ont été publiés, en particulier ses *Instructions sur les devoirs d'un chef militaire*, réédition en 1869, et "Deux mémoires sur les Dragons", dans la *Revue d'Histoire*, 1905. Ses *Mémoires militaires (1740-1743)*, accompagnés de nombreux papiers, conservés à la Bibliothèque nationale (mss. fs. 7956-7958 et 11254-11258), sont toujours inédits (ils ont cependant été utilisés par Jean BÉRENGER, *art. cit.* ; son *Journal d'exil à Nevers (1725-1726)*, conservé aux Archives nationales (BB 30/175) a été publié par Arnaud de MAUREPAS, "A cinquante lieues de Paris : le journal inédit des frères Belle-Isle pendant leur exil à Nevers et en Bourbonnais", *Études bourbonnaises. Bulletin trimestriel de la société bourbonnaise des études locales*, n° 267 - spécial - (1994). Les papiers de ses biens et de sa succession sont conservés également aux Archives nationales (T336* et T 449/14-16).
[IAD : LVIII/563⁹ (17-II-1761).

### CHOISEUL.

*Aux Affaires étrangères depuis 1758, il fut nommé le 27 janvier 1761 ; il fut disgracié le 24 décembre 1770 ; il fut également secrétaire d'État de la Marine de 1761 à 1766.*

Voir sa notice, p. 155.

### MONTEYNARD
Louis-François, marquis de

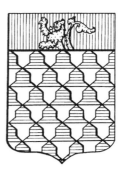

Né au château de La Pierre (Isère),
le 12 mai 1713
Mort à Paris, le 3 mai 1791.
Inhumé en l'église des Jacobins, à Paris.

### Famille

Originaire du Dauphiné, de noblesse d'extraction.

*De vair ; au chef de gueules, chargé d'un lion issant d'or.*

<u>Son père</u> : Louis-Joseph de Monteynard, président à la Chambre des Comptes de Grenoble.

<u>Sa mère</u> : Claudine Du Pras de La Bâtie, remariée à Claude-François Guérin de Tencin.

<u>Ses frères et sœurs</u> : *François*, religieux ; *Marguerite*, abbesse de Saint-Pierre, à Lyon ; *Anne*, abbesse de Vernaison, à Valence ; *Jeanne-Marie*, mariée à Antoine de Guérin de Tencin, son cousin, gouverneur de Die.

<u>Il épousa</u> en 1753 Marie-Françoise de Monteynard (1734-1809), sa cousine, fille du grand sénéchal de Beaucaire et de Nîmes.

<u>Sans postérité</u>.

*Nommé le 26 janvier 1771, il fut disgracié le 27 janvier 1774.*

**Carrière** : lieutenant (1728), puis capitaine (1733) au régiment royal des Vaisseaux ; aide-maréchal général des logis de l'armée d'Italie (1743) ; colonel au régiment d'Agenois (1744) ; brigadier d'infanterie (1745) ; maréchal de camp (1748) ; inspecteur général surnuméraire de l'infanterie (1752) ; inspecteur général de l'infanterie (1754) ; maréchal général des logis de l'armée du Bas-Rhin (1758) ; lieutenant général des armées du Roi (1759) ; **secrétaire d'État de la Guerre (1771-1774)** ; gouverneur et lieutenant général de l'île de Corse (1772).

**Places et dignités** : Grand-Croix de l'Ordre de Saint-Louis (1779).

Dernier ministre de la Guerre de Louis XV, ce technicien du métier des armes, loin de la cour de Versailles, dut pour beaucoup son élévation à l'amitié du comte de Maillebois et du prince de Condé, et aux alliances tissées avec la puissante famille des Guérin de Tencin.

Issu d'une très ancienne famille aristocratique - mais désargentée - du Dauphiné, il franchit différents grades qui l'amenèrent à la place éminente de lieutenant général des armées du Roi, qu'il occupa pendant onze années, dans sa région natale, avant de délaisser finalement les armes. Un tel parcours avait fait de lui un homme de terrain peu accoutumé aux choses de l'État. Ce fut pourtant à lui que le Roi fit appel pour le département de la Guerre ; c'était là nouveauté, probablement favorisée par le prince de Condé, grand ami du lieutenant général.

Les trois années que Monteynard passa à la Guerre lui suffirent cependant pour accomplir une œuvre importante dans l'armée. Il fut l'un des fondateurs de l'école de cavalerie de Saumur, dont le bâtiment central abrita le régiment de cavalerie de Monsieur, également créé par lui ; il réorganisa aussi l'artillerie, constitua les milices en "régiments provinciaux" assimilés au statut de l'armée, et fit établir pour chaque place forte un atlas inventoriant leurs ressources. Le ministre n'eut pourtant guère le loisir de poursuivre son œuvre, et victime d'intrigues de cour, il dut remettre sa démission. Il mourut quinze ans après, pendant la Révolution, et fut inhumé simplement avec sa femme dans l'église des Jacobins ; leurs restes ont été dispersés au cours de travaux de réfection.

Par sa carrière militaire sans reproche, Monteynard avait une bonne réputation. Voici comment l'accueillit le duc de Croÿ, lors de sa nomination : *c'était un inspecteur grand travailleur, qui ne tenait à rien ; ainsi, qui ne paraissait être d'aucun parti..., un homme de condition..., d'un âge mûr, peu riche, ne tenant presque à personne... C'est un homme tranquille et de cabinet... Comme il aime le travail et qu'il a été grand détailliste dans ses différents états de colonel d'état-major et d'inspecteur, il s'adonna tout de suite à la besogne, en détail et posément.* Le marquis de Monteynard était également un grand bibliophile.

## Demeures

A Paris, à partir de 1774, Monteynard louait l'hôtel de Valbelle, rue du Bac, qu'avait habité la tragédienne mademoiselle Clairon, et que Fouché acheta plus tard, en 1810. Construit en 1751 et aujourd'hui détruit, l'hôtel s'élevait à l'emplacement des n° 34-36 rue du Bac (VII^ème arrt). Il fut locataire, le temps de son ministère, de l'hôtel de Châtillon, rue Saint-Dominique (emplacement des actuels n° 213-217 bd Saint-Germain), qui fut occupé juste après par Miromesnil.

Après sa disgrâce, bien que déjà propriétaire du château de La Pierre (Isère), il entreprit la construction du château de Cruzille, sur ses terres de Tencin (Saône-et-Loire), qu'il venait d'hériter par la mort de sa mère. Commencé en 1775, mais inachevé à la Révolution, il fut alors transformé en entrepôt militaire. Oeuvre de l'architecte Jourdan du Mayard, le château était agrémenté d'un jardin à la française, planté d'orangers dans sa partie méridionale, un grand parterre circulaire s'étendant devant la façade. Au XIX^ème siècle, la duchesse de Berry séjourna dans cette demeure, puis le compositeur Vincent d'Indy. Propriété privée, le château existe toujours aujourd'hui.

## Iconographie, bibliographie et sources

Pas de portrait connu, mis à part une gravure.

Presque rien sur ce ministre, si l'on excepte l'intéressant chapitre que lui consacre dans sa thèse Lucien LAUGIER, *Un ministère réformateur sous Louis XV : le triumvirat (1770-1774)*, Paris, 1975, la petite synthèse de Maurice FRANCILLARD, "Le marquis de Monteynard... et la construction du château de Tencin", *Bulletin de l'Académie Delphinale*, n° 3 (1988), qui signale une maîtrise inédite de Michel VIAL, l'agréable poème consacré à sa sœur par Humbert de TERREBASSE, *Bouquet pour la fête de madame de Monteynard, abbesse de Saint-Pierre à Lyon*, Lyon, 1914. Ses habitations parisiennes sont évoquées par les articles de Bruno PONS et Isabelle DÉRENS, dans les catalogues des expositions *La rue Saint-Dominique*, Paris, 1984, et *La rue du Bac*, Paris, 1990.

Les archives de la famille sont toujours conservées par les descendants, au château de Montelier (Drôme), dont l'inventaire se trouve aux Archives nationales (AB XIX 3318/9). D'autres papiers sont à la Bibliothèque nationale. [IAD : XCI/1276ᴮ (21-VI-1791).

## D'AIGUILLON

*Aux Affaires étrangères depuis 1771, il fut nommé le 27 janvier 1774, puis disgracié le 2 juin de la même année.*

Voir sa notice, p. 164.

### DU MUY
Louis-Nicolas-Victor de Félix
d'Ollières, comte

Né à Marseille, en 1711
Mort le 10 octobre 1775.
Inhumé en la cathédrale de Sens.

## Famille

Originaire de Piémont et de Provence, agrégée à la noblesse au XVIᵉᵐᵉ siècle.

*Écartelé ; aux 1 et 4, de gueules à la bande d'argent chargée de trois F de sable ; aux 2 et 3 de gueules à un lion d'or à la bande d'argent brochant sur le lion.*

<u>Son père</u> : Jean-Baptiste, commandant en Provence, sous-gouverneur du Dauphin, puis directeur général des Économats et conseiller d'État.

<u>Sa mère</u> : Marguerite d'Armand de Mizon, sous-gouvernante des enfants de France.

<u>Son frère</u> : *Joseph-Gabriel-Tancrède*, lieutenant général des armées du Roi, premier maître d'hôtel de Monsieur et de Madame.

<u>Il épousa</u> Marie-Antoinette-Charlotte de Blanckart, chanoinesse du chapitre de Neuss, en Allemagne.

<u>Sans postérité</u>.

*Nommé le 5 juin 1774, il mourut en charge.*

**Carrière** : chevalier de Malte (1720) ; lieutenant réformé dans le régiment Royal-Vaisseaux ; capitaine (1723) ; guidon de la compagnie des gendarmes anglais (1726) ; mestre de camp (1731) ; premier cornette de la compagnie des chevau-légers d'Orléans (1734) ; brigadier des armées du Roi (1743) ; menin du Dauphin (1745) ; maréchal de camp (1745) ; lieutenant général (1748) ; gouverneur du Roussillon (1754) ; gouverneur de Flandre (1764) ; **secrétaire d'État de la Guerre (1774-1775)** ; maréchal de France (1775).

**Places et dignités** : chevalier des Ordres du Roi (1764) ; commandeur de l'Ordre du Saint-Esprit.

C'est sous le signe des armes que fut placée toute la carrière de ce soldat, qui consentit à accepter le secrétariat d'État de la Guerre que lui offrit Louis XVI, et qu'il avait refusé une première fois de Louis XV.

Issu d'une ancienne famille de marchands italiens qui s'était agrégée à la noblesse au XVIème siècle, il fut mestre de camp dès l'âge de vingt ans. Dès lors, il ne cessa de participer aux batailles et aux sièges de toutes les campagnes militaires du règne de Louis XV, sous les ordres des plus illustres maréchaux, Berwick, Coigny, Noailles et Contades. Présent à la grande victoire française de Fontenoy en 1745, il se couvrit de gloire aux batailles de Crevelt et de Minden, et les quelques revers qu'il subit ensuite, notamment à Warbourg, n'altérèrent en rien sa valeureuse réputation. Reconnaissant de la qualité de ses services, Louis XV le pria, en 1771, d'accepter le secrétariat d'État de la Guerre, ce qu'il refusa modestement : *je n'ai jamais été dans le cas de me plier à beaucoup d'usages... Mon caractère inflexible transformerait bientôt en blâme et en haine ce cri favorable du public, dont Votre Majesté a eu la bonté de s'apercevoir... Je la prie de choisir un sujet plus capable que moi.* Près de trente ans auparavant, Du Muy avait fait la connaissance du Dauphin, père du futur Louis XVI, dont il était devenu le menin, sorte de compagnon attaché à sa personne. Une très grande amitié lia les deux hommes, et lorsque le prince mourut prématurément en 1765, Du Muy en fut terriblement affecté. Sa décision d'accepter le ministère de la Guerre, lorsque Louis XVI le lui demanda, ne fut sans doute pas étrangère à l'affection qu'il portait à son père.

Les seize mois passés au gouvernement n'ont pas permis au maréchal de faire une œuvre importante et durable, si ce n'est quelques réformes d'ordre disciplinaire. Seuls plusieurs écrits et considérations diverses qu'il a laissés permettent d'apprécier la valeur de ses idées réformatrices et de ses qualités humaines. Emporté dans la mort à la suite d'une opération de la maladie de la pierre, en plein exercice de ses fonctions, il fut inhumé, selon ses désirs, dans la cathédrale de Sens, aux côtés de son maître et ami, le Dauphin, mort dix ans auparavant.

Grandement estimé à la cour et dans l'opinion, on ne lui prêtait pourtant pas une intelligence supérieure ; Sénac de Meilhan le juge ainsi : *c'était un homme ferme jusqu'à l'entêtement, vertueux, instruit, qui avait de l'esprit, mais une tête étroite et remplie de préjugés religieux*, et l'abbé de Véri, sans méchanceté, exprime bien le sentiment général à son égard, rappelant qu'*il avait emporté les regrets de la nation sous Louis XV en refusant le ministère de la Guerre. Il y a été appelé par ce Roi-ci (Louis XVI) avec le suffrage général. Sa probité est toujours la même. Mais les autres qualités également nécessaires au ministère lui manquent. Ses lumières sont courtes. Celles qu'il montre sont appuyées sur une foule de faits historiques, étrangers aux affaires qu'il traite et dont il les enveloppe. Il est minutieux dans ses détails, borné dans ses vues, opiniâtre dans ses volontés, et, ce qui touche le plus les subalternes, dur dans ses refus.*

## Demeures

Du Muy logeait à l'hôtel d'Auvergne, rue de l'Université, construit par Lassurance au début du XVIII^ème siècle, et luxueusement décoré par Servandoni pour le cardinal d'Auvergne. Détruit en 1880, l'hôtel s'élevait à l'emplacement de l'actuel n° 53, rue de l'Université (VII^ème arrt).

Il hérita le château de La Félicité, près d'Aix-en-Provence (Bouches-du-Rhône), construit par son père en 1710. Élégante bastide ornée d'un fronton triangulaire, elle servait de résidence d'été à la famille. Propriété privée, cette demeure existe toujours.

Il avait également acheté, en 1732, le château de Grignan (Drôme), rendu célèbre par la marquise de Sévigné. Doté d'une magnifique façade attribuée à Jules Hardouin-Mansart, le château, aujourd'hui propriété du département, est ouvert à la visite.

### Iconographie, bibliographie et sources

Un buste et une miniature sont conservés dans une collection particulière. Un portrait, de l'École française, conservé au château de Versailles, le représente en pied, vêtu de son armure, ceint du cordon du Saint-Esprit, et tenant son bâton de maréchal de France.

Peu d'études lui ont été consacrées ; on retiendra celles d'Emmanuel de BROGLIE, "Un soldat chrétien à la cour de Louis XV, le maréchal Du Muy (1711-1775)", *Le Correspondant*, 25 mai et 10 juin 1880, p. 602-664 et 809-846, et de Jean de SERVIÈRES, "Un maréchal de France marseillais, Nicolas de Félix, comte Du Muy (1711-1775)", *Provincia*, XVII (1937). Il a également laissé des mémoires inédits sur la guerre de succession d'Autriche sous le titre d'*Histoire de la guerre de la succession de l'empereur Charles VI, commencée en 1740 et terminée en 1748*, conservés à la bibliothèque de la Guerre (mss. 480). La Bibliothèque nationale (mss. fs. 11408-11410) conserve ses mémoires sur la Flandre, le Hainaut et l'Alsace. Des papiers de sa famille sont conservés aux archives départementales des Bouches-du-Rhône dans la collection de Barbarin (17 F 31), mais surtout chez ses descendants au château de La Félicité (Bouches-du-Rhône), en cours de classement.

### SAINT-GERMAIN
Claude-Louis-Robert, comte de

Né au château de Vertamboz, près de
Lons-le-Saunier (Jura), le 15 avril 1707
Mort à Paris, le 15 janvier 1778.

**Famille**

Originaire de la Bresse, de noblesse immémoriale.

*Écartelé : 1)* (Douren), *2)* (Du Tartre), *3)* (Laurencin), *4)* (Baderot) *; sur le tout, d'or à la fasce de gueules ; supports, deux lions d'or au lieu de deux licornes d'argent ; simier, un bras de carnation tenant une épée nue d'azur* (Saint-Germain).

Son père : Gaspard, colonel des grenadiers du Roi.

Sa mère : Marie-Marguerite Aymier.

Fils unique.

Il épousa Armgarth-Marguerite d'Osten, fille du Grand-maître de la garde robe de l'Électeur Palatin.

Sans postérité.

*Nommé le 27 octobre 1775, il démissionna le 27 septembre 1777.*

**Carrière** : lieutenant de dragons (1726) ; au service de l'Électeur Palatin (1729) ; commandant d'une compagnie du prince Eugène de Savoie (1732) ; colonel pour l'Électeur de Bavière (1741) ; feld maréchal-lieutenant (1741) ; maréchal de camp en France (1746) ; lieutenant général (1748) ; commandant de la Basse-Alsace (1749), de Flandre (1751) et du Hainaut (1754) ; chef de l'armée danoise (1760) ; feld maréchal général du Danemark (1763) ; **secrétaire d'État de la Guerre (1775-1777) ; ministre d'État (1776)**.

**Places et dignités** : chevalier (1748), puis commandeur de l'Ordre de Saint-Louis (1751) ; chevalier-commandeur de l'Ordre de l'Éléphant du Danemark (1763).

Officier valeureux, ombrageux, resté longtemps à l'écart de la France, mais célèbre dans le public, engagé par des puissances étrangères, et notamment au Danemark où il réorganisa l'armée, Saint-Germain, en disciple de Louvois, fut l'auteur à l'instar de Maupeou dans la magistrature, d'une véritable "révolution" au sein de l'administration militaire française, par un train de réformes radicales, brusques et rapidement exécutées qui, malgré l'hostilité dont elle firent l'objet, furent presque toutes conservées.

Après des études chez les Jésuites de Lons-le-Saunier, où, dit-on, il aurait pris l'habit quelque temps, ce membre d'une famille très ancienne, mais désargentée et sans alliance, embrassa une carrière militaire qui le mena d'abord au service de l'Électeur Palatin, puis de celui de Bavière, lequel devenu Charles VII, le nomma vice-président de son conseil de guerre. Sa réputation sur de nombreux champs de bataille, dont Raucoux et Lawfeld, le fit connaître à la cour de Versailles et lui valut plusieurs commandements. Après un passage à Dunkerque, où il fit armer, au début de la guerre de Sept Ans, trois frégates portant son nom, il participa encore aux batailles de Rosbach, Crevelt, Minden et Corbach. Brusquement démissionnaire, il quitta la France pour entrer au service du roi du Danemark. Il put alors exercer ses premiers talents de réformateur, réorganisant une armée jusque-là médiocre, instituant un ministère de la Guerre unique et faisant établir un budget militaire annuel. Mais la mort de Frédéric V signifia la fin de sa faveur. Il obtint sa retraite, se retira dans sa province natale, puis en Alsace.

Ce fut sur les recommandations de Turgot, que Louis XVI, à la surprise générale, l'appela à la tête du département de la Guerre pour remplacer le feu maréchal Du Muy. Déjà auteur d'un long mémoire sur les *Vices du militaire français* (1758), Saint-Germain fut dès lors déterminé à mettre la rigidité de ses principes, fondés sur la stabilité, l'honneur et le mérite, au service d'une refonte radicale de l'armée. La centaine de textes qu'il inspira en l'espace de vingt mois bouleversa l'ensemble des institutions militaires du royaume. La nécessité de sévères économies présida notamment à la suppression de nombreux corps au sein de la Maison militaire du Roi - notamment à celle des mousquetaires -, et à la soustraction au contrôle du Roi des droits et privilèges de l'hôtel royal des Invalides, dont l'administration fut simplifiée. Les charges militaires furent progressivement dépouillées de leur vénalité, aux dépens d'une noblesse de cour jugée de plus en plus inefficace. L'organisation des troupes fut profondément modifiée, avec une répartition en seize divisions, un nouveau procédé de recrutement, l'uniformisation des soldes, la suppression des régiments provinciaux et l'instauration des cadets-gentilshommes dans les compagnies. Dans le dessein de perfectionner l'artillerie, il rappela Gribeauval pour réorganiser le corps royal du Génie et compléter ainsi l'œuvre de Choiseul. Il s'attacha également à supprimer les intermédiaires et les entrepreneurs dans l'administration et l'intendance militaires. Plus audacieuse encore fut la création de dix écoles militaires de province, dirigées par des congrégations et destinées à fournir une éducation générale aux enfants de la noblesse pauvre, très différente de celle dispensée à l'École militaire de Paris. Cette mesure, et les précédentes furent plutôt mal accueillies ; fort impopulaire fut d'autre part l'instauration des coups de plat de sabre donnés en guise de punition aux déserteurs, pratique qui s'inspirait des traditions prussiennes, mais qui n'était pas en vigueur en France. Ces dispositions n'apportèrent au ministre de la Guerre qu'une impopularité croissante auprès des officiers et des états-majors.

Accablé de pamphlets, n'ayant pu établir un Conseil supérieur de la Guerre (ce sera chose faite par le comte de Brienne), Saint-Germain préféra se retirer, laissant la place au prince de Montbarrey, qu'on lui avait adjoint malgré lui l'année précédente ; il finit ses jours dans le bel appartement de l'Arsenal que le Roi lui avait attribué.

Susceptible, et d'un caractère très brusque, Saint-Germain se fit beaucoup d'ennemis ; il suscita des jugements nombreux, où l'admiration le dispute aux critiques. Ainsi, Pâris-Duverney, qui fut intendant de l'École militaire, en fait le portrait suivant : *le comte de Saint-Germain était d'une taille moyenne assez régulière : il avait les cheveux et les sourcils blonds, des yeux d'un gris tirant sur le bleu et très vifs, la bouche grande, le visage long et peu coloré. Ce qu'on a dit de lui prouve qu'il avait un de ces caractères presque indéfinissables, par un mélange de bonnes qualités et de défauts souvent contradictoires. Il manifesta de la force et de la faiblesse, du calme et de l'inquiétude d'esprit, de la confiance et de la défiance, de l'égoïsme et de l'amour du bien public, de la reconnaissance et de l'ingratitude, de la douceur, de la causticité, de la sensibilité et de la dureté, enfin, des principes d'équité et de vertu, malgré lesquels il se laissa entraîner à l'injustice et à la mauvaise foi. Un amour excessif lui faisait mépriser presque tout le monde, et lui donnait une si grande opinion de son mérite et de sa supériorité qu'il ne voyait dans ses supérieurs et dans ses égaux que des envieux toujours ligués pour le perdre.* Valentin Esterhazy, gouverneur de Rocroi, le jugeait *bon militaire, homme d'esprit, mais inquiet, sans caractère et brouillon,* tandis que Sénac de Meilhan, qui avait été nommé par ses soins intendant de la guerre pour le seconder, en fait un portrait plus sévère encore, qui montre bien par sa partialité l'hostilité dont il a fait l'objet : *le comte de Saint-Germain avait une physionomie spirituelle et qui avait plus de finesse que de feu ; des manières polies et affectueuses, et qui avaient quelque chose de l'hypocrisie et du jésuite. Il avait de l'esprit, mais ses qualités n'étaient ni l'étendue, ni la force, mais de la conception jusqu'à une certaine hauteur. Il avait de l'agrément et une tournure ironique... Il réduisait tout à des principes généraux ; il croyait avoir des vues, et n'était que le servile traducteur de la nation allemande... L'affaiblissement de son physique ajoutait encore à son incapacité et son esprit, fatigué de la plus légère attention, ne lui permettait pas le plus court travail... Détracteur de tout talent, haineux et vindicatif, mais trop faible pour exercer des vengeances..., il se bornait à déprécier ses ennemis... Il était réservé, impénétrable pour tout ce qui ne lui était pas favorable, confiant, abandonné pour communiquer tout ce qui flattait son amour-propre... ; il aurait dit le secret de l'État pour manifester une marque de confiance du Roi.*

## Demeures

Le château familial de Vertamboz, près de Lons-le-Saunier (Jura), avait été acquis au milieu du XVII^ème siècle, mais il fut détruit pendant la Révolution. Lorsque Saint-Germain revint en France, il s'installa chez ses cousins, au château de Courlans (pillé et incendié en 1817 ; remanié, il existe toujours), non loin de Vertamboz, avant de préférer un petit domaine qu'il avait acheté près de Lauterbach, en Alsace (Haut-Rhin). C'est là qu'il apprit la banqueroute de l'agent à qui il avait confié la somme assez importante obtenue à son départ du Danemark. Ruiné, il vécut alors très modestement, et cet état, joint à ses gloires militaires, nourrit à son égard une réputation de vertu, de courage et de désinté-ressement, et si sa nomination fut mal accueillie parmi les militaires de la cour, elle fut bien vue du public, où l'on disait qu'il avait reçu la nouvelle de son éléva-tion au ministère, dans son champ, la charrue à la main.

## Iconographie, bibliographie et sources

Le château de Versailles possède un portrait du ministre par Jean-Joseph Taillasson, daté de 1777.

Le parcours intéressant de Saint-Germain, qui l'a parfois fait confondre avec un aventurier du même nom (voir à ce sujet la bonne mise au point de Paul CHACOR-NAC, *Le comte de Saint-Germain*, Paris, 1947, rééd. 1973), n'est jamais évoqué qu'à travers des récits contemporains, repris de biographes en biographes, comme par d'ARCIER, "Notice sur le comte de Saint-Germain", *Mémoires de la Société d'ému-lation du Jura*, 1822, et son rôle dans les armées étrangères n'a pas été étudié. En revanche, les réformes qu'il mena en France suscitèrent l'attention des historiens. Ainsi, en guise d'introduction à la publication de la *Correspondance particulière de M. le comte de Saint-Germain avec M. Pâris-Duverney*, Londres, 1789, 2 volumes, le général de GRIMOARD joignait une *Vie du comte de Saint-Germain*. Mais c'est surtout dans la thèse de L. MENTION, *Le comte de Saint-Germain et ses réformes (1775-1777), d'après les archives du dépôt de la Guerre*, Paris, 1884, reprise pour une grande part dans l'étude inédite de Benoît PUGA, *Le comte de Saint-Germain, ministre et secrétaire d'État de la Guerre sous Louis XVI* (maîtrise Meyer Paris-IV, 1986), et dans une moindre mesure dans l'ouvrage de son compatriote Léonce de PIÉPAPE, *Deux ministres de la Guerre sous Louis XVI : le comte de Saint-Germain et le prince de Montbarrey*, Besançon, 1888, qu'est analysée son œuvre dans son ensemble. De thèses de droit inédites se sont attachées à des aspects particuliers de ses réformes. Ainsi celles d'Arlette BARDON, *Décadence d'une institution à la fin de l'Ancien régime : les Invalides et les réformes de Saint-Germain* (Paris, Cujas, 1963) et de Dominique SCHALCK-POMMELET, *L'École royale militaire de Paris et la*

*"révolution"* du comte de Saint-Germain (Paris, Cujas, 1968). Ses *Mémoires*, publiés à Amsterdam juste après sa mort, en 1779, et peut-être recomposés par l'abbé de La Montagne, sont une présentation intéressante de ses réformes, et le baron de WIMPFEN en a laissé des *Commentaires*, parus à Londres en 1780. Ils ont été réédités à la fin du XVIII<sup>ème</sup> siècle de nombreuses fois, et notamment en Suisse. On ne dispose, hélas, d'aucune étude sur sa famille et ses origines.
[Scellés : Y 10913 (15-I-1778).

**MONTBARREY** 
Alexandre-Marie-Léonor
de Saint-Mauris, prince de

Né à Besançon, le 20 avril 1732
Mort à Constance, le 5 mai 1796.

**Famille**

Originaire de Franche-Comté, anoblie au XVI<sup>ème</sup> siècle.

*Coupé de deux traits et parti d'un, ce qui fait six quartiers : au 1, de gueules au chevron d'argent accompagné en chef de deux étoiles et en pointe d'une rose, le tout du même (Saint-Mauris-Crilla) ; au 2, de gueules à la fleur de lis d'or (Maine-du-Bourg) ; au 3, de gueules à trois demi-vols d'argent (Watteville) ; au 4, de gueules à deux lambels d'argent, l'un sur l'autre, soutenus d'un dextrochère armé d'une épée, le tout d'or ; au 5, d'azur à la bande d'or, accompagnée de douze besants du même, rangés en orle, six en chef et six en pointe (Carrondelet) ; au 6, contre-écartelé : a et d), d'azur à trois fleurs de lis d'or (France) ; b) et c), de gueules plein (Albret) ; sur le tout, d'azur à a croix fleuronnée d'argent ; au chef cousu de gueules, chargé d'une aigle éployée d'or.*

Son père : Claude-François-Éléonor, lieutenant général.

Sa mère : Thérèse du Maine du Bourg, fille d'un mestre de camp du régiment Royal-Cavalerie et petite-fille du maréchal du Bourg.

Fils unique.

Il épousa Françoise-Parfaite-Thaïs de Mailly de Nesles, dame de compagnie de Madame Adélaïde (fille de Louis XV), et fille de Louis de Mailly, comte de Rubempré.

Ses enfants : *Louis-Marie-François*, capitaine-colonel des Gardes-Suisses de Monsieur, comte de Provence, guillotiné en 1794 ; *Anne-Françoise-Maximilienne*, mariée au prince de Nassau-Saarbrück ; *un autre fils*, mort jeune.

*Directeur de la Guerre depuis 1776, puis devenu adjoint de Saint-Germain, il lui succéda le 27 septembre 1777 ; il fut disgracié le 15 décembre 1780.*

**Carrière** : enseigne au régiment de Lorraine (1744) ; capitaine (1745) ; colonel au régiment des grenadiers de France (1749) ; maréchal de camp (1761) ; inspecteur général d'infanterie (1764) ; capitaine-colonel des Gardes Suisses de Monsieur, comte de Provence (1771) ; directeur de la Guerre (1776) ; secrétaire d'État adjoint de la Guerre (1777) ; **secrétaire d'État de la Guerre (1777-1780)** ; lieutenant général (1780).

**Places et dignités** : prince du Saint-Empire (1774) ; chevalier des Ordres du Roi (1778) ; Grand d'Espagne (1780).

Collaborateur de Saint-Germain, puis son successeur au département de la Guerre, bon militaire et habile courtisan, cachant d'obscures origines par des titres de noblesse dont la fraîcheur ne trompait personne, le prince de Montbarrey ne sut pas avoir l'envergure d'un homme d'État.

Après de classiques études chez les Jésuites, il incorpora l'armée conformément à la tradition familiale. Il participa aux batailles de Lawfeld et Crevelt, s'illustrant, déjà sous les ordres de son compatriote franc-comtois Saint-Germain, par de remarquables faits d'armes au cours desquels il fut blessé plusieurs fois. Après le traité de 1763 qui mettait fin à la guerre de Sept Ans, Montbarrey s'installa à Paris, et le grand soldat qu'il était sut se montrer le plus parfait courtisan. Remarqué par la rédaction de plusieurs mémoires sur les questions militaires, Louis XVI créa spécialement pour lui en 1776 le poste de directeur de la Guerre, où il devait surveiller les bureaux de ce département et examiner les rapports que les officiers adressaient au ministère.

Bientôt promu adjoint du comte de Saint-Germain, qui venait de remplacer le maréchal Du Muy au secrétariat d'État de la Guerre, il lui succéda quelques mois après, grâce notamment à la protection de Maurepas dont il était devenu parent par sa femme. Il rétablit l'École royale militaire, voulut promouvoir la milice face aux troupes régulières, mais, prenant le contre-pied des mesures qui avaient été engagées par son prédécesseur, il mécontenta assez vite les officiers généraux dont il désirait remplacer une grande partie. On eut tôt fait, dans sa façon de diriger la guerre d'Amérique, de lui reprocher sa prudence et sa douceur, que l'on qualifia d'irrésolution et de faiblesse. Compromis dans un scandale - il avait mis sur pied, avec sa maîtresse, un "commerce" qui consistait à placer, moyennant finances, certaines personnes dans son administration -, attaqué par Necker, dont l'influence au gouvernement était grande, Montbarrey finit par encourir la disgrâce de Louis XVI, qui le remplaça par le maréchal de Ségur.

Retiré dans les appartements de l'Arsenal que le Roi avait mis à sa disposition, il y vécut tranquillement jusqu'à la Révolution. Échappant de justesse au massacre, il se réfugia avec sa femme dans son château de Ruffey, en Franche-Comté. En juin 1791, il préféra émigrer en Suisse et finit par s'établir à Constance, où il mourut deux ans après que son fils, imprudemment retourné en France, eût été guillotiné.

Raillé à maintes reprises pour ses origines, qui pour être anciennes, n'en étaient pas moins sujettes à caution, il fit valoir et obtint auprès de l'Empire et de l'Espagne ses prétentions à la grandesse et au titre de prince, qui, selon l'abbé de Véri, *peut en imposer au peuple*, mais *fait peu d'effet à la cour, où il ne donne aucun rang et quelquefois n'y est qu'un sujet de ridicule*. Connu pour son goût du faste, des luxes et des plaisirs, accusé par l'abbé Georgel d'avoir distribué à tort dignités, places et rentes, Montbarrey a gardé une réputation ambiguë qui, si elle ne lui disputait pas ses qualités militaires, ne le reconnaissait pas parmi les grands ministres. Ainsi, le duc de Croÿ le décrit comme *un très bon garçon, franc, gai, ouvert,... bon travailleur*, et l'abbé de Véri, sans complaisance, en donne un portrait assez juste : *son crédit se renfermait assez dans les détails de son intérieur militaire. Il parlait bien sur les affaires et il avait une mémoire heureuse. Mais il n'inspirait à personne l'opinion qu'il fût fait pour le ministère. Il le traitait même avec une légèreté qui n'allait ni à la place, ni à son genre d'esprit.*

## Demeures

En 1777, on le trouve dans un hôtel rue Saint-Dominique. Logé à l'Arsenal après sa disgrâce, le prince de Montbarrey avait mené à Paris une vie brillante dans l'entourage du comte et de la comtesse de Maurepas. Ce grand train l'avait obligé à se défaire en 1781, pour la comtesse de Provence, d'une propriété qu'il avait dans la proche campagne parisienne (située sur l'actuelle avenue de Paris). Agréable en société, il s'était constitué selon la mode du temps un cabinet de curiosités, signalé dans les guides touristiques de l'époque.

Il était également l'héritier des châteaux de Montbarrey, près de Dôle (Jura), et de Ruffey, près de Besançon (Doubs), où il s'était réfugié avant d'émigrer en Suisse. Il fut démembré pendant la Révolution.

**Iconographie, bibliographie et sources**

Une gravure de N. Pruneau le représente de profil.

Peu d'études consacrées à ce ministre, si l'on excepte celle, déjà vieillie, de son compatriote Léonce de PIÉPAPE, *Le prince de Montbarrey*, Besançon, 1887. Des aspects de son ministère son abordés dans la thèse de droit inédite d'André DINARD, *Le manuscrit du prince de Montbarrey, secrétaire d'État à la Guerre (1776-1780) et le fonctionnement du Conseil du Roi sous Louis XVI* (Paris, bibliothèque Cujas, 1950), qui étudie et reproduit la *Notice des principales affaires que Mgr le prince de Montbarrey a rapportées au Conseil des Dépêches* (conservée à la Bibliothèque nationale, mss. fs. 10838).

Sur sa famille, on verra SAINT-MAURIS, *Généalogie historique de la maison de Saint-Mauris*, Vesoul, 1830. Ses *Mémoires autographes* ont été publiés à Paris chez Eymery entre 1826 et 1827, en 3 volumes.

On trouve des papiers, concernant surtout le château de Ruffey, aux Archives nationales (T 465).

[Inventaire de ses papiers : T 1646.

## VERGENNES

*Il assura l'intérim entre le 15 et le 22 décembre 1780, alors qu'il était secrétaire d'État des Affaires étrangères.*

Voir sa notice, p. 170.

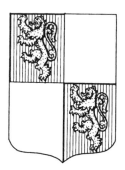

## SÉGUR
Henri-Philippe, marquis de

Né à Paris, le 20 janvier 1724
Mort à Paris, le 8 octobre 1801.

**Famille**

Originaire de Guyenne, de noblesse immémoriale.

*Écartelé : aux 1 et 4, de gueules au lion d'or ; aux 2 et 3, d'argent plein.*

<u>Son père</u> : Henri-François, maréchal de camp et lieutenant général.

<u>Sa mère</u> : Philippe-Angélique de Froissy, fille naturelle du Régent et de mademoiselle Desmares, de la Comédie Française.

<u>Ses sœurs</u> : *Henriette-Élisabeth*, sa sœur jumelle, abbesse de Trénel ; *Philippine Charlotte*.

<u>Son épouse</u> : Louise-Anne-Madeleine de Vernon (morte en 1778), fille d'un gentilhomme normand, devenu colon à Saint-Domingue.

<u>Ses enfants</u> : *Louis-Philippe*, pair de France sous la Restauration, député de Seine-et-Marne, membre de l'Académie française, littérateur célèbre et auteur de *Mémoires* ; son petit-fils épousa Sophie Rostopchine, devenue la célèbre comtesse de Ségur ; *Joseph-Alexandre-Pierre*, maréchal de camp et auteur dramatique.

*Nommé le 23 décembre 1780, il démissionna le 29 août 1787.*

**Carrière** : cavalier dans le régiment d'Orléans-Cavalerie (1738) ; cornette de cavalerie (1739) ; capitaine (1740) ; commandant en second de la province de Lorraine ; colonel du régiment de son nom (1743) ; brigadier d'infanterie (1747) ; gouverneur du pays de Foix et lieutenant général de Champagne et de Brie, en survivance de son père (1747) ; maréchal de camp (1749) ; inspecteur général d'infanterie dans l'armée du Bas-Rhin (1757) ; lieutenant général des armées (1760) ; commandant du camp de Compiègne (1767) ; gouverneur de la Franche-Comté (1775) ; **secrétaire d'État de la Guerre (1780-1787) ; ministre d'État (1781) ; maréchal de France (1783)**.

**Places et dignités** : chevalier-commandeur de l'Ordre du Saint-Esprit (1767) ; membre honoraire de l'Académie royale de peinture et de sculpture (1784).

Petit-fils naturel du Régent, et auteur d'une progéniture d'écrivains réputés, le maréchal de Ségur aurait été moins célèbre si son nom n'avait été attaché à l'édit de 1781, qui interdisait à ceux qui ne pouvaient prouver quatre quartiers de noblesse l'accès aux charges d'officiers ; bien d'autres aspects de l'œuvre de ce valeureux soldat, qui s'était couvert de blessures au cours des campagnes du règne de Louis XV, sont ainsi méconnus.

Engagé dans la carrière des armes comme son père, Ségur devait s'y illustrer lors de la guerre de Succession d'Autriche, sous les ordres du maréchal de Belle-

Isle. Ayant participé au siège de Prague, il prit part ensuite aux campagnes d'Italie et de Flandre, déployant des qualités de courage qui furent remarquées, notamment aux batailles de Raucoux et Lawfeld, où il perdit un bras. Devenu maréchal de camp, puis lieutenant général, il prit une part active à toutes les batailles de la guerre de Sept Ans, fut grièvement blessé à plusieurs reprises, avant d'être nommé au gouvernement de Franche-Comté. La modération dont il fit preuve, notamment à l'égard du parlement de Besançon, le fit remarquer de la cour, en particulier la coterie des Polignac et de la Reine.

La disgrâce de Montbarrey lui offrit alors l'occasion de sa nomination au secrétariat d'État de la Guerre, au sein d'une équipe ministérielle favorablement accueillie par l'opinion, où l'on comptait Castries, Necker et Vergennes. Créant un "Grand Comité" formé de lieutenants généraux, qui faisait office de conseil supérieur de la Guerre, il s'efforça d'achever une guerre d'Amérique qu'il ne voulait pas voir se transformer en conflit continental. Aussi, modéra-t-il l'ardeur de Rochambeau et de La Fayette et prépara-t-il avec le maréchal de Castries, son collègue de la Marine, un plan de paix qui vit son aboutissement avec le traité de Versailles en 1783. Cependant, ce fut l'édit de 1781 qui marqua d'emblée son ministère : ce célèbre texte, exigeant quatre quartiers de noblesse pour tout sujet désirant devenir officier, devait être l'une des expressions les plus marquantes de ce que certains historiens ont appelé "la réaction aristocratique", qui mécontenta la haute bourgeoisie et les anoblis de fraîche date, et que d'aucuns ont vu comme l'une des causes de la Révolution française. Mais c'est vraisemblablement malgré lui que Ségur dut rédiger cette loi, voulue par le Roi, alors sensible aux requêtes de la noblesse provinciale et désargentée, qui voyait dans l'armée le seul endroit où elle pût encore trouver des emplois ; le ministre parvint d'ailleurs à exclure des exigences de l'édit les candidats aux emplois d'officiers dans les corps de troupes légères. Le combat qu'il engagea contre un grand nombre de courtisans et de membres de l'aristocratie semble confirmer sa défiance à l'égard de la haute noblesse, ainsi que sa sévérité envers les officiers supérieurs, jugés trop indépendants avec leurs régiments. La restauration de la discipline alla cependant de pair avec une amélioration des conditions de vie des soldats, symbolisée en particulier par un adoucissement de la justice militaire. Furent en outre créés des écoles d'enfants de troupe, le corps d'état-major dès 1783, et l'infanterie légère, tandis que furent réorganisés les hôpitaux militaires.

Opposé à la convocation de l'Assemblée des Notables, en laquelle il ne voyait que le prélude à des États généraux qu'il redoutait, prêt à recourir à la force contre l'Autriche, qui menaçait la Hollande, il entra bientôt en conflit avec Loménie de Brienne, et préféra donner sa démission. Retiré dans sa propriété de Romainville, il se montra un adversaire résolu de la Révolution. La publication du *Livre Rouge*, dans lequel étaient inscrites les dépenses de la cour, le fit accuser d'avidité, et il fut emprisonné sous la Terreur. Il vécut ensuite une paisible retraite ; Bonaparte organisa pour lui, aux Tuileries, une grandiose réception en présence de la garde consulaire, qui devait être le dernier honneur accordé à ce ministre-soldat.

Si la partialité de son fils, qui, dans ses *Mémoires*, le déclare *bon père, bon époux, bon général, brave soldat, juste et sage ministre, excellent citoyen*, ne permet guère de se faire une idée juste du ministre, on pourra s'en remettre au jugement d'un contemporain, qui assure qu'*impénétrable et ferme, il est lent à prendre une opinion ; mais ni amitié, ni faveur, ni aucune considération ne peut le faire écarter d'un principe qu'il a adopté*. Quant à Esterhazy, il pense, de manière un peu sybilline, qu'*avec un peu d'esprit, il avait fait de bonnes choses*, tandis que Tilly juge l'édit de 1781 comme *une faute..., une des impérities de son ministère ; c'est l'aperçu d'une vue courte*. Entouré de nombreux amis, parmi lesquels le duc de Choiseul et madame Vigée-Lebrun, Ségur goûtait fort la fréquentation des salons de la capitale, et c'est dans l'un d'entre eux qu'il rencontra Louise de Vernon, une riche créole, qu'il devait épouser. Elle avait, si l'on en croit madame de Genlis, *une physionomie douce, une taille charmante et beaucoup d'élégance dans son maintien et la manière de se mettre* ; elle eut à cœur, elle aussi, de tenir à son tour un salon en son hôtel de la rue Saint-Florentin. Elle est enterrée à Romainville.

## Demeures

Ségur était locataire à Paris d'un hôtel édifié rue Saint-Florentin (actuel n° 9, 1er arrt.) par Louis Letellier, et qui fut occupé après l'Empire par Las Cases.

Du château qu'il possédait depuis 1758 à Romainville, près de Belleville (Seine-Saint-Denis), vaste demeure construite vers 1750 et démolie vers 1840, et dont l'aménagement rappelait quelque peu celui de Chenonceaux, il ne subsiste aujourd'hui qu'un pavillon. Sa femme est enterrée dans l'église, où l'on peut toujours voir son épitaphe. Son oncle, évêque de Saint-Papoul, lui avait enfin légué sa terre de Fouquerolles, en Guyenne.

## Iconographie, bibliographie et sources

Le château de Versailles possède le portrait de Ségur par madame Vigée-Lebrun, le représentant avec son bâton de maréchal et l'Ordre du Saint-Esprit ; une miniature de Boze, exécutée sur ivoire, est conservée dans une collection particulière.

La seule biographie de base, pourvue de nombreux appendices, reste celle de son descendant, le comte de SÉGUR, *Le maréchal de Ségur (1724-1801), ministre de la guerre sous Louis XVI*, Paris, 1895, faite en particulier d'après le *Précis de quelques événements de ma vie*, souvenirs inédits ne dépassant pas la date de 1744, et conservés à cette époque au château de Roches (Indre-et-Loire) chez le baron de Villeneuve, et dont le comte de Ségur publie de larges extraits. Enfin, André CORVISIER, "Aux approches de l'édit de Ségur", *Actualité de l'Histoire*, n° 22 (1958), explique à l'aide d'un exemple précis l'une des motivations qui ont poussé le Roi à prendre les mesures de 1781, si contestées. Pour la famille, on verra la monographie de Victor de SÉGUR-CABANAC, *Histoire de la maison de Ségur*, Brünn, 1908.

Quelques bribes de sa correspondance sont conservées à la Bibliothèque nationale (mss. fs. 9717).

[Titres et papiers : T 1666[17].

## LE TONNELIER DE BRETEUIL
Louis-Charles-Auguste

*Il assura l'intérim entre le 29 août et le 23 septembre 1787, alors qu'il était secrétaire d'État de la Maison du Roi.*

Voir sa notice p. 273.

## LOMÉNIE DE BRIENNE
Athanase-Louis-Marie, comte de

Né à Paris, le 20 avril 1730
Mort guillotiné à Paris, le 10 mai 1794.
Inhumé au cimetière des Errancis, à Paris.

### Famille

Frère d'Étienne-Charles de Loménie de Brienne, principal ministre (voir sa notice, p. 78).

Son épouse : Marie-Anne-Étiennette Fizeau de Clémont, fille d'un financier, secrétaire du Roi.

Sans postérité.

*Nommé le 23 septembre 1787, après l'intérim assuré par le baron de Breteuil, il fut disgracié le 28 novembre 1788.*

**Carrière** : cornette au régiment des cuirassés (1747) ; colonel au régiment d'Artois (1747) ; brigadier (1759) ; maréchal de camp (1762) ; lieutenant général (1780) ; commandant en chef en Guyenne (1787) ; président du Conseil de la Guerre (1787) ; **secrétaire d'État de la Guerre (1787-1788).**

**Places et dignités** : chevalier des Ordres du Roi (1789).

Parvenu au ministère par la seule grâce de son frère, le troisième fils du comte de Brienne a laissé un souvenir quasi inexistant, et sans le témoignage de l'abbé Morellet, qui fut souvent son hôte, l'Histoire eût oublié les quelques mois de son administration à la Guerre et le rôle qu'il a joué, par son mariage, dans le rétablissement de la situation financière de sa famille.

Colonel au régiment d'Artois à l'âge de dix-sept ans en remplacement de son frère aîné le marquis de Brienne, tué en 1747 au combat d'Exiles, lors de l'attaque du col de l'Assiette pendant la guerre de Succession d'Autriche, il recueillit le droit d'aînesse que lui laissa son autre frère, le futur ministre et cardinal. Poursuivant une carrière militaire sans éclat, son mariage avec la fille du riche financier Fizeau de Clémont le dota dès 1752 d'une fortune considérable de plus de trois millions de livres, qu'il consacra notamment à la remise en état de son château de Brienne, en Champagne.

Appelé à siéger avec son frère à l'Assemblée des Notables, dans le bureau de Monsieur, il faisait ainsi son entrée sur la scène politique. La vicomtesse de Brienne, dans ses souvenirs restés encore inédits, évoque les vifs regrets du comte lorsqu'il apprit la nomination de son frère au gouvernement et le devoir qui lui fut imposé de le suivre. Nommé à la Guerre après l'*intérim* de Breteuil en remplacement du maréchal de Ségur, il ne pouvait que faire pâle figure après un homme de cette envergure, qui en outre était resté sept ans au ministère. Mais son rôle à l'Assemblée des Notables lui fit réserver un accueil favorable, et Bachaumont rappelle que, *bonhomme sans prétention, la province lui sut gré du zèle avec lequel il s'est joint à d'autres chefs pour défendre ses intérêts.* Cet enthousiasme cependant fut de courte durée, et cette relative reconnaissance ne le sauva pas, plus tard, de l'échafaud.

Son très court passage au gouvernement fit dire à l'abbé Morellet que, *homme juste et droit, il avait peu de talents ; mais aidé d'un bon premier commis, il eût pu faire un bon ministre, parce qu'il voulait le bien. C'était malgré lui qu'il avait pris cette place, et il la quitta sans regret.*

## Demeures

Placé malgré lui au gouvernement, le comte de Brienne habita avec son frère l'hôtel parisien de la rue Saint-Dominique qu'il avait acheté en 1776 au prince de Conti. Élevé entre 1724 et 1726 par l'architecte François Aubry, et décoré à la chinoise selon le goût du temps, il subit d'importantes transformations. Une société "philosophique" où l'on reconnaissait entre autres Chamfort, Condorcet, Turgot ou Buffon, s'y retrouvait régulièrement. Manquant d'être incendié lors du départ de son frère, il fut occupé plus tard par les Bonaparte (Lucien et Madame Mère), avant de devenir définitivement le siège du ministère de la Guerre, qu'il est toujours aujourd'hui, au n° 14 rue Saint-Dominique (VII^ème arrt).

C'est à Brienne, près de Troyes (Aube), propriété de sa famille depuis 1640, que le comte, grâce notamment à la fortune de sa femme, put exercer à la fois son goût du faste et ses sentiments philanthropiques. Fondateur d'un hospice pour les malades, il déploya beaucoup d'activité pour l'instruction des enfants et les secours aux pauvres. C'est lui qui établit aussi la fameuse école militaire qui admit dans ses rangs, en 1779, Napoléon Bonaparte. Considéré comme un bienfaiteur de la région, son arrestation provoqua l'indignation de tous les villages environnants, mais en vain. Le château de Brienne, qu'il fit reconstruire à partir de 1770 par l'architecte Jean-Louis Fontaine, fut l'objet de tous ses soins, mais ne fut achevé qu'en 1789 ; le témoignage de l'abbé Morellet, qui fut régulièrement son hôte, est à cet égard très précieux : *nous logions dans l'ancien château, dont il ne restait debout qu'un vieux pavillon ouvert à tous les vents, et je me souviens encore que, dans la première nuit, un de mes souliers fut presque mangé par les rats. Sur ces ruines... s'éleva un édifice immense..., corps de logis, pavillons y attenant, deux autres pavillons isolés et immenses communiquant avec le corps par des souterrains, d'autres souterrains encore... avec leurs issues sur les flancs de la montagne, pour les offices, cuisines, bûchers et caves... ; basses-cours, écuries, potagers, etc., salle de spectacle, équipage de chasse, etc. ; enfin, toutes les magnificences d'un grand établissement : tel était Brienne... Beaucoup de gens de Paris et de la cour et toute la Champagne abordaient à ce château ; on y chassait, on y jouait la comédie. Un cabinet d'histoire naturelle, une bibliothèque riche et nombreuse, un cabinet de physique et un physicien démonstrateur de quelque mérite (Deparcieux) venant de Paris, et passant là six semaines ou deux mois pour faire des cours aux dames : tout ce qui peut intéresser, occuper, distraire, se trouvait là réuni. La magnificence se déployait surtout aux fêtes du comte et de la comtesse : il se trouvait alors au château quarante maîtres sans compter la foule des campagnes voisines ; et des concerts, des musiciens venus de Paris, des danses, des tables dressées dans les jardins, des vers et des chansons..., la comédie accompagnée de petits ballets... donnaient à Brienne l'éclat et la magnificence de la maison d'un prince.* Le château, qui abrite aujourd'hui un centre psycho-thérapique, existe toujours.

### Iconographie, bibliographie et sources

Pas de portrait connu.

Mises à part les annotations de l'édition critique par Pierre CHEVALLIER du *Journal de l'Assemblée des Notables de 1787*, Paris, 1960, on ne dispose d'aucune étude sur le frère du cardinal de Brienne. Son hôtel parisien, en revanche, a fait l'objet de l'article de Bruno PONS dans le catalogue de l'exposition *La rue Saint-Dominique, hôtels et amateurs*, Paris, 1984, tenue au musée Rodin, et d'agréables photographies se trouvent dans la revue *Vieilles Maisons Françaises*, n° 28 (1966). Pour les archives, voir la notice de son frère, p. 82.
[Sommier général des biens de sa succession : 4 AP 18* (An II).

## PUYSÉGUR
### Louis-Pierre de Chastenet, comte de

Né à Albi, le 30 décembre 1727
Mort à Rabastens (Tarn), le 15 octobre 1807.
Inhumé en l'église de Rabastens.

### Famille

Originaire de Gascogne, de noblesse d'extraction.

*Écartelé : au 1, d'azur à la montagne d'argent, au chef d'or, chargé de trois merlettes d'azur* (Mua) *; au 2, parti : a) de gueules au lévrier passant d'or ; b) d'azur au coq d'argent, alias d'or* (Caminade) *; au 3, de gueules à trois pommes de pin d'or, 2 et 1* (Pins) *; au 4, d'argent à six mouchetures d'hermine de sable, 3, 2 et 1* (Roux) *; sur le tout, d'azur au chevron d'argent, accompagné en pointe d'un léopard, alias d'un lion léopardé du même ; au chef d'or.*

Son père : Pierre-Hercule, capitaine de dragons.

Sa mère : Jacquette de Pagès de Beaufort ; sa belle mère : Marie de Rouguès.

<u>Ses frères et sœurs</u> : *Barthélémy-Athanase-Hercule*, brigadier des armées du Roi ; *Armand-Pierre*, vicaire général d'Albi ; *Jean-Auguste*, évêque de Saint-Omer, évêque de Carcassonne, puis archevêque de Bourges, et député aux États généraux ; *une sœur*, mariée au marquis de Saint-Sernin, une autre, dite *mademoiselle de Puységur* ; deux demi-frères, *Jean-Marie-Hercule*, capitaine aide major au régiment de Vivarais ; *Jean-Marie-Louis*, dit l'abbé de Chastenet, grand vicaire de l'archevêque de Rouen ; *Marie-Julienne-Victoire*, mariée à François de Preissac-Maravat ; une autre, dite *mademoiselle de Chastenet*.

<u>Il épousa</u> Marie-Françoise de Cernay, veuve du comte Le Danois, et fille d'un lieutenant général des armées du Roi, grand maréchal héréditaire du Hainaut. <u>Il se remaria</u> avec une demoiselle de Mostuéjouls de Rocquevieille (morte en 1807).

<u>Sans postérité</u>.

*Nommé le 30 novembre 1788, il démissionna le 11 juillet 1789.*

**Carrière** : lieutenant (1741) ; colonel au régiment de Vexin (1749), au régiment de Forest (1756), au régiment Royal-Comtois (1757), au régiment de Normandie (1762) ; brigadier d'infanterie (1761) ; maréchal de camp (1762) ; inspecteur général d'infanterie (1767) ; lieutenant général (1781) ; commandant général des provinces d'Aunis, Saintonge et Angoûmois (1784) ; **secrétaire d'État de la Guerre (1788-1789)**.

**Places et dignités** : Commandeur et Grand-Croix de l'ordre de Saint-Louis (1780) ; premier gentilhomme de la Chambre du duc de Bourbon.

    Dernier secrétaire d'État de la Guerre avant la Révolution, ce militaire de carrière n'eut guère le temps de marquer son passage au gouvernement.
    Issu d'une branche cadette d'une très ancienne et très noble famille de Gascogne, dont les membres s'étaient illustrés dans les armes et dans l'Église, Puységur fut lieutenant dès l'âge de quatorze ans, devenant le jeune protégé - et l'héritier présomptif - de son oncle éloigné, le maréchal de Puységur. Participant à toutes les campagnes des guerres de Succession d'Autriche et de Sept Ans, il commanda plusieurs régiments. Il s'illustra dans la préparation d'une expédition en Angleterre, puis, recevant la Grand Croix de l'Ordre de Saint-Louis en 1780, il devenait l'année suivante lieutenant général des armées du Roi. Il siégea ensuite au Conseil de la Guerre, et fut membre de l'Assemblée des Notables.

Ce fut sa renommée militaire qui valut à Puységur sa nomination au secrétariat d'État de la Guerre, en remplacement du comte de Brienne, disgracié avec son frère. Il était alors dans le deuxième gouvernement Necker, et la préoccupation principale concernait le déficit du Trésor et la crise financière. Aussi, Puységur, comme tous ses collègues du moment, ne fit-il que passer, tentant cependant de faire progresser l'unification administrative de son département. Il fut renvoyé avec l'ensemble du gouvernement le 11 juillet 1789. Il emportait, selon l'Assemblée nationale, les regrets de la nation.

Fidèle à la famille royale, il resta dans son entourage, et, lors de la journée du 10-août aux Tuileries, il commandait une troupe qui assurait leur défense. Se résignant à émigrer, il finit par rentrer en France sous l'Empire, et se retira sur ses terres à Rabastens, dans le Tarn.

Très apprécié des officiers, Puységur n'a pas eu le temps de donner la mesure de ses talents, ainsi que l'exprime Valentin Esterhazy, chargé des hôpitaux sous son ministère : Puységur était *le plus ancien des lieutenants généraux du Conseil de Guerre, très honnête homme, droit, sachant son métier et très capable de remplir cette place, s'il l'avait obtenue quelques années plus tôt, alors que sa santé n'était pas affaiblie, et dans des temps moins difficiles.*

## Demeures

Résidant habituellement à Rabastens (Tarn), il loua à Paris, aux héritiers de la comtesse de Lordat, le petit hôtel de Conti, rue Saint-Dominique (actuel n° 16, VII^ème arrt). Contigu à l'hôtel de Brienne, il avait été construit dans la première moitié du XVIII^ème siècle, avait subi plusieurs modifications et devint la propriété du prince de Conti. Il est, depuis 1834, partie intégrante des bâtiments du ministère de la Guerre.

## Iconographie, bibliographie et sources

Pas de portrait connu.

Aucune étude sur ce ministre ; sur sa famille, on verra le petit ouvrage de Robert de PUYSÉGUR, *Notice généalogique sur la maison de Chastenet de Puységur*, Paris, 1904. Son frère, archevêque de Bourges et député aux États généraux, fit l'objet de la notice du vicomte de BRIMONT, *M. de Puységur et l'église de Bourges pendant la Révolution (1789-1802)*, Bourges, 1896. Sur l'hôtel de Conti, on verra l'article de Bruno PONS dans le catalogue de l'exposition *La rue Saint-Dominique, hôtels et amateurs*, Paris, 1984. Une partie des papiers de sa famille est conservée aux Archives nationales (T 119-120).

# LES SECRÉTAIRES D'ÉTAT DE LA MARINE.

### FLEURIAU DE MORVILLE.

*Nommé le 16 février 1723, il démissionna le 10 août de la même année en faveur de Maurepas, et reçut les Affaires étrangères.*

Voir sa notice, p. 131.

### MAUREPAS

*Secrétaire d'État en survivance de son père, Pontchartrain, depuis 1715, il fut nommé à la Maison du Roi en 1718, et reçut en plus le département de la Marine le 10 août 1723 ; disgracié le 20 avril 1749, il fut rappelé plus tard par Louis XVI.*

Voir sa notice, p. 283.

### ROUILLÉ
Antoine-Louis, comte de Jouy.

Né à Paris, le 6 juin 1689
Mort à Neuilly, le 20 septembre 1761.
Inhumé en la chapelle Saint-Michel de l'église Saint-Germain-l'Auxerrois, à Paris.

### Famille

Originaire de Touraine, anoblie à la fin du XVIIème siècle.

*D'azur au chevron d'or, accompagné de deux roses, tigées et feuillées du même, en chef, et d'un croissant d'argent, en pointe.*

<u>Son père</u> : Marie-Louis Roslin, contrôleur général des Postes, conseiller au parlement de Metz, maître des requêtes.

<u>Sa mère</u> : Marie-Angélique d'Aquin, fille du premier médecin de Louis XIV, remariée à Jacques Thibault de La Carte.

<u>Ses frères et sœurs</u> : *Louis-Antoine*, conseiller au Parlement ; *Marie-Anne*, mariée en premières noces à François-Henri Tiercelin de Brosse, et en secondes noces à Jean-Baptiste de Castellanne de Norante, capitaine de galères ; *Angélique-Élisabeth*, mariée à Louis-Claude Béchameil de Nointel, intendant d'Auvergne, puis de Soissons.

<u>Il épousa</u> en 1730 Marie-Catherine Pallu (1696-1774), fille d'un conseiller au Parlement, et sœur d'un intendant de Lyon.

<u>Sa fille</u> : *Marie-Catherine*, mariée à Anne-François d'Harcourt de Beuvron.

*Nommé le 30 avril 1749, il démissionna le 28 juillet 1754 en faveur de Machault d'Arnouville, et reçut les Affaires étrangères.*

**Carrière** : conseiller au Parlement (1711) ; maître des requêtes (1718) ; intendant du commerce (1725) ; directeur de la Librairie (1732) ; conseiller d'État semestre (1744) ; maître des requêtes honoraire (1745) ; commissaire du Roi près la Compagnie des Indes (1745) ; **secrétaire d'État de la Marine (1749-1754) ; ministre d'État (1751) ; secrétaire d'État des Affaires étrangères (1754-1757)** ; surintendant général des postes et relais de France (1757-1760).

**Places et dignités** : membre honoraire de l'Académie des Sciences (1751) ; grand trésorier-commandeur des Ordres du Roi (1754-1758).

Technicien du commerce et de la finance, appartenant à une riche famille d'administrateurs réputés, Rouillé fut trop mal considéré aux Affaires étrangères pour qu'on se souvînt de ses efforts au département de la Marine, où il eut la lourde charge de succéder à Maurepas.

Engagé dans la carrière administrative, Rouillé exerça pendant vingt ans la charge d'intendant du commerce, dont les titulaires, avec les intendants des finances, étaient des collaborateurs essentiels du contrôleur général des Finances. Démontrant à ce poste rigueur et compétence, le Roi lui confia l'éminente responsabilité de le représenter dans la Compagnie des Indes. Quelques années auparavant, le garde des sceaux Chauvelin lui avait confié la direction de la Librairie, où il se distingua par l'encouragement à la publication d'œuvres d'importance, notamment la première belle édition des œuvres de Molière. Il garda d'ailleurs des relations étroites avec son successeur Malesherbes, à propos de publications à caractère économique.

C'est précisément son habileté dans les questions d'économie qui lui valut sa nomination à la Marine, en remplacement de Maurepas qui y régnait depuis plus de trente ans. Poursuivant l'œuvre de ce dernier dans le domaine commercial, il s'attacha en particulier au développement des échanges avec le Levant, et intensifia les productions industrielles, notamment dans le sud de la France. A l'égal de son prédécesseur, il favorisa des opérations scientifiques : missions et expéditions, étude de l'astronomie marine, fondation de l'Académie royale de Marine de Brest. La ruine de la marine militaire, déjà peu développée, après la guerre de Succession d'Autriche, l'amena à établir un plan de constructions navales, mais qui fut compromis dans les débuts de la guerre de Sept Ans. Entretemps, Rouillé avait quitté la Marine pour les Affaires étrangères. Acteur, ou simple spectateur selon ses détracteurs, il y signa le traité d'alliance avec la Maison d'Autriche, qui mettait un terme à la politique française depuis François 1er. Les Habsbourg n'étaient plus une puissance à abattre, mais c'est surtout Choiseul qui développa et affina ce renversement complet de l'échiquier européen.

Atteint de graves problèmes de santé, il préféra se retirer, laissant la place au cardinal de Bernis, l'un des actifs négociateurs du nouveau traité. Le Roi, qui l'estimait, le garda au Conseil et lui confia la charge importante de la surintendance des postes et relais de France, retrouvant ainsi une tradition familiale. Retiré définitivement des affaires quelques temps après, il mourut à Neuilly, chez le comte d'Argenson.

Raillé pour sa petite taille par d'Argenson, qui déclare, méchamment, mais drôlement, après le départ de Maurepas : *nous avons trois ministres d'une taille ridicule à voir ensemble : MM. de Puyzieulx, Saint-Florentin et Rouillé ; ce sont trois nains, et fort laids*, Rouillé semble avoir été apprécié plus pour ses qualités humaines que pour des talents d'homme d'État, même si, une fois encore, le bilieux d'Argenson le trouvait *assez ridicule par les airs de familiarité qu'il prend, même avec le Roi*, peut-être, selon Dufort de Cheverny, *cet air ouvert et de franchise qui le conduisait*. L'avocat Barbier le juge *fort honnête homme et grand travailleur*, sans lui reconnaître toutefois les qualités nécessaires aux fonctions qu'il a exercées, et, rappelant ses origines bourgeoises, déclare que sa nomination était *une grande illustration pour sa famille*. Pour Dufort de Cheverny, il était, avec sa famille qui avait *l'air et le ton bourgeois,... petit d'esprit et de corps,... arrivé par un travail assidu, comme un commis dans les bureaux, c'était le meilleur homme possible, et il fut pris par le corps diplomatique pour ce qu'il était et ce qu'il valait*, rejoint en cela par Choiseul qui trouvait, avec partialité il est vrai, *de la dernière absurdité et du plus grand ridicule de l'avoir fait ministre des Affaires étrangères*.

Par l'héritage de son père, par ses fonctions, et par de bonnes alliances familiales, avec les Pallu et les Béchameil, notamment, Rouillé avait constitué une solide fortune, qui lui rapportait, estime-t-on, près de 200.000 livres de rentes. Le luxe de son château de Jouy et de son hôtel de la rue des Poulies en était l'une des plus brillantes manifestations.

## Demeures

Il résidait à Paris dans l'hôtel de Villequier d'Aumont, situé rue des Poulies, à côté du Louvre. Reconstruit en 1732 par l'architecte Blondel, sa façade à l'italienne ne présentait qu'un étage, couvert d'une terrasse ceinte d'une balustrade. A l'intérieur, les boiseries de style rocaille avaient été dessinées par Nicolas Pineau. Après 1760, l'hôtel fut englobé dans celui du comte d'Angivilliers, puis détruit pour l'aménagement, par Soufflot, de la façade du Louvre.

Le château de Rouillé se trouvait à Jouy-en-Josas (Yvelynes). Il avait appartenu au premier médecin de Louis XIV, Antoine d'Aquin, son grand-père maternel ; il fut détruit et remplacé au début du XIX^ème siècle par le château actuel, qui appartint, entre autres, au banquier Mallet. Entouré d'un parc superbe, et situé au n° 5, rue de la Libération, il abrite aujourd'hui le Centre de recherches et d'études pour les chefs d'entreprises (CRC).

A sa retraite, il séjourna à Neuilly dans la maison du comte d'Argenson, où il mourut.

## Iconographie, bibliographie et sources

Le château de Versailles possède une toile anonyme représentant le ministre avec l'Ordre du Saint-Esprit.

Aucune étude consacrée à ce ministre, qui malgré son manque d'envergure au gouvernement, mériterait une attention plus grande pour sa carrière administrative, notamment comme intendant du commerce. Des renseignements cependant dans la communication du docteur DUGAST-ROUILLÉ, "Une famille bretonne au XVIII^ème siècle, les Rouillé : de la Ferme des Postes au ministère des Affaires étrangères", *Bulletin du centre généalogique de l'Ouest*, n° 27 (1981) ; le même auteur a laissé un travail, resté inédit, sur la carrière et l'œuvre de Rouillé. On pourra compléter par les articles de LEROUX-CESBRON, "Rouillé, ministre de Louis XV, mort à

Neuilly", *Bulletin de la commission municipale, historique et artistique de Neuilly-sur-Seine*, n° 18 (1925-1926), p. 37-41, et d'Eugène VAILLÉ, "Les familles Pajot et Rouillé, et le conseil d'administration de la Ferme des Postes", *Revue des P.T.T de France*, n° 5 (1953), p. 16-21. L'hôtel est décrit et étudié dans l'article de Christiane LORGUES, "L'hôtel de Rouillé, une résidence du XVIII^ème siècle détruite en 1766", *Bulletin de la société de l'histoire de Paris et de l'Île-de-France*, tome 106 (1979), et dans le catalogue de l'exposition *De Bagatelle à Monceau (1778-1978). Les folies à Paris au XVIII^ème siècle*, Paris, 1978.

Une partie de sa correspondance est conservée à la Bibliothèque nationale (naf 23975).

[IAD : CXV/1743 (26-IX-1761).

## MACHAULT D'ARNOUVILLE.

*Quittant le Contrôle général des finances, dont il était titulaire depuis 1745, il fut nommé le 1^er août 1754, et fut disgracié le 1^er février 1757 ; il était également, depuis 1750, garde des sceaux.*

Voir sa notice, p. 318.

### PEYRENC DE MORAS
François-Marie

Né à Paris, le 11 août 1718
Mort à Paris, le 3 mai 1771.
Inhumé à Boissy-Saint-Léger.

**Famille**

Originaire du Vigan, anoblie dans la première moitié du XVIII^ème siècle.

*De gueules, semé de pierres d'or ; à la bande d'argent, brochant sur le tout.*

<u>Son père</u> : Abraham, conseiller au parlement de Metz, maître des requêtes, puis commissaire du Roi auprès de la Compagnie des Indes.

<u>Sa mère</u> : Marie-Anne-Josèphe Fargès de Polizy, fille d'un munitionnaire, secrétaire du Roi.

<u>Ses frères et sœurs</u> : *Louis-Alexandre P. de Saint-Priest*, conseiller au parlement de Paris ; *Anne-Marie*, mariée à Charles-Louis de Merles de Beauchamp, ambassadeur à Lisbonne.

<u>Il épousa</u> en 1739 Marie-Jeanne-Catherine Moreau de Séchelles (morte en 1791), fille du contrôleur général des Finances de Louis XV.

<u>Sans postérité</u>.

*Quittant le Contrôle général des finances, dont il était titulaire depuis 1756, il fut nommé le 8 février 1757 ; il démissionna le 1ᵉʳ juin 1758.*

**Carrière** : conseiller au parlement de Paris (1737) ; maître des requêtes (1742) ; intendant d'Auvergne (1750) ; intendant du Hainaut (1752) ; intendant des finances (1755) ; **contrôleur général des Finances, adjoint à son beau-père Moreau de Séchelles, puis en titre (1756-1757)** ; conseiller d'État semestre (1756) ; **ministre d'État (1757) ; secrétaire d'État de la Marine (1757-1758)** ; maître des requêtes honoraire (1762).

**Places et dignités** : lieutenant des chasses de la capitainerie de Livry et Bondy (1745).

Placé dans l'administration grâce à la position de son père, Peyrenc de Moras exerça ses fonctions à une époque difficile pendant laquelle, à l'intérieur du royaume, la crise parlementaire s'intensifiait, tandis qu'au dehors se déclenchait ce qui allait devenir la guerre de Sept Ans.

Né dans une famille de tradition protestante récemment convertie au catholicisme, Peyrenc de Moras a été très vite initié aux questions financières, du fait de la profession de son père, l'un des rares enrichis du système de Law. Conseiller au Parlement à l'âge de dix-neuf ans, il se dirigea très tôt vers une carrière administrative qui le conduisit à l'intendance d'Auvergne. A des mesures sociales dictées par l'attachement profond qu'il vouait aux paysans de cette province, sans parvenir pourtant à obtenir une diminution des impôts, il joignit de nombreux efforts pour encourager l'activité industrielle, en particulier celle de la teinturerie, et surtout développer le réseau des routes royales, les faisant planter d'arbres sorties de pépinières spécialisées, et faisant tracer la route de Clermont à Lyon.

L'intendance du Hainaut, qu'il reçut deux ans plus tard, qui était surtout militaire et qui le plaçait sous l'autorité directe du secrétaire d'État de la Guerre, ne lui permit pas de réaliser une œuvre comparable ; mais devenu intendant des finances, il put donner toute la mesure de ses talents dans ce domaine.

Se rapprochant de plus en plus de son beau-père, atteint de problèmes mentaux, il lui fut adjoint officiellement, avant de le remplacer en 1756. Créant un second vingtième, il engagea parallèlement une politique douanière favorable aux entreprises du royaume. Peu après, cumulant pendant quelques mois avec le Contrôle général des finances, il devenait secrétaire d'État de la Marine, charge rendue plus délicate par le déclenchement de la guerre de Sept Ans. Quoique les opérations fussent encore réduites, il fut conduit à renforcer la défense des côtes, à restaurer le port de Dunkerque, à construire des hôpitaux et des prisons dans les ports militaires, tout en devant faire face aux mutineries dans le Levant et à l'insécurité en Méditerranée, conséquemment à la présence des navires anglais. A cette œuvre militaire, il ajouta diverses mesures administratives, notamment sur les milices garde-côtes, et parvint à redresser le budget de son département. Diverses pressions cependant l'obligèrent à démissionner.

Moins habile sans doute que son beau-père Moreau de Séchelles, et n'ayant guère eu le temps de prouver ses talents, Peyrenc de Moras a souvent été jugé d'après son seul physique, qui semble avoir marqué unanimement les contemporains ; aux portraits peu flatteurs et malveillants de d'Argenson : *à le voir, il paraît bœuf et avoir la mâchoire épaisse..., il a l'esprit gauche et pédant. Certainement, il ne l'a ni élevé, ni étendu... C'est un gros garçon à qui le travail coûte... sa graisse empêche le sang et les esprits de circuler comme il faut... ; il fait peu, mais on prétend que ce qu'il fait est bon*, et du duc de Choiseul : *M. de Moras ressemblait parfaitement à une grosse pièce de bœuf, et n'avait pas plus d'idées, plus de combinaison dans la tête qu'elle ne peut en avoir*, fait écho le jugement de l'avocat Barbier, qui l'estime *fort riche,... délicat et paresseux*. Peyrenc de Moras, ainsi que son frère, avait effectivement hérité de son père une très importante fortune, constituée notamment d'ensembles immobiliers à Paris, et qui lui permit d'acquérir plusieurs châteaux.

## Demeures

Peyrenc de Moras était possesseur d'une grande fortune héritée de son père ; ce dernier, qui avait réalisé de fructueuses opérations boursières pendant le système de Law, avait fait construire par Aubert un superbe hôtel, à l'angle de la rue de Varenne et du boulevard des Invalides ; après sa mort, ses héritiers le louèrent à la duchesse du Maine, puis le vendirent en 1753 au duc de Biron. C'est aujourd'hui le musée Rodin (77 rue de Varenne). Peyrenc de Moras s'installa donc à ce moment-là dans deux hôtels de la place Vendôme (actuels n° 23 et 25) également achetés par son père en 1723 et 1724 ; il vendit le premier à Boucher, trésorier des colonies d'Amérique, en 1750, et le second en 1755 à Michel de Roissy, receveur des finances de Bordeaux. Son père lui avait aussi légué un ensemble immobilier rue du Cherche-Midi, qu'il avait acheté en 1726. Il le légua à sa nièce en 1768 (actuels n° 1 à 5). On le trouve ensuite dans un hôtel rue du Regard.

Il avait hérité le château de Chèreperrine, à Origny-le-Roux (Orne). Construit au début du XVIII^ème siècle, son père l'avait acheté en 1728 à la famille Des Alleurs. Lui le vendit en 1769. Détruit en partie par un incendie en 1925, le château est une propriété privée.

La terre de Moras, près de Jouarre (Seine-et-Marne) avait été achetée par son père en 1719 au duc de Brancas. Enfin, en 1761, déjà propriétaire d'une partie de la forêt de Sénart, il acheta le château de Grosbois, qui avait été la demeure du garde des sceaux et secrétaire d'État des Affaires étrangères Chauvelin.

### Iconographie, bibliographie et sources

Le château de Versailles conserve un portrait.

La famille du ministre a été évoquée par Jean-Charles de LORDAT, *Les Peyrenc de Moras (1685-1798). Une famille cévenole au service de la France*, Toulouse, 1959, Charles BOY, "Les Peyrenc de Moras", *Bulletin de la Diana*, XXIV (1931-1934), Marc DOUSSE, "Le Livradois au XVIII^ème siècle, d'après la correspondance inédite du financier A. Peyrenc de Moras et de Jean Teyras, bailli de St-Amand-Roche-Savine (1725-1733)", *Revue d'Auvergne*, XLVII (1933), et dans l'article "Abraham Peyrenc de Moras, inspecteur général de la Banque Law, conseiller au Grand Conseil", *Bulletin de la société de l'histoire de Paris et de l'Île-de-France*, tome 38, très heureusement complétés, dans les deux chapitres de son livre, par Guy CHAUSSINAND-NOGARET, "Une organisation cosmopolite : les Peyrenc de Moras", et "Un confident des ministres, Pierre Faventines", *Les financiers de Languedoc au XVIII^ème siècle*, Paris, 1970, tandis que M. DOUSSE, "Une lettre de Peyrenc de Moras...", *Bulletin de la société historique et scientifique d'Auvergne*, n° 588 (1960), évoque son œuvre à l'intendance d'Auvergne. Sur des aspects de sa fortune immobilière, Paul FROMAGEOT, "La rue du Cherche-Midi et ses habitants", *Bulletin de la société historique du VI^ème arrt.*, XII (1909). Sur Chèreperrine, on verra Philippe SEYDOUX, *Châteaux du Perche et du Bocage normand*, Paris, 1992.

Des papiers concernant sa famille sont conservés au château de La Tour, à Saint-Chaptes (Gard), et microfilmés par les archives départementales du Gard. Un dossier est également conservé aux Archives nationales (AB XIX 1280).
[IAD : LXXVIII/928 (17-V-1771).

# MASSIAC
Claude-Louis de

Né à Brest, le 15 novembre 1686
Mort à Paris, le 15 août 1770.

## Famille

Originaire de Bretagne, d'extraction obscure, longtemps confondue à tort avec les d'Espinchal de Massiac.

*D'azur à la main d'or, habillée d'argent, tenant une massue en pal d'or.*

Son père : Barthélémy, ingénieur de la marine du roi du Portugal, puis ingénieur du Roi attaché au port de Brest.

Sa mère : Hélène Du Maz.

Sa sœur : *Françoise*, mariée à Pierre-Paul de Mordant d'Héricourt, lieutenant des vaisseaux du Roi.

Il épousa en 1759 Louise-Catherine Magny (1698-1777), veuve de Louis Gourdan, intendant des armées navales, et fille d'un commissaire de la Marine.

Sans postérité.

*Nommé le 31 mai 1758, il démissionna le 31 octobre de la même année.*

**Carrière** : garde-marine (1704) ; aide d'artillerie (1707) ; sous-lieutenant d'artillerie (1718) ; lieutenant d'artillerie (1720) ; capitaine d'artillerie (1731) ; capitaine de vaisseau (1738) ; chef d'escadre, commandant à Toulon (1751) ; lieutenant général des armées navales (1756) ; **secrétaire d'État de la Marine (1758)** ; vice-amiral des mers du Ponant (1764).

**Places et dignités** : commandeur de l'Ordre de Saint-Louis (1752).

Seul ministre de Louis XV à être sorti des rangs des officiers de Marine parmi les plus estimés, et par là-même accueilli très favorablement, Massiac aurait pu accomplir une œuvre intéressante en période de paix, mais, nommé au cœur du conflit anglo-français, il ne sut se montrer à la hauteur de sa charge.

Issu d'une famille d'obscure origine, qui par le jeu d'une homonymie, se fit rattacher abusivement à l'ancienne famille des d'Espinchal de Massiac, le futur ministre de la Marine fut initié par son père à l'art de la construction navale ; il entra jeune dans la Marine, et après avoir été volontaire sur différents vaisseaux, il franchit régulièrement les grades successifs.

Après plus de cinquante ans de service, il devenait lieutenant général des armées navales, et, deux ans plus tard, le Roi fit appel à lui dans l'espoir de mettre fin au désordre qui régnait dans ce département. Arguant modestement qu'il était un vieux loup de mer *davantage habitué aux planchers des navires qu'aux parquets de Versailles*, Massiac n'osa cependant refuser ce poste prestigieux. Le Roi lui donna comme adjoint Le Normant de Mézy, intendant général des armées navales, et réputé très expérimenté. Massiac cependant devait se montrer inefficace, et malgré sa brièveté, c'est sous son ministère que la France perdit de nombreuses possessions, sans qu'il en soit directement responsable ; en l'espace de quelques semaines, le Sénégal, l'Île de Gorée, l'Île Royale et l'Île Saint-Jean, ainsi que le fort Frontenac au Canada étaient tour à tour perdus, tandis que la chute de Pondichéry paraissait certaine. Au milieu de l'indignation générale, Massiac dut se retirer. Il reçut quelques années plus tard la vice-amirauté des armées du Ponant, poste de haute responsabilité qu'il occupa jusqu'à sa mort.

Malgré son malheureux passage au gouvernement, pour lequel il n'était sans doute pas fait, Massiac jouissait de l'estime de nombreuses personnes, qui ne fut pas étrangère à son ascension : l'amiral de Tourville, le duc de Penthièvre, et le Roi lui-même reconnaissaient son mérite et ses qualités de travail. Exemple d'une réussite sociale exceptionnelle, Massiac, parti de presque rien, se retrouvait à la fin de sa vie à la tête d'une coquette fortune.

### Demeures

A Paris, Massiac habitait un hôtel de la place des Victoires, où il organisait de somptueuses réceptions, que lui permettait une solide fortune augmentée par la dot de son épouse. Cette demeure, ancien hôtel de Pomponne, lui fut apportée par cette dernière. Resté célèbre pour avoir abrité un club pendant la Révolution, l'hôtel fut démoli en 1884 pour le percement de la rue Étienne-Marcel. Il s'élevait à l'emplacement du n° 9, place des Victoires.

## Iconographie, bibliographie et sources

Un beau portrait, commandé en 1780 par Louis XVI au peintre Antoine Graincourt pour l'Hôtel de la Marine à Versailles, le représente en armure avec l'Ordre de Saint-Louis. Il est actuellement conservé au château de Versailles.

Presque rien sur ce personnage qui mériterait d'être étudié pour son rôle dans l'administration de la Marine, mise à part l'excellente étude que lui consacre dans sa thèse Michel VERGÉ-FRANCESCHI, *Les officiers généraux de la Marine royale (1715-1774)*, tome 2, et qui démontre l'usurpation du nom de d'Espinchal, que défend pourtant son descendant Alexandre de MASSIAC, *Manuscrits. Histoire de ma famille jusqu'en 1814*, Epernay, 1907 ; on verra aussi l'intéressant ouvrage de F. DUMON, *Une carrière de commissaire de la Marine au XVIIIème siècle : François de Magny (1733-1800). Contribution à l'étude de l'histoire du corps des officiers de plume*, Lyon, 1940. Sur son hôtel, on verra F. de SAINT-SIMON, *La place des Victoires*, Paris, 1984, que l'on peut compléter par des dossiers conservés aux archives de la Banque de France.
[IAD de sa femme : LXXVIII/989 (7-X-1777). Il n'y a pas eu d'IAD du ministre.

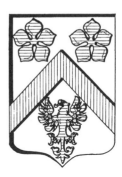

## BERRYER
Nicolas-René

Né à Paris, le 4 mars 1703
Mort à Versailles, le 15 août 1762.
Inhumé à Versailles.

## Famille

Originaire de Normandie, anoblie au milieu du XVIIème siècle.

*D'argent au chevron de gueules, accompagné en chef de deux quintefeuilles, et en pointe d'une aigle éployée, le tout d'azur.*

Son père : Nicolas-René, conseiller au Parlement, puis procureur général du Grand Conseil.

Sa mère : Élisabeth d'Arnollet de Lochefontaine, fille d'un président à la Cour des Monnaies de Paris.

<u>Ses sœurs</u> : *Renée-Nicole B. d'Acqueville*, religieuse à la communauté de l'Instruction à Paris ; *Nicolas-René*, mort jeune ; *Renée B. de Varville*, sans alliance ; *Renée-Élisabeth*, mariée à Jean-Camille de Gangnières de Souvigny ; *Renée-Élisabeth*, mariée à Jean-Baptiste de Sahuguet de Termes.

<u>Il épousa</u> en 1739 Catherine-Madeleine Jorts de Fribois (morte en 1802), fille d'un fermier général.

<u>Sa fille</u> : *Marie-Élisabeth*, mariée à Chrétien-François de Lamoignon de Basville, garde des sceaux de Louis XVI.

*Nommé le 1ᵉʳ novembre 1758, il démissionna le 13 octobre 1761 en faveur de Choiseul, et reçut la garde des sceaux.*

**Carrière** : avocat général aux requêtes de l'Hôtel (1728) ; conseiller au Parlement (1731) ; maître des requêtes (1739) ; président au Grand Conseil (1743) ; intendant de Poitiers (1743-1747) ; lieutenant général de police de Paris (1747-1758) ; conseiller d'État semestre (1751) ; conseiller au Conseil des Dépêches (1757) ; conseiller au Conseil Royal des Finances (1758) ; **ministre d'État (1758) ; secrétaire d'État de la Marine (1758-1761) ; garde des sceaux (1761-1762)**.

Bien qu'ayant occupé, au cours de quelque quinze ans, trois postes très importants dans l'administration du royaume, Berryer n'a guère attiré l'attention des historiens.

Issu d'une famille fraîchement élevée, grâce notamment à son grand-père qui contribua beaucoup à la chute du surintendant Foucquet, il n'atteignait pas l'âge de quarante-cinq ans lorsqu'il fut nommé lieutenant général de police de Paris, en remplacement de Feydeau de Marville. Ses débuts furent féconds : il acheva d'organiser la police, en créant un bureau de sûreté destiné à recevoir les déclarations des particuliers volés ; il sépara les tâches des différents inspecteurs, s'entoura de commissaires compétents, et même recruta comme espions des repris de justice. Protégé de madame de Pompadour, amie intime de son épouse, on dit qu'il la distrayait en lui envoyant le journal des maisons closes de la capitale. Mais il se rendit fort impopulaire dans son action contre l'insécurité, et une petite émeute éclata au mois de mai 1750, qui lui fit craindre pour sa vie. Le peuple l'avait appelé "le vilain monsieur Beurrier", et l'aurait volontiers massacré. Quant à la cour, elle lui reprocha bientôt de tolérer la circulation des libelles. Pourtant, après les disgrâces successives de Maurepas et d'Argenson, dont on ne manqua pas de lui attribuer la responsabilité, il reçut le secrétariat d'État de la Marine ; ce fut à l'initiative de Belle-Isle, qui espérait trouver en lui un collaborateur efficace pour le seconder dans son projet de débarquement en Angleterre. Mais, plutôt soucieux de réformer l'administration, et en particulier la comptabilité, il se détourna totalement de la réalité des opérations militaires ; il ne sut fournir les quatre frégates nécessaires à une attaque prévue contre l'île de Jersey, et refusa même à Bougainville plusieurs navires qui eussent été fort utiles pour sauver le Canada français, en cette fin de la guerre de Sept Ans. Il inspira cependant une grande politique réformatrice à l'égard des colonies, permettant pour la première fois aux colons d'avoir des représentants au Conseil. Mais, en butte au mépris des officiers de marine, il finit par démissionner en faveur de Choiseul. Il reçut la garde des sceaux, mais mourut quelque temps après d'une crise d'épilepsie.

L'homme fut peu apprécié de ses contemporains. L'opinion publique ne lui pardonnait d'être le petit-fils d'un "sergent", voire d'un "laquais", qui avait connu une ascension fulgurante grâce à la prodigieuse fortune qu'il s'était constituée au service de Colbert ; le mariage qu'il avait fait avec la belle, aimable et spirituelle fille du fermier général Jorts de Fribois, la protection de la marquise de Pompadour, et ses fonctions même de lieutenant général de police de Paris contribuèrent encore à ternir son image. L'opinion de la cour est résumée dans la phrase de d'Argenson, qui le juge *pauvre petit magistrat, assidu, travailleur, mais d'un esprit très médiocre.*

## Demeures

Chef de la police, Berryer demeura dans un hôtel situé à côté de l'église Saint-Roch, près du couvent des Jacobins, rue Saint-Honoré. Ce fut le lieu de nombreuses émeutes, au cours desquelles Berryer eut maintes fois l'occasion d'être *pâle comme un noyé*. En 1752, il loua l'hôtel d'Aligre, rue de l'Université, occupé plus tard par Antoine-Jean Amelot de Chaillou, secrétaire de la Maison du Roi sous Louis XVI. Enfin, à partir de 1759, il s'installa dans un hôtel rue de Grenelle, en face du couvent des Carmélites. Occupé plus tard par Lamoignon de Basville, l'hôtel, aujourd'hui disparu, s'élevait à l'emplacement du n° 105, rue de Grenelle (VII^ème arrt).

Berryer possédait le château familial de Ravenoville, près de Sainte-Mère-Église (Manche). Construit au XVII^ème siècle, il subsiste toujours.

Il avait également hérité de son père, en 1736, le château de La Motte d'Acqueville, près de Thury-Harcourt (Calvados). Datant aussi du XVII^ème siècle, il existe toujours.

## Iconographie, bibliographie et sources

Le seul portrait connu est celui du peintre Jean-François Delyen, conservé au musée des Beaux-Arts de Troyes, et dont le château de Versailles possède une copie.

L'absence d'étude sur ses activités oblige à se reporter aux témoignages, assez peu prolixes, des mémorialistes, et sur des travaux le concernant indirectement. Ainsi, l'ouvrage de François DORNIC, *Une ascension sociale au XVII^{ème} siècle : Louis Berryer, agent de Mazarin et de Colbert*, Caen, 1968, éclaire-t-il la personnalité très importante de son grand-père, tandis que celui de Marc CHASSAIGNE, *La lieutenance générale de police de Paris*, Paris, 1906, apporte quelques renseignements sur ses fonctions. On verra sur sa famille Rémy VILLAND, "Les Berryer, XVII-XVIII^{ème} siècle", *La Province du Maine*, tome 8 (1968), et surtout sur ses demeures "Le château de La Motte à Acqueville", *Mélanges de la société d'archéologie et d'histoire de la Manche*, n° 28 (1975), et Rémy VILLAND, "Notice historique sur le château de Ravenoville", *Revue de la Manche*, tome 8 (1966).
[IAD : LIII/503 (15-XI-1773).

## CHOISEUL

*Aux Affaires étrangères depuis 1758, il fut nommé le 13 octobre 1761 et démissionna le 10 avril 1766, pour reprendre les Affaires étrangères ; il était également, depuis le début de l'année 1761, secrétaire d'État de la Guerre.*

Voir sa notice, p. 155.

## PRASLIN
César-Gabriel,
comte de Choiseul-Chevigny,
puis (1766) duc de

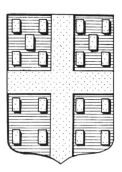

Né à Paris, le 14 août 1712
Mort à Paris, le 15 novembre 1785.

### Famille

Originaire de Champagne, de noblesse immémoriale.

*D'azur à la croix d'or cantonnée de dix-huit billettes du même, cinq à chaque canton du chef, posées en sautoir, et quatre à chaque canton de la pointe, posées deux et un.*

Lointain cousin d'Étienne-François de Choiseul-Stainville (voir sa notice, p. 155).

Son père : Hubert, brigadier des armées du Roi, veuf de Marie de Lambertye.

Sa mère : Henriette-Louise de Beauvau.

Son frère : *Gabriel-Hubert*, mort en bas âge.

Il épousa en 1732 Marie de Champagne La Suze (morte en 1783), fille de René Brandely de Champagne, marquis de Villaines.

Ses enfants : *Renaud-César-Louis*, menin du Dauphin, ambassadeur à Naples ; *Élisabeth-Céleste-Adélaïde*, mariée à Melchior de La Baume de Montrevel.

*Quittant les Affaires étrangères, dont il était titulaire depuis 1761, il fut nommé le 10 avril 1766 ; il fut disgracié le 24 décembre 1770.*

**Carrière** : mousquetaire (1727) ; capitaine au régiment de cavalerie de Montrevel (1728) ; deuxième cornette de la compagnie des chevau-légers de Berry (1731) ; enseigne de la compagnie des gendarmes de Bretagne (1734) ; sous-lieutenant de la compagnie des chevau-légers du Dauphin (1734) ; capitaine-lieutenant de la compagnie des chevau-légers de Bretagne (1738) ; mestre de camp-lieutenant du régiment de cavalerie de Conti (1739) ; maréchal général des logis de la cavalerie de l'armée de Westphalie (1742) ; brigadier de cavalerie (1743) ; maréchal de camp (1744) ; lieutenant général au gouvernement de Dauphiné (1746-1761) ; lieutenant général des armées du Roi (1746) ; ambassadeur auprès de l'Empereur (1758-1761) ; plénipotentiaire au congrès de la paix (1761) ; **ministre d'État (1761) ; secrétaire d'État des Affaires étrangères (1761-1766)** ; chef du Conseil royal des Finances (1766-1770) ; **secrétaire d'État de la Marine (1766-1770)**.

**Places et dignités** : duc et pair ; membre honoraire de l'Académie des Sciences.

Entré au gouvernement par la faveur de son lointain cousin Choiseul, le duc de Praslin sut se montrer l'efficace relais de ce dernier, auquel il succéda par un jeu de chassé-croisé aux Affaires étrangères, puis à la Marine.

Une assez longue carrière dans le métier des armes permit à ce représentant d'une branche cadette de l'ancienne et prestigieuse famille des Choiseul, de se distinguer dans différents régiments de cavalerie. Il participa notamment au siège de Philippsbourg, à la bataille de Clausen (1735), et aux opérations menées au cours de la guerre de Succession d'Autriche. Après avoir obtenu la lieutenance générale des armées du Roi en 1748, il reçut dix ans après l'ambassade de Vienne, en remplacement de Choiseul, qui venait d'être nommé aux Affaires étrangères.

Trois ans plus tard, il rejoignait son parent au gouvernement, en devenant ministre d'État et en recevant les Affaires étrangères que Choiseul quittait pour la Marine. Il y poursuivit son œuvre sous son autorité, signant en particulier les préliminaires de la paix de 1763 qui mettaient fin à la guerre de Sept Ans. Mais c'est surtout à la Marine, où il fut nommé en 1766, qu'il accomplit une œuvre digne d'intérêt. Pendant les quatre années de son ministère, Praslin s'attacha à poursuivre et à consolider les réformes entreprises par son cousin, qui tendaient à relever la puissance de la flotte. Il fit mener de grands travaux dans le port de Brest, confiés à l'ingénieur Choquet de Lindu, fit construire de vastes hangars dans le port de Toulon et obtint de la Compagnie des Indes la cession de l'arsenal de Lorient. Il veilla à la qualité du recrutement des officiers, réorganisa en 1769 l'Académie de Marine, et institua des écoles de médecine navale dans les ports de Brest, Toulon et Rochefort. Il encouragea en outre les approvisionnements venus d'Italie et de Turquie. Son impulsion fut décisive dans la mise en œuvre de plusieurs missions scientifiques ; il aida à la conception du voyage de Bougainville, envoya le chevalier de Ternay à Terre-Neuve, Chabert et La Cardonnie en observation sur la Méditerranée, encouragea les travaux de Ferdinand Berthoud sur les montres marines, et fit établir une carte des approches de Saint-Domingue. A l'égard des Échelles du Levant, il fit dresser l'inventaire des maisons de commerce qui y étaient établies, supprima les droits que percevaient les consuls sur les marchandises, favorisa la libre importation des cafés du Levant par Marseille et rétablit la liberté des échanges pour les cotons, la laine, les poils de chèvres et de chameaux, ce qui revivifia le commerce marseillais. Mais la disgrâce brutale de Choiseul lui fut fatale, et il le suivit dans sa chute ; il mourut quelques mois après lui.

*D'une figure froide et désagréable* (Dufort de Cheverny), Praslin resta trop dans l'ombre de son illustre cousin pour susciter des commentaires, mais il semble qu'il a été bien jugé. A l'égal de Choiseul, Praslin fut un grand amateur d'art. Sa collection de tableaux était l'une des plus importantes de Paris : cent-quatorze toiles hollandaises et flamandes revêtues des prestigieuses signatures de Teniers, Van Dyck, Rembrandt ou Rubens, des œuvres italiennes, notamment Véronèse, sans oublier l'école française où l'on reconnaissait Vouet, Poussin, Boucher ou Greuze. Venaient s'y ajouter un ensemble de très beaux meubles, en particulier de Boulle, et une somptueuse pendule à mouvement astronomique, chef-d'œuvre de Balthazar Lieutaud. Plusieurs sculptures, parmi lesquelles un buste de Voltaire par Houdon, des marbres, des porcelaines d'Orient, de Saxe et de la manufacture de Sèvres, des tapisseries des Gobelins, complétaient cette remarquable collection qui fut vendue presque en totalité en 1793.

## Demeures

Après qu'il eût abandonné la carrière des armes, Praslin vint s'installer dans l'hôtel que sa tante, la comtesse de Choiseul, lui avait légué avant sa mort. Situé rue Saint-Romain, il avait été construit en 1732 par l'architecte Gaubier. L'hôtel existe toujours, aux n° 4-8, rue Saint-Romain (VI^ème arrt). Praslin l'embellit et l'agrandit avant de l'échanger en 1765 contre l'hôtel de Belle-Isle, propriété du Roi depuis la mort du maréchal et ministre de la Guerre. Il était également propriétaire d'un hôtel rue de Bourgogne (n° 48), dû à l'architecte Trepsat, mais qu'il n'habita sans doute jamais.

Praslin avait également acheté en 1764 à la famille de Villars le château de Vaux-le-Vicomte, qui avait été construit par le surintendant Foucquet, grand-père de Belle-Isle. Il apporta peu de modifications à cette célèbre demeure, confiant cependant à Jean-Baptiste Berthier, déjà architecte de l'hôtel du ministère des Affaires étrangères à Versailles, le soin d'aménager le château en plus petites pièces. A la Révolution, il échappa à la nationalisation ; il est aujourd'hui propriété de la famille de Vogüe, et ouvert à la visite.

La terre de Praslin est en Champagne.

## Iconographie, bibliographie et sources

Le château de Versailles conserve un portrait du ministre au moment de la paix de 1763, dû au peintre Alexandre Roslin ; il en existe une copie d'époque au musée de la marine de Marseille.

La personnalité écrasante de Choiseul est en grande partie responsable de la quasi inexistence d'études sur Praslin.

Ainsi, n'aura-t-on guère que l'ouvrage de Georges LACOUR-GAYET, *Choiseul, ministre de la Marine*, 1925, traitant de l'action des deux ministres, qu'on complétera par le catalogue de l'exposition *L'Orient et les Provençaux*, tenue à Marseille en 1983. Pour ses demeures, on verra le travail de Charles SAUNIER, "L'hôtel de Choiseul-Praslin, aujourd'hui Caisse Nationale d'Épargne", *Bulletin de la société historique du VI^ème arrt.*, 1911, l'étude de

Jean-Marie THIVEAUD, *56, rue de Lille*, Paris, 1986, concernant l'hôtel acheté à Belle-Isle, l'ouvrage d'Anatole FRANCE, *Le château de Vaux-le-Vicomte, suivi d'une étude historique par Jean Cordey*, Paris, 1933. Quant à ses collections, elles ont fait l'objet d'un bel article de Jean-Dominique AUGARDE, "1793 : vente des collections du duc de Praslin", *L'Estampille*, décembre 1983.

Les papiers du ministre sont toujours conservés par des descendants, au château de Quintin (Côtes-d'Armor).

[IAD de sa femme : LVIII/519 (16-II-1784). Il n'a pas été fait d'IAD du ministre.

## TERRAY

*Il assura l'intérim entre le 24 décembre 1770 et le 9 avril 1771, alors qu'il était contrôleur général des Finances.*

Voir sa notice, p. 339.

## BOURGEOIS DE BOYNES
Pierre-Étienne

Né à Paris, le 29 novembre 1718
Mort au château de Mousseaux (Loiret),
le 17 septembre 1783.
Inhumé dans le cimetière de Boynes,
aujourd'hui disparu.

### Famille

Originaire de Franche-Comté, anoblie dans la première moitié du XVIII^ème siècle.

*D'azur à la bande d'argent, chargée de trois merlettes de sable.*

<u>Son père</u> : Étienne, trésorier de la Banque Law, secrétaire du Roi.

<u>Sa mère</u> : Hélène-Thérèse de Francine de Grandmaison, fille d'un intendant général des Eaux et Fontaines de France ; <u>sa belle-mère</u> : Marie-Antoinette Gallonier de Monthélu.

<u>Ses frères et sœurs</u> : *François-Étienne*, intendant de la Marine à Toulon ; *Hélène-Élisabeth*, morte en bas âge.

<u>Il épousa</u> en 1749 Marguerite-Marie-Catherine Parat de Montgeron (1736-1753), fille d'un receveur général des finances de Lorraine, puis d'Orléans ; <u>il se remaria</u> en 1763 avec Charlotte-Louise Desgots (1739-1804), fille d'un capitaine d'infanterie dans le régiment de la Marine.

<u>Ses enfants</u> : une fille du premier lit, *Marguerite*, morte jeune ; du second lit, *Élisabeth-Louise*, mariée à Louis-François de Bourbon, menin de Louis XVI ; *Étienne-Ange*, conseiller du Roi ; *François-Étienne*, lieutenant d'artillerie au régiment de Strasbourg ; *Louis-Antoine-Pierre*, chevalier ; *Charlotte-Hermine*, mariée à Jean-Vincent de Saint-Phalle ; *Armand-Louis-François*, enseigne de vaisseau ; *Thérèse*, morte jeune ; *Antoine-Pierre*, chevalier.

*Nommé le 9 avril 1771, après que Terray, contrôleur général des Finances, eût assuré l'intérim, il fut disgracié le 10 juillet 1774.*

**Carrière** : conseiller au Parlement (1739) ; maître des requêtes (1745) ; président au Grand Conseil (1751) ; intendant de Franche-Comté (1754-1761) ; premier président du parlement de Besançon (1757-1761) ; conseiller d'État semestre (1761) ; conseiller d'honneur au Grand Conseil (1768) ; conseiller d'État ordinaire (1769) ; **secrétaire d'État de la Marine (1771-1774)**.

Fils d'un financier qui s'était considérablement enrichi par ses fonctions dans la banque de Law, et qui fut le premier artisan de l'ascension sociale de la famille, cet infatigable défenseur du pouvoir royal s'est attiré la haine des parlementaires de son époque et la relative indifférence des historiens.

Après une carrière classique dans la magistrature, il devint intendant de Franche-Comté en 1754, puis premier président du parlement de Besançon trois ans plus tard. Cette cour ne tarda pas cependant à entrer en conflit avec lui, dressant contre son administration de sévères réquisitoires, avant de s'engager dans une résistance ouverte à son égard. Au cœur de la lutte parlementaire contre le pouvoir royal, il fit exiler vingt-deux conseillers, et rédigea un mémoire dans lequel il proposait les moyens d'organiser, en toute légalité, le procès des parlements ayant cessé leur service, soucieux de combattre cette opposition sans le recours à l'arbitraire. D'abord soutenu par le Roi, mais bientôt débordé par les progrès de la rébellion nobiliaire, il dut quitter ses fonctions et fut nommé conseiller d'État.

Appelé en 1771 au ministère de la Marine et des Colonies, il lui manquait assurément une connaissance approfondie de la vie maritime. Son action fut pourtant des plus positives. Inspirateur de plusieurs ordonnances, de 1772 à 1774, il engagea l'assimilation de l'armée navale à l'armée de terre, la création de huit régiments commandés par des colonels et la fondation, au Havre, d'une école royale de Marine ; mais ces mesures ne furent pas suivies d'effets. Encourageant les constructions navales, il chercha surtout à étendre l'influence de la France sur les mers, bien diminuée après le traité de Versailles de 1763. Il développa les comptoirs de l'Océan Indien, créant une juridiction royale à l'Île Bourbon, fondant un établissement à Madagascar, où il donna son nom à un port (Port-de-Boynes). Il encouragea le voyage de découverte de Kerguelen et dirigea l'exploitation des sources d'eau rhumatismales de Saint-Domingue, qui prirent pour nom Eaux de Boynes. Mais il fut disgracié par Louis XVI au début de son règne.

Nombre de ses contemporains ont salué les qualités et le courage de Bourgeois de Boynes. Maupeou vit en lui *un homme intelligent, actif*, et même *le meilleur légiste du royaume*, tandis que Mercy-Argenteau le considère comme *la meilleure tête qu'il y ait dans le ministère de Versailles*. Ce n'était pas l'avis de l'abbé Georgel, qui le voyait comme *un homme ordinaire qui savait se plier sous le crédit dominant. Il ne manquait ni d'esprit, ni d'instruction, mais ses conceptions n'avaient ni l'étendue, ni l'énergie capables d'assurer le succès des opérations de son ministère, ou leur acquérir quelque célébrité.* A en croire les témoignages, il était cependant un homme intègre, mais assez rude.

## Demeures

Tant qu'il resta intendant de Franche-Comté, il habita l'hôtel de l'intendance de Besançon. A Paris, il habita l'hôtel de Mondragon, construit au début du XVIII$^{ème}$ siècle rue d'Antin, et qu'il hérita de son père ; il le céda en 1754 au financier Duval de l'Epinoy. L'hôtel, qui fut au XIX$^{ème}$ siècle la mairie de l'arrondissement, existe toujours, aux n° 1-3 rue d'Antin (II$^{ème}$ arrt), et abrite le siège de la banque Paribas. On le trouve ensuite successivement rue de la Culture Sainte-Catherine (actuelle rue de Sévigné), rue des Enfants-Rouges (actuelle rue Portefoin), et enfin, à partir de 1773, rue du faubourg Saint-Martin, à l'angle de la rue des Récollets, presque en face de l'église Saint-Laurent (emplacement des actuels n° 122-124).

Il possédait dans l'Orléanais le château de Mousseaux, à Boynes, près de Pithiviers (Loiret), exquise demeure aux belles proportions, comprenant un corps de logis principal, et un bâtiment haut, flanqué de quatre tourelles, au centre d'un vaste parc. Il l'avait hérité de son père qui l'avait acquise en 1720. Quatre tableaux de Jean-François Hué, d'une grande fraîcheur et d'une précision presque naïve, nous donnent une idée exacte de cette maison aristocratique du XVIII^ème siècle. Le grand salon de compagnie était orné de quatorze tableaux représentant la famille royale, signe supplémentaire, s'il en était besoin, de l'attachement que Boynes portait à son souverain. Rien, hélas, ne subsiste du château, entièrement démoli au début du XIX^ème siècle, si ce n'est un pressoir de la ferme.

### Iconographie, bibliographie et sources

Le château de Versailles possède une toile anonyme ; un autre portrait le représente en habit de magistrat.

Aucune étude d'ensemble n'a été consacrée à ce ministre, si ce n'est les travaux de son descendant Jean BOURGEOIS DE BOYNES, "Pierre-Étienne Bourgeois de Boynes, intendant de Franche-Comté, défenseur de l'autorité royale", et "Pierre-Étienne Bourgeois de Boynes, premier président du parlement de Franche-Comté", *Mémoires de la Société d'Émulation du Doubs*, n° 20-21 (1978-1979), ainsi que différents textes de conférences, notamment sur son père, restées inédits. On verra enfin le récent article de Patrick VILLIERS, "Pierre-Étienne Bourgeois de Boynes, un orléanais secrétaire d'État à la Marine", *Bulletin de la société historique et archéologique de l'Orléanais*, X, n° 81 (1988). Sa famille a fait l'objet de deux précis, un *Essai généalogique sur la maison Bourgeois, marquis de Boynes*, Paris, 1892, et Régis de VARAX, *Généalogie de la famille Bourgeois de Boynes*, Le Chesnay, 1969. Pour l'hôtel Mondragon, on verra LA VALLÉE-POUSSIN, *Les vieux murs d'une grande banque*, Paris, 1924, et la récente plaquette publiée par la banque Paribas. Le château est étudié par Albert SIBOT, *Notice historique et archéologique de Boynes*, Paris, 1911 et les vues de Hué sont reproduites dans une article de *L'Éventail*, n° 21 (1989). Ses descendants conservent toujours ses papiers, et en particulier une copie de son *Journal (1765-1766)*, resté inédit.
[IAD : LV/55 (6-X-1783).

### TURGOT

*Nommé le 20 juillet 1774, après le renvoi de Bourgeois de Boynes, il abandonna ce ministère dès le 23 août suivant pour le Contrôle général des finances.*

Voir sa notice, p. 344.

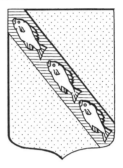

**SARTINE**
Antoine-Raymond-Jean-Galbert-Gabriel,
comte d'Alby

Né à Barcelone, le 12 juillet 1729
Mort à Tarragone, le 7 septembre 1801.

## Famille

Originaire de Lyon, anoblie en Espagne au XVII<sup>ème</sup> siècle, puis en France au milieu du XVIII<sup>ème</sup> siècle. Le ministre fut naturalisé français en 1752.

*D'or à la bande d'azur, chargée de trois sardines d'argent.*

<u>Son père</u> : Antoine, conseiller des finances du roi d'Espagne, intendant de Catalogne.

<u>Sa mère</u> : Catherine Whyte, comtesse d'Alby, camériste de la reine d'Espagne, fille du secrétaire pour l'Irlande du roi Jacques II.

<u>Ses frères</u> : *Joseph*, sous-lieutenant de la garde royale d'Espagne ; *Joseph-Ignace*, mort jeune.

<u>Il épousa</u> en 1759 Marie-Anne Hardy du Plessis (1739-1784), fille d'un capitaine au régiment d'infanterie de Foix, secrétaire du Roi.

<u>Ses enfants</u> : *Charles-Marie-Antoine*, maître des requêtes, guillotiné en 1794 ; *Louise*, morte sans enfant.

*Nommé le 24 août 1774, après l'intérim assuré par Turgot, il fut contraint de donner sa démission le 13 octobre 1780.*

**Carrière** : conseiller (1752), puis lieutenant criminel au Châtelet (1755) ; lieutenant général de police de Paris (1759-1774) ; maître des requêtes (1759-1767) ; conseiller d'État surnuméraire (1767) ; gouverneur de Saint-Jean-d'Angély (1768) ; conseiller d'État semestre (1769) ; **secrétaire d'État de la Marine (1774-1780) ; ministre d'État (1775)** ; conseiller d'État ordinaire (1783).

Fils d'un négociant lyonnais passé au service du roi d'Espagne, Sartine est resté célèbre pour son rôle dans la modernisation de la Marine de Louis XVI, qui fait parfois oublier son œuvre de quinze années comme lieutenant général de police de Paris.

Envoyé pour ses études au collège d'Harcourt sur le vœu de son père, il fut orphelin à quinze ans et dut demeurer en France, sans beaucoup de fortune. Peu gêné par sa qualité d'Espagnol, et bientôt naturalisé, il débuta très jeune une carrière brillante à la chambre criminelle du Châtelet, tandis que Roi lui accordait ses lettres de noblesse. Quatre ans plus tard, il remplaçait Bertin à la lieutenance de police de Paris. Revêtu de responsabilités aussi lourdes que variées, il s'attacha particulièrement aux problèmes sensibles de l'approvisionnement et de l'hygiène, organisant le marché des grains, faisant élever la nouvelle halle au Blé, créant le marché aux chevaux, introduisant les lanternes à réverbères, instituant un corps de pompiers permanent, toutes mesures qui, complétées par l'ouverture d'une "école gratuite de dessin", une enquête sur les corporations ou la suppression des gargouilles, remplacées par des conduites verticales, contribuèrent à la rénovation de Paris, avant les grandes transformations prévues par Edme Verniquet à la fin du règne de Louis XVI. Chef supposé d'un "cabinet noir" interceptant les lettres transitant par la poste, on l'accusa d'envoyer au Roi, pour le divertir, les rapports dressés par ses espions sur les maisons closes de la capitale.

S'étant rendu populaire, sans pour autant s'aliéner la cour, il fut appelé par Louis XVI pour occuper, dans sa première équipe gouvernementale, le département de la Marine, après qu'il eût été confié quelques jours à Turgot. Il devait s'y illustrer, à la suite d'un long voyage d'étude en Bretagne, par une série de mesures importantes. Particulièrement soucieux de moderniser l'organisation de cette administration, il fut l'inspirateur des ordonnances de 1776, qui, divisant en deux parties distinctes l'administration des ports et des arsenaux, réduisaient le rôle de l'intendant au profit de l'officier militaire, désormais maître de l'Arsenal. La suppression des officiers d'administration, qui avaient place jusqu'à présent à bord des navires, vint compléter cette nouvelle prééminence du militaire sur le civil. Sartine acheva de donner à la Marine ses bases modernes, tandis que débutait la guerre d'indépendance américaine. Il accrût le rôle du Conseil de Marine, créa un corps royal d'infanterie, lutta contre l'insalubrité et réorganisa l'instruction des officiers, dont il rajeunit sensiblement les effectifs. Il développa également l'artillerie, en dynamisant notamment la fonderie de canons de Ruelle et en installant celle d'Indret. Dans les ports militaires, il fit creuser des bassins de radoub, et, peu à peu, par la construction de plusieurs vaisseaux de ligne, tels qu'il les avait prévus dans son *Plan de modernisation et d'accroissement de la flotte* (1776), il dota la France de la marine de guerre la plus puissante qu'elle ait jamais possédée, et qui sut résister, pour la première fois depuis le début du siècle, à sa rivale anglaise.

Les importantes dépenses qu'il avait engagées pour la réalisation de ces trans-formations finirent par provoquer un conflit avec Necker, alors à la tête des finances. N'osant pas se séparer de celui qui emportait la confiance générale, Louis XVI se résigna à renvoyer Sartine, non sans lui verser une substantielle pension. Les premiers événements révolutionnaires vinrent mettre fin à la paisible vie de famille que l'ancien ministre s'était réservée dans sa propriété de Viry. Il préféra alors se retirer en Espagne, sa terre natale. Reçu à Madrid et protégé par Charles IV, il devait bientôt s'installer à Barcelone, avant d'élire domicile à Tarragone. C'est là qu'il apprit l'exécution, à Paris, de son fils unique avec sa jeune épouse, M^elle de Sainte-Amaranthe. C'est également là qu'il mourut, d'une affection pulmonaire.

*Bonne volonté, droiture et travail*, voilà les qualités que reconnaissait à Sartine son ami l'abbé de Véri, qui rappelle *sa probité, sa douceur et son exactitude au travail*. Son parent éloigné, Dufort de Cheverny, raconte que *la même tenue froide et modeste l'accompagnait dans toutes ses actions*, et qu'*il se faisait aimer et estimer comme un homme qui suppléerait par son travail au peu de fortune qu'il possédait..., ayant le grand art de ne parler que succinctement, il s'instruisait souvent de ce qu'il ne savait pas par des réticences qui donnaient à croire qu'il était plus instruit qu'il ne l'était*. L'abbé Georgel n'est pas de cet avis. Pour lui, Sartine, *homme rare et supérieur dans la place qu'il occupait à Paris, n'a fait que végéter tristement dans le ministère de la Marine ; ce n'était pas faute de zèle et d'application... Je ne sais si M. de Sartine avait du génie, mais il n'en a paru aucune étincelle dans les opérations de son ministère ; il a enseveli dans les bureaux de la Marine la gloire qu'il s'était acquise dans le département de la police.*
Collectionneur passionné, Sartine s'était constitué une extraordinaire galerie de perruques, qui firent bientôt parler de "perruques à la Sartine" ; sa bibliothèque, qui fut dispersée pendant la Révolution, recelait de très nombreux ouvrages sur l'histoire de Paris, ainsi qu'une importante série de textes administratifs.

**Demeures**

Sartine eut à Paris de nombreux domiciles, soumis aux aléas de ses difficultés financières. D'abord locataire d'une maison rue de Paradis-au-Marais (partie de l'actuelle rue des Francs-Bourgeois), sa principale demeure fut l'hôtel de Chalabre, rue de Gramont (à l'emplacement actuel du Crédit Lyonnais, n° 16, II^ème arrt), construit à la fin du XVII^ème siècle, avec de superbes plafonds peints par Jouvenet. Il le loua de 1766 à 1774, date à laquelle il s'installa dans un autre hôtel que le duc de Chalabre avait fait construire sur le jardin. En 1777, il fit construire par Mathurin Cherpitel, toujours dans la même rue, un autre hôtel (emplacement de l'actuel n° 1), qu'il n'habita jamais et qu'il finit par céder en 1782 au Bureau des Nourrices (ou Recommanderesses). Locataire, à partir de 1780, d'une autre demeure, rue du faubourg Saint-Honoré, il habita également, après 1785, l'hôtel de Juigné (n° 13 quai Malaquais, à l'emplacement d'une partie de l'actuelle École des Beaux-Arts, VIème arrt). Élevé en 1630, cet hôtel abrita le ministère de la Police sous le Directoire et l'Empire, avant d'être démoli en 1845.

Sartine avait par ailleurs acquis du prince de Condé, en 1771, la terre et le château de Nogent-Villers, à Villers-Saint-Paul, près de Senlis (Oise). Vieille bâtisse féodale, le château fut reconstruit à la fin du XVIIIème siècle. Sartine vendit cette demeure au joaillier de la Couronne, Aubert, et acquit en 1782 une maison à Viry-Châtillon, au sud de Paris, près de Longjumeau (Essonne), demeure campagnarde de style classique. Il dut la vendre en 1791 au banquier Perrégaux ; elle fut transformée par son gendre Marmont, duc de Raguse, en une somptueuse demeure. Détruite il y a une vingtaine d'années, il n'en subsiste aujourd'hui qu'un pavillon (actuelle rue Francoeur).

## Iconographie, bibliographie et sources

Le musée Lambinet, à Versailles, conserve un portrait, par Boizot. Le château de Versailles conserve un buste du ministre, sculpté par Jean-Baptiste Defernex en 1767. Carmontelle a exécuté un joli dessin de sa fille Louise, conservé dans une collection particulière.

Longtemps négligé, Sartine a fait l'objet d'une récente étude de synthèse due à Jacques MICHEL, *Du Paris de Louis XV à la Marine de Louis XVI : l'œuvre de monsieur de Sartine*, Paris, 1983-1984, 2 volumes, résumée en partie dans un article du même, "Antoine de Sartine, secrétaire d'État de la Marine et des Colonies (1774-1780)", *Neptunia*, n° 155 (1984). Son œuvre dans la police parisienne est évoquée dans l'ouvrage général de Marc CHASSAIGNE, *La lieutenance générale de police de Paris*, Paris, 1906, dans la publication, par LARCHEY et MABILLE, du *Journal des inspecteurs de M. de Sartine (1761-1764)*, Paris, 1863, dans celle d'A. GAZIER, "Mémoire sur l'administration de la Police en France, composé par ordre de M. de Sartine", *Mémoires de la société de l'Histoire de Paris et de l'Île-de-France*, V (1878), et dans l'article de Pierre SOURBEs, "Un espagnol créateur de la police française", *Histoire pour tous*, octobre 1971. Sa carrière pré-ministérielle est bien étudiée dans la petite biographie d'Enrique MOREU-REY, *Un barcelonni a la cort de Maria Antonieta : Sartine*, Barcelona, 1955, tandis que ses origines familiales sont analysées par Suzanne PILLORGET, "L'ascension de la famille d'Antoine de Sartine", *Lyon et l'Europe : hommes et sociétés. Mélanges R. Gascon*, Lyon, 1980. Sur ses hôtels parisiens, on verra le catalogue de l'exposition dirigée par Béatrice de ANDIA et Dominique FERNANDÈS, *Rue du faubourg Saint-Honoré*, Paris, 1994, et l'article de Françoise MAGNY, "Mathurin Cherpitel (1736-1809)", *Bulletin de la société de l'histoire de Paris et de l'Île-de-France*, 1976-1977. On verra enfin le travail d'Émile LAMBERT, "Un seigneur de Villers-Saint-Paul : Sartine", *Documents et recherches. Bulletin de la société archéologique, historique et géographique de Creil*, n° 12 et 13 (1956), et celui de Denys-Marc-Jean SABATIER, *Notre famille*, Mesnil, 1958, qui donne des indications sur le château de Viry. Sur l'un de ses hôtels, Léo MOUTON, "Histoire d'un coin du Pré-aux-Clercs et de ses habitants. Du manoir de Jean Bouyn à l'école des Beaux-Arts", *Bulletin de la société historique du VIème arrt.*, XIV (1911).

Les Archives nationales conservent une correspondance du ministre avec Jacques d'Épremesnil (158 AP), le comte d'Hector (296 AP), une correspondance sur les affaires de l'Inde entre 1775 et 1780 (AB XIX 3295), et une autre concernant les fonderies de canons, dans les papiers Duhamel et Fougeroux (127 AP). La Bibliothèque nationale conserve les rapports de police faits à Sartine entre 1759 et 1777 (mss. fs. 11357-11360).

[IAD de son épouse : XXXIII/684 (12-XI-1784).

## CASTRIES
Charles-Eugène-Gabriel
de La Croix, marquis de

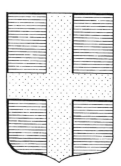

Né au château de Castries (Hérault),
le 25 février 1727
Mort à Wolfenbüttel (Allemagne),
le 11 janvier 1800.
Inhumé à Brünswick.

### Famille

Originaire du Languedoc, de noblesse d'extraction.

*D'azur à la croix d'or.*

Son père : Joseph-François, lieutenant en Languedoc, maréchal de camp.

Sa mère : Marie-Françoise de Lévis, fille unique du duc de Lévis.

<u>Ses frères</u> : un demi-frère, *Jean-Joseph-François*, mort en 1716, l'année de son mariage avec Marguerite de Monceau de Nollent ; *Armand-François*, gouverneur de Montpellier et lieutenant du Roi ; *Louis-Augustin*, chevalier de Malte.

<u>Il épousa</u> Gabrielle-Isabeau-Thérèse de Rosset de Fleury (morte en 1800), fille du gouverneur d'Aigues-Mortes, et petite-nièce du cardinal de Fleury, principal ministre de Louis XV.

<u>Ses enfants</u> : *Armand-Charles-Augustin*, maréchal de camp, député aux États généraux, puis pair de France ; *Adélaïde-Marie*, mariée à Louis-Alexandre de Mailly.

*Nommé le 13 octobre 1780, il démissionna le 24 août 1787.*

**Carrière** : sous-lieutenant, puis lieutenant au régiment du Roi (1743) ; gouverneur de Montpellier et de Sète (1743) ; mestre de camp de cavalerie (1744) ; brigadier (1748) ; commissaire général de la cavalerie, puis maréchal de camp (1748) ; lieutenant général (1758) ; mestre de camp général de la cavalerie (1759) ; lieutenant général du Lyonnais (1766) ; commandant en chef de la gendarmerie (1770) ; commandant en second de la Flandre et du Hainaut (1775) ; **secrétaire d'État de la Marine (1780-1787)** ; maréchal de France (1783) ; gouverneur général de la Flandre et du Hainaut (1787).

**Places et dignités** : chevalier de Saint-Louis (1751) ; chevalier des Ordres du Roi (1762).

Issu d'une très ancienne famille de tradition militaire, Castries eut une longue et valeureuse carrière de soldat, digne de celle de son oncle, le maréchal de Belle-Isle, et qui établit sa réputation dans l'Europe tout entière, bien avant de parvenir aux charges ministérielles.

Brigadier à vingt ans, il se fit remarquer dès le siège de Maastricht et devint le plus jeune maréchal de camp de l'armée française. Après la campagne de Corse de 1756, il servit, sous les ordres du prince de Soubise, dans l'armée d'Allemagne. Blessé à la bataille de Rosbach, il se couvrit de gloire à plusieurs reprises et se rendit célèbre à Clostercamp, où il remporta la victoire contre le duc de Brünswick (1760).

Après avoir obtenu le commandement de la Gendarmerie et le gouvernement de la Flandre et du Hainaut, le Roi le nomma en remplacement de Sartine au secrétariat d'État de la Marine.

La France était alors engagée depuis deux ans dans la guerre d'Amérique. L'équipe gouvernementale dans laquelle il entrait, avec Vergennes et Ségur, n'eut qu'un objectif : remporter cette guerre, afin de reconstituer l'empire colonial de la France, anéanti par le traité de 1763 qui avait mis fin à la guerre de Sept Ans. La victoire de Yorktown fut l'aboutissement de leurs efforts.

Son œuvre principale réside cependant dans les grandes réformes qu'il entreprit dès son arrivée au ministère. Il créa un corps de marins volontaires, modifia l'organisation hospitalière, puis promulgua un code de recrutement de la Marine. Par un ensemble de douze ordonnances et onze règlements, qui prirent le nom de "Code Castries" (1786), il régla toute l'organisation de la Marine : les forces navales furent divisées en neuf escadres, la hiérarchie des officiers fut simplifiée par la suppression des grades intermédiaires, des collèges furent créés à Vannes et Alès pour former des officiers destinés au "Grand Corps". Les ports et les arsenaux furent réglementés précisément ; le service des constructions navales, jusqu'alors civil, passa sous l'autorité militaire. Castries fit également construire les premières casernes de matelots et confectionner le premier uniforme de marin. Sous son impulsion, le nombre de navires de guerre atteignit le chiffre exceptionnel de 281. De nombreux royaumes européens saluèrent la publication de ce code remarquable. En outre, le maréchal encouragea plusieurs expéditions, notamment celle de La Pérouse, ordonna la reconstruction du port de Dunkerque et dirigea les travaux du port de Cherbourg.

En 1787, pendant l'Assemblée des Notables, il tenta d'engager la France dans les affaires d'Indochine, mais, en conflit avec Loménie de Brienne, il démissionna, refusant même la dignité de principal ministre que lui proposait le Roi.

Après les journées d'octobre 1789, tandis que son fils siégeait à la Constituante, il rejoignit la Suisse et s'installa chez son ami Necker, au château de Coppet. Le Roi le nomma alors son représentant auprès des princes, et tenta, à ce titre, de réduire la tension entre Paris et Coblence. Il prépara un plan de campagne, constituant un corps de soldats français, et procura de l'argent aux princes en empruntant aux banques de Cologne. Intégrant l'état-major de l'armée des princes à celui du duc de Brünswick, son ancien adversaire, il commanda une division lors de l'expédition de Champagne, mise en échec après la bataille de Valmy. Malgré cette déroute, il continua à travailler activement pour la contre-Révolution, en devenant le premier ministre du comte de Provence, futur Louis XVIII.

La mort ne lui laissa pas le temps de profiter des bienfaits que sa fidélité lui aurait immanquablement attiré ; il finit ses jours au château de Wolfenbüttel, que le duc de Brunswick avait mis à sa disposition. Ce dernier poussa l'admiration et l'amitié qu'il avait pour son ancien vainqueur jusqu'à lui élever, à Brünswick même, un superbe mausolée.

Allié aux grandes familles militaires de son temps, homme de terrain qui sut se montrer grand réformateur, le maréchal de Castries fut souvent loué pour ses qualités. Le baron de Bésenval, qui le fréquenta pendant près de quarante ans, disait que *sa noblesse et sa probité étaient poussées jusqu'à la délicatesse... Fort exact pour lui, il était indulgent pour les autres. Dévoré d'ambition, jamais il ne se permit le moindre moyen douteux pour parvenir.*

## Demeures

A Paris, le maréchal possédait un hôtel rue de Varenne, construit par Dufour en 1700, et acheté par son père au début du XVIII^ème siècle. Il vint y habiter à partir de 1743, et fit appel, pour l'aménagement intérieur, au décorateur Verbeckt qui travailla longtemps à Versailles. Malgré le pillage qu'il subit au début de la Révolution, la disparition du mobilier de famille et les dégradations occasionnées lors de sa réquisition par le ministère de la Guerre, l'hôtel, que l'on peut toujours voir au n° 72, rue de Varenne (VII^ème arrt) a conservé l'aspect qu'il avait au temps du maréchal. Il est aujourd'hui le siège du ministère chargé des relations avec le Parlement.

Le château de Castries, près de Montpellier (Hérault), domine toujours la plaine languedocienne. Cette élégante demeure dispose d'une vaste cour d'honneur donnant accès aux terrasses et au parc. Un aqueduc de près de 7.000 mètres, la plus grande construction de ce genre due à des particuliers, fait corps avec le château. Ouvert aujourd'hui à la visite, cet unique ensemble architectural a été légué à l'Institut de France.

Le maréchal avait également fait construire en 1782 par l'architecte Berthault, un château à Ollainville, près d'Arpajon (Essonne), qui sera aussi pillé à la Révolution. Il avait acheté cette propriété au prince de Rohan, archevêque de Cambrai. Le château n'existe plus aujourd'hui (il fut détruit en 1817). En 1785, Castries acquit le château de Bruyères, non loin de là. Il n'y résida jamais et y avait installé une "maison de retraite" pour la Gendarmerie dont il était commandant en chef. Il possédait aussi une maison de campagne à Antony, qu'il vendit lorsqu'il acheta Ollainville. Enfin, c'est au château de Wolfenbüttel, une des plus anciennes possessions de la famille de Brünswick, qu'entouré des plus de 100.000 volumes de la célèbre bibliothèque, il rédigea dans les dernières années de sa vie, plusieurs mémoires et réflexions.

## Iconographie, bibliographie et sources

Un portrait, peint par Joseph Boze, le représentant en pied, avec sa plaque du Saint-Esprit et son bâton de maréchal, est conservé au château de Versailles. Une réplique d'époque se trouve au musée de la Marine de Marseille.

Le maréchal bénéficia, dans les ouvrages de son illustre descendant de l'Académie française, le duc de CASTRIES, *Le maréchal de Castries*, Paris, 1979, et *Papiers de famille*, Paris, 1977, des principales recherches à son sujet, auxquelles il faut ajouter les travaux de Micheline LECLÈRE, "Les réformes de Castries (14 octobre 1780-23 août 1787)", *Revue des questions historiques*, 1937, et la thèse inédite d'Alain BERBOUCHE, *La Marine royale en France à la fin de l'Ancien régime, du traité de Versailles de 1783 à la Révolution de 1789*, Paris-II, 1980. Pour ses différentes demeures, on dispose de la monographie du duc de CASTRIES, *Le château de Castries*, Paris, 1986, de celle de Simone RIVIÈRE, *Deux nobles émigrés et un révolutionnaire dans l'Arpajonais*, Étampes, éd. du Soleil Natal, 1989, et de l'article de Solange DOUMIC, "L'hôtel de Castries en péril", *Connaissance des Arts*, n° 65 (1957).

Grâce à la continuité familiale, les volumineuses archives de Castries ont été très bien conservées, et sont déposées en grande partie aujourd'hui aux Archives nationales (306 AP). L'inventaire en a été réalisé par Yves CHASSIN DU GUERNY, *Le chartrier de Castries*, Paris, 1975. On y trouve, entre autres documents, le *Journal de son ministère*, resté inédit ; on verra également, toujours aux Archives nationales, sa correspondance avec le comte d'Hector, directeur du port et de l'arsenal de Brest (296 AP), tandis que ses *Souvenirs et mémoires*, inédits également, sont conservés à la Bibliothèque nationale (naf 11644) ; enfin, quelques papiers sont conservés aux archives départementales de l'Hérault (1 E 197). Des documents sur Ollainville sont conservés aux archives départementales des Yvelines (79 J 64).

[État de ses biens et dettes : 306 AP 37 (1788-1792).

## MONTMORIN SAINT-HÉREM

*Aux Affaires étrangères depuis le début de l'année 1787, il fut nommé le 25 août, avant de laisser sa place à La Luzerne, le 23 décembre de la même année.*

Voir sa notice, p. 175.

## LA LUZERNE
César-Henri, comte de

Né à Paris, le 23 février 1737
Mort au château de Bernau, près de Linz
(Autriche), le 24 mars 1799.
Inhumé dans le cimetière de Wels.

### Famille

Originaire du Cotentin, de noblesse immémoriale.

*D'azur à la croix ancrée d'or, chargée de cinq coquilles de gueules.*

<u>Son père</u> : César-Antoine, maréchal de camp.

<u>Sa mère</u> : Marie-Élisabeth de Lamoignon de Blancmesnil, fille de Guillaume, chancelier de France sous Louis XV, et sœur de Malesherbes, secrétaire d'État de la Maison du Roi sous Louis XVI.

<u>Ses frères</u> : *César-Guillaume*, député aux États généraux, évêque-duc de Langres, puis cardinal sous la Restauration ; *Anne-César*, ambassadeur aux États-Unis, puis à Londres.

<u>Il épousa</u> en 1763 Marie-Adélaïde Angran d'Alleray (morte en 1814), fille d'un lieutenant civil au Châtelet.

<u>Ses enfants</u> : *César-Guillaume*, marié à Victoire de Montmorin Saint-Hérem, fille du secrétaire d'État des Affaires étrangères de Louis XVI ; *Anne-Françoise*, mariée à Augustin-Marie Poute de Nieuil ; *Blanche-Césarine-Marie*, mariée à Louis-Florian-Paul de Kergorlay, pair de France ; *Alexandrine-Nicole*, mariée à Ange-Denis-Victor Hurault de Vibraye, pair de France.

*Nommé le 24 décembre 1787, il démissionna le 11 juillet 1789 ; rappelé le 16 juillet de la même année, il démissionna le 21 octobre 1790.*

**Carrière** : mousquetaire de la Garde ordinaire du Roi (1751) ; sous-lieutenant au régiment du Roi (1755) ; lieutenant en second et colonel au corps des grenadiers de France (1757) ; brigadier d'infanterie (1762) ; maréchal de camp (1770) ; inspecteur des troupes en Roussillon (1779) ; lieutenant général (1784) ; gouverneur général des Îles-sous-le-Vent (1785-1787) ; **secrétaire d'État de la Marine (1787-1790) ; ministre d'État (1788 et 1789).**

**Places et dignités** : chevalier de l'Ordre de Saint-Louis (1763) ; membre honoraire de l'Académie des Sciences (1788).

L'un des derniers ministres de l'Ancien régime à s'être maintenu dans les débuts de la Révolution, et à avoir soutenu Louis XVI dans l'idée d'une monarchie constitutionnelle, le comte de La Luzerne se montra digne, à plus d'un titre, de son illustre oncle Malesherbes, et fut, à l'instar de ce dernier, aussi fidèle au Roi, aussi probe, quoique parfois trop prudent dans son administration, aussi cultivé et curieux de tout.

Entré dans le métier des armes à la suite de son père, il fit ses débuts pendant la guerre de Sept Ans, et fut blessé à la bataille de Grebenstein. Décidé à combattre la puissance de l'Angleterre, il rédigea en 1778 un *Mémoire sur une descente en Angleterre*, pour le compte du duc de Broglie, et prépara l'attaque de Jersey. La rivalité franco-anglaise au sujet des colonies d'Amérique n'en rendit que plus importante à ses yeux sa nomination comme gouverneur général des Îles-sous-le-Vent. Efficacement secondé par l'intendant Barbé de Marbois (qui sera, entr'autres, ministre du Trésor sous l'Empire), il réalisa sous les ordres du maréchal de Castries une profonde réforme judiciaire, en réunissant dans un Conseil supérieur de Saint-Domingue les deux conseils déjà existants ; il prit parallèlement un grand nombre de mesures locales fort utiles, centrées sur l'aménagement urbain, l'introduction de nouvelles espèces végétales et le développement des travaux scientifiques auxquels il attachait une grande importance.

Sa nomination au secrétariat d'État de la Marine, qui le fit rentrer en France, constitua cependant une surprise. Constamment conseillé par son oncle Malesherbes, il fit d'abord approuver par le Roi une réduction des dépenses ordinaires de son département. Mais sa crainte du déclenchement imminent d'un conflit maritime avec l'Angleterre le détermina à intensifier l'approvisionnement de la flotte et à augmenter la grosse artillerie. Cette politique, dictée par les circonstances, n'empêcha pas des innovations importantes, telles que l'augmentation du nombre d'hommes classés parmi les navigateurs, la primauté donnée au mérite pour devenir élève de la Marine, ou enfin la création, en 1788, du Conseil de la Marine. Il supprima également les paquebots, et fit établir dans certains ports anglais des "agents de la marine et du commerce" chargés de la protection des négociants français. Son action à l'égard des colonies, où il autorisa notamment les mariages entre non-catholiques, fut en revanche plus effacée. L'interdiction des réunions publiques qu'il y prescrivit, et son hostilité à leur représentation aux États généraux contribuèrent même aux troubles profonds qui affectèrent Saint-Domingue au début de la Révolution. Également confronté au mécontentement des ouvriers de plusieurs ports et arsenaux, auquel il ne put répondre que par l'adoption d'un nouveau Code pénal maritime très répressif, violemment attaqué à l'Assemblée constituante, il ne put que proposer sa démission, ayant eu le temps de faire décréter un projet de réorganisation de la comptabilité maritime. Après un passage à Londres en 1791, où il assista dans ses derniers moments son frère Anne-César, alors ambassadeur, il gagna l'Autriche, et mourut, avant l'arrivée de Bonaparte en France, dans son château de Bernau, près de Linz.

Honnête, et avec la réputation d'une grande bravoure - il protégea la famille royale pendant les tumultueuses journées d'octobre 1789 - il profita, avec ses frères, dont l'un fut un diplomate important, de l'immense crédit dont jouissaient les Lamoignon, et notamment Malesherbes. Cependant, habitué à la mesure et au scrupule, il ne sut pas toujours faire face aux événements soudains. Esterhazy est plus sévère encore, le qualifiant de *philosophe, homme d'esprit, mais distrait et ne connaissant pas du tout la partie dont il était chargé.* Loué pour sa grande probité, il faisait preuve aussi d'une culture exceptionnelle qui le rendait familier de toutes les disciplines, à l'instar de son illustre oncle. Polyglotte, il était en particulier passionné de grec ; il traduisit et publia des œuvres de Xénophon.

## Demeures

La Luzerne habitait à Paris un hôtel rue Vieille-du-Temple.

Il avait hérité de son père le château de Beuzeville-sur-le-Vey, près de Saint-Lô (Manche). Construit au XVIème siècle, et remanié au XIXème, le château, propriété privée, existe toujours.

En 1794, émigré en Autriche, il acheta le domaine de Bernau, à Wels, près de Linz. C'est là qu'il mourut d'une hydropisie, et qu'il fut inhumé. Propriété de la ville de Wels, le château existe toujours.

## Iconographie, bibliographie et sources

Pas de portrait connu.

Bien qu'intéressant, le personnage de La Luzerne n'a guère suscité de travaux, si l'on excepte la thèse inédite d'Alain BERBOUCHE, *La Marine royale en France à la fin de l'Ancien régime, du traité de Versailles de 1783 à la Révolution de 1789*, Paris-II, 1980, l'étude, inédite aussi, de Jean-Philippe

RENAUD, *Le comte de La Luzerne, 1737-1799* (maîtrise Paris-IV, 1985, 2 volumes), qui étudie aussi sa bibliothèque, et l'important chapitre que lui consacre Pierre GROSCLAUDE, *Malesherbes, témoin et interprète de son temps,* Paris, 1961. Quelques renseignements également dans l'article "Famille La Luzerne", *Mélanges de la société archéologique et historique de la Manche,* fasc. 29 (1976), et dans celui de Gilbert TRATHNIGG, "Französische Emigranten in Wels", *Jahrbuch des Musealvereines'Wels,* n° 16 (1969-1970).

Des mémoires sur son activité, sous le titre de *Mémoire adressé au Roi sur les administrations dont il a été chargé (1785-1790),* sont conservés dans les archives des colonies (F3/158). Une importante correspondance est conservée dans les papiers du comte d'Hector, directeur du port de Brest, aux Archives nationales (296 AP) ainsi que des titres et papiers (T1685[335]) ; on trouvera également des documents dans les papiers de son beau-père, Angran d'Alleray, aux Archives nationales (T 177).

[Contrat de mariage : LXXIII/854 (8-II-1763).

# LES SECRÉTAIRES D'ÉTAT DE LA MAISON DU ROI.

## LA VRILLIÈRE
Louis Phélypeaux, marquis de

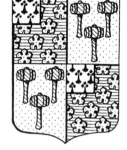

Né le 14 avril 1672
Mort à Fontainebleau, le 7 septembre 1725.

**Famille**

Originaire de Blois, agrégée à la noblesse à la fin du XVI^{ème} siècle.

*Écartelé : aux 1 et 4, d'azur semé de quintefeuilles d'or au franc quartier d'hermines* (Phélypeaux) *; aux 2 et 3, à trois maillets de gueules* (Mailly).

<u>Son père</u> : Balthazar, marquis de Châteauneuf, conseiller au Parlement, secrétaire d'État.

<u>Sa mère</u> : Marie-Marguerite de Fourcy, fille d'un conseiller au Grand Conseil.

<u>Ses frères et sœurs</u> : *Balthazar*, chanoine de Saint-Augustin, abbé résident de Saint-Vincent de Niceuil ; *Balthazar-Henri*, colonel de dragons, brigadier de cavalerie des armées du Roi ; *Catherine-Thérèse*, mariée à François d'Aubusson, duc de La Feuillade, maréchal de France.

<u>Il épousa</u> en 1700 Françoise de Mailly (1688-1742), dame d'atours de la Reine, fille d'un maréchal de camp ; elle se remaria en 1731 à Paul-Jules de La Porte-Mazarin, duc de La Meilleraye, dont elle fut veuve trois mois après.

<u>Ses enfants</u> : *Louis*, comte de Saint-Florentin, puis duc de La Vrillière, secrétaire d'État de la Maison du Roi sous Louis XV et Louis XVI, ministre d'État ; *Marie-Jeanne*, mariée à son cousin Jean-Frédéric Phélypeaux de Maurepas, secrétaire d'État de la Maison du Roi et de la Marine, ministre d'État sous Louis XV, chef du Conseil royal des Finances sous Louis XVI ; *Louise-Françoise*, mariée à Louis-Robert-Hippolyte de Bréhan-Plélo, ambassadeur au Danemark ; leur fille épousa le duc d'Aiguillon, secrétaire d'État des Affaires étrangères de Louis XV ; *Anne-Marie*, morte jeune.

*Secrétaire d'État depuis 1700, il fut chargé des questions religieuses pendant la Régence, sans avoir officiellement le département de la Maison du Roi, dévolu à son gendre Maurepas ; il mourut en charge.*

**Carrière : secrétaire d'État (1700-1725)** ; secrétaire du Roi (1700) ; secrétaire du Roi honoraire (1723).

**Places et dignités** : commandeur et secrétaire des Ordres du Roi (1700-1713) ; capitaine et gouverneur de Jargeau (1700).

Avec une carrière, voire une vie qui ne commença qu'en 1700, à la mort de son père, La Vrillière eut semble-t-il pour seul mérite d'avoir conservé sa charge de secrétaire d'État en 1715, lors du changement de gouvernement qui s'opéra après la disparition de Louis XIV.

Issu d'une famille aux ramifications multiples dont les membres fournirent de nombreux serviteurs de l'État, La Vrillière fut nommé secrétaire d'État de la Maison du Roi, en 1700, remplaçant le chancelier Louis de Pontchartrain. Lors de l'institution de la Polysynodie en 1715, il fut le seul à conserver le titre de secrétaire d'État, mais sans ses attributions, et resta à ce titre greffier du Conseil de Régence. Ayant voix délibérative, il signa un très grand nombre d'expéditions, géra les affaires des États de Bourgogne, de Bretagne, d'Artois et de l'assemblée de Provence. Après la chute des conseils, il s'occupa plus spécialement des questions religieuses, en particulier des problèmes liés à la Religion Prétendue Réformée ; travaillant avec son gendre Maurepas, qui venait de recevoir son secrétariat d'État en titre, il se maintint en place jusqu'à sa mort, en 1725. Son fils Saint-Florentin, déjà survivancier, hérita sa charge, en gardant les mêmes attributions.

Les contemporains ont dépeint La Vrillière comme un homme agréable, mais sans grande envergure. Saint-Simon, toujours caustique, en fait un portrait plutôt bienveillant, voyant en lui *un homme dont la taille différait peu d'un nain, grosset, monté sur de hauts talons, d'une figure assez ridicule ; il avait de l'esprit, trop de vivacité, des expédients, de la vanité beaucoup trop poussée, entendant bien sa besogne..., bon ami, très obligeant, et capable de rendre des services avec adresse, même avec hasard, mais sans préjudice de l'honneur et de la probité ; à l'égard du public, obligeant, honnête, d'un accès très aisé et ouvert, cherchant à plaire et à se faire des amis* ; jugement qui fait écho à celui de Massillon, qui le trouvait *un homme attentif à plaire à tout le monde, très adroit à trouver les moyens de sortir des règles pour accorder des grâces, et d'ailleurs fort commode pour le duc d'Orléans puisqu'il n'inspirait de gêne ni par sa contenance, ni par ses principes.*

Son épouse, Françoise de Mailly, eut une fâcheuse réputation d'intrigante : veuve à deux reprises, puis dame d'atours de Marie Leczcinska, on dit qu'elle initia le jeune Louis XV...

## Demeures

A la mort de son père, La Vrillière hérita un hôtel construit au XVII^ème siècle par François Mansart, rue Neuve-des-Petits-Champs (actuels n° 1-3 rue de La Vrillière), pour le compte de son grand-père, célèbre mécène qui y avait installé une fameuse galerie de tableaux, qu'une récente exposition a rassemblés au Grand Palais. L'hôtel comportait un vaste corps de bâtiment avec un avant-corps décoré de pilastres et surmonté d'un fronton portant les armes des Phélypeaux. Assailli de difficultés financières, La Vrillière vendit son hôtel à Rouillé, père du futur secrétaire d'État de la Marine et des Affaires étrangères en 1705, lequel le céda en 1713 au comte de Toulouse. Il accueillit en 1811 la Banque de France, dont il est toujours le siège aujourd'hui. En 1714, La Vrillière acheta l'hôtel de Fürstemberg, rue de Grenelle (actuel n° 75), dont le faste égalait le confort : tableaux, sculptures, mobilier précieux. Après être passé aux mains de son gendre Maurepas, il eut plusieurs propriétaires ; il appartient toujours aujourd'hui à des particuliers.

En province, le secrétaire d'État eut plusieurs terres (La Vrillière, Châteauneuf, le comté de Saint-Florentin, le marquisat de Tanlay).

## Iconographie, bibliographie et sources

Il existe un portrait par Gobert.

On dispose, sur cette famille des travaux de Luc BOISNARD, *Les Phélypeaux, une famille de ministres sous l'Ancien régime. Essai de généalogie critique*, Paris, 1986.
Sa famille, et en particulier son père, son grand-père et son fils, ont porté une ombre historiographique fatale à La Vrillière. Aussi, devra-t-on se reporter aux excellentes recherches sur son père, de Jean-Louis BOURGEON, "Balthazar Phélypeaux, marquis de Châteauneuf, secrétaire d'État de Louis XIV (1638-1700)", dans l'ouvrage dirigé par Roland MOUSNIER, *Le Conseil du Roi de Louis XII à la Révolution*, Paris, 1970. Le livre ancien de P.-A. LEROY, *Notes sur les La Vrillière de Châteauneuf-sur-Loire*, Orléans, 1894, donne quelques indications intéressantes. Sur les hôtels parisiens, on verra le catalogue de l'exposition *La rue*

*de Grenelle*, Paris, 1980, tenue à Paris à la galerie de la SEITA ; la galerie du grand-père étant magnifiquement décrite dans le catalogue de l'exposition *Seicento, le siècle de Caravage dans les collections françaises*, tenue au Grand Palais en 1988-1989, tandis que l'hôtel est étudié par Georges-Eugène BERTIN, "Notice sur l'hôtel de La Vrillière et de Toulouse", *Mémoires de la société de l'histoire de Paris et de l'Île-de-France*, tome XXVIII (1901), dont les dossiers sont conservés aux archives de la Banque de France.
[IAD : XCVI/281 (25-IX-1725).

## MAUREPAS

*Secrétaire d'État en survivance de son père Pontchartrain, depuis 1715, il fut nommé le 30 mars 1718 ; il reçut en plus en 1723, le département de la Marine ; disgracié le 20 avril 1749, il fut plus tard rappelé par Louis XVI.*

Voir sa notice, p. 283.

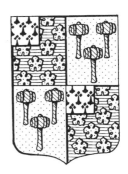

## SAINT-FLORENTIN
Louis Phélypeaux, comte de,
puis (1770) duc de La Vrillière.

Né à Paris, le 18 août 1705
Mort à Paris, le 27 février 1777.
Inhumé en l'église de
Châteauneuf-sur-Loire (Loiret).

### Famille

Fils de Phélypeaux de La Vrillière, secrétaire d'État (voir sa notice, p. 259).

Il épousa en 1724 Amélie-Ernestine de Platen (1703-1767), fille du Grand Chambellan et ministre du roi d'Angleterre, Grand Maître des Postes des États de Brünswick-Lunebourg.

Sans postérité.

*Secrétaire d'État en survivance de son père depuis 1723, il lui succéda à sa mort, le 7 septembre 1725, chargé comme lui des affaires religieuses, et travaillant avec son cousin Maurepas, titulaire de la Maison du Roi ; c'est après la disgrâce de ce dernier, le 20 avril 1749, qu'il reçut ce département ; il démissionna le 20 juillet 1775.*

**Carrière** : secrétaire d'État en survivance de son père (1723), en titre (1725-1775), chargé d'une partie du département de la Maison du Roi (1725-1749), puis de sa totalité (1749-1775) ; ministre d'État (1751) ; secrétaire d'État de la Guerre, de la Marine et de Affaires étrangères par *intérim* (1770-1771).

**Places et dignités** : secrétaire-commandeur des Ordres du Roi (1736-1756) ; membre honoraire de l'Académie des Sciences (1740) ; chancelier-garde des sceaux de la Reine (1743) ; chancelier-commandeur des Ordres du Roi (1756-1770) ; membre honoraire de l'Académie des Inscriptions et Belles-Lettres (1757) ; pair de France (1770).

Secrétaire d'État pendant la durée exceptionnelle d'un demi-siècle, Saint-Florentin dut la longévité de son ministère à la fidélité sans réserve qu'il voua à Louis XV. Celui qui eut le temps de porter deux noms - il devint duc de La Vrillière en 1770 -, qui par sa stabilité, puis son accession au Conseil du Roi, permit plus tard au baron de Breteuil la réorganisation et l'extension des attributions de son département, resta pourtant remarquable par sa discrétion et son effacement.

Membre de la famille ministérielle des Phélypeaux, qui avait déjà donné depuis le XVIIème siècle plusieurs secrétaires d'État et un chancelier, et alliée elle-même à bien d'autres familles prestigieuses, Saint-Florentin débuta sa carrière jeune, à la mort de son père, ministre de Louis XIV et seul secrétaire d'État à être resté en place pendant la Polysynodie. Laissant à son beau-frère et cousin Maurepas le détail des affaires de la Maison du Roi, il était plus spécialement chargé des questions religieuses, et notamment des affaires de la Religion Prétendue Réformée. Rien de saillant, pourtant, dans la première partie de sa carrière, où il fut essentiellement chargé de la signature et de l'expédition des documents officiels, et où il accéda à des dignités prestigieuses, mais qui n'étaient revêtues d'aucun pouvoir.

Ce sont les imprudences de Maurepas, disgracié en 1749, qui lui permirent d'exercer des charges beaucoup plus importantes. Récupérant tout le détail de la Maison du Roi, il devint deux ans plus tard ministre d'État, ayant ainsi l'accès au Conseil du Roi ; enfin, en 1757, après la disgrâce du comte d'Argenson, il prenait dans ses attributions l'administration de la Ville de Paris, qui avait été provisoirement détachée de la Maison du Roi au profit du département de la Guerre. Dans ces fonctions nouvellement étendues qu'il allait garder pendant plus de vingt-cinq ans, Saint-Florentin essaya toujours de contenter tous les partis, ce qui lui donna une fâcheuse réputation de mollesse ou de timidité. C'est lui, pourtant, qui avait la charge des lettres de cachet, qui restaient malgré tout le symbole de l'arbitraire ; ainsi, au plus fort de la crise parlementaire, il fit exiler l'archevêque de Paris à cause de son intransigeance excessive à l'égard des jansénistes, avant de faire expulser les Jésuites pour apaiser les parlements, et de se retourner ensuite contre ces derniers. Quant aux lettres pour incarcération, elles n'étaient que très rarement faites pour des motifs politiques ; s'il lutta contre les assemblées clandestines de protestants, il se refusa à une persécution plus large que certains évêques préconisaient. Pour combattre l'insécurité, il remit en vigueur la politique de renfermement des vagabonds dans les hôpitaux et les dépôts de mendicité. Mais c'est surtout dans le domaine de l'urbanisme parisien qu'il s'illustra : il fit construire l'église Saint-Philippe-du-Roule, la Halle au Blé, achever l'église de la Madeleine, qui n'existe plus aujourd'hui, et la place Louis-XV, en faisant notamment installer et ouvrir une fois par mois le Garde-Meuble au public ; il fit également aménager une partie des quais, percer plusieurs avenues, et mena de grands travaux en province, particulièrement à Reims et à Bordeaux.

La faveur du Roi ne se démentait pas, si bien qu'il obtint en 1770 l'érection de sa terre de Châteauneuf-sur-Loire (Loiret) en duché-pairie. En décembre de la même année, après la chute des Choiseul, il reçut même la charge des départements des Affaires étrangères et de la Guerre par *intérim*. Cet attachement du souverain, qui se manifestait de différentes manières - le Roi, par exemple, lui offrit une main d'argent après qu'il eût perdue la sienne dans un accident de chasse -, lui attira parmi les courtisans une certaine impopularité. Aussi, à la mort de Louis XV, chacun pensait à la disgrâce ; Saint-Florentin, pourtant, ne démissionna qu'en 1775. Il mourut deux ans après, ne laissant aucun enfant.

Dans l'éloge funèbre qu'il prononça à l'Académie des Inscriptions, Dupuy rapportait que Saint-Florentin était *ami de l'ordre et de la concorde, naturellement porté à cette douceur qui engage et attire... Esprit conciliant, fécond en ressources pour apaiser les dissensions, en ménageant les ressources des partis opposés, sans néanmoins compromettre les droits de l'autorité, comme sans négliger les avantages de l'État. Petit homme tout rond, sans ambition, de peu de capacité* (Toussaint), *personnage d'un génie borné, caractère doux, peu entreprenant, timide et disposé à la superstition*, selon un contemporain, il n'a guère été aimé sinon par le Roi, encore que la langue perfide de Mouffle d'Angerville affirme que *son défaut de génie même fut ce qui plaisait le plus à son maître, en garde contre ceux qui en avaient trop et pouvaient prendre de la supériorité sur lui*. Simplement *bête* pour madame Victoire, fille de Louis XV, il reçut à sa mort cette épitaphe que l'on attribue à Voltaire :

> *Ci-gît malgré son rang un homme assez commun*
> *Ayant porté trois noms, il n'en laissa aucun.*

Réputé de moralité douteuse, il *vivait à Paris crapuleusement, entouré d'espèces par la faiblesse de son caractère* (Dufort de Cheverny), et délaissait sa femme, pourtant confidente favorite de la Reine, pour une maîtresse dont, semble-t-il, l'influence fut assez grande sur lui. Marie-Madeleine de Cusacque, épouse de Langeac, qu'il appelait sa "belle Aglaë", le poussa à encourager écrivains, artistes et savants ; il prit en particulier sous sa protection le médecin Morand, l'architecte Liégeon, et fit agréer les plans de Pidansat de Mairobert et Daudet de Jossan pour le nouveau Théâtre français.

## Demeures

Logé d'abord chez sa mère, rue Saint-Dominique, il loua, de 1740 à 1748, l'hôtel Croiset, rue de Richelieu. Saint-Florentin se fit ensuite construire un hôtel à l'angle de la place Louis-XV (actuelle place de la Concorde) et de la rue de Bourgogne (actuelle rue Saint-Florentin). Sur les plans de Gabriel, il fut élevé par Chalgrin en 1767, dont c'était la première réalisation importante ; il donnait à cette époque sur une petite place fermée par une fontaine et un passage menant au jardin des Tuileries. Toujours visible aujourd'hui, quoiqu'ayant subi des transformations à la fin du XIX^ème siècle, sa décoration intérieure fut confiée au jeune peintre Berthélémy, qui réalisa une allégorie de la Prudence, de la Force et de la Renommée au plafond de l'escalier d'honneur. Après la mort de Saint-Florentin, l'hôtel passa en de nombreuses mains, notamment Talleyrand et James de Rothschild. Devenu un lieu politique, c'est là que fut élaborée la charte de 1814, puis conduit le plan Marshall, après l'achat de l'hôtel par les États-Unis en 1950. C'est aujourd'hui une annexe de l'ambassade américaine (actuel n° 2 rue Saint-Florentin).

Propriétaire de Saint-Florentin, près d'Auxerre (Yonne), où il œuvra en faveur des habitants de la ville, rénovant la cathédrale et encourageant la construction de nouveaux bâtiments pour l'Hôtel-Dieu, le ministre avait aussi hérité de son père le domaine de Châteauneuf-sur-Loire (Loiret), qui fut érigé en duché-pairie sous le nom de La Vrillière en 1770. Il y organisait de nombreuses fêtes et y recevait des poètes, comme Colardeau ou Richebourg. Démoli à partir de 1801, il reste des vestiges qui abritent des services municipaux et le musée de la Marine de Loire. C'est dans sa propriété de La Queuvre, à Férolles, juste à côté de Châteauneuf, qu'il perdit une main au cours d'un accident de chasse, en 1765. C'était une grosse ferme rattachée au marquisat de Châteauneuf en 1705. Elle existe toujours.

### Iconographie, bibliographie et sources

Le château de Versailles possède un buste du ministre sculpté par Jean-Baptiste Lemoyne, ainsi qu'un portrait que fit de lui Louis-Michel Van Loo en 1769. Louis Tocqué avait réalisé son portrait en 1749, conservé au musée des Beaux-Arts de Marseille ; il a été étudié par le comte Arnaud DORIA, "Le comte de Saint-Florentin, son peintre et son graveur", *Bulletin de la société de l'histoire de l'art français*, 1933, et l'agréable catalogue de l'exposition *La vie familière et privée en France au XVIII^{ème} siècle*, tenue à Tokyo en 1986. Il existe un autre portrait par le peintre Jean-Martial Frédou en 1752 ; plusieurs artistes, dont Marillier, Saint-Aubin ou Gauthier-Dagoty ont également laissé des portraits dessinés.

Saint-Florentin n'a pas beaucoup bénéficié de l'attention des historiens. Seul M. BAUDOT, "Un ministre champenois méconnu : le comte de Saint-Florentin, secrétaire d'État et ministre de Louis XV pendant cinquante ans", *Actes du 95^{ème} congrès des sociétés savantes de Reims (1970), section d'histoire moderne et contemporaine*, tome II, Paris, 1974, a esquissé une bonne étude sur sa carrière, tandis qu'Armand DELPY, "Un chef de service au département du duc de La Vrillière", *Revue d'histoire de Versailles et de Seine-et-Oise*, tome 8 (1906) raconte quelques anecdotes sur Nogaret, chef du premier bureau de la Maison du Roi. On trouvera d'intéressantes indications dans le gros ouvrage de Camille HERMELIN, *Histoire de la ville de Saint-Florentin*, Paris, 1912. L'hôtel de la place Louis-XV est agréablement décrit dans une plaquette illustrée publiée par l'ambassade des États-Unis, *Retour à l'hôtel Talleyrand*, Services américains d'information et de relations culturelles, Paris, et dans l'article d'Albert BABEAU, "L'hôtel Saint-Florentin et la fontaine de la place Louis-XV", *Bulletin de la Société de l'histoire de Paris et de l'Île-de-France*, tome XXX (1903). Sur Châteauneuf, on verra Philippe SEYDOUX, *Châteaux et demeures de l'Orléanais*, Paris, 1989.

Les papiers concernant son action comme ministre chargé des affaires des religionnaires sont conservés aux Archives nationales (TT 435-442). La Bibliothèque nationale conserve une partie de sa correspondance (mss. fs. 11515).

[IAD : XCVI/485 (7-III-1777).

## LAMOIGNON DE MALESHERBES
Chrétien-Guillaume de

Né à Paris, le 6 décembre 1721
Guillotiné à Paris, le 22 avril 1794.
Inhumé au cimetière des Errancis, à Paris.

### Famille

<u>Fils</u> de Lamoignon de Blancmesnil, chancelier de France (voir sa notice, p. 92).

<u>Il épousa</u> en 1749 Marie-Françoise Grimod de La Reynière (morte en 1771), fille d'un fermier général.

<u>Ses filles</u> : *Antoinette-Thérèse-Marguerite*, mariée à Louis Le Peletier de Rosambo, président au parlement de Paris ; *Françoise-Pauline*, mariée à Charles Philippe-Simon de Montboissier.

*Nommé le 20 juillet 1775, il démissionna le 12 mai 1776.*

**Carrière** : substitut du procureur général (1741), puis conseiller au Parlement (1744) ; premier président de la Cour des Aides de Paris, en survivance de son père (1749), puis en titre (1750) ; directeur de la Librairie (1750-1763) ; **secrétaire d'État de la Maison du Roi (1775-1776) ; ministre d'État (1787-1788)**.

**Places et dignités** : membre de l'Académie des Sciences (1750) ; membre de l'Académie des Inscriptions et Belles-Lettres (1759) ; membre de l'Académie française (1775).

Magistrat brillant, modéré mais ferme, savant érudit et modeste, législateur sage, mais sans complaisance, ami des hommes et fidèle au Roi jusqu'à la mort, tel fut Malesherbes, personnage connu s'il en est, mais dont l'action, ignorant l'intrigue, n'a pas toujours été comprise.

Élevé au sein d'une vieille famille d'éminents magistrats, il fit ses premières études au collège Louis-le-Grand, à Paris. Recevant ensuite l'enseignement du très janséniste abbé Pucelle, il en fut très profondément influencé, et lui dut son attachement à la défense des libertés parlementaires, dont il n'allait jamais démordre. Commençant sa carrière comme substitut du procureur général, puis comme conseiller, il reçut dès l'âge de vingt-neuf ans la première présidence de la Cour des Aides qu'il héritait de son père, et la direction de la Librairie ; il se trouvait alors doté d'un pouvoir considérable dont il sut ne pas abuser. Malgré son souci de faire appliquer les règlements avec rigueur, souvent attentif aux conseils de son père, qui était tenu à l'écart du gouvernement, il fit preuve à l'égard des philosophes d'une grande tolérance qui contribua à sa réputation de modération. Son rôle fut fondamental dans la protection, occulte, qu'il accorda à la publication de l'*Encyclopédie*, bien qu'il fût forcé, dans un deuxième temps, d'en supprimer le privilège après la condamnation du parlement de Paris. Il sut également se montrer impartial, lorsqu'il protégea Fréron, ennemi des encyclopédistes et avec lequel il n'était pas toujours en accord, de la sévérité des censeurs. Son ouverture d'esprit est toute contenue dans cinq mémoires qu'il rédigea sur la Librairie ; il y exposait la nécessité de rédiger de nouveaux règlements et de se montrer libéral envers les ouvrages qui n'étaient pas ouvertement diffamatoires, et se prononçait fermement en faveur de la liberté de la presse. Quant à son action à la Cour des Aides, elle fut l'un des symboles de la résistance des cours souveraines à l'autorité royale et à une politique fiscale jugée oppressive. Bien qu'il n'ignorât pas que les magistrats en parlant souvent au nom du peuple, étaient en maintes circonstances leurs propres défenseurs, il restait persuadé de la nécessité d'une magistrature indépendante, garante des droits de la nation face à l'absolutisme royal, et réclamait notamment le libre consentement du peuple réuni en États généraux pour la levée des impôts. Il inspira en particulier les remontrances de 1771 sur les lettres de cachet, mais la "révolution" de Maupeou et la suppression des cours souveraines le contraignirent à l'exil. Retiré dans son château de Malesherbes, il rédigea un "plan d'accommodement" qui condamnait à la fois l'arbitraire monarchique et les excès des juges. La Cour des Aides rétablie à l'arrivée de Louis XVI, il y reprit ses anciennes fonctions et y fit paraître les grandes remontrances de 1775. Il y fustigeait le "despotisme des administrateurs" et souhaitait que le monarque et son peuple entrassent en contact plus étroitement. En 1775, pressé par Maurepas et Turgot, dont il était l'ami, il accepta le secrétariat d'État de la Maison du Roi. Durant son court ministère, il fut plus actif et réformateur que jamais. Adoucissant le régime et l'usage des lettres de cachet, il se préoccupa également du vagabondage et réunit une documentation considérable sur la question des protestants, toujours sous le coup de la révocation de l'Édit de Nantes. Mais, peu à l'aise dans les sphères du pouvoir, où les affaires à traiter étaient trop nombreuses, il préféra démissionner, voulant aussi montrer sa solidarité avec Turgot, dont il était l'ami et le partenaire privilégié. Cette retraite, après dix mois de ministère, lui servit à approfondir les problèmes liés à la question protestante, dont il avait très utilement esquissé les grandes lignes. Il écrivit à ce sujet plusieurs mémoires, réclamant en particulier que fût accordé un état civil pour les protestants. Appelé au Conseil comme ministre d'État en

1787, il obtint du Parlement, sans lit de justice, l'enregistrement de l'Édit de Tolérance, aboutissement de ses efforts en faveur des non-catholiques, réformés et juifs.

Il ne fut guère inquiété dans les premières années de la Révolution, mais, après la chute de la monarchie, il proposa à la Convention d'être l'un des avocats de Louis XVI, et il mit toutes ses qualités de magistrat dans cette ultime défense ; après le procès, ce fut lui qui annonça au monarque sa condamnation à mort. Cet acte de courage devait lui être fatal. Arrêté à Malesherbes avec toute sa famille, il fut à son tour condamné et guillotiné en même temps que sa fille Antoinette et sa petite-fille Aline.

Sa mort tragique, sa réputation d'homme bon, sa fidélité enfin à son souverain contribuèrent à créer autour du ministre une aura de gloire. Mais au-delà des éloges à la *victime héroïque et sublime*, les contemporains comme la postérité ont reconnu en lui les qualités d'un homme d'État, et en particulier sa modestie. L'abbé de Véri souligne que *personne n'est plus éloquent ni plus ingénu sur ses propres défauts*, et juge, qu'avec Turgot, *leur intention était toute vers le bien de la chose, que leur âme était vraie, leur désintéressement indubitable et leurs lumières au-dessus du commun*. Il raconte aussi son soulagement après sa démission, dépeint sa *joie vive d'un écolier qui est sorti du collège*, tandis que Jacob-Nicolas Moreau, pour expliquer son départ, lui prête ces paroles : *M. de Maurepas rit de tout, M. Turgot ne doute de rien ; je doute de tout et je ne ris de rien : voilà un f... ministère !* Il est vrai que Malesherbes, s'il a su prouver sa fermeté à maintes reprises et ne pas craindre l'action dans les moments les plus graves, préférait les heures studieuses passées dans son cabinet.

Les archives qu'il a laissées contiennent une multitude de textes, dont beaucoup sont restés inédits, qui ne sont pas seulement ses travaux pour le gouvernement. Dès son plus jeune âge, en effet, il s'était passionné pour la botanique et resta toute sa vie un grand naturaliste, entretenant des relations étroites avec le botaniste Thouin, le naturaliste Charles Bonnet, ainsi qu'avec le célèbre Parmentier, voyageant dans l'Europe entière, menant de nombreux travaux d'arboriculture, critiquant même les théories de Buffon. Il connut beaucoup d'autres savants, philosophes et écrivains, et nombreux sont les mémorialistes qui rapportent leurs conversations. Comme directeur de la Librairie, il connut Voltaire, avec lequel il eut souvent fort à faire, et fut le confident de Rousseau. Il correspondait régulièrement avec La Fayette et Rabaut-Saint-Étienne au sujet des protestants. L'intérêt qu'il portait aux États-Unis lui fit connaître Franklin et Jefferson, ainsi que George Washington.

## Demeures

Né en 1721 dans l'hôtel familial de la rue Pavée, Malesherbes suivit son père trente ans plus tard à la Chancellerie. En 1777, il acheta à Lambert des Champs de Morel un hôtel situé rue des Martyrs. Détruit au XIX^ème siècle pour la construction de la Cité Malesherbes, il s'élevait à l'emplacement de l'actuel n° 59.

Le château de Malesherbes (Loiret), construit par Henri IV pour Henriette d'Entragues, et acheté en 1718 par Blancmesnil, existe toujours ; il est ouvert à la visite. La façade actuelle fut élevée en 1720. Plusieurs salles sont ornées des portraits de la famille Lamoignon. Malesherbes avait aménagé dans le parc des curiosités très en vogue à cette époque : canaux, chemins, marais asséchés et arbres exotiques rivalisaient avec une allée de mélèzes et de bois de Sainte-Lucie qui faisait l'admiration de tous. En même temps que cette superbe demeure, Malesherbes avait hérité de son père plusieurs autres seigneuries. Il possédait aussi une propriété à Chef-Boutonne (Deux-Sèvres).

## Iconographie, bibliographie et sources

De très nombreuses gravures, d'assez vilaine facture, ont représenté le défenseur de Louis XVI. Il existe également un portrait et un pastel de Quentin de La Tour le représentant en habit de magistrat, tous deux conservés dans des collections particulières.

Connu essentiellement pour son action bienveillante envers les philosophes et pour l'héroïsme de ses derniers instants, Malesherbes a rarement fait l'objet de biographies approfondies. L'un des premiers à avoir retracé son existence fut Boissy d'Anglas, *Essai sur la vie, les écrits et les opinions de M. de Malesherbes*, Paris, 1819-1821, 3 volumes. Cependant, seule la magistrale étude de Pierre Grosclaude, *Malesherbes, témoin et interprète de son temps*, Paris, 1961, présente une vision complète du personnage. Le même auteur a publié de nombreux autres articles et études, ainsi que des documents, notamment de la correspondance, avec Rousseau en particulier, et d'autres personnages politiques (*Malesherbes et son temps. Nouveaux documents inédits*, Paris, 1964). On complétera ces travaux par ceux de John P. Allison, *Lamoignon de Malesherbes, defender and reformer of the French Monarchy*, New-York, 1938. D'autres auteurs ont publié une partie de sa correspondance avec Voltaire (Ira Wade, "Voltaire and Malesherbes", *French Review*, 1935), ou l'abbé Trublet (S. Jacquart, *La correspondance de l'abbé Trublet. Documents inédits sur Malesherbes*, Paris, 1926). Élisabeth Badinter, *Les remontrances de M. de Malesherbes (1771-1775)*, Paris, 1978, s'est penchée sur ses travaux de magistrat, au plus fort de son opposition avec la monarchie. Le catalogue de l'exposition *Louis XVI, du serment du sacre à l'édit de tolérance de 1787*, Paris, 1988, tenue en l'hôtel de Lamoignon, apporte des documents intéressants et vivants, tandis qu'un recueil de mémoires récemment publiés, *Malesherbes, le pouvoir et les Lumières*, Paris, 1989, permet de mieux comprendre sa pensée sur les libertés religieuses ou la liberté de la presse, peu de textes en effet ayant été publiés de son vivant. On y ajoutera le catalogue d'une récente exposition, tenue à la mairie du V^{eme} arrt. à Paris, *Malesherbes*, 1993, et la dernière biographie, bien documentée, de Jean DESCARS, *Malesherbes, gentilhomme des Lumières*, Paris 1994. Enfin, la fiction d'Henri PERCHELLET, *Journal d'un bourgeois de Pithiviers pendant la Révolution française*, Pithiviers, 1933, renseigne intelligemment sur la vie à Malesherbes pendant cette période, le château lui-même et la ville étant étudiés dans l'ouvrage de l'abbé Michel GAND, *Malesherbes qui a grandi entre ses châteaux*, Pithiviers, 1970, ainsi que dans le travail de l'abbé GUILLAUME, "Trois siècles d'histoire du château de Malesherbes", *Bulletin de la société archéologique et historique de l'Orléanais*, n° 5 (1960). On y ajoutera la monographie d'une demeure de la famille Lamoignon, par Marie-Claire TIHON, *Verneuil-sur-Seine, une grande histoire*, Verneuil, 1994, 2 volumes.

Les dossiers sur son administration de la Librairie sont conservés à la Bibliothèque nationale, dans la collection Anisson-Duperron. D'autres papiers sont conservés aux archives départementales du Bas-Rhin, dans le fonds de Leusse (53 J). Enfin, il subsiste encore un ensemble très important d'archives au château de Malesherbes, qui appartient aux descendants.
[IAD : XX/770 (17 frimaire an IV - 8-XII-1795).

## AMELOT DE CHAILLOU
Antoine-Jean

Né à Paris, le 20 novembre 1732
Mort à Paris le 20 avril 1795.

## Famille

Fils de Jean-Jacques Amelot de Chaillou, secrétaire d'État des Affaires étrangères (voir sa notice, p. 137).

Il épousa en 1759 Marie-Françoise-Jeanne Le Gendre, fille d'un président en la Chambre des Comptes de Paris.

<u>Ses enfants</u> : *Anne-Marie*, mariée à Henri-François Thibault de La Carte de La Ferté-Sénecterre, maréchal de camp ; *Justine*, chanoinesse ; *Antoine-Léon-Anne*, intendant de Bourgogne, commissaire de la Caisse de l'Extraordinaire sous la Révolution, puis receveur général des Hospices de Rouen sous la Restauration.

*Nommé le 12 mai 1776, il démissionna le 18 novembre 1783.*

**Carrière** : avocat du Roi au Châtelet (1751) ; maître des requêtes (1753) ; président au Grand Conseil (1754-1764) ; intendant de Bourgogne (1764-1774) ; intendant des finances (1774-1776) ; **secrétaire d'État de la Maison du Roi (1776-1783)**.

**Places et dignités** : membre honoraire de l'Académie des Inscriptions et Belles-Lettres (1777) ; membre honoraire de l'Académie des Sciences (1777) ; secrétaire-commandeur des Ordres du Roi (1781).

Précédé et suivi par les deux personnalités que furent Malesherbes et Breteuil, Amelot de Chaillou, en dépit de ses sept ans de ministère, est resté un personnage obscur et peu connu.

C'est lors de son intendance de Bourgogne que le fils du secrétaire d'État des Affaires étrangères s'est fait connaître, comme un fervent partisan du pouvoir royal contre la fronde du parlement de Dijon, qu'il fit remplacer par une nouvelle cour à la suite de la réforme du chancelier Maupeou. Nommé à la Maison du Roi malgré l'opposition de Turgot, il n'osa pas procéder aux restrictions budgétaires nécessaires, se contentant de refuser des pensions aux personnes sans crédit. On l'accusa surtout d'avoir fait, alors qu'il cumulait avec son ministère le gouvernement de la Bastille, un usage abusif des lettres de cachet. Il fit preuve en revanche d'un certain libéralisme envers les protestants, annonçant ainsi l'Édit de Tolérance de 1787. Il allégua des problèmes de santé pour se retirer honorablement d'une place où l'on souhaitait le remplacer.

Peu estimé malgré les quelque sept ans de son ministère, il était, rapporte le baron de Bésenval, *un homme si médiocre, que M. de Maurepas, en le faisant nommer ministre de la Maison, disait à qui voulait l'entendre : "on ne dira pas que j'ai pris celui-là pour son esprit".*

### Demeures

Il habita longtemps un hôtel rue Royale à Paris, et ne le quitta pas pendant son intendance de Bourgogne. En 1781, il sous-loua, à l'intendant des finances Cochin, l'hôtel d'Aligre, rue de l'Université, où avait précédemment habité Berryer ; il l'acquit définitivement deux ans plus tard et y vivra avec sa femme jusqu'à la Révolution. Il y abritait une très belle bibliothèque, qui fut vendue en l'an V. Après sa mort, sa veuve se débarrassera de l'hôtel. De nombreux propriétaires s'y succédèrent, jusqu'à l'installation, à la fin du XIX^{ème} siècle, du siège de la *Revue des Deux Mondes*, qui l'occupe toujours, au n° 15 rue de l'Université (VII^{ème} arrt).

**Iconographie, bibliographie et sources**

Il existe un portrait anonyme d'époque conservé dans une collection particulière.

Dufort de Cheverny, qui avait épousé la sœur de la femme d'Amelot, a laissé dans ses *Mémoires* quelques traits sur ce ministre. Son intendance de Bourgogne a suscité la thèse de droit inédite d'Alain MANEVY, *L'intendant Amelot de Chaillou et la Bourgogne (1764-1774)*, soutenue à Paris en 1957, et exposée en partie dans son article "L'intendant Amelot et la mairie de Dijon", *Annales de Bourgogne*, n° 111 (1956). Son passage au ministère n'a suscité que de très courts travaux : "Une lettre d'Amelot à Condorcet, 28 août 1777", *Carnet historique*, tome 2 (1898), et Alfred HACHETTE, "Les pages, M. Amelot et le théâtre de la Montansier (1778-1780)", *Revue historique de Versailles*, 1929. L'hôtel du faubourg Saint-Germain a fait l'objet de l'étude de Martine CONSTANS dans *La rue de l'Université*, Paris, 1987.

[IAD : XIV/533 (15 floréal an III - 4-V-1795).

**LE TONNELIER DE BRETEUIL**
Louis-Charles-Auguste

Né au château d'Azay-le-Féron,
le 7 mars 1730
Mort à Paris, le 2 novembre 1807.
Inhumé au cimetière de Choisel,
à côté de Breteuil (Yvelines).

**Famille**

Petit-neveu de François-Victor Le Tonnelier de Breteuil, secrétaire d'État de la Guerre (voir sa notice, p. 182).

<u>Son père</u> : Charles-Auguste, baron de Preuilly, capitaine de cavalerie.

<u>Sa mère</u> : Marie-Françoise Goujon de Gasville.

<u>Sa sœur</u> : *Marie-Émilie-Élisabeth*, religieuse à la visitation Sainte-Marie.

<u>Son épouse</u> : Françoise-Philiberte-Jérôme Parat de Montgeron (1737-1765), fille d'un receveur général des finances de la généralité d'Orléans.

<u>Ses filles</u> : *Marie-Élisabeth*, mariée à Louis-Charles de Matignon ; *Louise-Jérôme*, morte sans postérité.

*Nommé le 18 novembre 1783, il fut disgracié le 26 juillet 1788 ; il fut rappelé par Louis XVI en 1789.*

**Carrière** : guidon des gendarmes d'Orléans (1749) ; ministre plénipotentiaire près l'Électeur de Cologne (1758-1760) ; colonel de cavalerie (1759) ; ambassadeur à Saint-Pétersbourg (1760-1763), à Stockolm (1763-1770), aux États généraux des Provinces-Unies (1767), à Naples (1770-1775), à Vienne (1775-1783) ; maréchal de camp (1780) ; conseiller d'État (1781) ; **secrétaire d'État de la Maison du Roi (1783-1788) ; ministre d'État (1783) ; secrétaire d'État de la Guerre par *intérim* (1787) ; chef et président du Conseil royal des Finances (1789).**

**Places et dignités** : chevalier de l'Ordre du Saint-Esprit (1776) ; membre honoraire de l'Académie des Sciences (1784).

Chef du gouvernement le jour de la prise de la Bastille, ce grand ami de Louis XVI eut deux, presque trois carrières successives. Connu surtout pour son action diplomatique dans les principales capitales de l'Europe, on oublie trop souvent les cinq années passées à la Maison du Roi, au cours desquelles ce département prit peu à peu les allures et les attributions de ce qui allait devenir le ministère de l'Intérieur.

Petit-neveu du ministre de la Guerre de Louis XV, et petit-fils d'un introducteur des ambassadeurs, Breteuil bénéficia des appuis d'un réseau familial nombreux et influent qui faisait oublier d'obscures origines, et d'une fortune très importante que des alliances bien choisies avaient régulièrement alimentée.

D'abord poussé par son grand-oncle dans la carrière des armes, qu'il poursuivit durant ses jeunes années et qui le conduisit, plus tard, au grade de maréchal de camp, il s'orienta bientôt vers la diplomatie, à la faveur de l'estime que lui accordait Louis XV. Chargé des missions les plus importantes, à Copenhague et à Saint-Pétersbourg, où il devait obtenir de l'impératrice la levée de la sentence d'exil contre Stanislas Poniatowski, il fut l'un des rares ambassadeurs initié au "secret du Roi", sorte de diplomatie officieuse mise en place par Louis XV parallèlement à celle de son ministre Choiseul. Devenu alors très proche du monarque, il reçut l'ambassade de Suède, où il prévint le déclenchement d'une révolution contre le prince royal. Mais c'est à Vienne, où il demeura huit ans, qu'il donna toute la mesure de son habileté diplomatique. Confronté à la grave affaire de la succession de Bavière, il sut, grâce à son sens du dialogue et de la modération, faire accepter la paix à l'Autriche au congrès de Teschen (1779), sans que la récente alliance entre Vienne et Versailles ne fût remise en question. Son succès ajouta l'amitié à la haute estime que lui portait déjà Louis XVI.

Sa nomination comme conseiller d'État ne fut qu'un prélude à son entrée au gouvernement. Le secrétariat d'État de la Maison du Roi, où il remplaça Amelot de Chaillou, et qui avait été tenu pendant près de cinquante ans par Saint-Florentin, commençait à connaître un développement de ses attributions, qui se confirma nettement sous son ministère. Sa volonté d'améliorer le sort des populations marginalisées le détermina à prendre de nombreuses mesures en faveur des malades, des pauvres et des protestants, qui n'eurent pas toujours les résultats escomptés. Suscitant des souscriptions pour les hôpitaux de Paris, augmentant son contrôle sur le personnel médical et la diffusion des médicaments, instituant la gratuité des soins pour les indigents, dressant enfin un plan de rénovation de l'Hôtel-Dieu, il ne put mener à leur terme la construction de nouveaux établissements et la création d'un comité permanent des hôpitaux. Conscient en outre de la nécessité de modifier la législation sur les protestants qui datait de la révocation de l'Édit de Nantes, il fut l'un des artisans, avec Malesherbes, de l'Édit de Tolérance de 1787 qui accordait un état civil aux non-catholiques, sans pour autant régler tous les problèmes de leur intégration complète dans la société. Il modéra également l'usage des lettres de cachet. Son département lui confiait aussi la charge de Paris. Il procéda à plusieurs travaux d'urbanisme, faisant démolir en particulier la plupart des maisons qui bordaient encore les ponts de la capitale. L'intérêt qu'il manifestait pour les techniques nouvelles l'amena à attribuer des lettres de noblesse aux Montgolfier et à patronner les premières ascensions en ballon. Mais les départs de Ségur, Castries, Miromesnil et Calonne et la mort de Vergennes privèrent tout-à-coup Breteuil de ses principaux collègues du gouvernement. Le mauvais climat politique dû à la situation financière et l'autoritarisme grandissant de Loménie de Brienne conduisirent alors Louis XVI à se séparer de lui, mais à contre-cœur. Aussi, lorsque le 11 juillet 1789, le Roi renvoya Necker, il fit appel pour le remplacer à celui auquel il avait conservé son amitié et son estime. Ce ministère, qui ne dura que cent heures, fut très mal accueilli par l'opinion publique, pour laquelle Breteuil incarnait le "complot aristocratique".

Resté après son renvoi dans la confiance du monarque, il fut avec le marquis de Bouillé l'un des organisateurs du voyage de la famille royale à Montmédy, qui échoua à Varennes en juin 1791. Chargé de traiter secrètement avec les puissances étrangères pour rétablir le pouvoir du Roi, il dut finalement se réfugier à Hambourg. Il ne rentra en France qu'en 1802, et mourut cinq ans plus tard dans l'oubli le plus complet.

Habitué des cours européennes, le baron de Breteuil était connu pour être un "viveur". Dufort de Cheverny, qui l'a fréquenté, raconte qu'*avantageux avec les femmes, d'une jolie figure, pourvu de talents, faisant une dépense extraordinaire..., il aimait le plaisir.* Il souligne également qu'*on disait qu'il n'avait jamais fait une révérence qu'à dessein d'en tirer parti.* Si c'était là peut-être le secret de la réussite de ses ambassades, on lui reprocha pourtant assez souvent une brutalité de caractère qui le fit se brouiller avec plusieurs de ses contemporains, comme le baron de Bésenval ou Marmontel. L'abbé de Véri, en particulier, lui reproche *son caractère ambitieux et dangereux, et d'une droiture peu assurée... Quant à son esprit, il y a partage dans les opinions. Personne ne lui refuse l'audace, qui aux yeux de bien des gens vaut de l'esprit. Quelques-uns lui refusent, non sans raison, le fond des idées vraies et des connaissances justes qui forment le véritable esprit d'affaires.* Le prince de Montbarrey l'accuse de *s'être endormi dans sa grandeur ministérielle, et de n'avoir pas aperçu les pièges et les dangers dont le trône était environné.* Mais le premier maire de Paris, Jean-Sylvain Bailly, reconnaît qu'il fut *un homme bon, sensible, loyal et juste. En tant que ministre, il a toujours apprécié ce qui était utile, noble et bénéfique pour son pays et pour son Roi.* Ce travailleur autoritaire avait su ménager sa fortune et son rang en contractant habilement des alliances prestigieuses et bien dotées. Ainsi, cousin du duc de Tonnerre, d'origine féodale, il devint le beau-père du marquis de Matignon, tout en étant allié aux Malesherbes. Il échoua cependant dans son projet de mariage entre sa petite-fille et le duc de Polignac. Cultivé, mécène, aimant les arts, il était le neveu de "la belle Émilie", duchesse du Châtelet et amie de Voltaire, qui joua un rôle au début de sa carrière. Il encouragea les académies, attira à la cour de grands écrivains, et proposa en 1774, dans ses *Réflexions sur la manière de rendre utiles les gens de lettres*, qu'un ministre fût spécialement chargé de la direction des Lettres.

## Demeures

Breteuil possédait à Paris un hôtel qu'il avait fait élever par Perlin vers 1775, entre la rue de Provence et la rue Chantereine (actuelle rue de la Victoire, IX^ème arrt), mais qu'il finit par céder au duc d'Orléans. Cette très vaste demeure n'existe plus. Il possédait également un autre hôtel à Paris, cul-de-Sac Saint-Honoré-Dauphine, où l'on trouva après son émigration de nombreux objets d'art, tableaux et sculptures.

Le ministre affectionnait particulièrement le pavillon de Breteuil, à Saint-Cloud. Propriété du duc d'Orléans, il avait été la demeure de son chancelier, l'abbé de Breteuil, oncle de notre ministre. Le château de Saint-Cloud fut acheté par Louis XVI en 1785 avec toutes ses dépendances. Breteuil, alors ministre de la Maison du Roi, obtint de s'installer dans le pavillon. Il abrite depuis le XIX$^{ème}$ siècle le Bureau International des Poids et Mesures.

Lors de son ambassade en Suède, Louis-Auguste acquit le domaine de Nyckelviken (1764). Le château, construit en 1746, existe toujours et appartient à la ville de Nacka. Breteuil avait fait refaire somptueusement la façade et les intérieurs, et fit construire l'orangerie et la salle de billard. A Stockholm, il avait fait installer l'ambassade de France au palais Bäat, propriété du comte de Scheffer, ancien ambassadeur de Suède à Paris, et l'un des fondateurs de la manufacture de Marieberg. Créée en 1759, cette manufacture connut des difficultés financières quelques années après. Par amitié pour le comte de Scheffer, Breteuil en devint actionnaire dès 1768, mais ne put sauver l'entreprise, où il avait contribué à faire placer son ami le faïencier Nicolas Berthevin ; elle ferma ses portes en 1782.

Le château d'Azay-le-Feron, près de Loches (Indre), où il était né, appartenait à sa famille depuis 1699, mais il fut vendu dès 1739 au marquis de Gallifet. Propriété de la ville de Tours, le château abrite aujourd'hui un musée.

Breteuil possédait également le château de Dangu, près de Gisors (Eure), qu'il avait acheté en 1781 aux marquis de Bouville. Construit au début du XVII$^{ème}$ siècle, il avait appartenu au maréchal de Luxembourg. Détruit au XIX$^{ème}$ siècle, il a été remplacé par le bâtiment du XVIII$^{ème}$ siècle que l'on voit aujourd'hui, qui fut transporté de Saint-Cloud par la famille Pozzo di Borgo. Il avait aussi une propriété à Saint-Domingue. Il avait également acheté, en 1755, une demeure appelée le Petit Château d'En-Bas, à Colombes (Seine-Saint-Denis), qu'il revendit en 1785 à Jean de Verdun. Elle n'existe plus aujourd'hui. En 1801, la marquise de Créqui, célèbre par ses *Souvenirs* et son salon, lui légua le château de Montflaux, près de Saint-Denis de Gastines (Mayenne). Propriété privée, le château, très délabré, existe toujours.

Quant au château de Breteuil, dans la vallée de Chevreuse (Yvelines), il était en fait la propriété d'une autre branche de la famille. Toujours aux descendants, il est aujourd'hui ouvert à la visite, et recèle maints souvenirs relatifs à notre ministre, notamment une somptueuse table de bronze doré, avec un plateau de mosaïque de pierres, chef-d'œuvre du joaillier Neuber, que l'impératrice Marie-Thérèse offrit à Breteuil après le congrès de Teschen. On y admire aussi un superbe service de faïence aux pièces monumentales et à la décoration variée, que Breteuil avait commandé à la manufacture de Marieberg.

## Iconographie, bibliographie et sources

Un portrait de Jean-Laurent Mosnier, déposé au musée des Tissus de Lyon, le représente montrant les plans des hôpitaux du nouvel Hôtel-Dieu. Un dessin de Carmontelle, conservé dans une collection particulière, le représente assis, face à son jardin. Il existe d'autres portraits au château de Breteuil, notamment de Van Loo, ainsi qu'un buste, par Pajou.

Les activités variées de ce ministre pourtant méconnu ont suscité plusieurs études intéressantes, mais inégales. Pour son action diplomatique, seule l'ambassade à Vienne a intéressé les historiens : d'abord Gustave FAGNIEZ, *La politique de Vergennes et la diplomatie de Breteuil (1774-1787)*, Paris, 1922, et, plus récemment dans des travaux, restés inédits, Thibault de FAYET DE MONTJOYE, *L'alliance franco-autrichienne à l'épreuve : la succession de Bavière et les crises d'Orient au travers de l'ambassade du baron de Breteuil à Vienne (1775-1778)*, maîtrise Paris-IV, 1989, et surtout Munro PRICE, *The comte de Vergennes and the baron de Breteuil : french politics and reform in the reign of Louis XVI*, thèse inédite, Cambridge, 1990. Le département de la Maison du Roi est longuement analysé pendant son ministère dans la thèse de droit de René-Marie RAMPELBERG, *Aux origines du ministère de l'Intérieur. Le ministre de la Maison du Roi (1783-1788), baron de Breteuil*, Paris, 1975, tandis que son rôle à Paris, notamment dans la santé publique, est évoqué dans l'article de Louis S. GREENBAUM, "Jean Sylvain Bailly, the baron de Breteuil and the four new hospitals of Paris", *Clio Medica*, n° 4 (1973), dans le catalogue de l'exposition *La Révolution française et les hôpitaux parisiens*, tenue en 1989 au musée de l'Assistance publique, et surtout dans la thèse inédite de Sarah ALEZRAH, *La politique hospitalière de Breteuil*, Paris-IV (dir. Sᵗᵉ Fare-Garnot), 1992. Pierrette GIRAULT DE COURSAC, "Le baron de Breteuil et le Roi", *Découverte*, n° 39 (1982) s'attache à détruire quelques légendes sur ses rapports avec Louis XVI. Son action pendant la Révolution est évoquée dans l'article de Michel EUDE, "Breteuil, Bombelles et Castries", *Annales historiques de la Révolution française*, 1962, celui d'Arnaud de LESTAPIS, "Royalistes et Monarchiens", *Revue des Deux-Mondes*, sept.-oct. 1960, et dans la publication de Jules FLAMMERMONT, "Négociations secrètes de Louis XVI et du baron de Breteuil avec la cour de Berlin (1791-1792). Lettres et documents authentiques", *Bulletin mensuel de la faculté des Lettres de Poitiers*, 1885. Le mécène et ami des arts est évoqué dans l'article de Dorothée GUILLÈME-BRULON, "La manufacture de Marieberg", *L'Estampille*, juillet-août 1985. Sur ses demeures, on verra la plaquette publiée par le Bureau International des Poids et

Mesures, *Le Pavillon de Breteuil, de 1672 à nos jours*, Sèvres, 1990, la notice concernant Montflaux dans l'ouvrage de Philippe SEYDOUX, *Châteaux et manoirs du Maine*, Paris, 1988.

On trouve aux Archives nationales une partie de ses papiers (T 245), et leur inventaire (T 1604), ainsi qu'une correspondance avec le parlementaire Jacques Duval d'Éprémesnil (158 AP), et aux archives départementales de la Mayenne une partie de sa correspondance lors de son ambassade en Russie. Il existe au château de Courtalain (Eure-et-Loir) la comptabilité de sa propriété de Saint-Domingue, et le château de Breteuil (Yvelines) conserve encore de nombreux documents le concernant.

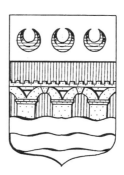

### LAURENT DE VILLEDEUIL
Pierre-Charles, marquis de

Né à Bouchain, le 12 octobre 1742
Mort à Paris, le 28 avril 1828.

**Famille**

Originaire de Flandre, anoblie au milieu du XVIII^ème siècle.

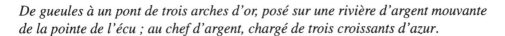

*De gueules à un pont de trois arches d'or, posé sur une rivière d'argent mouvante de la pointe de l'écu ; au chef d'argent, chargé de trois croissants d'azur.*

Son père : Pierre-Joseph, ingénieur, directeur général des canaux de Picardie, co-fondateur de la compagnie des mines d'Anzin, inspecteur des Ponts-et-Chaussées à Bouchain.

Sa mère : Suzanne-Joseph Darlot, fille d'un receveur des Domaines et Fermes du Roi.

Ses sœurs : *Félicité*, mariée à Louis de Montmerqué ; *Jeanne-Jacqueline-Joseph* et *Suzanne-Rosalie*, mortes jeunes.

Il épousa Marie-Françoise-Nicole d'Agay de Mutigney (morte en 1813), fille d'un intendant d'Amiens.

<u>Ses enfants</u> : *Thimoléon*, régisseur de la compagnie des mines d'Anzin ; *Charles*, capitaine dans l'armée anglaise aux Indes ; *Émilie*, mariée au comte de La Forest-Divonne ; *Alexandrine*, chanoinesse de Sainte-Anne de Bavière ; *Marie-Françoise-Agathe*.

*Contrôleur général des Finances pendant quelques mois en 1787, il fut nommé le 26 juillet 1788 et démissionna le 11 juillet 1789.*

**Carrière** : conseiller au parlement de Flandre (1770) ; conseiller, puis maître des requêtes au Parlement (1775) ; directeur de la Librairie (1780) ; intendant du département des régies générales des Aides et Droits Réunis (1784) ; intendant de Rouen (1785-1787) ; conseiller au Conseil royal des Finances et du Commerce (1787) ; **contrôleur général des Finances (1787)** ; **secrétaire d'État de la Maison du Roi (1788-1789)**.

**Places et dignités** : secrétaire des Commandements du comte d'Artois ; membre de l'Académie des Inscriptions et Belles-Lettres (1816).

Administrateur discret appartenant à un milieu où la finance et l'industrie faisaient bon ménage, Villedeuil, très oublié par l'histoire, eut pourtant une carrière brillante durant laquelle lui furent confiées d'importantes responsabilités, mais que la Révolution compromit définitivement.

Après avoir débuté au parlement de Flandre, dans sa province natale, il finit par gagner Paris, où il devint maître des requêtes. Cinq ans plus tard, ses talents l'ayant révélé aux yeux de tous, il reçut la direction de la Librairie, poste délicat en cette époque où la liberté de la presse était à l'ordre du jour. Après un passage aux Droits Réunis, il fut nommé à l'intendance de Normandie. Membre, deux ans plus tard, de l'Assemblée des Notables, il y joua un rôle important au sein du bureau que présidait le comte d'Artois. Recevant le Contrôle général en remplacement de Bouvard de Fourqueux, il rétablit la liberté du commerce des grains que Turgot n'avait pas pu, en son temps, maintenir. Cette importante mesure ne fut que le prélude, quatre mois plus tard, à sa démission, motivée par l'autorité croissante de Loménie de Brienne qui entendait contrôler le domaine des finances. Il garda en revanche le secrétariat d'État de la Maison du Roi, charge qui lui conféra, entre autres, la tâche délicate de convoquer les États généraux et de présider aux élections. Le titre de marquis qu'il reçut alors fut le dernier accordé par la monarchie. Mais les événements de juillet 1789 l'effrayèrent. Démissionnaire, il émigra en même temps que le comte d'Artois et que le prince de Condé. Il ne cessa dès lors de balancer entre l'étranger et sa terre d'origine. Rentré clandestinement en France pour tenter de sauver le Roi, il se déguisa en prêtre constitutionnel, officiant même à Notre-Dame de Paris ; mais il dut très vite quitter le territoire et se réfugia en Écosse, dans une demeure mise à sa disposition par le roi George III. Revenu sous Louis XVIII, il accepta le titre inconstitutionnel de membre du Conseil privé. Cet *homme honnête et sensible*, selon Loménie de Brienne, mourut âgé, oublié de tous.

## Demeures

A Paris, Villedeuil logeait dans un hôtel de la place Royale, qu'il avait acquis en 1777 et qu'il partageait avec son frère. Cette demeure, dont les ailes encadraient une vaste cour intérieure, était renommée pour sa décoration due aux meilleurs artistes du XVII<sup>ème</sup> siècle. Le plafond de la salle à manger, particulièrement admiré par les contemporains, était l'œuvre de Le Brun, celui de la grande salle de Le Vau et Dorigny ; et le cabinet contigu était, à en croire Sauval, *le plus somptueux et le plus doré qui se voyait dans le royaume et peut-être dans tout le monde.* François Perrier et Simon Vouet avaient également contribué à l'aménagement de cette habitation. Séquestré comme bien d'émigré sous la Révolution, une grande partie de son mobilier fut vendue. La VIII<sup>ème</sup> municipalité, puis la Caisse d'Amortissement l'occupèrent, avant que Villedeuil n'en reprenne possession. Il le vendit finalement à la Ville de Paris en 1819. Il abrite aujourd'hui une synagogue et les appartements du Grand Rabbin de France (14, place des Vosges, IV<sup>ème</sup> arrt).

En 1780, il acheta la terre et le château de Villemenon, près de Brie-Comte-Robert (Seine-et-Marne).

## Iconographie, bibliographie et sources

Un portrait posthume, peint par Charles Crauk en 1834, est conservé au musée de Valenciennes.

Très peu étudié malgré sa carrière intéressante, Villedeuil a fait l'objet d'une petite biographie par Étienne-Arthur LEIGNEL, *Notice sur Pierre-Joseph Laurent et Pierre-Charles Laurent, marquis de Villedeuil (1742-1828)*, Lille, 1905, tandis que l'on trouve des précisions généalogiques dans l'ouvrage d'HOUZÉ DE L'AULNOIT, *Famille Houzé de l'Aulnoit et ses alliances*, Lille, 1892, et dans celui d'Édouard GRAR, *Histoire de la recherche, de la découverte et de l'exploitation de la houille dans le Hainaut français, dans la Flandre française et dans l'Artois (1716-1791)*, Valenciennes, 1850, tome 3 ; en revanche son père a fait l'objet d'une intéressante thèse, hélas inédite, de Louis THIBAUT, *Contribution à une typologie de l'entrepreneur industriel au XVIII^{ème} siècle : le mécanicien Pierre-Joseph Laurent (1713-1773), co-fondateur de la compagnie d'Anzin et promoteur du canal souterrain de Saint-Quentin*, Lille-III, 1974. Lucien LAMBEAU, "Deux hôtels de la place Royale", *Mémoires de la Société de l'histoire de Paris et de l'Île-de-France*, tome 38 (1911), apporte des descriptions intéressantes de sa demeure, dont l'inventaire est conservé aux Archives nationales (T 1671/72).

Des dossiers d'affaires dont il était rapporteur comme maître des requêtes sont conservés aux Archives nationales (T 543), et les archives municipales de Valenciennes conservent une intéressante correspondance (1774-1780) avec son cousin Dehaut de Lassus, subdélégué de Bouchain (série II).

[Inventaire de ses papiers : T 1671, dossier 72 (1^{er} prairial an III).

# LES CAS PARTICULIERS.

**MAUREPAS**
Jean -Frédéric Phélypeaux,
comte de

Né à Versailles, le 9 juillet 1701
Mort à Versailles, le 9 novembre 1781.
Inhumé en la chapelle Saint-Laurent
de l'église Saint-Germain-l'Auxerrois,
à Paris.

## Famille

Cousin et beau-frère de Phélypeaux de Saint-Florentin, secrétaire d'État de la Maison du Roi (voir sa notice, p. 262).

Son père : Jérôme de Pontchartrain, secrétaire d'État de la Marine sous Louis XIV.

Sa mère : Éléonore-Christine de La Rochefoucauld de Roye, fille d'un grand maréchal des armées danoises, pair d'Irlande ; sa belle mère : Hélène-Rosalie-Angélique de L'Aubépine de Verderonne, fille d'un sous-lieutenant des gendarmes du Dauphin.

Ses frères et sœurs : *Louis-François*, mort jeune ; *Paul-Jérôme*, lieutenant général à La Rochelle, gouverneur de Ham ; *Charles-Henri*, abbé de Royaumont, évêque de Blois ; *Marie-Françoise-Christine*, morte jeune ; deux demi-sœurs, *Marie-Louise-Rosalie*, mariée à Maximilien-Emmanuel de Watteville ; *Hélène-Angélique-Françoise*, mariée à Louis-Jules Mancini-Mazzarini, duc de Nivernais ; leur fille épousa le comte de Gisors, fils du maréchal de Belle-Isle, secrétaire d'État de la Guerre sous Louis XV.

Il épousa en 1718 Marie-Jeanne Phélypeaux de Saint-Florentin, sa cousine (1704-1793), fille du marquis de La Vrillière, secrétaire d'État sous Louis XIV et pendant la Régence, et sœur du comte de Saint-Florentin, secrétaire d'État de la Maison du Roi sous Louis XV et Louis XVI.

Sans postérité.

*Secrétaire d'État en survivance de son père Pontchartrain dès 1715, il reçut le département de la Maison du Roi en 1718, puis celui de la Marine en 1723 ; disgracié en 1749, il fut rappelé par Louis XVI le 20 mai 1774, et fut nommé chef du Conseil royal des Finances le 14 mai 1776 ; il mourut en charge.*

**Carrière** : chevalier de Malte (1703) ; **secrétaire d'État en survivance (1715), en titre, chargé de la Maison du Roi (1718-1749), et de la Marine (1723-1749)** ; directeur général des Haras (1733) ; **ministre d'État (1738 et 1774)** ; rappelé d'exil (1774) ; **chef du Conseil royal des Finances (1776-1781).**

**Places et dignités** : secrétaire-commandeur des Ordres du Roi (1724) ; membre honoraire de l'Académie des Sciences (1725) ; grand trésorier-commandeur des Ordres du Roi (1736-1743) ; membre honoraire de l'Académie des Inscriptions et Belles-Lettres (1736).

Entré très jeune au gouvernement, au tout début du règne de Louis XV, et mort en charge à quatre-vingts ans, presque au milieu de celui de Louis XVI, Maurepas, avec quarante-et-un ans de ministère et malgré une disgrâce qui dura près de vingt-cinq ans, partagea avec son beau-frère et cousin Saint-Florentin le record de la longévité ministérielle. Pourtant, celui dont les mémorialistes ont tant parlé, qui dirigea conjointement pendant plus de trente ans la Maison du Roi et la Marine, qui défraya la chronique par ses bons mots et ses libertinages, qui disparut de la scène politique pendant si longtemps, pour ressurgir brusquement, avec autant de verve et plus d'influence qu'il n'en eut jamais, celui enfin auquel l'on reprocha le rappel des parlements, acte qui pour beaucoup fut l'une des causes principales de la Révolution, reste encore méconnu, tant dans sa personnalité que dans son œuvre.

De dispense d'âge en survivance, Maurepas débuta sa carrière à l'âge exceptionnel de quatorze ans, en héritant de son père, disgracié, la charge de secrétaire d'État. Mis à l'écart par l'institution de la Polysynodie, il reçut cette charge en titre, dès 1718, avec la plupart des attributions de la Maison du Roi ; il y ajouta en 1723 le département de la Marine, qu'il reçut de Fleuriau de Morville.

Étant donné sa jeunesse, c'est son beau-père La Vrillière, secrétaire d'État, chargé plus spécialement des affaires de la Religion Prétendue Réformée, qui l'initia d'abord aux affaires, jusqu'à sa mort en 1725. Malgré la frivolité de caractère que tous ses contemporains lui ont reconnu jusqu'à son extrême vieillesse, Maurepas allait pourtant accomplir, au sein des deux départements qui lui étaient confiés, une tâche considérable. Comme ministre de Paris, l'une des attributions de la Maison du Roi, il protégea les arts, veilla à la censure des livres et des spectacles, et supprima les maisons de jeux. Mais c'est à la Marine, qu'il voyait plus comme un instrument de commerce que comme une machine de guerre, que son œuvre reste la plus intéressante. L'obstacle essentiel auquel il se heurta d'emblée fut la faiblesse de son budget, le cardinal de Fleury lui refusant tout crédit supplémentaire. Convaincu de la nécessité d'une flotte puissante, Maurepas dut d'abord se contenter de faire entretenir les ports, de réglementer la construction des navires et d'encourager la pêche au Canada. S'il ne put développer la flotte de guerre et reconstituer celle dont avait bénéficié Colbert, il parvint néanmoins à donner une impulsion décisive à la marine marchande et au commerce, dont le volume augmenta considérablement. Son action fut particulièrement importante en faveur du Canada ; il y fonda plusieurs entreprises auxquelles il concéda de nombreux privilèges, encouragea le développement de l'industrie et dota Louisbourg d'un rôle économique et militaire. Mais ses projets de constructions navales et d'unification économique dans les colonies échouèrent. Le développement de la marine était pour lui lié à celui des sciences ; aussi, organisa-t-il des expéditions en Grèce, en Mésopotamie, au Pérou, sous l'Équateur et vers le Pôle Nord ; il sollicita de nombreux savants, dont l'astronome Pierre Bouguer, confia à Duhamel de Monceau la direction de l'École de construction navale, et la cartographie fit d'importants progrès sous l'impulsion de Nicolas Belin. Maurepas réforma par ailleurs l'administration de la Marine. Il installa des écoles de médecine dans les ports de guerre, assura aux officiers une solide instruction scientifique et supprima les galères, devenues inutiles. Deux mémoires qu'il rédigea permettent de cerner sa pensée sur la marine et ses implications commerciales. Dans la *Situation du commerce extérieur du royaume* (1730), demandant une augmentation du nombre des matelots, il soulignait l'importance du commerce avec les colonies d'Amérique, déplorait la faiblesse des échanges avec le Portugal et la menace que les Anglais faisaient peser sur le commerce méditerranéen. Son *Mémoire sur la marine et le commerce* (1745) allait plus loin encore. Le ministre, déclarant que "le commerce fait la richesse et la puissance des États", soulignait de nouveau l'importance du commerce colonial qui permettait d'augmenter les revenus du Roi, et réclamait davantage de fonds afin de pouvoir élever la flotte du royaume au rang de la flotte anglaise. Mais après la déclaration de guerre à l'Angleterre, Maurepas ne put mener à bien son plan de reconquête de Louisbourg, prise par les Anglais, et la Marine subit de graves pertes, en dépit d'énormes efforts pour la construction. Hostile à la création d'un département des Colonies séparé de la Marine, il avait dû s'opposer à ceux qui défendaient cette idée.

Sa disgrâce brutale en 1749 ne fut pourtant pas la conséquence de cette situation. Exercé dans l'art de la médisance et grand amateur d'épigrammes, il s'était brouillé avec la marquise de Pompadour dont il avait critiqué l'influence devant le Roi, qui s'en était offusqué. Les intrigues du duc de Richelieu aboutirent à soupçonner Maurepas de s'être moqué du Roi lui-même. Il fut donc exilé assez loin de Paris, à Bourges ; il ne put revenir à Pontchartrain qu'en 1756, mais sans être autorisé à se présenter à la cour.

L'avènement de Louis XVI devait sonner l'heure de son retour ; Madame Adélaïde persuada le nouveau roi, son neveu, de rappeler ce ministre dont beaucoup de bien avait été dit du temps de Louis XV, et qui était assurément un homme d'expérience. Commençant par convaincre le Roi de rappeler le Parlement exilé par Maupeou, il fut nommé deux ans plus tard chef du Conseil royal des Finances, et prit peu à peu une influence certaine, mais qu'il est difficile de mesurer, dans la marche du gouvernement. Surnommé le "chasse-cousins" pour avoir fait disgracier ses parents Maupeou, d'Aiguillon et le duc de La Vrillière, Maurepas, qui logeait alors à Versailles, était de toutes les conversations et de toutes les intrigues. Poussant Louis XVI dans les opérations de la guerre d'Amérique, il mourut trop tôt pour en voir l'heureux dénouement pour la France.

Rarement ministre a suscité autant de commentaires et de jugements, qui malgré leur nombre, leur longueur et en définitive leur concordance, laissent pourtant encore bien des questions sur la réalité de son œuvre et même sur sa personnalité. Au physique, d'après le portrait très précis que nous laisse Toussaint, il avait *le visage long et maigre, le front grand, les yeux bleus fort ouverts, le regard assez doux, le nez long, la bouche ni grande, ni petite, le menton pointu, la tête un peu aplatie, la physionomie revenante, le teint pâle, l'air délicat, la taille grande et mince, la jambe sèche, le port assez noble.* Pour Weber, *les grâces de l'esprit, les richesses de la mémoire, un coup d'œil vif et pénétrant, un désintéressement exemplaire, une bonhommie habituelle qui allait quelquefois jusqu'à des mouvements de sensibilité, voilà les qualités heureuses qui distinguaient le comte de Maurepas.* Le duc de Lévis, plus sévère, jugeait que *Maurepas, sans avoir un génie supérieur, était réellement un homme d'esprit et de sens... Ce qui lui manquait dépendait plutôt du caractère et du cœur que des talents ou des moyens... Soumis aux volontés de sa femme..., le plus grand de ses défauts était une indifférence pour le bien public qui tenait moins à l'âge qu'à l'égoïsme... ; il était sur le vaisseau de l'État plutôt passager que pilote.* Sénac de Meilhan, lui, voyait *en lui deux hommes, celui qui voyait et celui qui voulait. Le premier était pénétrant, éclairé, et l'autre changeant et irrésolu.* D'Argenson, incisif et très critique, le considérait comme *un petit maître français, brillant et spirituel... M. de Maurepas, doué d'une conception vive et d'une mémoire exacte, s'est acquis des connaissances étendues, et le mauvais goût de la cour a présidé à des études volages... Tout se passe en débit, il écoute mal et parle toujours avant de penser ; tout l'exercice de son âme consiste dans celui de l'imagination et de la mémoire ; aussi son esprit paraît-il infatigable ; il est plus brillant le soir que le matin, il n'a pas besoin d'être remonté par la nourriture, ni par le sommeil : c'est le mou-*

*vement qu'il lui faut... On lui attribue beaucoup d'esprit, et cette réputation est un passeport qui assure l'admiration aux fautes et aux sottises.* Mais c'est sans doute Marmontel qui donne du ministre le portrait le plus mesuré et le plus proche, semble-t-il, de la réalité : *superficiel, et incapable d'une application sérieuse et profonde, mais doué d'une facilité de perception et d'intelligence qui démêlait dans un instant le nœud le plus compliqué d'une affaire, il suppléait dans les conseils, par l'habitude et la dextérité, à ce qui lui manquait d'étude et de méditation. Aussi accueillant, aussi doux que son père était dur et brusque ; un esprit souple, insinuant, flexible, fertile en ruses pour l'attaque, en adresses pour la défense, en faux-fuyants pour éluder, en détours pour donner le change, en bons mots pour déconcerter le sérieux par la plaisanterie, en expédients pour se tirer d'un pas difficile et glissant ; un œil de lynx pour saisir le faible ou le ridicule des hommes ; un art imperceptible pour les attirer dans le piège ou les amener à son but ; un art plus redoutable encore de se jouer de tout et du mérite même, quand il voulait le dépriser ; enfin l'art d'égayer, de simplifier le travail du cabinet, faisait de Maurepas le plus séduisant des ministres.* Enfin, l'abbé de Véri, qui fut l'un des proches familiers du ministre et de sa femme, fait les observations suivantes, éclairantes sur le ménage : *M^{me} de Maurepas, toujours égale, paraît froide en public, tandis que dans l'intérieur amical, elle est remplie d'attention et de sensibilité..., toujours juste dans ses vues, toujours prévenante pour ses amis, toujours sage dans ses tournures de conduite, toujours constante dans ses idées et conservant par cela seul sur son mari l'ascendant décidé d'une bonne tête. Le mari, voyant bien les affaires du premier coup d'œil, se laisse ensuite aller à l'opinion de ses coopérateurs plus qu'à la sienne.*

Cultivant la raillerie, il avait l'habitude de réunir chez lui de nombreux courtisans qui excellaient en particulier dans les moqueries à l'égard des maîtresses du Roi ; chansons satiriques et épigrammes étaient sa passion principale. Après sa disgrâce, il réunit toutes celles parues entre 1666 et 1748 dans un recueil de six volumes, connu sous le nom de *Chansonnier*, qui tournait en ridicule ministres et grands seigneurs, victimes de déboires sentimentaux. Maurepas collabora probablement lui-même, dans le seul but de se divertir, à la rédaction de plusieurs petits contes, dont *Les Écosseuses* (1739) et le *Recueil de ces Messieurs* (1745), œuvrettes où la pornographie le disputait à l'érotisme ; il avait fait aussi partie du "Régiment de la Calotte", qui raillait ouvertement de hautes personnalités.

## Demeures

A Paris, Maurepas s'installa rue de Grenelle, dans l'hôtel de Fürstenberg (actuel n° 75) que sa femme avait hérité de son père La Vrillière. Décor raffiné, luxe, collection d'objets d'art (tableaux, meubles, porcelaines), plusieurs carrosses, le train de maison du ministre était fastueux. Il dut l'abandonner pendant sept ans pour Bourges, où, par les soins de son cousin l'archevêque, Mgr de La Rochefoucault, il occupa le pavillon du palais archiépiscopal.

Enfin, il avait hérité de son père la *grande terre, aimable demeure* (Saint-Simon) de Pontchartrain (Yvelines), où s'élevait un château bâti, selon la tradition, sur des plans de François Mansart au milieu du XVIIᵉᵐᵉ siècle, et dont les jardins avaient été dessinés par Le Nôtre. Maurepas y séjourna en permanence à partir de 1756 jusqu'à son rappel, en 1774. Propriété au XIXᵉᵐᵉ siècle de la célèbre Païva, il fut transformé par l'architecte Boeswilwald. Propriété privée, il existe toujours.

### Iconographie, bibliographie et sources

Il existe un portrait en pied, peint par Van Loo le fils en 1736, dont il n'existe plus que la gravure. Le château de Versailles possède aussi un camaïeu de Nicolas-Guy Brenet, peint vers 1775, représentant le ministre dans un médaillon, sous forme allégorique.

Si aucun ouvrage d'ensemble n'est venu jusqu'à présent éclairer la personnalité et l'œuvre du ministre, plusieurs études ponctuelles sérieuses se sont attachées à des points particuliers. Ainsi, la préface de la publication d'Arthur MICHEL DE BOISLISLE, *Lettres du lieutenant général de police Feydeau de Marville au ministre Maurepas (1742-1747)*, Paris, 1896-1905, 3 volumes, complétée par la thèse inédite de Suzanne PILLORGET, *Lettres inédites de Feydeau de Marville à Maurepas (1743-1746)*, Paris-IV, 1972, éclaire-t-elle une partie de son rôle comme ministre de Paris. Le ministre de la Marine a plus intéressé les historiens. Après le bon, mais déjà vieilli article de Charles CHABAUD-ARNAULT, "La marine française sous la Régence et sous le ministère de Maurepas", *Revue maritime et coloniale*, tome 110 (1891), on se reportera au travaux, renouvelés par d'importantes sources d'archives, de Maurice FILION, *Maurepas, ministre de Louis XV (1715-1749)*, Montréal, 1967, *La pensée et l'action coloniales de Maurepas vis-à-vis du Canada (1723-1749)*, Montréal, 1972, et d'Élisabeth QUÉVI, *Le comte de Maurepas, première moitié du XVIIIᵉᵐᵉ siècle* (maîtrise et DEA Paris-IV, 1984, inédits). John C. RULE, "The Maurepas papers : portrait of a minister", *French historical studies*, n° 1 (1965) et "Jean-Frédéric Phélypeaux, comte de Maurepas : reflexions on his life and his papers", *Louisiana history*, n° 4 (1965) ouvre de nouvelles perspectives avec les archives acquises aux États-Unis. Maurepas revenu au pouvoir est beaucoup moins bien connu. Les circonstances de son retour sont étudiées par E. WELVERT, "Le rappel de Maurepas", *Feuilles d'histoire*, n° 7 (1909), tandis que son rôle auprès de Louis XVI est évoqué par

Paul et Pierrette GIRAULT DE COURSAC, "Un premier ministre pour le Roi", *Découverte*, n° 40 (1982), et par Paul AUDEBERT, *La lutte entre Maurepas et Necker*, Paris, 1904. Le *Journal* de l'abbé de VÉRI, l'un de ses familiers, apprendra beaucoup sur ce rôle. L'homme de lettres fait l'objet de l'analyse d'André PICCIOLA, "L'activité littéraire du comte de Maurepas", *Dix-huitième siècle*, n° 3 (1971), tandis que Roland LAMONTAGNE, "Note sur Maurepas", *Revue d'histoire de l'Amérique française*, volume 18 (1964), rappelle l'opinion de Condorcet sur le ministre. Les *Mémoires du comte de Maurepas*, parus en trois volumes en 1791, puis en quatre l'année suivante, sont en réalité une compilation éditée par l'abbé Soulavie, qui réunit à la fois des textes douteux, mais aussi des lettres, rapports et mémoires authentiques, qui donnent à ces mémoires plus de valeur qu'on ne leur accorde généralement. La plus grande partie du chansonnier rassemblé par Maurepas a été publiée par Émile RAUNIÉ, *Recueil Clairambault-Maurepas, Chansonnier historique du XVIII^ème siècle*, Paris, 1879-1884, 10 volumes, dont l'introduction explique la genèse. L'hôtel parisien est décrit dans le catalogue de l'exposition *La rue de Grenelle*, Paris, 1980, tenue à la galerie de la SEITA, tandis que Pontchartrain est étudié par M.-H. HADROT et Georges POISSON, "Le domaine de Pontchartrain", *Mémoires de la Fédération des sociétés d'histoire et d'archéologie de Paris Île-de-France*, tome 29 (1979), et, dans un article illustré, par Philippe SIGURET, "Le château de Pontchartrain", *Revue des Monuments historiques*, octobre 1984.

Les archives Maurepas ont été vendues en 1962 et le catalogue en a été publié : *The Maurepas papers. A unique collection of french XVIII century historical documents. Property of a continental private owner sold by his order*, Parke-Bernet Galleries, New-York, 1962 ; les documents concernant son activité à la Marine ont été partagés entre les universités de Rochester et de Cornell aux États-Unis, tandis que ceux concernant la Maison du Roi sont restés à Paris, aux Archives nationales (257 AP), qui a cependant microfilmé l'ensemble. Une autre partie importante de ses papiers se trouve chez des descendants indirects, au château de Saint-Vallier (Drôme), dont le microfilm est aux archives départementales de la Drôme. Les Archives de Paris conservent certaines de ses lettres à Feydeau de Marville, entre 1740 et 1746 (3 AZ 10/2). Enfin, les archives départementales des Yvelines conservent le volumineux chartrier de Pontchartrain (48 J).
[IAD : XCVI/519 (1^er-X-1781).

## BERTIN
### Henri-Léonard-Jean-Baptiste

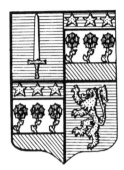

Né à Périgueux, le 24 mars 1720
Mort à Spa, en Belgique,
le 16 septembre 1792.
Inhumé à Spa.

**Famille**

Originaire du Périgord, anoblie au XVIII<sup>ème</sup> siècle.

*Écartelé : au 1, d'azur à l'épée d'argent, garnie d'or, posée en pal ; aux 2 et 3, d'argent à trois roses de gueules, tigées de sinople, sur une terrasse du même ; au chef d'azur, chargé de trois étoiles d'or ; au 4, d'azur au lion d'or.*

Son père : Jean, trésorier de France au bureau des finances de Bordeaux, puis conseiller au parlement de Bordeaux et maître des requêtes.

Sa mère : Lucrèce de Saint-Chamans.

Ses frères et sœurs : *Louis-Mathieu*, marquis de Frateaux ; *Louis-Augustin*, président au parlement de Bordeaux, conseiller d'État d'Église, abbé de Brantôme ; *Charles-Jean*, évêque de Vannes ; *Charlotte*, mariée au chevalier Henri de Mellet ; *Bertrande*, mariée à François de Malet ; *Anne-Constance*, mariée au baron de Chapelle de Jumilhac-Cubjac, gouverneur de la Bastille ; *Marie-Anne*, abbesse du monastère de la Joie ; *Gabrielle*, carmélite ; *Charlotte II*, restée célibataire ; *Marguerite-Anne*, dite mademoiselle de Bellisle ; *Marguerite*, dite mademoiselle de Creyssac ; *un autre frère*, mort en bas âge.

Sans alliance.

*Quittant le Contrôle général des Finances, dont il était titulaire depuis 1759, il fut nommé secrétaire d'État le 14 décembre 1763, avec en particulier la charge des manufactures ; il démissionna le 30 mai 1780.*

**Carrière** : conseiller au Grand Conseil (1741) ; maître des requêtes (1745) ; président au Grand Conseil (1749) ; intendant du Roussillon (1750-1754) ; intendant de Lyon (1754-1757) ; lieutenant général de police de Paris (1757-1759) ; **contrôleur général des Finances (1759-1763)** ; **ministre d'État (1762)** ; **secrétaire d'État (1763-1780)** ; **secrétaire d'État des Affaires étrangères, par** *intérim* **(1774).**

**Places et dignités** : membre honoraire de l'Académie des Sciences (1761) ; membre honoraire de l'Académie des Inscriptions et Belles Lettres (1772) ; commandeur-grand trésorier des Ordres du Roi (1762-1781).

Celui que ses contemporains appelleront "le petit ministre" fut sans doute l'une des figures les plus originales du personnel gouvernemental de son siècle. Entré dans la haute magistrature à l'âge de vingt-et-un ans, il gravit rapidement les échelons de la carrière, jusqu'à la présidence au Grand Conseil. Chargé d'instruire le procès de La Bourdonnais, il n'hésita pas à s'opposer à Dupleix et à la Compagnie des Indes pour faire triompher sa cause, ce qui lui valut les éloges du vieux chancelier d'Aguesseau. Il obtint ensuite l'intendance du Roussillon, avant de passer à celle de Lyon. C'est à ce poste qu'il montra ses talents d'administrateur et d'économiste, faisant construire de nouvelles routes et percer le canal de Givors, développant les mines du bassin de la Loire et encourageant l'industrie de la soie. En 1757, il fut nommé à la lieutenance générale de police de Paris. Là, proche de la cour, il sut se faire apprécier dans son administration, tout en se liant d'amitié avec le Roi et madame de Pompadour ; deux ans plus tard, il reçut le Contrôle général des Finances. Parmi ses attributions à la tête de ce département, il avait l'agriculture, pour laquelle il nourrissait une vive passion. La situation catastrophique des finances le conduisit à lancer plusieurs emprunts, à créer un nouveau vingtième et à doubler le montant de la capitation ; il parvint ainsi à poursuivre le financement de la guerre. Mais les parlements, opposés à ses mesures fiscales, le contraignirent à démissionner. Le Roi lui conserva pourtant un petit ministère dont dépendaient les mines, les manufactures, l'agriculture, la navigation fluviale et certains travaux historiques ; ainsi, d'une manière exceptionnelle, fut créé un cinquième secrétariat d'État, spécialement destiné à Bertin, aux attributions tout-à-fait neuves.

Il s'y distingua en employant son énergie dans tous les domaines. Contribuant à la découverte du kaolin en Limousin, il ouvrit à l'industrie de la porcelaine de vastes perspectives ; il favorisa les grandes sociétés minières afin d'intensifier l'activité extractive, mit en place, à Paris, un cours de minéralogie qui devint bientôt l'École des Mines (1778) et encouragea la manufacture de Sèvres. Il se soucia singulièrement de l'agriculture, proposant de nouveaux types de charrues, implantant dans chaque province une société d'agriculture, donnant aux intendants des instructions précises en matière d'agronomie. Il consacra ses efforts au développement de l'enseignement technique, et l'on vit naître les écoles d'agriculture (Annel), d'horticulture (Melun), et surtout, afin de lutter contre les épizooties, les écoles vétérinaires de Lyon et de Maisons-Alfort, dont la réputation mondiale n'est plus à faire. C'est lui qui introduisit en France l'un des premiers rhinocéros qu'on ait pu voir en Europe. En outre, aidé de l'avocat Jacob-Nicolas

Moreau, il mit sur pied le cabinet des Chartes, en y rassemblant de nombreux documents intéressant l'histoire de France.

Ce ministère ne put cependant se maintenir, du fait de la lenteur et de la médiocrité de son personnel. Après avoir été chargé, par *intérim*, des Affaires étrangères, jusqu'à la nomination de Vergennes, sa mésentente avec Necker l'amena à démissionner en 1780. Il se retira dans son château de Chatou, où il entreprit de créer un domaine agricole expérimental. La Révolution venue, il préféra émigrer, après avoir vendu Chatou à la marquise de Feuquières. Il mourut sur son lieu d'exil, à Spa, en Belgique.

Le personnage de Bertin a gardé une bonne réputation. Moreau, qui était sous ses ordres, voyait en lui *un homme droit et sage*, et soulignait *la bonté de son cœur, son désintéressement pour lui-même, pour sa famille et aussi pour tous ceux qui dépendaient de lui*. Ses passions agricoles, horticoles et scientifiques en général lui ont valu l'estime des savants. Enfin, sa grande admiration pour la Chine et son peuple incita Louis XV à lui confier une correspondance littéraire avec les Jésuites français établis à Pékin. Cette passion contribua à la diffusion du "style chinois" qui fut si prisé en France. Grand collectionneur, il amoncela bibelots, étoffes, objets exotiques, gravures et dessins, dont la Bibliothèque nationale conserve encore une partie.

## Demeures

A Paris, Bertin logea d'abord à l'hôtel du Contrôle général, rue Neuve-des-Petits-Champs, puis, à partir de 1760, dans l'hôtel de la Colonnade, qu'il avait loué à Dupleix, rue Neuve-des-Capucines (actuellement à l'emplacement des n° 22-24 rue des Capucines, II<sup>ème</sup> arrt), et dans lequel il installa un cabinet d'histoire naturelle, aujourd'hui conservé dans les collections de la reine d'Angleterre. Il légua l'hôtel en 1785 à sa sœur, qui le revendit ; plus tard, Bonaparte y logea. Après avoir été occupé par le ministère des Affaires étrangères, il fut détruit en 1855. A Versailles, Bertin disposait d'un appartement dans l'hôtel de la Chancellerie, et logeait parfois aussi à Marly, Compiègne ou Fontainebleau.

Il possédait dans le Périgord d'importantes terres, plusieurs châteaux et des domaines d'exploitation minière qu'il avait hérités de son père, aux dépens de son frère aîné, et en particulier le château de Bourdeilles, près de Périgueux (Dordogne), aujourd'hui ouvert à la visite. Mais c'est à Chatou, près de Saint-Germain-en-Laye (Yvelines), dans une propriété qu'il avait achetée en 1762, qu'il s'installa pendant près de dix ans. Il fit régulièrement agrandir son domaine, et s'adressa à l'architecte Le Queu, élève de Soufflot, pour construire un deuxième château, entre 1779 et 1780. Le corps de logis s'élevait sur deux étages, encadré par deux autres bâtiments dissymétriques, et complété par quatre constructions annexes. Il ne comptait pas moins de cinquante pièces principales, agrémentées d'un grand nombre de petits cabinets, boudoirs et passages ; il avait même fait placer une girouette chinoise sur le toit. Autour du château, s'étendait le domaine agricole, consacré aux fleurs, aux fruits, aux légumes et aux animaux, en particulier aux moutons mérinos que Bertin avait fait venir d'Espagne ; puis venait le parc, avec presque onze hectares, qui descendait en terrasse jusqu'à la Seine. Il y avait fait pousser un grand nombre de plantes exotiques, une orangerie et des pavillons chinois ; un verger potager, planté de nombreux arbres fruitiers et de vignes, avait vu les premières expériences de Bertin, avec son ami Parmentier, sur les pommes de terre. Il ne reste rien de cet ensemble étonnant (emplacement du n° 26 avenue du Château-de-Bertin), si ce n'est la pièce la plus originale : sorte de grotte artificielle, ou nymphée, elle est l'œuvre de Soufflot. Formant une voûte en cul-de-four figurant une coquille Saint-Jacques, et soutenue par dix-huit colonnettes, elle était destinée à capter les eaux d'une source voisine, qui ravinait les pentes de Chatou et endommageait les cultures. Cet ensemble bigarré, toujours sur place, est dans l'enceinte d'une propriété privée.

## Iconographie, bibliographie et sources

Il existe un portrait dû au peintre Roslin, et conservé dans une collection particulière.

L'originalité du personnage a suscité plusieurs études intéressantes. Son ministère est étudié par Michel ANTOINE, *Le secrétariat d'État de Bertin*, Paris, 1948, dans un travail qui résume sa thèse de l'École des Chartes, toujours inédite. MALET DU THEIL, "Un économiste au XVIII^ème siècle, Henri de Bertin (1720-1792)", *La Nouvelle Revue*, tome 108 (1930), et G. CAIRE, "Bertin, ministre physiocrate", *Revue d'histoire économique et sociale*, n° 3 (1960), analysent sa pensée économique. On trouvera un état des sources du ministère de Bertin dans l'ouvrage d'André J. BOURDE, *Agronomie et agronomes en France au XVIII^ème siècle*, Paris, 1967, p. 1659-1661. On verra également une mise au point récente de Bernard REVIRIÉGO, "A Monsieur Bertin, les archives reconnaissantes", *Mémoire de la Dordogne*, n° 1 (1992). L'orientaliste est évoqué dans la notice de Georges LOEHR, "Note of the fonds Bertin in the Cabinet des Estampes", *Gazette des Beaux-Arts*, n° 1125 (1962) ; le passionné d'agriculture est étudié dans la thèse de médecine de Michel DRONNE, *Bertin et l'élevage français au XVIII^ème siècle*, Alfort, 1965, tandis que l'on approche son intimité dans le livre de G. BUSSIÈRE, "Henri Bertin et sa famille", *Bulletin de la société historique et archéologique du Périgord*, XXXII-XXXVI (1905-1909). Enfin, il faut signaler le livre d'Albert CURMER, *Les seigneurs de Chatou*, Versailles, 1919, l'étude inédite de Jean-Pierre PEZARD, *Une communauté villageoise à la fin de l'Ancien régime : Chatou, de 1770 à 1789* (maîtrise Paris-X, 1975), le travail intéressant de Jacques CATINAT, *Les châteaux de Chatou et le nymphée de Soufflot*, Paris, 1974, et l'ouvrage dirigé par Marie-Christine DAVY, *Vivre à Chatou à la fin du XVIIIᵉᵐᵉ siècle. Le village retrouvé*, Paris, 1989, qui propose une très intéressante interview fictive du ministre agronome.

Sa correspondance avec les missionnaires de Chine est conservée à Paris, à la bibliothèque de l'Institut (mss. 1515-1526) ; analysée par Henri CORDIER dans la *Bibliotheca Sinica*, tome 2 (1905-1906), elle a été publiée partiellement par le père BERNARD-MAITRE, et utilisée par J. DEHERGNE, *Les deux Chinois de Bertin : l'enquête industrielle de 1764 et les débuts de la collaboration technique franco-chinoise*, thèse inédite, Lettres-Sorbonne, 1965, 4 volumes. Une autre partie de sa correspondance, toujours inédite, est conservée au château de Campagnac, à Saint-Pardoux (Dordogne). Des notes rassemblées pour sa biographie, ainsi que quelques lettres de sa sœur sont conservées à la bibliothèque municipale de Périgueux (fonds Lapeyre, VII).

# LES CONTRÔLEURS GÉNÉRAUX DES FINANCES.

*Law*
*par Casimir de Balthazar, musée de Versailles. Photo R.M.N.*

## D'ARGENSON
Marc-René.

*Abandonnant la lieutenance générale de police de Paris, il fut nommé le 28 janvier 1718 "directeur de l'administration principale des Finances" ; il céda la place à Law le 5 janvier 1720 ; il exerça cette charge conjointement avec la garde des sceaux.*

Voir sa notice, p. 104.

## LAW
John

Né à Édimbourg, le 21 avril 1671
Mort à Venise, le 21 mars 1729.
Inhumé en l'église de San Gemigniano,
à Venise.

### Famille

Originaire d'Écosse, anoblie à la fin du XVII<sup>ème</sup> siècle. Le ministre fut naturalisé français en 1716.

*D'hermine à la bande de gueule, accompagnée de deux coqs hardis du même, posés un en chef et l'autre en pointe ; à la bordure engrêlée aussi de gueule.*

<u>Son père</u> : William, orfèvre-changeur.

<u>Sa mère</u> : Jeanne Campbell, fille d'un marchand d'Édimbourg.

<u>Ses frères et sœurs</u> : *William, baron de Lauriston*, dont un fils fut gouverneur des Établissements français de l'Inde en 1763 ; *James ; John ; William ; Andrew ; Robert ; Hughes ; Agnès ; Janet ; Lilia.*

<u>Il épousa</u> Catherine Knollys, fille du comte de Bambury ; il eut également une <u>liaison illégitime</u> avec Catherine Seigneur, descendante des Boleyn.

<u>Ses enfants</u> : *un fils*, mort jeune ; *Marie-Catherine*, mariée à Lord Walingford ; de sa liaison avec Catherine Seigneur : *John*.

*Nommé le 4 janvier 1720, il fut contraint de donner sa démission le 29 mai de la même année ; rappelé au Conseil quelques jours après, le 2 juin, mais sans le titre de contrôleur général, il remit sa démission le 9 décembre 1720.*

**Carrière** : directeur de la Compagnie d'Occident (1716) ; directeur de la Banque royale (1719-1720) ; **contrôleur général des Finances (1720)** ; secrétaire du Roi (1720) ; surintendant du commerce (1720) ; conseiller d'État d'épée (1720).

**Places et dignités** : membre honoraire de l'Académie des Sciences.

Aventurier de génie, à la charnière de deux siècles différents, Law reste dans l'histoire un personnage inclassable, sorte d'apatride en errance. Célèbre pour la mise en place d'un "système" qui, pour la première fois, familiarisa une bonne partie de la population avec le monde de la finance et de l'argent, permit la constitution fulgurante d'immenses fortunes et souvent leur ruine presqu'aussi immédiate, cet homme doit son élévation à sa curiosité insatiable, à une audace qui ne lui faisait pas craindre la fréquentation des plus grands, aux connaissances multiples acquises au cours de nombreux voyages, à sa capacité enfin de conviction, qui séduisit plusieurs souverains d'Europe dont la protection lui permit la réalisation de ses affaires. A l'image même de la Régence qui vit le zénith de sa carrière, l'œuvre française de ce ministre de nationalité étrangère fut originale, éphémère, mais marquante.

Élève à l'école d'Édimbourg, puis au collège d'Eaglesham, John Law s'établit ensuite à Londres. Ses débuts dans la capitale anglaise furent tumultueux, et, après un duel qui coûta la vie à son adversaire, il fut condamné à mort. Gracié *in extremis*, mais toujours emprisonné, il finit par s'évader pour gagner Paris (1695). C'est alors qu'il fit la connaissance du duc de Chartres, futur Régent, ainsi que celle du contrôleur général Chamillart. Parti à Gênes, il s'enrichit par la spéculation sur les changes étrangers, avant d'obtenir à Turin la protection du duc Victor-Amédée. Installé en Écosse, il résolut alors de mettre par écrit ses premières grandes théories financières, en rédigeant ses *Considérations sur la monnaie et le commerce* (1705), où il préconisait déjà l'usage du papier-monnaie. L'ouvrage, pourtant paru anonymement, connut un tel retentissement que le parlement écossais en débattit, quoiqu'il en rejetât finalement les propositions. En Italie, il dédia au prince de Conti un mémoire sur l'usage des monnaies, avant de proposer à Victor-Amédée la fondation d'une Banque nationale à Turin. Le remplacement en France de Chamillart par Desmarets le détermina à soumettre au nouveau contrôleur général son projet de Banque d'État et son plan de liquidation de la dette publique, problème majeur de cette fin de règne. Louis XIV refusa, Law étant de surcroît protestant. Aussi, la mort du Roi-Soleil et l'avènement du Régent furent-ils une aubaine pour le financier, qui fut autorisé à soumettre son projet au Conseil royal des Finances. Après quelques difficultés, un édit autorisait en 1716 la fondation de la Banque générale de Law. Les premiers billets apparurent, bientôt officiellement acceptés en paiement pour tous les revenus royaux. Mais l'Écossais prévoyait, dans le prolongement de ses innovations, le développement du commerce et de la colonisation. Il prit la tête de la nouvelle Compagnie d'Occident (ou du Mississipi) qui obtint le monopole du commerce avec la Louisiane, colonie qu'il considérait comme indispensable pour les produits qu'elle fournissait, et dont il soulignait l'importance stratégique. Des oppositions, pourtant, menaçaient. Le parlement de Paris, en particulier, demanda l'arrestation du financier, et d'Argenson, le nouveau directeur de l'administration des finances, contribua à la création de la compagnie rivale de "l'Anti-Système", composée notamment des frères Pâris. Mais le Régent intervint, et, le 4 décembre 1718, la Banque devenait Banque Royale, désormais administrée au nom du Roi. Les décisions se succédèrent à un rythme rapide : en mai 1719, la Compagnie d'Occident, reprenant le nom de l'ancienne Compagnie des Indes créée par Colbert, obtenait le monopole du commerce pour l'ensemble du domaine colonial du royaume ; entre les mois de juillet et d'août, la Banque reçut le monopole de la frappe des monnaies, de la fiscalité indirecte (par la reprise du bail des Fermes générales), et enfin de la fiscalité directe (par la suppression des receveurs généraux). Désormais, le "système" pouvait fonctionner. Les créanciers de l'État, remboursés en billets de la Banque, étaient invités à souscrire des actions de la Compagnie, opération qui était un habile transfert de la dette publique. Par l'introduction des achats à terme, les actions de la Compagnie faisaient l'objet de fortes spéculations, aussi bien de la part de petits acheteurs que de grands seigneurs, et la rue Quincampoix à Paris, où étaient installés les bureaux, fut bientôt le théâtre des opérations les plus folles. L'immense succès des actions, dont le cours le plus haut fut atteint au début de l'hiver 1719, fut à l'origine de fortunes aussi rapides que considérables et avait ainsi fait de Law le personnage le plus populaire du royaume. Certains, ne croyant pas à la durée du système, se firent rembourser assez rapidement leurs actions en numéraire ; c'est ainsi que l'on vit le duc de Bourbon repartir de la banque avec plusieurs carrosses remplis de lingots d'or, ce qui marqua les esprits. La capitale connut une effervescence que tous les chroniqueurs du temps ont soulignée. La renommée de Law (qu'on prononçait 'lass'), jointe à sa conversion au catholicisme en 1719, devait lui permettre d'accéder aux plus hautes charges. Au début de l'année 1720, il était nommé contrôleur général des Finances, refusant d'ailleurs d'en percevoir le traitement. Son ministère devait cependant coïncider avec la faillite de son système. Les billets commencèrent à être échangés contre du numéraire métallique ; chaque action fut fixée au prix de 9.000 livres en billets, que Law s'engagea périlleusement à payer à tout actionnaire le désirant. L'empressement à vendre, et conséquemment la hausse des émissions furent tels, que l'inflation devint inévitable et que la confiance fut ruinée. Le nombre des billets en circulation contraignit même le contrôleur général à interdire l'or et l'argent. Congédié le 29 mai 1720, il fut rappelé au Conseil quatre jours après, confirmé comme directeur de la Banque et nommé intendant du commerce. Il s'efforça alors pendant six mois d'éviter la faillite, sans y parvenir. La fermeture de la rue Quincampoix (17 juillet 1720), la dévaluation des billets et des actions, l'assaut de la banque par des actionnaires exigeant leur remboursement immédiat marquèrent l'échec définitif de l'expérience de l'Écossais. Violemment attaqué, en particulier par le cardinal Dubois, abandonné par le Régent, il se décida à lui remettre sa démission le 9 décembre ; réfugié à Guermantes, il s'enfuit du royaume le 17 décembre, à bord d'un carrosse mis à sa disposition par le duc de Bourbon. La fin de son aventure française ne marqua pourtant pas celle de sa carrière. Il voyagea beaucoup, et, après avoir sollicité un emploi auprès du ministre anglais Walpole, il fut accrédité auprès de la République de Venise, où il termina ses jours.

Précurseur du crédit en France, Law fut l'un des grands penseurs du XVIII^ème siècle en matière financière, en dépit de nombreuses erreurs de jugement qu'il put commettre et qui lui furent finalement fatales. Convaincu que le bonheur des nations découlait directement de l'intensité de leur commerce, il préconisait une circulation abondante du numéraire qui aurait stimulé les facteurs de production. Adversaire de l'épargne, il voulait ainsi développer le papier-monnaie, concurrent des métaux précieux servant à la fabrication de la monnaie traditionnelle, car pouvant être émis et délivré aisément. A terme, la monnaie métallique devait constituer une réserve à l'usage exclusif de l'État, et le billet, émis par une Banque, devait acquérir une valeur intrinsèque. Il fallait cependant gager ce billet sur une réserve constituée, non de métal, mais de bénéfices commerciaux. La Banque devait en effet servir de caisse à une Compagnie de commerce garantie par l'État, émettrice d'actions, dont les bénéfices auraient ainsi servi de gage au papier-monnaie ; le commerce colonial devait être encouragé particulièrement vers la Louisiane. Ainsi, Law créait une nouvelle monnaie, plus abondante et plus active que la monnaie de métal et tout entière basée sur l'extension du commerce colonial du royaume, qui s'enrichissait ainsi. C'était là une idée qui anticipait sur l'organisation économique du XIX^ème siècle, fondée en partie sur le crédit et donnait naissance à la spéculation. Elle n'était cependant pas sans faiblesses. La principale erreur de Law fut de croire que des bénéfices commerciaux, toujours hypothétiques, pouvaient suffire à gager le papier, alors que l'avenir devait montrer que seules des valeurs réelles et immédiatement remboursables pouvaient garantir cette nouvelle monnaie. Law tenta également d'autres réformes financières. Dans son mémoire inédit *Sur le denier royal* (1719), il préconisait la création d'un impôt unique calculé sur la valeur des terres ou des biens-fonds, et non sur leur revenu, et que tous auraient payé.

Surnommé le "beau Law" (il était, selon Marmont du Hautchamp, *d'une taille haute et bien proportionnée. Il avait l'air grand et prévenant, le visage ovale, le front élevé, les yeux bien fendus, le regard doux, le nez aquilin et la bouche agréable*), le financier se forgea assez tôt une réputation de débauché et surtout de joueur invétéré, fréquentant les salles de jeux de toutes les villes dans lesquelles il séjournait, mais cette image semble exagérée, pour ne pas dire fausse. Jamais marié officiellement, il avait pris cependant pour compagne une femme mariée, Catherine Seigneur, née Knollys. La ruine de son système, qui entraîna celle de milliers de personnes et le fit considérer par les gens du peuple comme un grand scélérat, noircit sérieusement une image qu'il avait loin d'être mauvaise. Ainsi Duclos le trouvait-il *grand, de belle prestance, avec une physionomie ouverte et agréable, beaucoup d'intelligence, une remarquable politesse et de la hauteur dépourvue d'insolence*, et même Saint-Simon, d'habitude si sévère, reconnaissait qu'*il n'y avait ni avarice, ni scélératesse dans son caractère. C'était un homme doux, bienveillant, respectable, que l'excès de la renommée et de la fortune n'avait point gâté et dont la conduite, les équipages et la table ne pouvaient scandaliser personne.*

### Demeures

Ses opérations financières lui permirent de bâtir une importante fortune. De 1718 à 1720, il acquit près de la moitié de la place Vendôme en se livrant à des spéculations immobilières. Quant à la Banque, elle occupa d'abord l'hôtel de Mesmes, rue Sainte-Avoye (à l'emplacement du passage Saint-Avoye, à la hauteur du n° 62 rue du Temple, III^ème arrt). Devenue royale, elle déménagea dans l'hôtel de Soissons (sur l'emplacement des actuels n° 1 à 7 de la rue Coquillière, I^er arrt), avant de s'installer en 1719 dans l'hôtel de Beaufort, rue Quincampoix (à l'emplacement de l'actuel n° 65, III^ème arrt).

En 1716, le receveur général des finances de Lyon, Paulin Prondre, condamné par la Chambre de Justice chargée de poursuivre des financiers concussionnaires, vendit à Law son château de Guermantes, près de Lagny (Seine-et-Marne). Bâti au XVII^{ème} siècle, ce château fut transformé au début du XVIII^{ème} siècle par Robert de Cotte ; Paulin Prondre l'avait fait somptueusement aménager, notamment par l'adjonction d'une galerie de peinture commandée au peintre Mérelle. Rendu célèbre par Marcel Proust, le château, propriété privée, est ouvert à la visite.

En 1719, il acheta à Madeleine de La Motte-Houdancourt, gouvernante du Roi, le château de Toucy, près d'Auxerre (Yonne). Mais il ne put garder cette demeure du XVI^{ème} siècle, qui appartint ensuite à plusieurs financiers, comme Pâris-Montmartel ou Micault d'Harvelay. Reconstruit en 1751, ce château, qui existe toujours, est une propriété privée. Enfin, il hérita de son père le château de Lauriston, en Écosse, ancienne bâtisse du XVI^{ème} siècle.

### Iconographie, bibliographie et sources

Plusieurs portraits furent réalisés, notamment par Alexis-Simon Belle, conservé aujourd'hui à la National Gallery de Londres. Le château de Versailles détient également la copie d'un portrait anonyme du début du XVIII^{ème} siècle, ainsi que la bibliothèque municipale de Troyes. On connaît également des gravures, d'après Rigaud ou Hubert, et la pastelliste Rosalba Carriera en fit aussi un portrait.

L'homme et son œuvre eurent suffisamment d'originalité pour attirer l'attention des historiens et des curieux. Le nombre d'ouvrages, que ce soit sur le système ou sur le personnage, est considérable : sérieux, légers, anecdotiques ou ennuyeux, il y en a de tous les acabits. Aussi, seul un échantillon peut-il être présenté. La grande synthèse récente, consacrée surtout à l'étude du "Système", est celle d'Edgar FAURE, *La banqueroute de Law*, Paris, 1977, pourvue d'une bibliographie critique de Paul HARSIN, auteur déjà d'une *Contribution à l'étude du système de Law*, Paris, 1927 et d'une *Étude critique sur la bibliographie des œuvres de Law, avec des mémoires inédits*, Liège, 1928, qu'on doit compléter par le récent article de T.-E. KAISER, "Money, despotism and public opinion in early Eighteenth century France : John Law and the debate on the royal credit", *Journal of modern history*, n° 63 (1991). La thèse de Paul CAYLA, *Les théories de Law*, Paris, 1909, fait bien la part des erreurs et des mérites du financier. L'étude technique du système a suscité les commentaires des historiens de toute l'Europe, dès la mort de Law (analysés dans l'ouvrage d'E. FAURE), et bien longtemps après, comme en témoignent, à titre d'exemple, les travaux anciens et souvent dépassés, de Piotr FALKENHAGEN-ZIALESKIEGO, *System finansow Lawa i jego zwolennicy* (le système financier de Law et de ses disciples), Poznam, 1879, de Roland STAUDTE, *John Law (1671-1729). Ein Beitrag zur Geld-und Kreditthéorie der Merkantilisten und Wirtschaftspolitik der Regence*, Zürich, 1953, de S. ALEXI,

*John Law und sein System*, Berlin, 1885 (utile pour son tableau généalogique), de O. STRUB, *Law's Handels* - und *Kolonial Politik*, Zürich, 1913, ou d'Andrew MAC-FARLAND DAVIS, *An historical study of Law's system*, Boston, 1887. Certains historiens se sont penchés sur des aspects plus précis : les débuts du système : Guy ANTONETTI, "La création de la Banque générale et la prohibition des billets au porteur", *Hommage à Robert Besnier*, Paris, 1980 ; les colonies (B. LE COUTEUX, *Law et le commerce colonial*, Paris, 1921, ou Henri GRAVIER, *La colonisation de la Louisiane à l'époque de Law (1717-1721)*, Paris, 1904), la dimension européenne (André E. DAYOUS, "L'affaire Law et les Genevois", *Revue d'histoire suisse*, 1937, et, du même, *Les répercussions de l'affaire de Law et du South-sea bubble dans les Provinces-Unies*, slnd), la monnaie, dans ses aspects théoriques (les thèses de Hans WEBER, *John Law*, Heidelberg, 1928, de Kurt BARTUSCH, *Das Lawische Papiergeld Projekt von 1705 und das Rentenmark Experiment*, Halle-Saale, 1928, et, récemment, la thèse inédite de Laurence IOTTI, *La pensée monétaire de John Law : essai d'interprétation théorique de "Money and Trade"*, Nice, 1987), aussi bien que concrets (Benjamin BETTS, *A descriptive list of the médals relating to John Law and the Mississipi system*, Boston, 1907, et Adrien BLANCHET, "Documents numismatiques relatifs à la Compagnie des Indes de John Law", *Revue d'histoire numismatique*, 1909). Guy CHAUSSINAND-NOGARET, *Les financiers de Languedoc au XVIIIème siècle*, Paris, 1970, a bien mis en valeur le rôle du système de Law dans l'enrichissement de nombreux financiers. L'homme, certes, est un peu oublié, et, au-delà d'ouvrages sans grand crédit (Georges OUVRARD, *La très curieuse vie de Law, aventurier honnête homme*, Paris, 1927, ou Jean DARIDAN, *John Law, père de l'inflation*, Paris, 1938), on peut consulter les livres, assez sérieux, de H.-Montgomery HYDE, *John Law, un honnête aventurier*, Paris, 1949, ou celui, moins complet, de René TRINTZIUS, *John Law et la naissance du dirigisme*, Paris, 1950, et Salvatore MAGRI, *La strana vita del banchieri Law*, Verona, 1956. On lira avec intérêt la note de A. BELJAME, *La prononciation du nom de Jean Law, le financier*, Paris, 1891 ; pour ses spéculations immobilières, le chapitre que lui consacre dans son ouvrage Bruno PONS, "John Law, Jacques Gabriel et la place Vendôme", *De Paris à Versailles (1699-1736). Les sculpteurs ornemanistes parisiens et l'art décoratif des bâtiments du Roi*, Strasbourg, 1986. Sur ses demeures, Maurice DUMOLIN, "La place Vendôme", *Commission du Vieux Paris, procès-verbaux* (mai 1927), Albert CALLET, "La maison de Law, rue Quincampoix", *La Cité*, IV (1908-1909), "Le financier Law, seigneur de Toucy", *Bulletin de l'association d'études du vieux Toucy*, n° 18 (1967), Pierre BARBIER, *Les châteaux et les églises de Toucy, des origines à nos jours. Recherches d'histoire et d'archéologie*, Le Puy-en-Velay, 1981, Jacques DUPONT, "Les châteaux de Jossigny et de Guermantes", *Bulletin monumental*, 1948, et Michel BORJON, "La galerie du château de Guermantes", *Bulletin de la société de l'histoire de l'art français*, 1985.

Ses œuvres ont fait l'objet d'une publication savante de Paul HARSIN, *John Law. Oeuvres complètes...*, Paris, 1934, 3 volumes. La plus grande partie de ses papiers a été dispersée lors de leur transfert de Venise à Paris. Plusieurs écrits importants, comme l'*Idée générale du nouveau système des finances* (Arch. nat., K 884) sont conservés dans les fonds publics. Une série intéressante de lettres de Law au Régent et au duc de Bourbon (1720-1722) est conservée à la bibliothèque Méjanes d'Aix-en-Provence (mss 335). D'autres archives sont la propriété du Public Record Office de Londres, ainsi que de nombreux particuliers. Les papiers de la Compagnie des Indes fondée par lui sont conservés aux archives d'Outre-Mer, à Aix-en-Provence, aux Archives nationales (G⁶1-11) ainsi qu'aux archives du port militaire de Lorient.

[IAD : non retrouvé. L'étude XLVIII où Law a passé beaucoup d'actes a été quasiment détruite jusqu'en 1760. État de ses maisons et vente de ses meubles et non meubles : G⁶5.

## LE PELLETIER DE LA HOUSSAYE
Félix


Né à Paris, le 25 mars 1663
Mort à Paris, le 20 septembre 1723.
Inhumé en l'église des Feuillants, à Paris.

### Famille

Originaire de Mantes, agrégée à la noblesse au début du XVII^ème siècle.

*D'argent à un chêne de sinople accompagné de trois roues de gueules, deux en flanc, une en pointe.*

Son père : Nicolas, conseiller au parlement de Paris et maître des requêtes.

Sa mère : Catherine Le Picart de Périgny, fille d'un intendant de Soissons, et tante du chancelier d'Aguesseau.

Ses frères et sœurs : *Claude-Henri*, capitaine aux Gardes ; *Catherine*, mariée à Michel Amelot de Gournay, ambassadeur en Espagne.

<u>Il épousa</u> en 1687 Marie-Madeleine Du Bois de Guédreville (morte en 1746), fille d'un président au Grand Conseil.

<u>Ses enfants </u>: *Félix-Claude*, intendant des finances et conseiller d'État ; *Françoise-Catherine*.

*Nommé le 12 décembre 1720, il fut contraint de donner sa démission le 21 avril 1722.*

**Carrière** : conseiller au Châtelet (1682) ; conseiller au Parlement (1687) ; maître des requêtes (1690) ; intendant de Soissons (1694) ; intendant de Montauban (1698) ; intendant d'Alsace (1699-1715) ; maître des requêtes honoraire (1707) ; conseiller d'État semestre (1708) ; conseiller au Conseil des Finances (1715) ; conseiller d'État ordinaire (1719) ; chancelier, garde des sceaux, surintendant des maisons, domaines et finances du duc d'Orléans Régent (1719) ; **contrôleur général des Finances (1720-1722)**.

**Places et dignités** : prévôt-maître des cérémonies-commandeur des Ordres du Roi (1721).

Successeur de Law au Contrôle général, Le Pelletier de La Houssaye appartient plus au Grand Siècle, où il fit une carrière remarquée dans les intendances, qu'à la Régence, où son apparition ne laissa presque aucun souvenir.

Proche parent du chancelier d'Aguesseau par sa mère, La Houssaye était issu d'une famille de la robe depuis longtemps au service de l'administration royale. Après une solide formation juridique, il devint procureur général de la commission établie pour les affaires de l'Ordre de Saint-Lazare, puis obtint à trente ans sa première intendance à Soissons. Il dut lutter à la fois contre la grande crise des subsistances qui sévissait et la forte implantation du protestantisme. Après un bref passage à Montauban, il reçut l'intendance d'Alsace. Il s'illustra tout particulièrement dans cette province balancée entre sa volonté d'intégration au royaume de France et celle de préserver ses libertés. Sous son administration, les services de l'intendance se précisèrent, tandis que les crises de subsistances, les problèmes financiers et l'effort de guerre, qui battait alors son plein, étaient autant d'obstacles dont il parvint à triompher.

La mort de Louis XIV coïncida avec son départ d'Alsace, après qu'il eût refusé d'être plénipotentiaire au congrès de Baden. Sa carrière aurait très bien pu s'interrompre ici, mais sa parenté avec le chancelier d'Aguesseau, sa grande expérience acquise dans les différentes intendances et au Conseil de Finance, sa proximité surtout avec le Régent, dont il administrait les biens, lui valurent sa nomination au Contrôle général. Il constitua une équipe formée d'Henry Lefèvre d'Ormesson, beau-frère du chancelier d'Aguesseau, de Jean-Baptiste de Gaumont, conseiller au Conseil des Finances, auxquels il adjoignit plus tard Charles-Gaspard Dodun, futur contrôleur général, et son propre fils, Félix-Claude, qui fit carrière comme intendant des finances. Malgré cette équipe brillante, il héritait une situation difficile à gérer après la banqueroute de son prédécesseur Law, et aggravée par la peste qui sévissait alors à Marseille. Plus que lui, ce fut le retour des frères Pâris, les puissants financiers rappelés d'exil, qui commença à ramener la confiance du public. Leur tâche principale fut de procéder à la liquidation du Système, en réduisant en particulier la masse de papier-monnaie en circulation. Mais au bout d'un an et demi, tandis que s'opéraient des remaniements au sein du gouvernement, La Houssaye remit sa démission. Il mourut l'année suivante.

Si de grandes qualités d'organisation lui étaient reconnues, et qu'avec un contemporain on peut affirmer que *c'est avec justice qu'on le met au rang des intendants de premier ordre*, le public ne retint de son passage au gouvernement que sa propension aux aventures galantes. Ainsi le très sérieux Mathieu Marais raconte qu'*il était fort adonné aux femmes, leur disait beaucoup de sottises, et leur en avait fait beaucoup autrefois*, et poursuit ce portrait avec force détails salaces.

## Demeures

Entre 1693 et 1696, La Houssaye loua un premier hôtel rue de l'Université, qui appartenait à l'hôpital des Incurables ; totalement transformé, il existe toujours, au n° 18 rue de l'Université (VIIème arrt). Il loua ensuite, dans la même rue, un autre hôtel au banquier Samuel Bernard, situé au n° 10. Puis on le trouve rue de Bourbon (actuelle rue de Lille), enfin, quai des Théâtins.

## Iconographie, bibliographie et sources

Pas de portrait connu.

Aucune étude d'ensemble n'existe sur ce ministre. On verra cependant le chapitre que lui consacre Georges LIVET, *L'intendance d'Alsace sous Louis XIV (1648-1715)*, Strasbourg, 1956, et les indications sommaires sur son ministère fournies par Marcel MARION, *Histoire financière de la France depuis 1715*, Paris, 1914, tome 1.

Une partie des papiers de sa famille est conservée à la Bibliothèque nationale (naf 3513-3516), et la bibliothèque du Sénat conserve un *Mémoire sur l'Alsace* (mss. 964).

## DODUN
Charles-Gaspard, marquis d'Herbault.

Né à Paris, le 7 juillet 1679
Mort à Paris, le 25 juin 1736.
Inhumé en l'église Saint-Sulpice, à Paris.

### Famille

Originaire de Bourgogne, anoblie au milieu du XVII^ème siècle.

*D'azur à la fasce d'or, chargée d'un lion naissant de gueules et accompagnée de trois grenades tigées et feuillées d'or, ouvertes de gueules.*

Son père : Charles-Gaspard, conseiller au parlement de Paris.

Sa mère : Anne-Marie Gayardon, fille d'un receveur général des finances de Soissons.

Ses frères et sœurs : *François-Gaspard*, conseiller-clerc à la chambre des Enquêtes du Parlement ; *Catherine-Geneviève*, mariée à Augustin-Moïse de Fontanieu, secrétaire du Roi, receveur général des finances de La Rochelle, trésorier général de la Marine, intendant et contrôleur général des meubles de la Couronne.

Il épousa en 1703 Marie-Anne Sachot (1683-1743), sa cousine par sa mère, et fille d'un avocat au parlement de Paris.

Sans postérité.

*Nommé le 21 avril 1722, il fut disgracié le 14 juin 1726.*

**Carrière** : conseiller au parlement de Paris (1701) ; président au Parlement (1709) ; conseiller au Conseil de Finance (1715-1720) ; commissaire des finances (1721) ; maître des requêtes (1721) ; président d'honneur au Parlement (1722) ; **contrôleur général des Finances (1722-1726)** ; lieutenant général pour le Roi en pays Blésois (1724).

**Places et dignités** : grand trésorier-commandeur des Ordres du Roi (1724-1727) ; capitaine des chasses et garde des Eaux et Forêts du comté de Blois (1726).

Avec en héritage la difficile liquidation du système de Law, son incapacité à résoudre la crise, et ses manières de parvenu, ce jeune contrôleur général des Finances, quatrième et dernier de la Régence, fut l'un des ministres les plus mal compris et les plus haïs de son temps.

L'activité de son grand-père, fermier général et non laquais comme des calomnies ont voulu le prétendre, le prédestinait à une carrière financière. Après avoir accédé à la quatrième chambre des enquêtes au Parlement, il fut nommé membre du Conseil de Finance de la Polysynodie, où il démontra aux côtés de Noailles ses grandes capacités dans le domaine financier. Refusant en 1720 l'intendance de Bordeaux, il devint l'année suivante commissaire des finances, fonctions à peu près similaires à celles qu'exerçaient les intendants des finances.

Ses connaissances techniques reconnues déterminèrent le Régent à faire appel à lui pour remplacer au Contrôle général Le Pelletier de La Houssaye. Un an plus tard, la mort du duc d'Orléans permettait l'accession au pouvoir du duc de Bourbon et de sa coterie, en particulier les frères Pâris. L'un d'entre eux, dit Pâris-Duverney, était secrétaire des commandements du duc et par sa faveur, considéré comme un quasi premier ministre ; c'est avec lui que Dodun travailla. Les effets néfastes de l'écroulement du système de Law étaient loin encore d'être résorbés ; aussi, Dodun résolut-il de se lancer dans une politique déflationniste. Quoiqu'ordonnant la destruction de tous les billets qu'avait engendrés le système, et ayant recours à deux nouveaux impôts, le cinquantième et le droit de joyeux avènement, Dodun hésita à pousser plus loin la ponction fiscale, et la crise commerciale et industrielle se poursuivit, aggravée par une mauvaise récolte. L'abandon de la déflation, à laquelle il finit par se résoudre en faisant procéder à de nouvelles émissions, ne put empêcher sa disgrâce au moment de celle de son protecteur, le duc de Bourbon.

Il mourut dix ans après, couvert d'honneurs, dans son hôtel parisien.

Il semble que les contemporains n'aient vu dans l'homme qu'un parvenu, qu'ils n'aient supporté ni sa morgue, ni ses manières, l'accusant même à tort de s'être enrichi aux dépens de l'État, sans considérer son habileté indéniable dans les techniques de la finance. Ainsi, pour l'avocat Mathieu Marais, il *a quitté le Palais pour les finances et la cour. Il y a beaucoup gagné, et perdu en même temps l'estime des honnêtes gens.* Il rappelle aussi qu'on le surnomma *Colloredo, parce qu'il a le cou roide et qu'il fait le glorieux. Puissamment riche*, selon le mot de Barbier, Dodun devait une partie de sa fortune, non pas à ses fonctions au gouvernement, mais à des opérations boursières qu'il avait pratiquées durant le système de Law. Cette attitude, mal interprétée par l'opinion, lui valut une impopularité exprimée au travers de différents pamphlets, sobriquets et chansonnettes, auxquels sa femme n'échappa pas :

*Dodun dit à son tailleur*
*Marquis d'Herbault je me nomme*
*Je prétends qu'en grand seigneur*
*On m'habille et voici comme :*
*Galonnez, galonnez, galonnez-moi*
*Car je suis bon gentilhomme*
*Galonnez, galonnez, galonnez-moi,*
*Je suis lieutenant du Roi.*

*La Dodun dit à Frison*
*Qu'on me coiffe avec adresse*
*Je prétends avec raison*
*Inspirer de la tendresse.*
*Chignonnez, chignonnez, chignonnez-moi*
*Je vaux bien une duchesse*
*Chignonnez, chignonnez, chignonnez-moi,*
*Car je soupe avec le Roi.*

Seul le mémorialiste Toussaint donne un jugement mesuré, et bien plus proche de la réalité que tous les précédents : *quoique l'on connût M. Dodun pour un homme dur et attentif à saisir les moyens de procurer l'avantage du souverain, il passait pour judicieux ; il avait une longue expérience ; il était très capable, parfaitement instruit de l'état du royaume et porté à balancer avec une espèce d'équité les intérêts du prince et ceux des sujets. Son épouse enfin, qui était fort laide... était assez bonne femme pour une bourgeoise et recevait bien du monde* (Marais). Bibliophile, Dodun s'était constitué une belle bibliothèque qui fut vendue après sa mort.

## Demeures

A Paris, Dodun habitait un hôtel qu'il s'était fait construire rue Saint-Dominique ; modeste dans son aspect extérieur, l'hôtel fut enrichi de décorations intérieures, en particulier de tapisseries, au fur et à mesure qu'augmentait la fortune de son propriétaire. Après la mort de son épouse, il passa entre plusieurs mains, avant d'être la propriété des héritiers du comte de La Luzerne, secrétaire d'État de la Marine de Louis XVI. Vendue en 1890, la demeure fut démolie, et les terrains furent lotis. L'hôtel s'élevait à l'emplacement de l'actuel n° 39, rue Saint-Dominique (VIIème arrt).

En 1719, Dodun avait acquis entre Blois et Vendôme les importantes terres d'Herbault (Loir-et-Cher), dont il obtint en 1723 l'élévation au marquisat. Il fit beaucoup pour ce qui n'était encore qu'un hameau, en permettant la construction d'un grenier à sel (qui abrite aujourd'hui la mairie), en faisant ouvrir un marché par semaine et deux foires par an, et en obtenant de Louis XV l'établissement de pépinières royales. Il y fit en outre bâtir un somptueux château vers 1725, dont les plans furent confiés à l'architecte Jules-Michel Hardouin, neveu d'Hardouin-Mansart. Le corps principal du logis était surmonté d'un dôme colossal sous lequel s'étendait une immense salle de spectacle ornée de colonnes de marbres. Démoli en grande partie et défiguré, le château abrite aujourd'hui un institut médico-pédagogique.

### Iconographie, bibliographie et sources

Le peintre Hyacinthe Rigaud représenta le ministre assis à son bureau, tenant une plume à la main, portant la plaque du Saint-Esprit. La version originale de ce portrait appartient à des particuliers, et une copie d'atelier est conservée au musée des Beaux-Arts de Nantes.

Aucune biographie d'ensemble sur cet intéressant ministre. Une partie de son œuvre ministérielle est étudiée par Hiroshi AKABANE, "La crise de 1724-1725 et la politique de déflation du contrôleur général Dodun", *Revue d'histoire moderne et contemporaine*, tome 14 (1967) ; Philippe HAUDRÈRE, "Un aspect de l'échec du système de Law : les *réalisations* du personnel de la Compagnie des Indes en 1719 et en 1720", *L'Information historique*, n° 1 (1980) étudie quelques manœuvres qui ont contribué à l'enrichir, tandis que l'homme et sa famille sont évoqués par le baron de SÉNEVAS, *Une famille française du XIV^ème au XX^ème siècle... I- Généalogie de la famille Dodun*, Paris, 1938, et par Roger HÉNARD, "Charles-Gaspard Dodun, marquis d'Herbault (1679-1736)", *Bulletin de la section culturelle du syndicat d'initiative de la vallée de la Cisse*, n° 1 (1972). Sur le château, du même auteur, "Le château d'Herbault au XVIII^ème siècle", *Bulletin de la section culturelle du syndicat d'initiative de la vallée de la Cisse*, n° 2 (1974). L'hôtel est bien décrit par Michel BORJON dans le catalogue de l'exposition *La rue Saint-Dominique, hôtels et amateurs*, Paris, 1984. [IAD : VIII/1016 (2-VII-1736).

## LE PELETIER DES FORTS
Michel-Robert

Né à Paris, le 25 avril 1675
Mort à Paris, le 11 juillet 1740.

**Famille**

Originaire du Mans, anoblie dans la première moitié du XVII^{ème} siècle.

*D'azur à la croix pattée d'argent, chargée en cœur d'un chevron de gueules, accosté de deux molettes de sable, et en pointe d'une rose de gueules boutonnée d'or.*

<u>Son père</u> : Michel Le P. de Souzy, intendant de Flandre, intendant des finances, puis conseiller au Conseil royal des Finances et conseiller au Conseil de Régence. Son frère, Claude, fut contrôleur général des Finances sous Louis XIV.

<u>Sa mère</u> : Marie Madeleine Guérin Des Forts, fille d'un conseiller d'État.

<u>Ses sœurs</u> : *Marie-Claude*, mariée à Jacques-Étienne Turgot, grand-père du futur contrôleur général des Finances de Louis XVI ; *Hélène*, morte jeune.

<u>Il épousa</u> en 1706 Marie-Madeleine de Lamoignon de Basville (1687-1744), fille de l'intendant du Languedoc, et tante du chancelier Lamoignon de Blancmesnil.

<u>Ses enfants</u> : *Anne-Louis-Michel-Robert L.P. de Saint-Fargeau*, conseiller au parlement de Paris, grand-père du conventionnel assassiné.

*Nommé le 14 juin 1726, il fut disgracié le 19 mars 1730.*

**Carrière** : conseiller au parlement de Metz (1694) ; conseiller au Parlement (1696) ; maître des requêtes (1698) ; intendant des finances en survivance (1700) ; maître des requêtes honoraire (1701) ; conseiller d'État semestre (1714) ; conseiller au Conseil de Finance (1715) ; conseiller au Conseil de Régence (1719) ; conseiller d'État ordinaire (1721) ; conseiller au Conseil royal des Finances (1723) ; **contrôleur général des Finances (1726-1730) ; ministre d'État (1730)**.

**Places et dignités** : membre honoraire de l'Académie des Sciences (1727).

Si le nom de Law reste attaché à une aventure monétaire et boursière célèbre, celui de Le Peletier Des Forts, beaucoup moins connu, est pourtant lié à l'ultime scandale boursier du XVIIIème siècle, qui fait oublier l'efficacité de son action dans la stabilisation de la monnaie.

Neveu d'un contrôleur général, et issu d'une famille aux branches et aux alliances multiples qui s'illustra dans toutes les administrations financières, Le Peletier connut une ascension comparable à celle de son père, avec lequel il siégea bientôt au Conseil de Régence. L'échec du système de Law éclatait alors au grand jour. Chargé des recettes générales, il fut désigné pour participer à la vérification de la comptabilité de la banque du financier déchu, ce qui l'amena à rédiger un rapport favorable qui déguisait en réalité les opérations inavouables de la Banque. Commissaire principal des finances, il fut finalement écarté par le duc de Bourbon, pour ne reparaître qu'à la chute de celui-ci, au Contrôle général.

Sous l'autorité du cardinal de Fleury, il mena une politique financière traditionnelle. Ainsi, il abandonna le cinquantième, il afferma la perception des impôts indirects à la Ferme générale pour six ans, et il réduisit les rentes créées par le Roi. Mais son œuvre majeure fut la stabilisation de la monnaie : l'écu était fixé à six livres, et la livre était à un peu moins de cinq grammes. Si l'on excepte quelques réajustements, comme celui de 1785, la monnaie resta sur ce même pied jusqu'à la Révolution, et la loi de l'an XI, créant le franc dit "germinal", reprit à peu près les mêmes bases. Mais Le Peletier devait revenir aux pratiques de Law et ternir sa réputation par une série d'opérations frauduleuses. Persuadé de la nécessité d'attirer les capitaux en bourse pour relancer l'économie, il voulut faire monter les cours des actions de la Compagnie des Indes, et donna secrètement l'ordre à deux banquiers de vendre des actions au comptant, à l'insu de leurs propriétaires, pour financer de nombreux achats à terme. La découverte de ces manœuvres pour le moins douteuses fit éclater un scandale qui provoqua l'arrestation et l'embastillement des deux banquiers impliqués, la disgrâce immédiate du contrôleur général, et celle de son beau-frère, Lamoignon de Courson, qui venait d'être nommé quelques mois auparavant au Conseil royal des Finances. Le Peletier resta désormais éloigné du pouvoir jusqu'à sa mort, survenue dix ans plus tard.

La proximité de l'affaire Law n'avait pas permis de calmer les esprits sur les affaires frauduleuses. Aussi n'est-il pas étonnant que le contrôleur général ait été la cible des libellistes, et voici ce qu'on pouvait entendre à son sujet :

> *Les Pâris étaient des filous :*
> *Messieurs, on vous l'accorde.*
> *Mais le Desforts est, entre nous,*
> *Plus digne de la corde.*
> *Très dur, très vain, très ignorant,*
> *En un mot l'on ajoute*

*Qu'il prend soin du gouvernement*
*En faisant banqueroute.*

L'avocat Barbier raconte qu'à la découverte du scandale, on avait affiché à sa porte un placard où l'on pouvait lire : *maison à brûler, maître à rouer, femme à pendre et commis à pilorier*. Il est vrai qu'appartenant à une famille de robe parmi les plus riches, la solide fortune qu'il s'était constituée ne pouvait que lui attirer les plus vives jalousies. On lui prêtait généralement plus de 200.000 livres de revenu, mais il n'avait cependant pris lui-même aucune action dans la Compagnie des Indes.

## Demeures

Sa fortune lui permit d'entretenir l'hôtel qu'avait fait construire son père par l'architecte Pierre Bullet, rue de la Culture-Sainte-Catherine (actuel n° 29 rue de Sévigné, III^ème arrt). C'est là qu'il mourut en 1740. Habité plus tard par son parent Lefèvre d'Ormesson, contrôleur général sous Louis XVI, l'hôtel fut occupé à la fin du XIX^ème siècle par la Bibliothèque historique de la Ville de Paris, avant d'abriter depuis quelques années une partie des collections du musée Carnavalet.

Le Peletier possédait en outre depuis 1715 le vaste château de Saint-Fargeau, près d'Auxerre (Yonne) qu'il avait acheté au financier Crozat. Chef-d'œuvre de l'architecture militaire du XV^ème siècle, il fut longtemps habité par la Grande Mademoiselle, avant d'être modifié par Le Vau au XVII^ème siècle, qui construisit une superbe cour d'honneur ornée d'un vaste perron semi-circulaire qui donne une grande originalité à cette demeure. L'aile dite "Des Forts" fut élevée par les soins du ministre. Le château passa ensuite à son arrière-petit-fils, Louis-Michel Le Peletier de Saint-Fargeau, assassiné en 1793 après avoir voté la mort du Roi. Propriété privée, le château est aujourd'hui ouvert à la visite.

Il avait également hérité de son père le château familial de Ménilmontant, dont le domaine fut vendu par lots après la Révolution.

## Iconographie, bibliographie et sources

Une grande toile peinte, passée récemment en vente, et provenant du château de Saint-Fargeau, représente le ministre en pied.

La ministère de Le Peletier a été étudié par Marcel MARION, *Histoire financière de la France depuis 1715*, Paris, 1914, tome 1, tandis que Guy ANTONETTI, "Les manœuvres boursières du contrôleur général Le Peletier Des Forts et la réglementation du marché des valeurs mobilières (1730)", *Revue historique de droit français et étranger*, 1984, brosse malgré le titre restreint de son article, un tableau complet de sa carrière. Il manque hélas, une étude plus approfondie du personnage (l'*Annuaire de l'École Pratique des Hautes Études*, 1938-1939, p. 94, signale une thèse de François GALLI, *Le Peletier Des Forts* (dir. Landry), 1937, dont, jusqu'à ce jour, aucun exemplaire n'a été retrouvé). Sur son oncle, une intéressante étude, en cours de publication, de Geneviève MAZEL, *Claude Le Peletier (1631-1689)*. Pour son hôtel parisien, on verra la notice de Charles SELLIER, "L'hôtel Le Peletier de Saint-Fargeau", *Anciens hôtels de Paris*, Paris, 1910.

Le château est étudié par L. MONTASSIER, *Histoire du château de Saint-Fargeau*, Auxerre, 1933.

Les archives du château de Saint-Fargeau ont été déposées aux Archives nationales (90 AP), et inventoriées par Yvonne LANHERS, *Archives du château de Saint-Fargeau*, Paris, 1981 ; les archives départementales de l'Yonne conservent dans le fonds Montassier (7 J) une partie du chartrier du château et des archives de la famille Le Peletier, que l'on retrouve aussi dans les archives du château de Rosanbo (Archives nationales, 259 AP).

[IAD : CXII/533 (16-VII-1740), et 90 AP 39 (16/23-VII-1740).

## ORRY

Philibert, comte de Vignory.

Né à Troyes, le 22 janvier 1689
Mort au château de La Chapelle-Godefroy
(Aube), le 9 novembre 1747.

### Famille

Originaire de Paris, anoblie au début du XVIIIème siècle.

*De gueules, au lion d'or, armé et lampassé de gueules, rampant contre un rocher d'argent, mouvant du flanc dextre de l'écu.*

Son père : Jean, surintendant des armées du roi d'Espagne, puis président à mortier au parlement de Metz, et contrôleur général des Finances du roi d'Espagne.

Sa mère : Jeanne Esmonin, fille d'un capitaine ordinaire des charrois de la Maison du Roi ; sa belle-mère : Catherine-Louise Corcessin, fille d'un avocat au Parlement.

Ses frères et sœurs : *Jeanne*, mariée à Louis-Bénigne Bertier de Sauvigny, président à la chambre des requêtes du parlement de Paris ; son demi-frère, *Jean Henri-Louis O. de Fulvy*, intendant des finances, et conseiller d'État ; sa demi-sœur, *Louise-Élisabeth*, mariée à Antoine-Martin Chaumont de La Galaizière, intendant de Soissons, puis chancelier du roi de Pologne.

Sans alliance.

*Nommé le 20 mars 1730, il démissionna le 5 décembre 1745.*

**Carrière** : capitaine de cavalerie dans le régiment de Tarneau (1708) ; conseiller au parlement de Metz (1713) ; conseiller au Parlement (1715) ; maître des requêtes (1715) ; intendant de Soissons (1722) ; maître des requêtes honoraire (1724) ; intendant du Roussillon (1727) ; intendant de Flandre (1730) ; **contrôleur général des Finances (1730-1745)** ; conseiller d'État semestre (1731) ; **ministre d'État (1736)** ; directeur général des Bâtiments du Roi (1737-1745) ; conseiller d'État ordinaire (1742).

**Places et dignités** : grand trésorier-commandeur des Ordres du Roi (1743).

Sixième ministre des finances de Louis XV, arrivé après les expériences de la Régence et les désastres financiers qu'elle occasionna, Philibert Orry fut, pendant ses quinze ans de ministère et sous la houlette du cardinal de Fleury, l'artisan de l'équilibre et de la stabilité qui caractérisèrent la première partie du règne de Louis XV.

Orphelin de mère, Orry dut en grande partie son élévation à l'ascension fulgurante de son père, qui, de maître-verrier en Champagne devint contrôleur général des Finances du roi d'Espagne, et constitua une fortune considérable. Après un court passage dans l'armée, le jeune Philibert entra dans la magistrature au parlement de Metz, avant que son père ne lui achetât la charge de maître des requêtes pour la somme de 180.000 livres. Bientôt nommé à l'intendance de Soissons, puis à celle du Roussillon, il acquit dans ces deux provinces, aux caractères si différents, une expérience des finances qui devait lui être précieuse pour sa future carrière. Il sut faire preuve d'un véritable sens social à l'égard des Catalans, dont il s'attira l'estime, et donna à leur province sa vocation agricole. Sa troisième intendance, en Flandre, fut presqu'aussitôt interrompue par sa nomination au Contrôle général, où le Roi l'invitait à remplacer Le Peletier Des Forts.

L'énorme déficit, consécutif aux crises successives et non résolues qui secouaient le royaume depuis les dernières guerres engagées par Louis XIV et les expériences tentées pendant la Régence, le conduisit à entamer une sévère politique d'économies dont les principaux traits furent la suppression de nombreuses charges publiques et l'instauration du dixième, impôt qui touchait en principe l'ensemble des sujets, et qui devait être une première étape vers l'égalité fiscale. L'équilibre budgétaire tant recherché fut atteint, en dépit des protestations des corps privilégiés habituellement exemptés de charges fiscales. La confirmation de la stabilisation de la livre vint parachever ces résultats que l'on n'espérait plus, permettant sans grand danger d'engager la France dans la guerre de Succession d'Autriche. Développant le réseau routier en instaurant la corvée royale, ce qui lui valut le titre de "père des routes françaises", protégeant et encourageant le commerce intérieur, mais également colonial, notamment avec l'Inde et le Canada, Orry contribua à fortifier l'économie du royaume. La situation de l'agriculture, de l'industrie et du commerce le préoccupait constamment ; il prescrivit, dès 1730, une grande enquête à la suite de laquelle il s'attacha à améliorer certains points particuliers. La protection des artistes, la production des monnaies et des médailles, la construction d'une aile supplémentaire au château de Versailles et les nombreuses restaurations qu'il fit mener en sa qualité de directeur des bâtiments du Roi, témoignent de son souci d'enrichir le patrimoine artistique. Cette politique de stabilité, mais que d'aucuns qualifièrent de timorée, fut sérieusement mise en question après la mort de son protecteur Fleury, et, sous la pression d'une coterie menée par madame de Pompadour et les frères Pâris revenus en grâce, il préféra donner sa démission ; il se retira à la Chapelle-Godefroy, dans la demeure champenoise que son père avait acquise, où il mourut, atteint depuis longtemps d'une grave maladie des os.

. *Assez grand et le visage assez agréable*, selon le duc de Luynes, Orry était, rappelle le mémorialiste Toussaint, *d'une physionomie rude, ayant l'œil dur, le sourcil froncé, la voix rauque, l'abord sauvage, le ton extrêmement brusque...*, *entêté, ignorant des affaires, refusant presque toujours, accordant rarement, et l'un et l'autre sans connaissance de cause, sacrifiant tout aux intérêts de son roi, incapable de procurer quelque soulagement aux peuples,... ne se soutenant dans sa place que par une dureté extrême et une très grande attention à avoir toujours de gros fonds prêts, sorte de mérite estimé bien au-delà de sa valeur et qu'il possédait au souverain degré.* Malgré la longévité de son ministère, le plus long qu'ait connu un contrôleur général des Finances pendant tout le siècle, Philibert Orry n'a guère été populaire, et il fut plus haï sans doute par les coteries courtisanes que par l'opinion publique. S'il se maintint en place, c'est que, d'après le duc de Luynes, il était celui qui avait *le plus de crédit sur l'esprit du Roi*, et qu'il avait *toujours été plus goûté du Cardinal qu'aucun autre par rapport à l'esprit d'économie et au talent de résister aux demandes indiscrètes et importunes.* Réputé intègre, mais *d'une humeur assez revêche* (Dufort de Cheverny), on lui reprocha souvent une grande susceptibilité. Sachant faire sa cour auprès du souverain, il était raillé pour ses origines récentes, mais personne ne lui reprocha une fortune qui lui venait de son père - et non pas des fonctions qu'il exerçait, comme le dit d'Argenson, non sans malice : *il paraissait le bon sens personnifié dans un gros bourgeois renforcé... C'eût été un bon pourvoyeur, un assez bon maître d'hôtel, peu négligent et soigneux des choses principales. Avec quelques qualités positives de cette espèce, dur de cœur, souple de conduite,... M. Orry n'a pas tiré des finances des paraguantes (pots-de-vins) pour son compte, mais il les a permises à sa famille et à quelques amis obscurs.*

## Demeures

La demeure parisienne et familiale des Orry, que le futur ministre vint habiter dès 1719, était l'hôtel de Beauvais, rue Saint-Antoine (actuel n° 68 rue François-Miron). Cette imposante demeure, aujourd'hui toujours en attente de restauration, fut élevée au XVII^ème siècle sur de superbes caves médiévales par l'architecte Antoine Le Pautre pour la femme de chambre d'Anne d'Autriche, Anne Bellier. D'une profonde originalité, l'hôtel présente un bâtiment d'habitation directement sur la rue, dont la façade fut défigurée au XIX^ème siècle, un remarquable escalier et une étonnante cour terminée en arc-de-cercle.

En province, Orry avait hérité de son père le château de la Chapelle-Godefroy, près de Nogent-sur-Seine (Aube), dont il ne subsiste plus aujourd'hui qu'un pavillon. Constituée à l'époque d'un bâtiment central flanqué de deux ailes carrées et décoré de brique et de grès, cette demeure assez simple, entourée d'un parc, fut entièrement transformée par le contrôleur général, qui fit construire notamment l'orangerie, dont la partie centrale subsiste, et qui est ornée de deux sphynx. Une ruine de style gothique du XVI^ème siècle, ornée par Orry de ses armes, s'élevait dans le parc. Surtout, le contrôleur général fit appel au peintre Charles-Joseph Natoire pour la décoration des appartements. Cet artiste réalisa plusieurs suites de tableaux remarquables (vingt-cinq en tout), dont les sujets étaient pour beaucoup inspirés de la mythologie, et qui vinrent décorer des appartements particulièrement bien disposés. Le château et les œuvres devinrent plus tard la propriété de Jean de Boullongne, futur contrôleur général. Plusieurs de ces tableaux sont aujourd'hui conservés au musée des Beaux-Arts de Troyes.

## Iconographie, bibliographie et sources

Le château de Versailles conserve la réplique d'époque du portrait que fit de lui Hyacinthe Rigaud en 1735, le représentant debout, devant son bureau ; le musée du Louvre possède un fort beau pastel, dû à Quentin de La Tour, le représentant assis, tenant un livre de la main gauche.

Malgré son importance, Orry n'a pas fait l'objet de travaux importants, à l'inverse de son père, étudié par François ROUSSEAU, *Un réformateur français en Espagne au XVIII^{ème} siècle, Jean Orry*, Corbeil, 1892, et surtout par Denise OZANAM, "Jean Orry, munitionnaire du Roi (1690-1698)", *Ministère de l'économie et des finances. Études et Documents I*, 1989. Seule Margaret Brudenell ROSS-ORRY, "Philibert Orry, contrôleur général des Finances de Louis XV", *L'Information historique*, n° 1 (1957) offre une claire, mais modeste synthèse. J.-G. GIGOT, "Philibert Orry, intendant du Roussillon", *Centre d'études et de recherches catalanes des archives*, n° 22 (1963) s'attache aux débuts de sa carrière, tandis que A.-J. BOURDE, *Deux registres du Contrôle général des Finances aux Archives nationales. Contribution à l'étude du ministère Orry*, Paris, 1959, étudie quelques aspects de son action. Pour l'histoire de l'hôtel, on verra les études de Jules COUSIN, "L'hôtel de Beauvais, esquisse historique", *Revue universelle des Arts*, 1865, et de Michel BORJON et Valérie-Noëlle JOUFFRE, *L'hôtel de Beauvais*, Paris, documentation GRAHAL, 1989 (25 rue des Mathurins 75008). Enfin, le château de La Chapelle a été étudié par Albert BABEAU, "Le château de La Chapelle-Godefroy", *Mémoires de la société académique de l'Aube*, 1876, et a fait l'objet d'une agréable brochure illustrée réunissant plusieurs articles (de Denise OZANAM, M^me ROSS-ORRY et Jean-Pierre SAINTE-MARIE) bien documentés, "La Chapelle-Godefroy : Orry et Natoire", *La vie en Champagne*, n° 263 spécial (1977).

Il existe un dossier sur le château aux Archives départementales de l'Aube (1 J 1353).
[IAD : XXIX/477 (11-XII-1747).

## MACHAULT D'ARNOUVILLE
Jean-Baptiste de

Né à Paris, le 13 décembre 1701
Mort à Paris, le 12 juillet 1794.

**Famille**

Originaire du Rethelois, agrégée à la noblesse dans la première moitié du XVI^{ème} siècle.

*D'argent à trois têtes de corbeau, arrachées de sable.*

Son père : Louis-Charles, lieutenant général de police de Paris et premier président du Grand Conseil.

Sa mère : Françoise-Élisabeth Milon, fille d'un maître des requêtes.

Ses frères et sœurs : *Jean-Baptiste, Louis-Claude et Louis-Charles*, tous morts en bas âge ; *Françoise*.

Il épousa en 1737 Geneviève-Louise Rouillé du Coudray (1717-1794), fille d'un maître des requêtes.

Ses enfants : *Louis-Charles*, évêque d'Europée *in partibus*, puis évêque d'Amiens ; *Armand-Hilaire*, colonel du régiment de Languedoc, puis lieutenant général ; *Charles-Henri-Louis*, maréchal de camp, pair de France sous la Restauration.

*Nommé le 6 décembre 1745, il fut contraint de donner sa démission le 28 juillet 1754, et reçut le département de la Marine ; il était également garde des sceaux depuis 1750.*

**Carrière** : conseiller au Parlement (1721) ; maître des requêtes (1728) ; président au Grand Conseil (1738) ; intendant du Hainaut (1743) ; **contrôleur général des Finances (1745-1754)** ; maître des requêtes honoraire (1746) ; **ministre d'État (1749) ; garde des sceaux (1750-1757) ; secrétaire d'État de la Marine (1754-1757)**.

**Places et dignités** : membre honoraire de l'Académie des Sciences (1746) ; grand trésorier-commandeur des Ordres du Roi (1747-1754).

L'un des premiers d'une longue liste de ministres qui tentèrent en vain d'imposer une certaine égalité dans la fiscalité, Machault dut céder devant les pressions du clergé et les cabales de cour ; il vécut pourtant assez longtemps pour constater les méfaits de ces refus successifs d'établir un système fiscal mieux réparti.

Engagé, comme son père, dans la traditionnelle carrière de la magistrature, il participa aux conférences réunies par d'Aguesseau pour la préparation de la révision des ordonnances. Mais ce fut surtout comme rapporteur dans l'affaire de l'élection du recteur de l'Université de Paris, où il ne craignit pas de s'opposer à la nomination de l'abbé de Ventadour soutenu par le Roi lui-même, qu'il eut l'occasion de manifester l'indépendance d'esprit et la fermeté qui devaient le caractériser tout au long de sa carrière.

Il reçut ensuite l'importante intendance du Hainaut, avant que le Roi ne lui accordât deux ans plus tard le Contrôle général, en raison de sa réputation de droiture et d'honnêteté. Ce fut d'ailleurs poussé de part et d'autre que Machault accepta cette charge. Face à une situation financière marquée par un accroissement considérable des dépenses, le nouveau ministre, qui ne possédait aucune compétence particulière dans ces matières, s'attacha à la disparition des privilèges fiscaux. Ses premières mesures ne furent faites que d'expédients : nouveaux emprunts, création de droits, nouvelle loterie royale, augmentation de la capitation, etc. Mais la persistance du déficit devait le conduire à mettre en œuvre une politique beaucoup plus audacieuse, symbolisée par la création du vingtième, substitué au dixième et destiné à atteindre tous les revenus, et surtout ceux du clergé, dans le cadre d'un système uniforme. C'était là tenter de faire adopter le principe de l'égalité fiscale, et c'était trop pour un roi qui, d'abord aux côtés de son ministre, finit par céder aux pressions du clergé qui demandait l'exemption du nouvel impôt. Il interdit également aux couvents, hospices et autres gens de mainmorte de posséder aucun fonds sans autorisation légale. Atteint par la forte hostilité de la cour, Machault dut donner sa démission du Contrôle général, pour prendre le département de la Marine ; il gardait cependant les sceaux qu'il avait reçus après la démission du chancelier d'Aguesseau, en 1750, par la faveur de la marquise de Pompadour. Pressé par la perspective d'un prochain conflit avec l'Angleterre, il encouragea l'armement des navires et développa la construction, rappelant également tous les officiers de la marine à l'activité. Bien périlleuse fut pourtant sa tentative d'écarter du pouvoir la marquise de Pompadour, sa grande protectrice, au moment de l'attentat de Damiens ; elle lui valut, malgré l'amitié que lui portait le Roi, sa disgrâce finale. Le règne des Choiseul pouvait commencer.

La discrétion extrême dont il fit preuve à partir de ce moment n'empêcha pas Louis XVI de songer à lc rappeler aux affaires, notamment au début de la Révolution où il fut plusieurs fois consulté. Retiré à Rouen, il fut arrêté sous la Terreur, et ce fut dans la prison parisienne des Madelonnettes que ce vieillard de quatre-vingt-treize ans finit par s'éteindre.

Sans beaucoup d'ambition, d'une fermeté et d'une énergie exemplaires, mais aussi d'une grande froideur qu'une politesse raffinée nuançait à peine, Machault a souvent été mal compris à cause de son caractère taciturne : madame Du Hausset parle de *sa mine froide et sévère*, et le ministre de la Guerre d'Argenson renchérit, disant qu'il était *silencieux devant le babil et statue muette devant la pétulance française*. Bernis, qui lui était opposé, rappelle qu'il avait *la contenance, le sang-*

*froid et la dignité d'un ministre, trop peu d'ouverture et de communication, trop de despotisme et de sécheresse, l'air trop fin, trop pédant, pas assez de connaissance de l'Europe et trop de confiance dans ses commis ; mais ces défauts étaient balancés par de l'esprit, des lumières, de l'adresse et une représentation convenable.* Ce portrait modéré est confirmé par celui de Sénac de Meilhan qui évoque bien le personnage : *sa figure était imposante ; il parlait avec gravité, entrait avec les intendants des provinces dans tous les détails de leur administration, faisait parler le Roi avec gravité dans ses réponses au Parlement... Il n'avait pas les talents de M. d'Argenson..., mais il avait ce qui est nécessaire dans le gouvernement, un sens droit et étendu, de l'instruction, un caractère ferme, de la dignité dans les manières et de la probité.* Dufort de Cheverny non plus ne tarit pas d'éloges à son sujet, rappelant que *cet homme, une des meilleures têtes du royaume, avait durant son contrôle été contrarié dans les grandes opérations qu'il avait voulu faire,* et que ses édits *dévoilaient les vastes projets d'un grand ministre.* Tout différent, mais très partial est le jugement de d'Argenson, l'un des chefs avec son frère de la cabale qui l'emporta, qui déclare que son esprit était *un des plus bouchés aux affaires qu'il y ait jamais eu... Il n'avait jamais ressenti la moindre curiosité de pénétrer dans les affaires publiques... Il aura voulu corriger les abus par des abus plus grands encore... n'ayant que des connaissances de forme, et nulle élévation ni profondeur sur le fond du gouvernement.* Connu pour sa fortune et ses collections d'art, Machault avait hérité à la mort de son père de plusieurs pièces qui constituèrent le noyau d'une vaste collection de meubles, bronzes, tapisseries, porcelaines et objets d'art, formée en quelques années. Sensible à la modernité, il fit appel aux talents des ébénistes Charles Boulle et Bernard Van Risenburgh, et aujourd'hui les collections publiques et privées peuvent offrir quelques éléments de cette somptueuse collection, à Versailles, et à Saumur notamment. Ayant également rassemblé des monnaies anciennes, Machault s'intéressait particulièrement aux pièces mérovingiennes, chose rare à cette époque, et encouragea les directeurs des ateliers monétaires à en faire la recherche. Une grande partie de ces objets, malgré plusieurs ventes récentes, est conservée au château de Thoiry, près de Rambouillet (Yvelines).

## Demeures

A Paris, Machault habitait l'ancien hôtel Lefebvre de Mormant, acquis par sa famille au milieu du XVIIème siècle, rue du Grand-Chantier. Aujourd'hui disparu, il s'élevait à l'emplacement du n° 67 rue des Archives (IIIème arrt).

Connu pour sa fortune et ses collections d'art, le contrôleur général des Finances avait hérité en 1750 la terre familiale d'Arnouville-lès-Gonesse (Val-d'Oise) érigée en comté en 1757, et y envisagea immédiatement son embellissement, ainsi que celui du village. Pour le château, il fit appel à l'architecte Pierre Contant d'Ivry. Il n'était pas encore achevé lorsque Machault dut s'y retirer après sa disgrâce, mais l'avancement des travaux, alors interrompus, permettait tout de même de l'habiter. Formé d'un long corps de logis au bout duquel s'élevait une chapelle dont la coupole fut peinte par Brunetti fils, la propriété était marquée à son entrée d'une splendide grille en fer forgé et doré, œuvre du serrurier Nesle. Une orangerie surplombait une fontaine ornée d'un grand bassin. Le parc, au bas duquel coulait la rivière du Rosne, modifiée dans son cours par un immense canal, était caractérisé, nous raconte le guide de Hébert, par *la haute distinction des bosquets et l'ingéniosité des très belles eaux plates et jaillissantes.* Aujourd'hui, le château devenu une école privée d'horticulture, offre toujours à ses visiteurs un remarquable jardin orné de parterres de fleurs. Soucieux du village et de ses habitants, Machault fit notamment bâtir par l'architecte Jean-Baptiste Chaussard l'église Saint-Denys, en 1782, et le village fut entièrement reconstruit sur un plan régulier.

Le château de Thoiry, près de Rambouillet (Yvelines), entré dans la famille du ministre par le mariage de son fils, conserve encore une partie de ses collections. C'est toujours la propriété privée des descendants ; elle accueille aujourd'hui un célèbre parc zoologique.

### Iconographie, bibliographie et sources

Le château de Versailles possède un portrait anonyme, d'assez méchante facture.

Malgré le poids certain qu'il a eu pendant quelques années dans le gouvernement, Machault n'a pas suscité de très nombreuses études, si l'on excepte le très sérieux, mais déjà ancien ouvrage de Marcel MARION, *Machault d'Arnouville. Étude sur l'histoire du Contrôle général des Finances de 1749 à 1754*, Paris, 1891 (rééd., 1978). L'action du ministre dans son village est évoquée dans le récent livre publié par la municipalité, *Histoire d'Arnouville*, Arnouville, 1978, et les péripéties de la construction du château sont racontées dans l'ouvrage, agréablement illustré, de Jean-Louis BARITOU et Dominique FOUSSARD, *Chevotet, Contant, Chaussard. Un cabinet d'architectes au siècle des Lumières*, Paris, 1987. A l'occasion de récentes ventes des éléments de la collection d'art de Machault, les marchands Ader, Picard, Tajan et l'antiquaire Maurice Ségoura, ont publié de somptueux *catalogues* commentés (1989 et 1990) reproduisant certains meubles ou bronzes. On pourra lire aussi avec intérêt les articles de J.-Adrien BLANCHET, "Un ministre numismatiste au XVIIIème siècle", *Annuaire de la Société de numismatique* (1891), de Patricia LEMONNIER et

Patrick LEPERLIER, "Machault d'Arnouville, collectionneur du XVIII^ème siècle", *L'Estampille* (avril 1989), et de Jean-Nérée RONFORT et Jean-Dominique AUGARDE, "Le maître du bureau de l'Électeur", *L'Estampille*, n° 243 (1991), qui décrit l'ameublement de son hôtel rue du Grand Chantier, ainsi que l'évocation des collections conservées à Thoiry dans un article paru dans *Connaissance des Arts*, n°191 (1968).

Les archives du ministre et bien d'autres objets encore sont toujours conservés au château de Thoiry.
[IAD : LXXXIX/925 (7 ventôse an III - 25-II-1795).

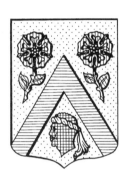

### MOREAU DE SÉCHELLES
Jean

Né à Paris, le 10 mai 1690
Mort à Paris, le 31 décembre 1760.

**Famille**

Originaire de Paris, anoblie au début du XVIII^ème siècle.

*D'or au chevron d'azur, accompagné en chef de deux roses de gueules, tigées et feuillées en sinople, et en pointe d'une tête de More de sable, tortillée d'argent.*

<u>Son père</u> : Pierre, bourgeois de Paris, marchand drapier et trésorier des Invalides, puis secrétaire du Roi.

<u>Sa mère</u> : Marie Charron, fille d'un marchand mercier parisien.

<u>Ses frères</u> : *Pierre-Jacques M. de Nassigny*, président à la chambre des requêtes du Parlement ; *François M. de Beauplan*, conseiller au Parlement.

<u>Il épousa</u> en 1712 Marie-Anne-Catherine d'Amorezan de Pressigny (morte en 1764), fille d'un conseiller au parlement de Metz, puis de Paris.

<u>Ses enfants</u> : *Marie-Hélène*, mariée à René Hérault, lieutenant général de police sous Louis XV, grand-mère du conventionnel Hérault de Séchelles ; *Marie-Jeanne-Catherine*, mariée à François-Marie Peyrenc de Moras, secrétaire d'État de la Marine et contrôleur général des Finances sous Louis XV.

*Nommé le 30 juillet 1754, il démissionna le 24 avril 1756.*

**Carrière** : secrétaire de Claude Le Blanc, secrétaire d'État de la Guerre sous Louis XV ; conseiller au parlement de Metz (1719) ; maître des requêtes (1719) ; intendant du Hainaut (1727) ; maître des requêtes honoraire (1733) ; conseiller d'État semestre (1742) ; intendant de Flandre (1743) ; **contrôleur général des Finances (1754-1756) ; ministre d'État (1755)** ; conseiller d'État ordinaire (1755).

**Places et dignités** : membre honoraire de l'Académie des Sciences (1755).

Ce bourgeois aux alliances bien choisies, devenu ministre des Finances un peu trop tardivement, fut un excellent administrateur, remarqué surtout au cours de la guerre de Succession d'Autriche, dans les régions frontalières de la Flandre et du Hainaut.

Débutant sa carrière comme secrétaire du ministre de la Guerre Le Blanc, il fut compromis avec lui dans le scandale politico-financier du trésorier de l'Extraordinaire des Guerres, La Jonchère, et fut emprisonné à la Bastille. Après le renvoi du duc de Bourbon, il recevait l'intendance du Hainaut, où il déploya les qualités d'administrateur qu'on lui avait déjà reconnues, lorsque maître des requêtes, il s'était attaché au rétablissement des maréchaussées. Soucieux de ranimer commerce et industrie et d'alléger les charges de la population pendant la guerre contre l'Autriche, il fit construire des casernes, des greniers, des magasins, établit des marchés, encouragea les manufactures. Déployant la plus grande énergie à l'intendance de l'armée de Bohème, il fut récompensé en recevant la prestigieuse intendance de Flandre. Il y montra la même habileté, notamment dans l'administration des armées de Flandre et d'Alsace, dont il avait la charge. Frédéric II lui-même s'enthousiasma pour celui qui avait fait *l'impossible possible pour l'approvisionnement des troupes.*

Cette célébrité, si elle fit quelque ombrage au ministre de la Guerre d'Argenson, ne l'empêcha pas d'être appelé à remplacer son ami Machault au Contrôle général. Au cœur de la crise parlementaire et dans les prémisses de la guerre de Sept Ans, son court ministère amorça un assainissement des finances, aidé il est vrai par quelques apports de ressources supplémentaires. Mais trop âgé pour être réellement efficace, et malgré sa grande connaissance des rouages administratifs, il dut remettre sa démission à la suite d'une apoplexie qui avait atteint sa santé mentale ; son gendre Peyrenc de Moras, qui lui avait été adjoint, le remplaça. Il mourut quelques années plus tard.

L'avocat Barbier, avec son franc-parler habituel, donne de manière lapidaire le sentiment qu'inspirait le ministre : *c'est un bourgeois à la vérité, mais il est aimé des troupes et doit mieux entendre la partie de la guerre que celle des finances.* Choiseul, qui l'estimait, dit de lui qu'*il n'était pas un homme d'esprit, mais il avait une routine d'affaires et la manière la plus douce de les traiter.*

## Demeures

A Paris, Moreau de Séchelles commença à habiter l'hôtel du Lude, rue Saint-Dominique, qu'il loua au duc de Chaulnes ; remanié à plusieurs reprises au XVIII^ème siècle, l'hôtel fut la propriété, au XIX^ème siècle, de Kellermann. Il fut détruit en 1861, et remplacé par le bâtiment actuel, à la hauteur du n° 244, bd Saint-Germain (VII^ème arrt). Moreau quitta cet hôtel juste avant sa démission pour l'hôtel de Pontchartrain que le Roi avait décidé de mettre à la disposition des contrôleurs généraux des Finances. Il mourut dans un hôtel rue des Saint-Pères.

Atteint de déraison, Moreau de Séchelles séjourna à partir de 1756 chez les Barentin, au château de la Malmaison.

Il possédait également le château de Séchelles, près de Cuvilly (Oise), qu'il avait acheté en 1715 à Nicolas Sandra, conseiller au Parlement. Il fit démolir l'ancienne bâtisse féodale pour lui substituer, vers 1740, l'élégante demeure que l'on voit encore aujourd'hui, propriété privée.

## Iconographie, bibliographie et sources

Le peintre Valade fit son portrait.

Aucune étude sur ce personnage pourtant intéressant. Quelques indications du fait du lien de parenté dans l'ouvrage de Jean-Charles de LORDAT, *Les Peyrenc de Moras (1685-1798), une famille cévenole au service de la France*, Toulouse, 1959, ainsi que dans la très brève notice qui lui est consacrée dans l'ouvrage d'Emmanuel MICHEL, *Biographie du parlement de Metz*, Metz, 1853.

Des documents sur le château de Séchelles à l'époque du ministre sont conservés aux archives départementales de l'Oise (série E).

[IAD : LXVI/531 (12-I-1761).

## PEYRENC DE MORAS

*Nommé adjoint de son beau-père le 17 mars 1756, il le remplaça le 24 avril de la même année ; il démissionna le 25 août 1757, après avoir reçu la Marine.*

Voir sa notice, p. 229.

## BOULLONGNE
Jean de

Né à Paris, le 13 octobre 1690
Mort à Paris, le 21 février 1769.
Inhumé en l'église de
La Chapelle-Godefroy (Aube).

### Famille

Originaire de Picardie, anoblie dans la première moitié du XVIII<sup>ème</sup> siècle.

*D'argent à la bande de sable, accompagnée de trois lionceaux de sinople, lampassés et armés de gueules, couronnés d'or à l'antique, deux et un, dans le sens de la bande.*

Son père : Louis, premier peintre du Roi, directeur de l'Académie royale de Peinture et de Sculpture.

Sa mère : Marguerite Baquet, fille d'un maître potier d'étain, bourgeois de Paris.

Sa sœur : *Marie-Anne*, mariée à Jean-Pierre Richard, receveur général des finances de Tours.

Il épousa en 1719 Charlotte-Catherine de Beaufort (morte en 1763), fille d'un fermier général.

Ses enfants : *Jean-Nicolas*, intendant des finances, maître des requêtes et conseiller au Conseil royal des Finances, marié à Louise-Julie Feydeau de Brou, fille du garde des sceaux de Louis XV ; *Marguerite-Claude*, mariée à Henri Caze de La Bove, intendant de Châlons ; *Élisabeth-Louise*, mariée à Paul Gallucio de l'Hospital, ambassadeur à St-Pétersbourg et inspecteur général de cavalerie ; *Jeanne-Edmée*, mariée à Gabriel de Hallencourt de Dromesnil, maréchal de camp ; *Marie-Edme*, mariée à Armand de Béthune, maréchal de camp.

*Nommé le 25 août 1757, il fut disgracié le 4 mars 1759.*

**Carrière** : payeur des rentes de l'Hôtel de Ville de Paris (1711) ; premier commis des finances (1724) ; conseiller au parlement de Metz (1725) ; intendant des Ordres du Roi (1737-1758) ; intendant des finances (1744) ; **contrôleur général des Finances (1757-1759)**.

**Places et dignités** : membre honoraire de l'Académie royale de Peinture et de Sculpture (1734) ; grand trésorier commandeur des Ordres du Roi (1758-1762).

Issu d'une famille de peintres prestigieux et fils du premier peintre du Roi, Jean de Boullongne se distingua plus par sa vie de grand financier et de mécène, que par sa carrière administrative, qui fut sans grand éclat.

Entré jeune dans l'administration des finances, Boullongne devint très vite premier commis du contrôleur général Philibert Orry. Après la disgrâce de ce dernier, il se rapprocha de M^me de Pompadour, caressant l'espoir d'accéder un jour à la tête du Contrôle général, et conscient du soutien qu'elle pouvait lui apporter. Son ascension fut favorisée par un acte, signé en 1751 entre les trois branches de sa famille, qui lui permettait de rétablir ses anciens titres à la noblesse et d'arborer ses armoiries. Enfin, lorsque le contrôleur général Peyrenc de Moras fut disgracié, il le remplaça.

Il fut bien accueilli par une opinion informée de sa grande expérience des affaires. Le déficit était cependant énorme, tandis que la Reine, pressée de dettes, sollicitait une pension qu'il dut lui accorder. Renonçant à augmenter les impôts et à lancer de nouveaux emprunts, il dut recourir aux expédients traditionnels pour poursuivre le financement de la guerre de Sept Ans. Après s'être brouillé avec le maréchal de Belle-Isle, il fut finalement disgracié, puis exilé, conservant cependant la charge de trésorier de l'Ordre du Saint-Esprit, qu'il avait acquise l'année précédente. Il se retira chez son cousin normand, Pierre-Léonard Tavernier de Boullongne, avant de pouvoir regagner Paris.

Dans une lettre à Maurepas, le lieutenant de police Feydeau de Marville disait de Boullongne : *il est ferme, mais il n'est point dur. Il est inexorable, mais ce n'est que quand on lui demande quelque chose d'injuste. Il a de l'esprit, mais il pèse trop ce qu'il dit et ce qu'il fait.* Un contemporain, beaucoup moins flatteur, trouvait en revanche qu'il était *aussi fat que riche.* Époux de la fille d'un fermier général, Boullongne disposait en effet d'une grande fortune, et ce n'est pas là le moindre aspect de son personnage. Ami des lettres et des arts, Boullongne s'entoura également d'un grand nombre de beaux esprits, tandis que lui-même, par le jeu des alliances familiales, se trouvait être l'oncle du célèbre abbé de Saint-Non, et du grand amateur d'art Bergeret, celui-là même qui avec son fils, fut le compagnon de voyage de Fragonard en Italie. Il prit également sous sa protection le peintre Joseph Vernet, l'écrivain Jean-Baptiste Gresset et le poète Alexis Piron.

**Demeures**

Époux de la fille d'un fermier général, Boullongne disposait d'une grande fortune. Propriétaire de plusieurs hôtels dans Paris, il était familier d'opérations mobilières. Il avait acheté en 1728 l'hôtel du n° 23 place Vendôme, à Abraham Peyrenc de Moras, avant de le revendre, en 1750, à Jean-Baptiste-Jacques Boucher, trésorier général des colonies d'Amérique. Il appartient aujourd'hui au Crédit Foncier de France. Mais sa résidence parisienne principale était l'hôtel de Noailles, rue Saint-Honoré, dans lequel il est mort, et qu'il avait hérité de l'ancien trésorier de l'Extraordinaire des Guerres, La Jonchère. Un corps de logis, prolongé par une galerie, encadrait un jardin intérieur assez vaste. Les appartements abritaient les magnifiques collections de peinture, en grande partie héritées de son père et de son oncle. C'est aujourd'hui l'hôtel de luxe Saint-James et Albany, au n° 294 rue Saint-Honoré (Ier arrt.). Il habitait également, à Auteuil, le château de La Tuilerie, qu'il avait acheté en 1734. Cette grande demeure rurale était entourée d'un parc de près de sept hectares, et où la famille de Boullongne menait une brillante vie mondaine, dont sa femme, surnommée *la belle Uranie*, n'était pas la moindre perle. Entièrement reconstruit en 1782, il fut occupé par les religieuses de l'Assomption à partir de 1855, puis détruit en 1901. Le château, et le domaine qui l'entourait, s'élevaient à la hauteur du n° 25 rue de l'Assomption (XVIème arrt).

En 1761, il acheta le château de La Chapelle-Godefroy (Aube), que possédait autrefois son prédécesseur aux Finances, Philibert Orry. Il y avait installé douze somptueuses tapisseries des Gobelins représentant les mois de l'année, une vaste bibliothèque ornée d'ouvrages frappés à ses armes, qui lui donna sa réputation de grand bibliophile, des médailles, des monnaies, des dessins, et surtout de nombreuses toiles hérités de son père, ainsi que la série des tableaux commandés par Orry au peintre Natoire : le château en conservait cinquante et un, ainsi que le révèle l'inventaire après décès, et d'autres encore étaient conservés dans ses différentes demeures (on en trouve certaines aujourd'hui au musée des Beaux-Arts de Troyes). Il s'ingénia également à parfaire le jardin, qui suscitait l'admiration, et qui était bien dans l'esprit du siècle : orangerie en fer-à-cheval, rotonde formée d'arcades et ornée de coquillages, ruine gothique, chaumière, portique et ménagerie. Rasé en très grande partie au milieu du XIXème siècle, il ne reste aujourd'hui du château qu'un petit pavillon.

**Iconographie, bibliographie et sources**

Il existe un portrait, peint par Rigaud, le représentant avec le ruban de l'Ordre du Saint-Esprit. Il y en aurait un autre, par Duplessis.

On dispose de peu d'études sur le personnage, mis à part l'utile, mais déjà ancien ouvrage de G. CAIX DE SAINT-AYMOUR, *Une famille d'artistes et de financiers au XVII<sup>ème</sup> et XVIII<sup>ème</sup> siècle : les Boullongne*, Paris, 1919. La publication de son inventaire après décès, dans le *Bulletin de la Société de l'Histoire de Paris et de l'Île-de-France* (1988), apporte d'intéressants renseignements sur ses demeures et ses collections, ainsi que l'article d'Anne THIRY, "L'hôtel Peyrenc de Moras, puis de Boullongne", *Bulletin de la Société d'Histoire de Paris et de l'Île-de-France*, 1979.
[IAD : LIII/446 (7-III-1769).

**SILHOUETTE**
Étienne de

Né à Limoges, le 25 juillet 1709
Mort au Château de Bry-sur-Marne
(Val-de-Marne), le 20 janvier 1767.
Inhumé en l'église Saint-Gervais-
Saint-Protais, à Bry-sur-Marne.

**Famille**

Originaire de Bayonne, anoblie dans la première moitié du XVIII<sup>ème</sup> siècle.

*De sinople au vaisseau d'argent, voguant sur une mer du même, au chef parti : a) de gueules à la croix ancrée d'or ; b) d'or au lion de gueules.*

Son père : Arnaud, receveur des tailles à Limoges, et secrétaire du Roi.

Sa mère : Catherine-Rose Roffay, fille d'un receveur des tailles de Châtellerault.

Fils unique.

Il épousa en 1745 Anne-Jeanne-Antoinette Astruc (1723-1765), fille d'un médecin consultant de Louis XV, professeur au Collège Royal de médecine, médecin du roi de Pologne.

Sans postérité.

*Nommé le 4 mars 1759, il démissionna le 21 novembre 1759.*

**Carrière** : conseiller au parlement de Metz (1735) ; conseiller au Grand Conseil (1744) ; maître des requêtes (1745) ; chancelier-garde des sceaux du duc d'Orléans (1746-1757) ; commissaire pour le règlement des limites de l'Acadie (1749) ; commissaire du Roi près de la Compagnie des Indes (1751) ; **contrôleur général des Finances (mars-novembre 1759) ; ministre d'État (1759).**

Voyageur infatigable, homme de lettres précoce et prolixe, penseur éclectique et administrateur à la carrière originale, Silhouette, malgré tous ces traits digne d'intérêt, serait resté un inconnu si son nom propre, à l'instar de Poubelle, n'était pas devenu un nom commun, promotion qui ne doit rien, comme on le croit trop souvent, à la brièveté de son ministère.

Issu d'une famille modeste, Silhouette montra très jeune de brillante aptitudes à l'étude du droit. Fortement encouragé par son père qui développa sa curiosité naturelle pour l'observation et l'écriture, il quitta rapidement son Limousin natal pour sillonner l'Europe, et, à vingt ans, publia son premier ouvrage, l'*Idée générale du gouvernement et de la morale des Chinois* (1729). Bientôt secrétaire du maréchal de Noailles, et chargé de mission en Angleterre, il rédigea sur ce pays des *Observations sur les finances, le commerce et la navigation*, ouvrage fort documenté où il mettait la France en garde contre l'extension coloniale anglaise. A vingt-six ans, poursuivant son ambition, il débuta une carrière administrative comme maître des requêtes, avant d'entrer au service du duc d'Orléans, auprès duquel il resta plus de dix ans. Il avait épousé la même année la fille de Jean Astruc, médecin d'une grande réputation. Quelques années plus tard, il fut chargé, avec deux autres commissaires, d'établir les limites des territoires français et anglais en Acadie, conformément au traité qui avait mis fin à la guerre de Succession d'Autriche. Malgré l'échec général de cette mission, où ses talents de diplomate furent cependant reconnus, le Roi le nomma son commissaire auprès de la Compagnie des Indes ; il s'y opposa fortement à son collègue Michau de Montaran, fidèle aux principes du mercantilisme.

L'arrivée de Choiseul, qui mit fin à une instabilité ministérielle de plusieurs années, une carrière sortant de l'ordinaire, la protection du maréchal de Belle-Isle et l'éviction de Boullongne du Contrôle général sont les raisons principales de son accession à ce poste qu'il convoitait. Le nouveau maître des finances avait pour tâche principale le financement de la guerre de Sept Ans, qui le détermina à d'audacieuses mesures. La plupart des pensions furent supprimées, les privilèges de la taille furent suspendus, le bail des fermes fut cassé et la moitié des bénéfices de la Ferme générale fut versée au Roi, ce qui lui valut la haine irréconciliable des puissants personnages qu'étaient les fermiers généraux. De nombreuses économies furent engagées dans les divers départements ministériels et le Trésor fut géré avec circonspection. Si la noblesse et les financiers protestèrent, l'opinion populaire approuva, au début du moins, le contrôleur général. Le mémoire qu'il présenta au Roi sur la situation financière accusait cependant un déficit persistant. Aussi Silhouette proposa-t-il un nouvel édit, largement inspiré de l'idée de Vauban, qui établissait une "subvention générale" à la place de tous les impôts existants. Mais, comme son prédécesseur, le ministre fut si critiqué que sa réforme ne put entrer en application ; il dut avoir recours aux expédients traditionnels : nouvelles taxes, envoi de la vaisselle royale à la Monnaie, etc. Devenu très impopulaire, accusé de s'être enrichi aux dépens du Trésor, celui qui avait apporté l'espoir de résoudre les problèmes du déficit fut renvoyé sans ménagement, après avoir eu le temps de fonder une bibliothèque administrative.

Accablé de libelles, subissant des pressions de toutes parts, il se retira dans son château de Bry, et mourut huit ans plus tard d'une fluxion de poitrine.

Si l'arrivée de Silhouette à la tête des finances fut favorablement accueillie dans l'opinion publique, qui louait en lui *un homme de beaucoup d'esprit..., un homme à système et qui a bien des projets préparés* (Barbier), il fut très vite décrié, moqué et calomnié, et le même Barbier, quelques mois plus tard, rapporte *qu'il n'a aucune teinture du maniement de la finance, qu'il pense faux sur les objets qu'il imagine et qu'on lui présente, et qu'il est parvenu à perdre entièrement la confiance dans le royaume*. Quant à d'Argenson, dès 1750, il le juge ainsi : *ce Silhouette paraît savant, l'étant peu ; il s'insinue par douceur et par finesse, il est d'une grande avarice ; il avance, dit-on, à grands pas vers le ministère et pourrait bien devenir contrôleur général*. Voltaire, moins sévère, reconnaît que *le génie de M. de Silhouette est anglais, calculateur et courageux... ; il passait pour un aigle, mais en moins de quatre mois, l'aigle s'est changé en oison... ; ses idées m'ont paru très belles, mais employées mal à propos* ; Jacob-Nicolas Moreau, qui travailla pour lui, pense qu'il était *le seul ministre qui n'ait dû sa retraite forcée ni à son incapacité, ni aux intrigues : il fut chassé par la besogne même et submergé par la tempête qu'il avait excitée*. Homme de goût, plutôt raffiné, Silhouette fut le traducteur privilégié de l'écrivain anglais Alexander Pope, ainsi que d'autres auteurs comme Bolingbroke ou Warburton. Passionné depuis son plus jeune âge de la civilisation chinoise, et en particulier de la morale de Confucius, notre ministre avait une curieuse marotte, qui fut à l'origine de la célébrité de son nom : il demandait aux membres de sa famille et à ses amis de défiler le long d'un mur, tandis qu'ils étaient éclairés par derrière, de manière que leur ombre se projetât ; il traçait alors leur profil dont il crayonnait l'intérieur, et ces toutes nouvelles "silhouettes" furent alors très à la mode ; on en possède du ministre et même de Voltaire. Le mot ne fut admis par l'Académie française qu'en 1835.

## Demeures

A Paris, on trouve Silhouette rue Saint-Honoré, presque à l'angle de la rue Royale (Ier arrt.), puis en 1753 rue de Richelieu.

Silhouette avait acheté en 1760, au marquis de Charleval, le château de Bry-sur-Marne, près de Nogent (Val-de-Marne) qu'il fit aménager somptueusement, à partir de 1764, par François II Franque, selon un plan en H ; il y installa notamment une bibliothèque de plus de six mille volumes. Sous l'Empire, la propriété fut louée à Talleyrand, avant d'être achetée par le ministre des Finances de Louis XVIII, le baron Louis. Le château brûla pendant la guerre de 1870. Reconstruit par la suite, il abrite aujourd'hui une école privée (1, bd Gallieni). Il avait également acquis en 1752 le château de Chevilly, près d'Orléans (Loiret), construit en 1732. Il le revendit en 1763 à Perrin de Cypierre, intendant d'Orléans. Propriété privée, le château existe toujours.

## Iconographie, bibliographie et sources

Le musée Carnavalet possède une "silhouette" du ministre, assis à sa table de travail. Il existe aussi un dessin de Carmontelle.

Silhouette dispose d'une bonne étude de son ministère, la thèse de M. GUILLAUMAT-VALLET, *Le contrôleur général Silhouette et ses réformes en matière financière*, Paris, 1914, qui remplace avantageusement l'ancien ouvrage de P. CLÉMENT et A. LEMOINE, *M. de Silhouette, Bouret et les derniers fermiers généraux*, Paris, 1872, travaux résumés dans l'agréable article de Claude-Joseph BLONDEL, "Un ministre des Finances de Louis XV : Monsieur de Silhouette, le trop bien nommé", *Historia*, n° 479 (1986). Rien, en revanche, sur sa famille, son œuvre d'écrivain et de traducteur, ses voyages ou sa vie privée. On trouvera cependant, dans les premiers chapitres de son *Voyage de France, d'Espagne, de Portugal et d'Italie*, Paris, 1770, 2 volumes, d'intéressants éléments autobiographiques. Sur le château, on verra l'article de Marie-Agnès FÉRAULT, "Une œuvre inconnue de François II Franque : le château de Bry-sur-Marne", *Bulletin monumental*, tome 149 (1991).

Les archives de la Guerre conservent encore une série de lettres intimes de Silhouette. Les archives départementales de Seine-et-Marne, quant à elles, conservent des documents intéressants et assez nombreux réunis par le maire

érudit de Bry, E. MENTIENNE, notamment pour son ouvrage *Histoire de Bry-sur-Marne, des temps préhistoriques au XX^ème siècle*, Paris, 1916.
[IAD : LXVIII/512 (19-II-1767).

## BERTIN

*Nommé le 23 novembre 1759, il dut remettre sa démission le 13 décembre 1763, mais le Roi lui conserva un secrétariat d'État.*

Voir sa notice, p. 290.

## LAVERDY
Clément-Charles-François de

Né à Paris, le 4 novembre 1724
Guillotiné à Paris, le 24 novembre 1793.
Inhumé au cimetière de la Madeleine,
à Paris.

### Famille

Originaire du Milanais (Del' Averdi), anoblie dans la deuxième moitié du XVI^ème siècle.

*D'or à la bande de gueules, chargée d'un renard courant d'or, alias d'un loup ravissant d'argent.*

Son père : Clément-François, avocat au parlement de Paris, professeur de droit canon au Collège royal.

Sa mère : Élisabeth-Jeanne Mahieu.

Fils unique.

Il épousa en 1751 Catherine-Élisabeth Devin (1733-1809), fille d'un marchand drapier parisien, qui sera secrétaire du Roi et directeur de la Caisse d'Escompte de Paris.

<u>Ses enfants</u> : *Catherine-Élisabeth* mariée à Barthélémy de La Briffe ; *trois autres filles*, sans alliance, appelées mesdemoiselles de Gambais, de Neuville et de Racomis ; *deux fils et une fille morts* en bas âge.

*Nommé le 13 décembre 1763, il fut contraint de démissionner le 1ᵉʳ octobre 1768.*

**Carrière** : conseiller au Parlement (1743) ; **contrôleur général des Finances (1763-1768) ; ministre d'État (1765)** ; conseiller d'honneur au Parlement (1765) ; gouverneur et lieutenant de Roi de Houdan (1766).

**Places et dignités** : membre honoraire de l'Académie des Inscriptions et Belles-Lettres (1764).

Personnage aux ambitions modestes teintées de mysticisme, Laverdy poursuivit une carrière administrative sans éclat avant sa nomination au ministère. Connu pour son honnêteté et sa probité, ce théoricien et réformateur ne parvint pourtant jamais à faire appliquer ses audacieuses mesures.

Après de classiques études de droit, il entra au Parlement comme conseiller. Sans se faire particulièrement remarquer, il parvint à s'y implanter solidement, mû par une profonde piété qui le porta à fréquenter les magistrats jansénisants. Il sortit de l'ombre lorsque Joly de Fleury lui demanda en 1761 de rédiger un rapport sur les biens de la Compagnie de Jésus, qui venait d'être compromise dans l'affaire La Valette. Son zèle contre "cette gangrène avide de tout envahir" le conduisit à élaborer un grand projet sur l'enseignement dans les collèges sans les Jésuites. Il aurait voulu établir dans chaque ville un bureau chargé du recrutement des maîtres et de l'administration temporelle des établissements. Ses idées ne purent cependant être appliquées, se heurtant aux multiples coutumes régionales. Choiseul, qui l'avait remarqué, lui proposa alors le Contrôle général ; n'ayant guère intrigué, il en fut bien surpris, mais ne refusa pas cette très haute charge. Il ne sut malheureusement pas être à la hauteur de ce qu'on attendait de lui. Tiraillé entre sa loyauté envers le Roi et son attachement à ses anciens amis du Parlement, il mécontenta finalement tous les partis. Sa conduite hésitante lors de l'affaire La Chalotais lui aliéna le monde parlementaire. Il fut incapable de faire appliquer ses principes financiers, échoua dans sa tentative de libéraliser le commerce des grains et ne put résoudre la question des friches agricoles qui avait mobilisé sa réflexion. Attaché à la liberté des communes, il tenta une grande réforme qui fut son œuvre principale et qui laissa son nom dans l'histoire. Voulant mettre fin à la domination de quelques familles locales sur les administrations municipales, il édicta à partir de 1764 plusieurs mesures qui supprimaient les offices municipaux et stipulaient l'élection de députés dans chaque ville ; ceux-ci devaient élire eux-mêmes une assemblée de notables devant à son tour choisir le corps de ville présidé par un maire désigné par le Roi. Certaines catégories populaires devaient être représentées parmi les notables. Les comptes devaient être rendus devant les bailliages et les sénéchaussées et des règles précises devaient codifier les opérations financières. La réforme fut diversement appliquée selon les provinces. Elle le fut particulièrement à Nevers, où le nouveau conseil municipal, toujours dominé par les privilégiés, se plia régulièrement aux élections et aux réunions prévues. Mais cette réforme fut de courte durée. Amoindrissant le pouvoir des intendants, et donc le pouvoir central, elle fut abrogée par Terray en 1771. Laverdy avait également créé une Caisse d'Escompte, qui sombra bientôt ; après, enfin, qu'il eût proposé la division en deux du brevet de la taille, Choiseul lui retira sa confiance et il dut démissionner.

Le mauvais sort ne devait plus le quitter. Désormais écarté de la vie publique, il se retira sur ses terres, cultivant son goût pour les études historiques et juridiques, s'employant notamment à travailler sur le procès de Jeanne d'Arc. Seule la Terreur vint l'arracher à sa retraite. Sous un prétexte fallacieux d'accaparement de grains, il fut arrêté, incarcéré à Paris et exécuté.

Sa discrétion, la modernité de ses réformes et sa mort tragique ont contribué à donner de Laverdy, *auquel on ne reprocha aucune maîtresse* (Moreau) une image très positive, du moins quant à sa vie privée, car on lui reconnaissait trop de bonté et donc trop de faiblesse pour être réellement efficace. Ainsi que le juge Salabéry dans le dictionnaire Michaud, *n'ayant ni l'esprit de la cour, ni l'esprit de sa place, comme ministre il fit tout mal, même le bien*. Marqué par le mysticisme, Laverdy écrivit de nombreux textes, dont un mémoire sur la *Nécessité des gémissements*, d'une ardente piété jansénisante où transparaissent ses inquiétudes intérieures. Il appelait Jésus-Christ son "tendre époux", et tenait une sorte de calendrier religieux sur lequel il inscrivait ses pensées, attitudes qui lui valurent les moqueries des libellistes. Il était également féru de droit criminel, et publia un code pénal, dans la perspective de constituer un vaste corpus des grands procès instruits depuis le XIVème siècle. Toujours audacieux en théorie, il mit en rapport les exigences du pouvoir et certains vices de procédure afin d'analyser la "raison d'État". Il voulut également créer une commission des coutumes, qui aurait été chargée de publier les anciennes coutumes provinciales, afin de préparer une réforme générale du droit coutumier français. Introduit dans le monde des académies, il connut de nombreuses personnalités, notamment le président Hénault et Gilbert des Voisins. Mais il se tint plutôt éloigné des autres ministres.

## Demeures

A Paris, Laverdy possédait le petit hôtel de Conti, que le Roi lui avait donné en 1768, après qu'il eût abrité le Garde-Meuble. Adossé au collège des Quatre

Nations, puis enclavé dans l'Hôtel des Monnaies, on peut encore en voir les vestiges aujourd'hui dans une des cours de l'hôtel, en particulier sa façade et son bel escalier à rampe de fer forgé (11, quai Conti, VI^ème arrt) ; certaines de ses boiseries sont conservées au musée Carnavalet.

Laverdy avait acquis, près de Montfort-L'Amaury, le marquisat de Gambais, sur lequel se trouve le château de Neuville (Yvelines). Très bel exemple de l'architecture du XVI^ème siècle, ce château reçut les soins attentifs du ministre, qui le restaura entièrement. D'une forme très originale en V, le corps de logis est précédé d'une cour ovale encadrée par de magnifiques communs. Passionné d'agronomie, il tenta sur ses terres plusieurs expériences sur les blés cariés. Le château est encore aujourd'hui la propriété de ses descendants.

### Iconographie, bibliographie et sources

Pas de portrait connu.

Connu surtout pour sa grande réforme de 1764, il n'est guère étonnant que les travaux aient porté là-dessus. On retiendra en particulier la grande synthèse de Maurice BORDES, *La réforme municipale du contrôleur général Laverdy et son application (1764-1771)*, Toulouse, 1968, dont les éléments avaient été esquissés dans son étude sur "La réforme municipale de 1764-1765 et son application dans l'intendance d'Auch", *Annales du Midi*, 1963 ; d'autres auteurs, comme Marylène JOUVET, "L'application de la réforme municipale de Laverdy à Nevers (1764-1766)", *Mémoires de la Société académique du Nivernais*, tome 61 (1979) ont réalisé des monographies plus approfondies. L'homme, en revanche, pourtant intéressant, n'a fait l'objet d'aucune étude générale. Seul François FOSSIER, "Un financier érudit : Cl.-Ch.-François de Laverdy (1724-1793)", *Journal des savants*, n° 4 (1981), a brossé une première et intéressante esquisse. La plupart de ses œuvres, notamment d'histoire du droit, ont été publiées de son vivant. Sur son hôtel parisien, on pourra voir l'ouvrage de F. MAZEROLLE, *L'hôtel des Monnaies*, Paris, 1907, ainsi que l'article de Jean-Marie DARNIS paru dans le catalogue de l'exposition *L'institut de France et la Monnaie de Paris*, Paris, 1990.

Les archives du marquisat de Gambais et du château de Neuville, ainsi que plusieurs brouillons de ses travaux d'érudition, sont toujours conservés au château de Neuville, par les descendants.
[IAD : CXV/1039 (13 pluviôse an IV - 2-II-1796).

## MAYNON D'INVAULT
Étienne

Né à Paris, le 18 février 1721
Mort à Saint-Germain-en-Laye,
le 23 janvier 1801.

**Famille**

Originaire de Paris, anoblie au début du XVIII<sup>ème</sup> siècle.

*D'azur à trois gerbes de blé d'or.*

<u>Son père</u> : Vincent, conseiller au parlement de Paris, veuf de Catherine Hardouin-Mansart de Sagonne, fille du célèbre architecte Jules Hardouin-Mansart.

<u>Sa mère</u> : Agnès Bouvard de Fourqueux, tante du contrôleur général des Finances de Louis XVI.

<u>Ses frères</u> : *Vincent M. de Farcheville*, conseiller, puis président au Parlement ; *Guillaume-François*, cornette de cavalerie.

<u>Il épousa</u> en 1768 Adélaïde-Élisabeth Bouvard de Fourqueux (1745-1813), sa cousine, fille du contrôleur général des Finances de Louis XVI.

<u>Sans postérité directe</u>, mais sa femme adopta une fille en 1799, *Élisabeth-Françoise Oberton*, mariée à Benjamin-Pierre-Aimé Le Cornu de Balivière.

*Nommé le 22 septembre 1768, il démissionna le 22 décembre 1769.*

**Carrière** : conseiller au Parlement (1741) ; maître des requêtes (1747-1766) ; président au Grand Conseil (1750) ; intendant d'Amiens (1754) ; conseiller d'État surnuméraire (1766) ; maître des requêtes honoraire et conseiller d'État semestre (1767) ; **contrôleur général des Finances (1768-1769) ; ministre d'État (1768)**.

D'extraction obscure, Maynon d'Invault était par ses parents - il était petit-fils d'un fermier général - et par son épouse, très bien introduit dans les milieux de l'administration financière : gendre de Michel Bouvard de Fourqueux, procureur général de la Chambre des Comptes et futur contrôleur général, beau-frère du célèbre Trudaine, intendant des finances, Maynon d'Invault ne dut son accession au Contrôle général qu'à son appartenance au clan des Choiseul.

Lorsqu'il succéda à Laverdy, l'ancien intendant de Picardie trouvait un Trésor aux abois, avec plusieurs dizaines de millions de déficit et d'arriéré. Lié avec les milieux physiocratiques, notamment Turgot, Vincent de Gournay et l'abbé Morellet, il commanda à ce dernier un travail visant à supprimer la Compagnie des Indes, alors en pleine difficulté financière. Quelques mois plus tard, malgré le plaidoyer de Necker en sa faveur, la liquidation de la Compagnie était acceptée. Soucieux d'alléger les travaux de l'administration centrale, il rétablit les assemblées des intendants des finances, disparues depuis la fin du ministère d'Orry, et qui préparaient le travail du Conseil. Proposant enfin un programme d'économies dans les dépenses de l'État, qui fut repris à grands traits par son successeur l'abbé Terray, il n'eut pas le temps de le mettre en place, ne vivant que d'expédients et ne parvenant qu'avec beaucoup de peine à maintenir le second vingtième. Au bord de la banqueroute, il donna sa démission au Roi après l'avoir averti que les finances de l'État étaient "dans le plus affreux délabrement".

Manquant sans aucun doute de la hardiesse dont Terray était pourvu, Maynon d'Invault a gardé l'image d'un personnage "assez ridicule" (Michel Antoine), quoique d'un "esprit sage et juste", scrupuleux et désintéressé (Hélion de Luçay). Recevant régulièrement chez lui la fine fleur des physiocrates, Abeille, Dupont de Nemours ou Morellet, il était, selon l'historien Louis Guimbaud, *également épris de philosophie et d'élégance, il partageait son temps entre la lecture de l'*Encyclopédie *et le soin de ses perruques, sans arriver à comprendre la première et à rendre les secondes plus séantes.*

## Demeures

Avant de s'installer au Contrôle général, rue Neuve-des-Petits-Champs, on le trouve rue Cassette, près du jardin du Luxembourg. Après sa retraite, il laissa à son frère aîné, Maynon de Farcheville, l'hôtel de Livry, rue de l'Université (actuel n° 23, siège d'un service du ministère des Finances), acheté par leur père en 1728, ainsi que le château de Farcheville, près d'Étampes (Yvelines), acheté en 1704 par leur grand-père. Maynon de Farcheville légua le château à sa belle-sœur, veuve de Maynon d'Invault, en 1805. Magnifiquement restauré, le château est aujourd'hui une propriété privée. Il logea longtemps chez son frère, à Paris, mais il mourut à Saint-Germain-en-Laye, dans une maison située n° 2 rue aux Miettes.

## Iconographie, bibliographie et sources

Pas de portrait connu.

Aucune étude consacrée à ce ministre. On glanera cependant quelques renseignements dans les *Mémoires* de l'abbé Morellet, dans la biographie d'un de ses parents, par Louis GUIMBAUD, *Auget de Montyon (1733-1820), d'après des documents inédits*, Paris, 1909, dans l'étude inédite de Michel BORJON et Herveline DELHUMEAU, *Le château de Farcheville. Étude historique et archéologique*, Paris, documentation GRAHAL, 1988 (25 rue des Mathurins, 75008 Paris), et dans la thèse de Françoise MOSSER, *Les intendants des finances au XVIII^{ème} siècle*, Genève-Paris, 1978, qui a utilisé l'intéressante correspondance du ministre avec les intendants des finances d'Ormesson, dont les papiers, conservés par les descendants, sont microfilmés aux Archives nationales (144 AP).

**TERRAY**
Joseph-Marie

Né à Boën (Loire), le 9 décembre 1715
Mort à Paris, le 22 février 1778.
Inhumé dans la chapelle Sainte-Marguerite du château de La Mothe-Tilly (Aube).

### Famille

Originaire du Forez, anoblie dans la première moitié du XVIII^{ème} siècle.

*D'azur à la fasce d'argent, chargée de cinq mouchetures d'hermine de sable et accompagnée de trois croix tréflées d'or ; au chef du même, chargé d'un lion issant de gueules.*

Son père : Jean-Antoine, directeur des gabelles de Lyon, fermier général et secrétaire du Roi.

Sa mère : Marie-Anne Dumas de Matel, fille d'un capitaine de chevau-légers.

Ses frères et sœurs : d'un premier lit : *François*, secrétaire du Roi ; *Jeanne*, religieuse à la Visitation de Montbrison ; *Pierre* ; du second lit : *François*, avocat à Roanne ; *Louise-Nicole*, mariée en premières noces à G.-J. Du Myrat de

Vertpré, et en secondes noces à Charles de Nompère, lieutenant colonel ; *Marie-Christine*, mariée à Étienne Thoynet de Bigny, procureur général en la Cour des Aides de Montbrison ; *Pierre T. de Rosières*, procureur général de la Cour des Aides de Paris, maître des requêtes ; *Pierrette*, religieuse à la Visitation de Montbrison ; *Claude* ; *Pierre-Marie*, émigré en Hongrie ; *François* ; *une autre sœur*, religieuse à la Visitation de Montbrison.

*Nommé le 22 décembre 1769, il fut disgracié le 24 août 1774 ; il avait également assuré l'intérim de la Marine entre la disgrâce de Choiseul et la nomination de Bourgeois de Boynes.*

**Carrière** : conseiller-clerc au Parlement (1736) ; **contrôleur général des Finances (1769-1774) ; ministre d'État (1770) ; secrétaire d'État de la Marine par** *intérim* **(1770-1771)** ; directeur général des bâtiments du Roi (1773-1774).

**Bénéfices ecclésiastiques** : abbé de Molesme (1764) ; abbé de Troarm.

**Places et dignités** : secrétaire-commandeur des Ordres du Roi (1770-1774).

Dernier contrôleur général des Finances de Louis XV, l'abbé Terray fut sans doute l'un des ministres les plus détestés de tout le siècle. Membre d'un gouvernement éminemment réformateur, composé de deux autres ministres, le duc d'Aiguillon et le chancelier Maupeou, et que l'histoire connaîtra sous le nom de "triumvirat", Terray eut avec ses collègues la charge difficile de succéder au gouvernement de Choiseul qui régnait en maître depuis dix ans.

Issu d'une famille ancienne du Forez, de souche paysanne, le futur ministre était le cadet d'une famille qui comptera dix enfants. Appelé à Paris par son oncle, premier médecin de la mère du Régent, il fit ses études au collège de Juilly, puis entra au Parlement à l'âge de vingt-et-un ans, comme conseiller-clerc. Tandis que son frère poursuivait une carrière brillante, en devenant à trente-six ans procureur général de la Cour des Aides, Terray restait simple conseiller-clerc au Parlement, et y connut toutes ses tribulations, notamment l'exil à Bourges, entre 1753 et 1754. Devenu rapporteur pour les affaires importantes, il put enfin se rapprocher de la cour, et bénéficia alors de la faveur de la marquise de Pompadour, puis de celle de madame Du Barry. Contribuant largement à l'expulsion des Jésuites, ce qui lui valut la commende de l'abbaye de Molesme, il devint peu à peu l'un des proches de Maupeou, et celui-ci, nommé chancelier, parvint à lui faire donner le Contrôle général, à la suite de Maynon d'Invault.

La situation financière, déplorable depuis la fin de la guerre de Sept Ans, le conduisit tout d'abord à utiliser quelques expédients - emprunts, économies diverses -, et à établir un moratoire des dettes de l'État pour le paiement des dépenses courantes. Il alla bientôt plus loin et procéda à de véritables réformes : suppression de plusieurs offices d'intendant de finance, et création d'offices de conservateurs des hypothèques, conversions des tontines en rentes viagères, et surtout, il établit un impôt sur les bénéfices de la Ferme générale, réduisit les pensions et rendit le vingtième permanent. Il lança pour la première fois un emprunt à l'étranger, mais échoua dans son projet de remplacer la corvée par un impôt en numéraire. Ces changements, importants, étaient la base d'un véritable "système Terray", où le contrôleur général fit tendre ses efforts vers l'unité fiscale, et fit prévaloir le pragmatisme sur la théorie. Outre le seul domaine des finances, Terray mit un point d'honneur à embrasser l'ensemble des activités dépendant de son département. En matière économique, il suspendit l'exportation des grains en maintenant la libre circulation intérieure, ressuscita quelques anciennes interdictions dans le domaine commercial, et, refusant les monopoles, il réorganisa la régie des blés ; ce fut lui, également, qui procéda à la liquidation de la deuxième Compagnie des Indes, dont le privilège avait été supprimé par son prédécesseur. Encourageant le développement du corps des Ponts-et-Chaussées, il protégea en outre les activités industrielles modernes, et, en matière agricole, fit procéder à de nombreux défrichements tout en faisant ouvrir des écoles d'agriculture. Il projeta enfin un véritable code social et réorganisa les chantiers de charité. Une telle activité dans des domaines aussi variés donna à Terray une réputation d'homme de terrain opposé aux spéculations philosophiques. A la mort de Louis XV, il supprima le droit de joyeux avènement, mais, victime des intrigues de la Reine et de la nouvelle politique voulue par Maurepas, il fut disgracié, alors au plus haut point de son impopularité. Il laissait pourtant le crédit de l'État relevé, le déficit résorbé et le Trésor régulièrement alimenté.

Retiré au château de La Mothe-Tilly, où vivait déjà son frère, il entretint l'espoir d'être rappelé, mais on l'accusa d'avoir participé à la campagne de pamphlets dirigée contre les réformes de son successeur Turgot. Il mourut quelques années après à Paris.

A l'instar de son collègue le chancelier Maupeou, Terray, par le nombre de personnes, de corps et d'institutions auxquels ses réformes vinrent ôter leur privilèges, fut un ministre haï, et, partant, mal compris. Comme pour le chancelier, c'est d'abord à son aspect physique que l'on s'attaqua. Parmi les descriptions les plus sévères, on retiendra celle de Montyon : *son extérieur était dur, sinistre, et même effrayant : une grande taille voûtée, une figure sombre, l'œil hagard, le regard en dessous, avec indice de fausseté et de perfidie, les manières disgracieuses, un ton grossier, une conversation sèche.* Sa vie privée fut l'objet d'innombrables calomnies, en particulier sur ses aventures galantes, et l'opinion l'accusa de s'être enrichi aux dépens du peuple. Il est vrai qu'il avait acquis une très importante fortune, avec laquelle il acheta de nombreuses propriétés dans les environs de La Mothe-Tilly. Pourtant, des jugements plus fins viennent nuancer ces affirmations partiales, bien qu'on l'accusât unanimement d'injustice et de dureté, comme s'il avait été une sorte de mal nécessaire. Ainsi, s'il fut pour Moreau, *l'un des meilleurs contrôleurs généraux du règne*, Sénac de Meilhan, souvent mauvaise langue, mais qui travailla avec lui, reconnaît que, *né avec un esprit juste..., il avait un sens droit, de l'ordre, l'habitude de discuter les affaires et une pénétration qui lui faisait promptement saisir le point de la difficulté et le moyen décisif... Indifférent à la haine, à l'amitié, à l'opinion publique, il suivait constamment ses projets. Il peut être, avec justesse, comparé au bourreau qui égorge sans colère et sans pitié.* L'abbé de Véri, enfin, ajoute une note intéressante à ces jugements sévères, rappelant que *personne ne refuse à ce ministre les talents de l'esprit. Il l'a très net, très juste et très adroit pour donner les tournures les plus honnêtes aux démarches les plus iniques. On a plaisir à lire ce qui sort de sa plume... La probité, si désirable, n'est pas la seule qualité requise. Fût-elle chez l'abbé Terray, il lui manquerait encore le génie nécessaire au ministère de la finance. Il n'a que celui d'un chef de recettes.*

## Demeures

Terray et son frère Rosières furent élevés par leur oncle médecin, et habitèrent avec lui dans son appartement du Palais-Royal. En 1749, il s'installèrent avec lui dans l'hôtel qu'il avait fait construire au début du siècle, rue de Richelieu (actuel n° 101). En 1758, l'abbé alla loger rue Vivienne, avant de revenir, en 1764, dans l'hôtel de la rue de Richelieu, son frère s'étant installé à l'hôtel d'Aumont (7 rue de Jouy, IV^ème arrt.). Logeant à l'hôtel du Contrôle général le temps de son ministère, il s'installa après sa disgrâce dans la somptueuse demeure qu'il s'était fait construire rue Notre-Dame-des-Champs, et pour lequel il avait commandé des œuvres aux sculpteurs Pigalle, Tassaert et Pajou (on en retrouve aujourd'hui dans les grands musées anglais et français). Vendu après sa mort en 1783, l'hôtel fut démoli au XIX^ème siècle. Il se trouvait à l'emplacement de l'actuel collège Stanislas, au n° 22 rue Notre-Dame-des-Champs (VI^ème arrt.).

L'abbé, en 1748, avait acheté au duc de Noailles, avec son frère le vicomte de Rosières (qui abandonna sa part de copropriété en 1758), le château de La Mothe-Tilly, près de Nogent-sur-Seine (Aube). Ils firent raser l'ancien château et confièrent à l'architecte Jean-François Lancret, neveu du célèbre peintre, le soin de bâtir le château que l'on voit toujours aujourd'hui. Richement meublé, aménagé avec grand goût, il fut entièrement pillé sous la Révolution, et son mobilier vendu à la criée dans les rues de Nogent. C'est au descendant du vicomte de Rosières, le comte de Rohan-Chabot, au XIX$^{ème}$ siècle, puis, de nos jours, à la marquise de Maillé, récemment décédée, que l'on doit les précieuses restaurations, en particulier du parc, que le public peut désormais admirer.

La fortune de Terray lui avait permis en outre d'acquérir en 1772 le château de Béthon, près d'Épernay (Marne), et en 1773 la seigneurie du Port ; enfin, deux ans après, il acheta, à côté de La Mothe-Tilly, le château de Melz-sur-Seine, qui fut détruit pendant la Révolution.

### Iconographie, bibliographie et sources

Le château de Versailles conserve un majestueux portrait de Terray, par Alexandre Roslin, où l'abbé est représenté assis, tenant un mémoire et une plume. Il existe également un buste, attribué au sculpteur Étienne-Pierre-Adrien Gois, passé en vente il y a quinze ans.

Le contrôleur général des Finances, après l'ancien article de L. CHAZAL, "L'abbé Terray, contrôleur général des Finances", *Journal des économistes*, n° 68 (1847), a été relativement bien étudié quant à son œuvre, en particulier dans la thèse de Lucien LAUGIER, *Un ministère réformateur sous Louis XV : le triumvirat (1770-1774)*, Paris, 1975, et dans l'étude inédite de Mohamed LAGOUD, *Le bilan de l'abbé Terray, contrôleur général des Finances de 1768 à 1774* (DEA droit Paris-II, 1983). Un aspect de son œuvre économique est étudiée dans la thèse de René GIRARD, *L'abbé Terray et la liberté du commerce des grains (1769-1774)*, Paris, 1924, tandis qu'un épisode particulier est évoqué par Antoine DUPUY, "L'abbé Terray et les États réunis à Morlaix en 1772", *Bulletin de la société académique de Brest*, 1881. Ses origines familiales, en revanche, et sa vie privée n'ont guère attiré l'attention, si ce n'est celle des érudits locaux, comme l'abbé MERLE, "Les Terray à Boën, notes généalogiques sur les ascendants de l'abbé Terray", *Bulletin de la Diana*, tome XXIV (1931-1934), et R. BONNEVILLE, "Le bicentenaire d'un forézien : l'abbé Terray", *Bulletin du vieux Saint-Étienne*, n° 123 (1981). Enfin, sur ses demeures et l'histoire de sa fortune, on verra Pierre LACROIX, "L'achat de la seigneurie de Melz-sur-Seine par l'abbé Terray en 1774", *Provins et sa région*, n° 139-140 (1985-1986), repris dans "Les vicissitudes d'un héritage, ou l'histoire inachevée d'une rente perpétuelle", *Du passé au présent*, n° 3-4 (1985) ; Oscar de POLI, *Les seigneurs et le château de Béthon*, Paris, 1885 ; l'article collectif "Château de La Mothe-Tilly", *Monuments historiques*, n° 102 ; Auguste VITU, "La rue de Richelieu depuis sa création", appendice de *La maison mortuaire de Molière, d'après des documents inédits*, Paris, 1880 ; enfin, Louis RÉAU, "Une statue de Pigalle retrouvée", *La revue de l'art ancien et moderne*, tome 39 (1921) ; des documents concernant ses dépenses de bouche dans les deux catalogues d'exposition *Les Français et la table*, Paris, ATP, 1984-1985 et *Trésors sur table*, Bruxelles, Crédit Communal de Belgique, 1984.

Coquereau publia des mémoires apocryphes de l'abbé Terray, sous le titre de *Mémoires de l'abbé Terray, contrôleur général, contenant sa vie, son administration, ses intrigues et sa chute*, Londres, 1776, qui, malgré leur partialité, ne sont pas dépourvus d'intérêt.

Il existe aux archives départementales de l'Aube une correspondance des descendants du vicomte de Rosières (1 J 5599), tandis que le château de La Mothe-Tilly conserve ses archives, dont il existe un inventaire manuscrit dressé par Isabelle MAILLARD, documentaliste aux archives départementales de l'Yonne. [IAD : LXXXIV/551 (11-III-1778).

**TURGOT**
Anne-Robert-Jacques,
baron de l'Aulne.

Né à Paris, le 10 mai 1727
Mort à Paris, le 18 mars 1781.
Inhumé en la chapelle de l'hospice
des Incurables, à Paris
(actuel hôpital Laënnec).

**Famille**

Originaire de Normandie, de noblesse d'extraction.

*D'hermine fretté de gueules de dix pièces ; alias d'argent fretté de gueules de 12 pièces, les clairevoies semées de mouchetures d'hermine de sable.*

Son père : Michel-Étienne T. de Sousmons, président au parlement de Paris, prévôt des marchands de Paris, conseiller d'État.

Sa mère : Madeleine-Françoise Martineau de Brétignolles, fille d'un chevalier de Saint-Lazare.

Ses frères : *Michel-Jacques T. d'Ussy*, président à mortier au parlement de Paris, maître des requêtes ; *Étienne-François*, gouverneur de Cayenne ; *Françoise-Hélène-Étiennette*, mariée à Paul-Hippolyte de Beauvilliers de Saint-Aignan, gouverneur du Havre.

<u>Sans alliance</u>.

*Quittant la Marine dont il était titulaire depuis le 20 juillet 1774, il fut nommé le 24 août de la même année et fut disgracié le 12 mai 1776.*

**Carrière** : prieur de la Sorbonne (1749) ; substitut du procureur général (1751) ; conseiller au Parlement (1752) ; maître des requêtes (1753) ; intendant de Limoges (1761-1774) ; **secrétaire d'État de la Marine (juillet-août 1774) ; contrôleur général des Finances (1774-1776) ; ministre d'État (1774)** ; surintendant général des Postes et Relais de France (1775).

**Places et dignités** : membre honoraire de l'Académie des Inscriptions et Belles-Lettres (1776).

A l'instar de son rival et successeur Necker, et quoique resté au gouvernement durant à peine deux années, Turgot connut célébrité et popularité, que sa disparition avant les prémisses révolutionnaires ne fit qu'accentuer. Père de la science économique moderne, archétype du ministre réformateur confronté aux pesanteurs des structures, les qualificatifs absolus ne manquent pas pour ce penseur fécond, cet homme de terrain et de gouvernement qui fut, par son caractère et sa pensée, un proche de Louis XVI.

Issu d'une famille dont les membres s'était déjà illustrés dans l'administration, Turgot était le fils du prévôt des marchands de Paris, personnage très important auquel on doit le fameux plan de la capitale, dressé en 1739. En tant que cadet, il embrassa d'abord la carrière ecclésiastique, et, après des études à Louis-le-Grand et au collège du Plessis, où il obtint brillamment le grade de bachelier en théologie, il entra au séminaire de Saint-Sulpice ; il prit alors le nom d'abbé de Brucourt. Devenu prieur de la Sorbonne, il prononça plusieurs oraisons qui furent remarquées. Liant amitié avec le milieu des nouveaux philosophes, l'abbé résolut de quitter son état pour mieux se consacrer aux questions d'administration et d'économie qui occuperont désormais sa pensée. Entré au Parlement, il devint maître des requêtes en 1753, siégea à la chambre des vacations, puis à la chambre royale, s'opposant aux cours souveraines. En recevant, en 1761, l'intendance du Limousin, l'ex-abbé de Brucourt allait pouvoir appliquer à cette province pauvre une série de théories économiques déjà mûries au cours de lectures, de traductions et même d'articles qu'il avait rédigés pour le compte de l'*Encyclopédie*, et qu'il tentera, plus tard, d'appliquer à l'ensemble du royaume. La fiscalité, l'agriculture, l'industrie et le réseau routier furent l'objet de l'essentiel de ses efforts. Afin de poursuivre l'expérience de tarification de la taille déjà ébauchée avant son arrivée, il confia la confection des rôles à une équipe de commissaires, et projeta l'élaboration d'un grand cadastre. Il annexa à l'intendance la société agricole de Limoges et orienta ses travaux ; il tenta d'implanter la culture de la pomme de terre et introduisit le mérinos. C'est lui qui fixa à Limoges l'industrie de la porcelaine, tandis qu'il faisait installer à Brive une manufacture d'étoffes anglaises. Supprimant la corvée, il obligea l'ensemble des paroisses de la généralité à participer à l'entretien des routes en avançant les sommes destinées au paiement des ouvriers qui devaient remplacer les corvéables, puis donna, à partir de 1770, une forte impulsion au réseau routier. Il obtint du ministre Bertin l'implantation à Limoges d'une école vétérinaire qui, faute d'étudiants, dut bientôt fermer. Ces diverses mesures n'eurent d'ailleurs pas le succès escompté, et c'est plutôt dans le domaine social que Turgot connut sa plus grande célébrité. Outre la suppression de la corvée, il autorisa les engagements volontaires dans la milice, soulageant ainsi une grande partie de la paysannerie. Il rationalisa les aumônes charitables, leva sur tous les propriétaires, y compris les ecclésiastiques, une imposition obligatoire pour la subsistance des pauvres, établit des ateliers de charité et sut lutter efficacement contre la disette de 1770. Toutes ces tâches ne l'éloignaient pas des affaires du royaume, et, en 1765, il fut l'un des juges de révision de l'affaire Calas.

L'avènement de Louis XVI, dont on connaît l'attachement aux réformes, allait être pour l'auteur remarqué des *Réflexions sur la formation et la distribution des richesses* (1766) l'occasion d'établir à plus grande échelle ce qu'il avait tenté en Limousin. Soutenu par Maurepas et plusieurs de ses amis, il se vit d'abord confier le portefeuille de la Marine ; il y réorganisa les paiements et décida qu'il ne se formerait plus désormais de compagnies de commerce à privilèges. Mais laissant très vite sa place à Sartine, c'est à la tête des Finances que Turgot fut nommé. Il s'engagea, dans une lettre publique adressée au Roi, à n'opérer *point de banqueroute, point d'augmentation d'impôts, point d'emprunts*, montrant ainsi sa volonté d'aller contre la politique de recettes à tout prix pratiquée par son prédécesseur Terray. La diminution des dépenses constitua le train des premières mesures : après avoir réduit son propre traitement, il surveilla scrupuleusement les dépenses de tous les départements ministériels, défendant le Trésor contre les demandes de dots ou de pensions. Respectant sa promesse de ne créer aucun impôt nouveau, il ne put cependant éviter plusieurs emprunts destinés à rembourser ceux engagés par ses prédécesseurs. Au cours des vingt mois de son ministère, on ne compte plus les réformes qu'il opéra. Envisageant la suppression de la Ferme générale, sans toutefois l'exécuter, il s'attacha à modifier les autres systèmes : il convertit la ferme des Domaines en régie spéciale, comme celle des poudres et salpêtres dont la direction fut confiée à Lavoisier, et remplaça par une autre la régie des hypothèques. Il supprima le droit d'aubaine, en vertu duquel le

Roi était propriétaire de tous les legs et successions testamentaires des étrangers vivant dans le royaume. Il créa un grand service des messageries sous le contrôle de l'État, dotées de rapides et légères voitures que l'on appela bientôt les "turgotines". Lors de l'épizootie qui ravagea le midi en 1774, il coordonna avec efficacité l'action des intendants et sut empêcher la progression de l'épidémie.

Des réformes autrement plus audacieuses furent bientôt mises en œuvre. En septembre 1774, il institua la liberté du commerce des grains, revenant ainsi à une politique déjà suivie par Machault, Bertin et Laverdy, mais qui n'avait pu aboutir. Le royaume ayant eu à subir une fort mauvaise récolte, la "guerre des farines" éclata, mais n'empêcha pas Turgot d'étendre la liberté de circulation aux huiles et aux vins. Parmi d'autres mesures, il abolit les réquisitions des convois militaires et étendit à plusieurs ports le privilège de commercer avec l'Amérique. Enfin, quelques mois plus tard, de nouveaux édits imposèrent la suppression de la corvée, de la police des grains à Paris, des jurandes et de la Caisse de Poissy, tandis qu'une Caisse d'escompte était projetée (elle ne sera créée que sous son successeur, Clugny de Nuits). Mais l'opposition aux réformes se déchaîna. Peu à peu privé de ses appuis au Conseil, et notamment après la démission de Malesherbes, abandonné par Maurepas, Sartine et Vergennes, qui trouvaient qu'il allait trop loin dans ses réformes, Turgot commença à perdre la confiance du Roi. Louis XVI se méfiait en effet du projet sur les municipalités provinciales que préparait son ministre et de l'attitude ambiguë qu'il adoptait depuis quelques mois vis-à-vis d'une guerre éventuelle contre l'Angleterre, en proposant de désarmer la flotte. Aussi, à la grande joie de la cour et des parlements, le Roi se décida-t-il à le renvoyer.

Complètement retiré de la vie publique, il vécut encore cinq ans, et mourut de la goutte, dans son hôtel parisien.

La plupart des historiens de Turgot ont salué ses idées libérales et ses tentatives de réformes, soutenant parfois que leur succès aurait évité la Révolution. D'autres ont condamné son esprit d'abstraction, incapable d'appréhender la réalité, lui reprochant d'avoir considéré les jurandes comme une obstacle au progrès industriel, lancé des emprunts dont il condamnait lui-même le principe, supprimé la corvée sans avoir pu réellement la remplacer, ou détruit les privilèges des vignerons en autorisant la libre circulation des vins. Il demeure que l'œuvre de Turgot est inséparable de sa pensée et de ses doctrines, élaborées et exposées dans ses différents ouvrages, dès la *Lettre à l'abbé de Cicé sur le papier suppléé à la monnaie* (1749) ; il fut ensuite l'auteur de plusieurs articles dans l'*Encyclopédie*, notamment "Expansion" et "Foires et marchés", puis des fameuses *Réflexions sur la formation et la distribution des richesses* (1766) qui le firent connaître du public, et d'un *Mémoire sur la tolérance* (1775). En matière d'agriculture, on le rattache traditionnellement à l'école physiocratique, mais il faudrait plutôt le considérer comme un "physiocrate marginal" ou un "mercantiliste libéral", partageant les principales idées des disciples de Quesnay, mais, plus que lui, porté sur la question du commerce des céréales : dans son esprit, les échanges devaient être totalement libres, et cette liberté de circulation devait permettre aux régions excédentaires en grains d'approvisionner les régions déficitaires. Ce mouvement entraînerait naturellement une régulation des quantités et des prix céréaliers, profitables à tout le monde. A côté de la liberté du commerce, la liberté du travail - entraînant la suppression des jurandes -, la propriété, la sécurité, l'instruction, la libre association et la mécanisation devaient être autant de conditions au développement de la production. Turgot était hostile aux impôts indirects, aux droits de douane, aux droits d'octroi et aurait souhaité l'établissement d'une contribution foncière unique. L'État, nécessairement laïque, devait être réduit au rôle d'arbitre et laisser libre cours aux initiatives individuelles, *l'utilité publique étant la loi suprême*. Il devait être au service de l'individu, auquel devaient être accordées la liberté d'expression, la liberté religieuse, l'égalité civile et l'égalité politique, ainsi que le droit au travail, à l'assistance et à l'enseignement gratuits et laïques. Méfiant à l'égard du régime représentatif, Turgot préconisait cependant, dans son *Mémoire sur les municipalités*, un système d'assemblées pour les paroisses, les pays d'élections, les provinces et l'ensemble du royaume, chargées en particulier de la répartition des impôts, système qui selon lui aurait favorisé le rapprochement du peuple avec son gouvernement. Inspirateur d'Adam Smith, Turgot introduisit dans l'analyse économique les concepts de facteurs de production, profit, capital, rendement décroissant, produit net, salaire fondamental et salaire courant, et, dans le domaine de la philosophie sociale, il précéda Auguste Comte en énonçant la théorie des trois états de la connaissance humaine.

Turgot a visiblement été très aimé par ses amis, et les portraits qu'ils ont laissés de lui paraissent excessifs tant ils sont laudatifs. Ainsi, pour Sénac de Meilhan, Turgot avait *une figure belle et majestueuse et des manières simples ; il rougissait facilement dès qu'il fixait l'attention et qu'il était en scène ; et l'embarras qui régnait alors dans son maintien pouvait être également le produit de la timidité ou d'un amour-propre inquiet et susceptible. Son abord était froid et son visage prenait une expression marquée de dédain à l'instant que les personnes excitaient en lui ce sentiment par leur caractère ou leurs opinions. Avide de connaissances et laborieux, il ne fut jamais distrait de l'étude par les plaisirs, ni par le soin de sa fortune... La vertu la plus pure, des mœurs sévères sans pédanterie, des connaissances profondes dans l'administration, des talents qui feraient honneur à un homme de lettres, un cœur sensible à l'amitié, un amour passionné pour le bien public et l'humanité formaient l'assemblage des vertus et des qualités de ce ministre ; son ami Dupont de Nemours nous dit que ses yeux, d'un brun clair, exprimaient parfaitement le mélange de fermeté et de douceur qui faisait son caractère*, et l'abbé Morellet, plus lyrique encore et presque moqueur, déclare : *sa modestie et sa réserve eussent fait honneur à une jeune fille. Il était impossible de hasarder la plus légère équivoque sur certain sujet sans le faire rougir jusqu'aux yeux et sans le mettre dans un extrême embarras.* Le même Morellet, qui l'avait connu en Sorbonne, se permet cependant quelques petites critiques : *les caractères dominants de cet esprit... étaient la pénétration, qui fait saisir les rapports les plus justes entre les idées, et l'étendue, qui en lie un grand nombre en un corps de système. La clarté n'était pas son mérite. Quoiqu'il ne fût pas véritablement obscur, il n'avait pas les formes assez précises, ni assez propres à l'instruction... Lorsqu'il se mettait au travail, lorsqu'il était question d'écrire ou de faire, il était lent et musard. Lent, parce qu'il voulait donner à tout un degré de perfection... jusqu'à la minutie..., n'étant jamais content de ce qu'il n'avait pas fait lui-même ; il musait aussi beaucoup, perdant le temps à arranger son bureau, à tailler ses plumes, non pas qu'il ne pensât profondément en se laissant aller à ces niaiseries ; mais, à penser seulement, son travail n'avançait pas.* S'il eut beaucoup d'amis, Turgot compta aussi des ennemis, dont le nombre ne fit qu'augmenter au fil des réformes qu'il entreprit. Le clergé, le Parlement, la cour, la Ferme générale lui étaient résolument hostiles. L'avocat Linguet l'attaqua violemment, suivi par Necker et les partisans de Choiseul. Quant à la Reine, appuyée par le prince de Conti et les Polignac, elle lui créa les pires difficultés. Pourtant, selon le jugement pénétrant de l'abbé de Véri, c'est le caractère de Turgot qui serait à l'origine profonde de son renvoi : *les cabales, les cris contre ses projets, les insinuations sourdes des autres ministres, qui le redoutaient, ont aidé sa disgrâce mais ne l'ont pas produite. S'il a le don de voir plus juste et plus fortement qu'eux, il n'a pas l'art d'amener à son but la volonté de ses égaux et de ses supérieurs... N'ayant point avec eux de l'aisance dans la discussion, de l'aménité dans la contradiction, la physionomie d'égards que la politesse française donne aux gens les plus médiocres, il veut pourtant que le bien qu'il voit dans le département des autres comme dans le sien propre ait lieu. Comme cet accessoire fâcheux est fondé sur un fonds excellent..., ses égaux ou ses supérieurs... lui ont cédé presque toujours..., mais à chaque cession un grain de dégoût venait se joindre aux précédents, et dans le fond de l'âme, il n'y avait aucun de ses coopérateurs ministres qu'il n'eût un désir secret d'être débarrassé de lui.*

Homme de lettres, Turgot fréquenta beaucoup les cercles des philosophes et des économistes, et fit la connaissance d'un grand nombre de personnalités éminentes, dont mesdames de Graffigny, de Lespinasse et Du Deffand ; il fut très lié avec Trudaine, Quesnay, Vincent de Gournay, Malesherbes, Condorcet, Dupont de Nemours, d'Alembert et l'abbé Morellet ; Voltaire, qui fut son grand protecteur dans le monde des lettres, lui vouait une admiration presque sans borne. Accueilli à l'Académie des Inscriptions et Belles-Lettres, il était poète à ses heures, et traduisit des auteurs latins ou allemands ; plusieurs de ses œuvres circulèrent sous pseudonyme. Sa bibliothèque était, bien sûr, d'une grande richesse.

## Demeures

Turgot eut à Paris de nombreux domiciles. Il loua d'abord un appartement rue de la Chaise jusqu'en 1772, puis s'installa chez madame Blondel, rue de Varenne, dans l'hôtel de Feuquières, bâti entre 1738 et 1743 par l'architecte Pierre Boscry. Il existe toujours, au n° 62 (VII^ème arrt.). Après avoir logé en l'hôtel du Contrôle général, il loua l'hôtel Feydeau de Brou, rue de l'Université (actuel n° 13), puis acheta, en 1779, l'hôtel de Sales, rue de Bourbon (aujourd'hui, n° 121 rue de Lille et n° 108 rue de l'Université). Cette demeure, élevée en 1743, comportait trois corps de bâtiments, et un jardin qui s'étendait derrière. C'est là que le ministre déchu mourut. Confisqué, puis vendu en 1795, il fut habité au XIX^ème siècle par plusieurs pairs de France.

Lorsqu'il était intendant de Limoges, Turgot avait acquis la baronnie de l'Aulne et diverses terres dans le Cotentin. Mais le château de Lantheuil, près de Caen (Calvados), était la demeure familiale acquise au début du XVII^ème siècle et sans cesse embellie. Propriété des descendants, le château, ouvert à la visite, abrite de nombreux souvenirs du ministre et de sa famille.

## Iconographie, bibliographie et sources

La mairie de Limoges conserve un portrait de Turgot par François-Hubert Drouais, daté de 1764, et dont il existe une copie d'époque par Antoine Graincourt, conservée au château de Versailles. Le pastelliste Ducreux a également exécuté son portrait, conservé au château de Lantheuil. On connaît également un portrait par de Troy. Il existe enfin un buste du ministre dû au sculpteur Houdon, dont on trouve des exemplaires au musée des Beaux-Arts de Boston et à l'American Philosophical Society de Philadelphie, aux États-Unis.

Plus que son intendance de Limoges et que les vingt mois de son ministère, ce sont sa pensée et ses doctrines qui ont attiré les historiens, et la bibliographie qu'il a suscitée est gigantesque, l'emportant sans doute sur celle de Necker et de Law. Il ne sera bien sûr pas question de tout citer ici, mais on tentera de donner un aperçu le plus complet possible. Parmi les biographies générales, on retiendra d'abord celle de son ami DUPONT DE NEMOURS, *Mémoires sur la vie et les ouvrages de M. Turgot*, Philadelphie, 1782 ; la première moitié du XIX<sup>ème</sup> siècle vit ensuite plusieurs auteurs consacrer une étude au ministre, parmi lesquels Eugène DAIRE (1844), Maurice MONJEAN (1844), A. BATBIE (1861), J. TISSOT (1862) et A. MASTIER (1862), dont on trouvera un état intéressant dans l'article d'Anatole de GALLIER, "Les récentes publications sur Turgot", *Revue des questions historiques*, tome XXIII (1878). Il faut attendre Alfred NEYMARK, *Turgot et ses doctrines*, Paris, 1885, 2 volumes, pour avoir une biographie complète et sérieuse, suivie de la biographie de l'économiste Léon SAY, *Turgot*, Paris, 1887, avant les travaux fondamentaux de Georges SCHELLE, *Turgot*, Paris, 1909 et surtout sa publication des *Oeuvres de Turgot et documents le concernant*, Paris, 1913-1923, 5 volumes, avec, dans chaque volume, une partie de sa biographie. Plus tard, c'est l'anglais Douglas DAKIN, *Turgot and the Ancien régime in France*, Londres, 1939, qui donne une bonne étude du personnage, et que les biographies suivantes de Pierre JOLLY (1944) et de Claude-Joseph GIGNOUX (1945) n'ont pas renouvelée. Son passage à Limoges a suscité plusieurs travaux, parmi lesquels on retiendra la thèse de René LAFARGE, *L'agriculture en Limousin au XVIII<sup>ème</sup> siècle et l'intendance de Turgot*, Paris, 1902, l'étude de L. MOULE et A. RAILLET, *Turgot et l'école vétérinaire de Limoges (1765-1768)*, Paris, 1902, brillamment renouvelées par le récent travail de Michel KIENER et Jean-Claude PEYRONNET, *Quand Turgot régnait en Limousin, un tremplin vers le pouvoir*, Paris, 1979, et que l'on pourra agrémenter par la lecture du catalogue de l'exposition *Turgot, intendant du Limousin*, Limoges, 1961. Sa politique gouvernementale a bien sûr été analysée, en premier lieu par l'excellente, quoiqu'ancienne thèse de Pierre FONCIN, *Essai sur le ministère Turgot*, Paris, 1877, et le désormais classique ouvrage de Charles GOMEL, *Les causes financières de la Révolution française : Turgot et Necker*, Paris, 1892, mais il faut attendre Edgar FAURE, *La disgrâce de Turgot*, Paris, 1961, pour disposer d'une synthèse plus récente. Quelques auteurs se sont attachés à des points particuliers ; ainsi H. CARRÉ, "Turgot et le rappel des parlements", *La Révolution française*, 1902, Robert Perry SHEPHERD, *Turgot and the six edicts*, New-York, 1903, Henri WALLON, "Correspondance de Turgot, contrôleur général, avec la chambre de commerce de Normandie (1774-1775)", *Mémoires et travaux de l'Académie de Rouen*, 1900-1901, ou plus récemment Lucien LAUGIER, *Turgot ou le mythe des réformes*, Paris, 1979, qui critique les conséquences des réformes, et Pierrette GIRAULT DE COURSAC, "Le ministère Turgot", *Découverte*, n° 10 (1975), qui met en valeur les divergences de vues entre le ministre et Louis XVI. Mais c'est surtout ses doctrines économiques, sa pensée et ses idées dans tous les domaines qui ont fait l'objet du plus grand nombre de travaux, et qui ont attiré les historiens de toutes les nationalités. En matière économique, d'abord, on étudia sa place dans les mouvements physiocratiques du XVIII<sup>ème</sup> siècle ; ainsi, dans l'ouvrage de Sigmund

FEILBOGEN, *Smith und Turgot, ein Beitrag zur Geschichte und Theorie der Nationalökonomie*, Wien, 1892, de Georges WEULERSSE, *La physiocratie sous les ministères de Turgot et de Necker (1774-1781)*, Paris, 1950, et dans les travaux plus récents de Georgio REBUFFA, *Quesnay e Turgot*, Milano, 1974, Gino LONGHITANO, *Turgot e il pensiero economico francese*, Catania, 1973, Dieter STARK, *Die Beziehungen zwischen Turgot und Smith*, Basel, 1970, et Claude MORILHAT, *La prise de conscience du capitalisme : économie et philosophie chez Turgot*, Paris, 1988. Ses doctrines sont plus spécialement étudiées dans plusieurs thèses et travaux, d'intérêt et de qualité inégaux : ceux de Jean LAFONT, *Les idées économiques de Turgot*, Bordeaux, 1912, de Joseph NIO, *Turgot et la liberté du commerce*, Bordeaux, 1928, de Pierre-Benjamin VIGREUX, "Le fondement de la valeur de la monnaie d'après Turgot", *Revue d'histoire économique et sociale*, 1935, de François de FERRY, *Les idées et l'œuvre de Turgot en matière de droit public*, Paris, 1911, de Paul MARTIN, *Les idées de Turgot sur la décentralisation administrative*, Paris, 1917, de G. FOUCAUT, *Turgot et la liberté du travail*, Paris, 1901, d'Henri SÉE, "La doctrine politique et sociale de Turgot", *Annales historiques de la Révolution française*, tome 1 (1924), d'Henri GRANGE, "Turgot et Necker devant le problème du salaire", *Annales historiques de la Révolution française*, tome XXIX (1957), de Ch.-A. ELLWOOD, "Turgot, une philosophie sociale méconnue", *Revue internationale de sociologie*, 1935, de Louis VACLES, *Turgot als Pädagog. Ein Beitrag zur Geschichte der französischen Pädagogik im XVIII Jahrhundert*, Bonn, 1901, Georges HERVÉ, "Turgot, ethnographe et linguiste", *Revue scientifique*, 1910, de R. GRIMSLEY, "Turgot's article *existence* in the *Encyclopédie*", *Studies in honour of Gustave Rudler*, 1952, ou enfin de Claudio SIGNORILE, *Il progresso et la Storia in Turgot*, Padova, 1974, l'ensemble étant remarquablement synthétisé dans une série d'articles regroupés par Ch. BORDES et J. MORANGES, *Turgot, économiste et administrateur*, Paris, 1982. L'homme, la famille et le personnage privé restent un peu oubliés dans cette impressionnante bibliographie consacrée à son œuvre. Pour son ascendance et les différentes branches de la famille, on dispose de la sérieuse étude de R. de LAVIGERIE, "Généalogie de la famille Turgot", *Bulletin de la société historique et archéologique de l'Orne*, tome XLVII (1929), et l'homme est bien étudié dans l'agréable biographie de Frank ALENGRY, *Turgot (1727-1781), l'homme privé, l'homme d'État, d'après les documents inédits du fonds de Lantheuil*, Paris, 1942 ; on aura une idée de son entourage et de ses relations dans l'étude de Félix GERLIER, *Voltaire, Turgot et les franchises du pays de Gex*, Genève, 1883, celle d'A. DES CILLEULS, "Les relations de Turgot avec Orceau de Fontette", *Bulletin des sciences économiques*, 1911, ou encore la thèse inédite d'Abdallah SASSI, *Le cercle de Turgot. Éssai d'analyse d'un groupe d'intellectuels au XVIIIème siècle*, Paris-IV, 1982. Il ne sera pas sans intérêt de consulter l'imposante publication du japonais Takumi TSUDA, *Catalogue des livres de la bibliothèque de Turgot*, *d'après le catalogue manuscrit conservé à la Bibliothèque nationale*, Tokyo, 1974, 3 volumes. Sur son tombeau et son corps, que l'on identifia à la fin du XIX<sup>ème</sup> siècle, on verra Georges VILLAÏN, "Rapport sur l'inhumation du ministre Turgot et les sépultures Turgot à la chapelle des Incurables", *Procès-verbaux de la Commission du Vieux Paris*, 1899, et les articles d'Ernest COYECQUE, "La maison mortuaire de Turgot", *Bulletin de la société de l'histoire de Paris et de l'Île-de-France*, 1899, et d'A. NEYMARK, "Où Turgot a-t-il été inhumé ?", *Bulletin des sciences économiques*, 1913-1914.

Les œuvres de Turgot ont fait l'objet de multiples publications dont la plus complète est celle de Georges SCHELLE, déjà citée. Il existe également la publication plus récente de P.-D. GROENEWEGEN, *The economics of Turgot*, The Hague, 1977. Plusieurs extraits de sa correspondance sont publiés, notamment par Ch. HENRY, *Correspondance inédite de Condorcet et de Turgot (1770-1779), publiée avec des notes et une introduction, d'après les autographes de la collection Minoret et les manuscrits de l'Institut*, Paris, 1882, ou par Paul BONNEFON, "Turgot et Devaines, d'après des lettres inédites", *Revue historique et littéraire de la France*, tome VIII (1901).

Enfin, l'ensemble des papiers du ministre et de sa famille sont encore conservés au château de Lantheuil (ouvert à la visite), près de Bayeux (Calvados), chez les descendants.
[IAD : LI/1151 (27-III-1781).

**CLUGNY DE NUITS**
Jean-Étienne-Bernard de

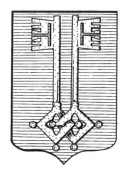

Né à la Paroisse Sainte-Rose
en Guadeloupe, le 25 novembre 1729
Mort à Paris, le 18 octobre 1776.

**Famille**

Originaire de Bourgogne, anoblie dans la première moitié du XVIII<sup>ème</sup> siècle.

*D'azur à deux clefs d'or, posées en pal et adossées, les anneaux en losange, pommetés et enlacés.*

Son père : Étienne, conseiller au parlement de Dijon.

<u>Sa mère</u> : Claire-Aude Gilbert de Voisins de Crapado.

<u>Ses frères et sœurs</u> : *Nicolas-Gabriel-Marc-Antoine*, capitaine des vaisseaux du Roi, puis gouverneur de la Guadeloupe ; *Claire-Christine-Pierrette*, mariée à Jean-Baptiste-Tristan de Soubize, capitaine de cavalerie (sans rapport avec les Rohan-Soubise).

<u>Il épousa</u> en 1753 Charlotte-Thérèse de Tardieu de Maleyssie (1732-1803), fille d'un lieutenant du Roi à Compiègne.

<u>Ses enfants</u> : *Antoine-Charles-Étienne*, marquis de Clugny ; *Charles-Jean-Étienne*, mort jeune ; *Claire-Charlotte-Étiennette*, mariée à Pierre-Alexandre Gilbert de Lohéac.

*Nommé le 21 mai 1776, il mourut en charge.*

**Carrière** : conseiller au parlement de Dijon (1748) ; intendant des Îles-sous-le-Vent (1760-1763) ; intendant de la Marine à Brest (1764) ; maître des requêtes (1764) ; intendant général de la Marine et des Colonies (1770-1771) ; intendant du Roussillon (1774) ; intendant de Bordeaux (1775) ; **contrôleur général des Finances (1776)** ; maître des requêtes honoraire (1776).

Ce ne sont pas les quelques mois passés au Contrôle général qui ont fait la réputation de ce magistrat bourguignon, devenu plus tard administrateur. Lorsqu'en 1760, Clugny, qui était depuis plus de douze ans conseiller au parlement de Dijon, reçut l'intendance de Saint-Domingue, on n'avait jamais vu un parlementaire accéder à une telle charge. Mais la gestion de ses propriétés de Martinique et sa participation aux affaires antillaises, par l'intermédiaire du Conseil provisoire consultatif sur les affaires coloniales, lui donnaient une compétence qu'on ne lui contesta pas au début. Résolu à développer la colonie de Saint-Domingue, dont l'importance s'affirmait pour le commerce de la métropole, il entreprit plusieurs réformes qu'il n'eut guère le temps de faire appliquer. Il réussit cependant, contre le commandement militaire encore très fort des gouverneurs à imposer l'autorité civile qu'il représentait, en supprimant notamment les milices, pour confier la défense à des troupes régulières. Cette mesure mécontenta les planteurs, qui voyaient dans la milice un rempart contre une éventuelle révolte d'esclaves. Mais la colère grandit lorsque le Roi annonça une augmentation d'impôts. Clugny dut quitter Saint-Domingue, et voir son œuvre entièrement remise en cause. Son administration, appréciée cependant du pouvoir royal, lui permit d'obtenir plusieurs autres intendances, où dominaient les questions maritimes et coloniales (à Brest, Bordeaux et dans le Roussillon).

Lorsque, treize ans plus tard, Louis XVI le nomma au Contrôle général en remplacement de Turgot, il fut plutôt mal accueilli par l'opinion, en dépit de l'attachement que lui témoignait la cour. Révoquant tous les édits de son prédécesseur, il donna la préférence au crédit privé en établissant la Caisse d'Escompte voulue par Turgot, et s'efforça d'enrayer la chute du crédit public en réorganisant la Loterie. Mais une mort prématurée l'empêcha d'aller plus avant.

Les jugements que l'on a sur lui sont plutôt négatifs, même si Turgot, qu'il avait remplacé, lui accordait son estime, et si les autorités de Saint-Domingue reconnaissaient qu'il avait fait régner dans la colonie "un ordre et une justice jusqu'alors inconnus". L'abbé de Véri, au moment de sa nomination, donnant son impression, déclare qu'*il a la réputation d'homme d'esprit et d'activité, mais il n'a point celle de la probité... et sa physionomie n'annonce pas la sincérité*. Les critiques portent d'ailleurs surtout sur sa conduite morale, et on l'accusa volontiers de s'être laissé corrompre pendant son ministère ; sans ménagement aucun, Condorcet le qualifie de *fripon, dur, emporté, ivrogne et débauché*, le marquis de Ségur rappelle qu'à Perpignan et à Bordeaux, *il s'était signalé pour sa vie dissolue, son immoralité publique, vivant avec trois sœurs dont il avait fait ses maîtresses, non moins que pour une âpreté au gain et un goût de l'argent qui confinait à l'indélicatesse*, tandis qu'un autre contemporain lui reproche d'avoir augmenté les recettes de la monarchie *par une loterie qui a fort déplu à tous les honnêtes gens*.

## Demeures

Clugny habita à l'hôtel du Contrôle général, rue Neuve-des-Petits-Champs, où il mourut.

Il possédait le château de Nuits-sous-Ravières, près de Montbard (Yonne). Construit au XVIème siècle, le château, propriété privée, est aujourd'hui ouvert à la visite.

## Iconographie, bibliographie et sources

Un portrait, perdu, dû à Le Tellier, est reproduit dans une gravure de Romanet. Ce personnage méconnu n'a suscité que peu d'études. Seul Gabriel DEBIEN, *Gouverneurs, magistrats et colons : l'opposition parlementaire et coloniale à Saint-Domingue*, Port-au-Prince, 1946, évoque son action dans l'île, et Marie-Caroline MERLE prépare une thèse de l'École des Chartes. Quant à sa famille, on peut puiser quelques renseignements dans la *Généalogie de la famille de Clugny*, Dijon, sd, écrite par le père du ministre lui-même, et dans la monographie d'A. TARDIEU, *Les Tardieu de Maleyssie*, Paris, 1893.

Des papiers concernant sa famille et sa demeure sont conservés aux archives départementales de l'Yonne (E 75-91). La Bibliothèque nationale conserve le terrier de la baronnie de Nuits, dressé en 1755 (mss. fs. 11523).

[IAD : LXVIII/563 (24-X-1776).

## TABOUREAU DES RÉAUX
### Louis-Gabriel

Né à Paris, le 20 octobre 1718
Mort à Paris, le 31 mai 1782.

**Famille**

Originaire de Touraine, anoblie au début du XVIII^ème siècle.

*D'azur au chevron accompagné en chef de trois étoiles mal ordonnées et en pointe d'un croissant, le tout d'or.*

Son père : Louis-Mathurin, grand maître des Eaux et Forêts du Lyonnais, Auvergne, Provence et Dauphiné, veuf de Mathurine Bareau.

Sa mère : Catherine-Geneviève Bazin, fille d'un avocat au Parlement.

Ses frères : *Louis-Philippe T. de Villepatour*, lieutenant général des armées du Roi ; *Pierre-Louis*, capitaine de dragons ; *Catherine*, mariée à Jean Camusat de Riancey, auditeur des Comptes.

Il épousa en 1773 Amédée-Adélaïde Desnoyers de Lorme, fille d'un premier président de la Chambre des comptes de Blois et intendant du duc d'Orléans, veuve une première fois du comte de Razilly, gouverneur de l'Île de Ré, une deuxième fois d'Élie Randon de Massanne, receveur général des finances de Poitiers.

Sans postérité.

*Nommé le 21 octobre 1776, il démissionna le 29 juin 1777.*

**Carrière** : substitut du procureur général (1737), puis conseiller au Parlement (1740) ; maître des requêtes (1757) ; président au Grand Conseil (1757) ; intendant du Hainaut (1764) ; conseiller d'État semestre (1775) ; **contrôleur général des Finances (1776-1777)** ; conseiller au Conseil des Dépêches (1777) ; conseiller au Conseil royal des Finances (1777).

Administrateur honnête à la carrière sans éclat - contrairement à son frère, brillant militaire -, cet ancien intendant de Valenciennes, s'il reçut le titre officiel de contrôleur général des Finances, n'en fut pas moins que le pâle prédécesseur de Necker, qui lui avait été adjoint comme simple directeur du Trésor royal, et qui, selon Tilly, lui *donna bien vite l'ennui de sa place et le goût de s'en aller.*

Fils d'un administrateur des Eaux et Forêts du sud de la France, Taboureau poursuivit une lente carrière, d'abord dans la magistrature, avant d'entrer, à plus de quarante ans, dans l'administration, comme intendant du Hainaut. Il y resta douze années, pendant lesquelles rien de saillant ne le fit remarquer.

Turgot renvoyé, remplacé par l'éphémère Clugny de Nuits, et la situation des finances n'étant toujours pas réglée, les partisans de l'ancien intendant de Limoges poussèrent Maurepas, tout nouveau chef du Conseil royal des Finances et dont l'influence sur Louis XVI grandissait, à dédoubler le contrôle général des finances, dont l'administration était jugée, à juste titre d'ailleurs, beaucoup trop lourde pour un seul homme. Cela permettait d'admettre Necker, étranger et protestant, au gouvernement, avec le titre de directeur du Trésor royal, tandis qu'on confiait à l'obscur Taboureau le poste officiel. Sans ambition, avec un caractère aux antipodes de celui de Necker, le nouveau contrôleur général n'eut guère de liberté d'action, et, rapidement lassé, préféra donner sa démission, mais resta cependant dans les conseils de gouvernement. Il mourut quelques années plus tard.

Demeuré complètement dans l'ombre s'il n'avait été aux côtés de Necker, Taboureau, considéré comme un ministre de circonstance, a conservé une image où une personnalité jugée honnête le dispute à de médiocres qualités d'administration. Montyon parle de lui comme un homme *généralement considéré, qui avait des amis et point d'ennemis..., n'avait nul vice, avait peu de défauts, mais manquait de grandes qualités ; son intelligence était peu active, ses vues peu étendues, ses connaissances faibles en administration et nulles sur le fait du maniement de l'argent et du crédit public..., modéré et circonspect, tenant aux institutions et aux usages.* Ce jugement fait écho à celui de l'abbé Georgel, qui déclare : *M. Taboureau n'était point un génie et n'avait point le courage de se roidir contre les obstacles : du bon sens, l'amour du travail et des vertus lui tenaient lieu de talents.*

**Demeures**

Demeurant rue Traversière (actuelle rue Molière, Ier arrt), il emménagea dans l'hôtel du Contrôle général, rue Neuve-des-Petits-Champs, avant de s'installer dans une maison rue Bergère, au faubourg Poissonnière.

Il se maria au château de Raisme, près de Saint-Amand-les-Eaux (Nord), qui accueille aujourd'hui des colonies de vacances. Il avait hérité le château des Réaux, à Chouzé-sur-Loire (Indre-et-Loire), qui avait été acheté par son grand-père en 1714. Resté dans la même famille jusqu'à la fin du XIX$^{ème}$ siècle, le château, qui existe toujours, est ouvert à la visite.

**Iconographie, bibliographie et sources**

Pas de portrait connu.

Il est peu étonnant que ce discret personnage n'ait pas retenu l'attention des historiens, ce qui est regrettable pour la connaissance, en particulier, de son œuvre à Valenciennes, où il existe, aux archives départementales, plusieurs dossiers concernant son administration, au sujet de laquelle on verra l'étude inédite d'Anne DEBAST, *Taboureau des Réaux, intendant du Hainaut*, maîtrise d'histoire, Lille-III (dir. Viguerie), 1993. On ne dispose autrement que de la mince étude d'A.-P. DUTERTRE, "Notice sur la famille Taboureau des Réaux", *Nouvelle revue héraldique*, 1935.
[IAD : XVI/842 (25-VI-1782).

**NECKER**
Jacques

Né à Genève, le 30 septembre 1732
Mort au château de Coppet,
près de Genève, le 9 avril 1804.
Inhumé au château de Coppet.

**Famille**

Originaire de Poméranie, installée en Suisse au XVII$^{ème}$ siècle.

*De gueules au cygne d'argent, sur une mer du même ; au chef d'argent, chargé d'une grappe de raisin de gueules, tigée et feuillée de sinople, posée en fasce.*

Son père : Charles-Frédéric, secrétaire de l'ambassade d'Angleterre à Vienne, puis professeur de droit public germanique à l'Académie de Genève.

Sa mère : Jeanne-Marie Gautier, fille d'un premier syndic de Genève.

Ses frères et sœurs : *Louis*, dit *de Germany*, banquier à Paris ; *deux autres*, morts en bas âge.

Il épousa en 1764 Louise-Suzanne Curchod de Nasse (1739-1794), fille d'un pasteur protestant.

Sa fille : *Anne-Louise-Germaine*, célèbre écrivain, mariée au baron de Staël-Holstein, ambassadeur de Suède.

*Directeur du Trésor Royal auprès de Taboureau des Réaux depuis 1776, il fut nommé directeur général des Finances le 29 juin 1777 ; disgracié le 19 mai 1781, il fut rappelé le 25 août 1788 ; à nouveau disgracié le 11 juillet 1789, il fut rappelé une troisième fois le 16 juillet de la même année, et fut contraint de démissionner le 4 septembre 1790.*

**Carrière** : commis à la banque Vernet (1750) ; co-fondateur de la banque Thélusson, Necker et Cie (1756) ; l'un des membres dirigeants de la Compagnie des Indes Orientales (1764) ; ministre-résident de la République de Genève à Paris (1768) ; directeur général du Trésor Royal (1776) ; **directeur général des Finances (1777-1781 et 1788-1790) ; ministre d'État (1788).**

Personnage le plus célèbre et le plus populaire des deux dernières décennies du siècle, Necker fut un mythe vivant, sorte d'archétype de l'homme providentiel, dont la légende s'empara avant même qu'il ne devienne objet d'histoire. Ce genevois, protestant et technicien de la banque, qui dirigea pendant près de huit ans les finances de la France pour le compte du Roi Très-Chrétien, sans réussir à enrayer le déficit chronique de la monarchie, fut aussi un économiste érudit, un philosophe lettré, un écrivain et homme de cabinet.

Après de courtes, mais brillantes études à l'Académie de Genève, Necker fut envoyé à Paris, à l'âge de vingt ans, comme commis dans la banque d'Isaac Vernet, frère d'un ami de son père. Quatre ans plus tard, il fonda avec son compatriote Georges Tobie de Thélusson une maison de banque qui porta leur nom. Spécialisé dans les affaires maritimes, cet établissement possédait des actions de la Compagnie des Indes orientales, ruinée par la guerre de Sept Ans. Faisant partie des membres dirigeants de la Compagnie, il se fit remarquer en la défendant contre les attaques du contrôleur général Maynon d'Invault, mais échoua dans son projet d'une association des actionnaires à la gestion directe. Après s'être enrichi par de fructueuses opérations bancaires, il fut nommé ministre-résident de son pays d'origine à Paris. Tout en continuant à fournir des ressources au Trésor royal, encouragé par Choiseul, puis par Terray, il s'éloigna peu à peu de la direction de la banque, pour rompre définitivement tout lien avec elle en 1777. Entre temps, il s'était intégré dans le monde parisien, notamment grâce au salon très couru que tenait sa femme, et montra de plus en plus son ambition à occuper des fonctions officielles dans la vie politique française. S'opposant à Turgot, il fit à nouveau parler de lui en publiant sa *Législation sur le commerce des grains* (1775), véritable réquisitoire contre le courant physiocratique. Cet ouvrage brillant, salué notamment par Buffon et Diderot, la disgrâce de Turgot et la médiocrité de son successeur Clugny de Nuits furent autant d'éléments qui incitèrent Maurepas à faire appel aux talents du banquier suisse. Pour éviter les préventions qui ne manqueraient pas de se manifester envers un étranger, originaire d'un petit pays, et de surcroît protestant, on imagina de nommer Necker directeur du Trésor Royal, aux côtés d'un contrôleur général en titre, Taboureau des Réaux. Il le remplacera dès l'année suivante, mais avec le titre de directeur général des Finances.

L'objectif essentiel du nouveau maître des finances fut immédiatement de conduire une politique d'économies. Créant un bureau d'administration des dépenses de la Maison du Roi, il réglementa les pensions et tenta de freiner les dépenses superflues. De profondes réformes allaient être ensuite entreprises dans l'administration financière : il fit prescrire que le montant de la taille ne pouvait désormais plus être augmenté par simple arrêt du Conseil, imposa la vérification des vingtièmes, prépara une réforme de la gabelle et l'abolition des douanes intérieures, puis créa une caisse chargée du règlement des contentieux fiscaux. Plus capitale fut encore la suppression des intendants de finances, jusqu'alors inamovibles, la réduction du nombre des trésoriers et l'établissement de quarante-huit receveurs généraux des finances (dont seulement douze furent conservés) chargés de la levée des impôts directs. Deux nouvelles administrations, la Régie générale et l'Administration des Domaines du Roi, ôtèrent à la Ferme générale une partie de la levée des droits. Ainsi, le rôle des financiers privés dans l'administration des finances était-il sérieusement amoindri au profit de l'État, ce qui ne manqua pas de conforter la popularité du ministre. Il favorisa par ailleurs le développement des assemblées provinciales aux dépens des intendants, dans l'intention d'assurer une répartition plus équitable de l'assiette fiscale. Il fit abolir la mainmorte dans le Domaine royal, engagea la réorganisation des prisons parisiennes et créa la Commission des hôpitaux. Mais ces mesures bien accueillies dans l'opinion s'accompagnèrent cependant d'une politique d'emprunts souvent périlleuse, et qui revêtit des formes diverses. Accordant trop de confiance sans doute à cet expédient, Necker emprunta des sommes considérables, en particulier lors de la guerre d'Amérique, soldant chaque année une partie des dépenses ordinaires avec des fonds d'emprunts, et augmentant le montant des anticipations sur les recettes des années à venir. Il lança également des emprunts-loteries, des emprunts viagers, eut recours aux États et à la Ville de Paris. Reconnu comme un éminent technicien de la finance, il publia en 1781, avec l'assentiment de Louis XVI, son fameux *Compte rendu au Roi* qui devait augmenter plus encore sa popularité. Dressant le bilan des réformes accomplies, il annonçait un excédent de plus de dix millions de livres, masquant en réalité un déficit de quatre-vingt millions dans l'espoir de consolider le crédit public. Une opinion satisfaite de la publicité de l'état du Trésor, où l'on pouvait voir aussi la liste des sommes attribuées aux grâces et aux pensions, ne put cependant contrer une violente campagne de presse contre le ministre, qui fut finalement disgracié. Le différend qu'il eut avec Calonne au moment de la réunion de l'Assemblée des Notables aboutit même à son exil à Châteaurenard, près de Montargis.

Son nom était alors connu de toutes les cours d'Europe, et sa popularité très importante. Aussi le Roi accepta t-il de le rappeler après la banqueroute de 1788, et cette fois de le nommer ministre d'État. D'abord hostile à la convocation des États généraux, il ne tarda pas à accroître sa renommée auprès du peuple en accordant au Tiers État un large soutien. Désirant l'établissement d'un corps législatif à deux chambres, qui aurait notamment garanti la liberté de la presse et l'égalité fiscale, il obtint le doublement du Tiers et dirigea lui-même les règlements électoraux. Mais, en butte à l'hostilité de la Reine et du comte d'Artois et tandis que le Roi, à son insu, massait des troupes autour de Paris, il fut à nouveau disgracié le 11 juillet 1789 et se retira en Suisse. Le départ de celui que l'opinion considérait comme le défenseur du peuple provoqua un tel soulèvement de protestations - dont la prise de la Bastille fut la principale manifestation - que Louis XVI dut le rappeler. La situation financière était toujours fort critique. Ministre principal sans en avoir le titre, il lança de nouveaux emprunts et proposa un impôt territorial payé par tous, mais les progrès de la Révolution l'inquiétèrent bientôt. Il désavoua la suppression de la dîme et la nationalisation des biens du clergé. La crise financière s'aggravant, l'Assemblée nationale lui retira sa confiance, et il dut démissionner. Il se retira en Suisse, dans son château de Coppet, d'où il observa, critiqua et commenta les événements révolutionnaires.

Par son implication directe dans les événements précédant la Révolution, par l'affirmation d'un système économique à l'opposé des idées physiocratiques alors en vogue, Necker, *qui a eu tant d'éclat, tant de fortunes diverses et de réputations différentes* (Morellet), suscita une foule de jugements, qui s'attachèrent aussi bien à l'homme qu'à son œuvre. Son physique, d'abord, attira les commentaires les plus piquants. Un de ses familiers, le suisse Jacques-Henri Meister, nous le décrit dans sa jeunesse : *il avait la tête grosse et le visage long. C'est surtout la partie du front et plus encore celle du menton dont la longueur excédait sensiblement les proportions ordinaires. Les yeux bruns, quoique assez petits en rapport avec les traits de sa figure, avaient à la fois beaucoup de douceur et de vivacité. Son regard était fin, agréable et spirituel, quelquefois d'une pénétration singulière, souvent aussi d'une mélancolie profonde. Le dessin de ses sourcils fort élevés au-dessus de l'œil avait un caractère de hardiesse et d'originalité très frappant... La bouche était petite, trop petite relativement à la largeur et à la longueur de ses joues, mais le mouvement des lèvres avait souvent beaucoup de finesse et de grâce. Passé l'âge de trente ans, il était devenu gros et puissant.* C'est alors que le duc de Lévis nous en laisse un portrait où les marques d'amitié ne viennent plus adoucir une description, plus drôle que malveillante : *M. Necker était un gros homme, dont la physionomie était plus singulière que spirituelle. Je n'ai jamais vu personne qui lui ressemblât, et sa coiffure était également unique en son genre. Elle était composée d'un toupet fort relevé et de deux grosses boucles qui se dirigeaient de bas en haut comme tous les traits de sa figure... Il est certain que tous les symptômes de l'orgueil étaient rassemblés en lui, et ses discours ne les démentaient pas. Ses manières étaient plus graves que nobles, et plutôt magistrales qu'imposantes ; il parlait facilement, mais avec une certaine emphase que l'on retrouve dans ses volumineux écrits. Son style, correct et pur, est quelquefois éloquent, mais il manque en général de nerf et de chaleur ; sa phrase, bien arrondie, est trop longue ; ses comparaisons sont justes sans être assez variées.* Reconnu honnête et d'une grande bonté naturelle, confiant dans l'avènement d'une ère dominée par la vertu, Necker possédait, selon Malouet, *une sagacité rare pour apercevoir, dans le plus grand détail et dans le plus grand éloignement des vices, les inconvénients de chaque mesure.* Mais sa pondération fut parfois considérée comme de la faiblesse : le baron de Gleichen le voyait *plus exercé à s'occuper du bien qu'à prévoir le mal*, et, selon Ségur, *lui et le Roi, jugeant les hommes comme ils devraient être et non comme ils sont, se persuadaient trop facilement qu'il suffisait de vouloir le bien pour le faire et de mériter l'amour des peuples pour l'obtenir.* Quant à l'abbé Morellet, qui fut son adversaire lors de l'affaire de la Compagnie des Indes, il reconnaît qu'il avait *bien entendu les finances... si l'on bornait cette science à l'ordre et à l'économie. Mais il lui a manqué longtemps des idées justes sur la richesse des nations. Élevé dans le commerce et la banque..., il a donné beaucoup trop d'importance à ces moyens secondaires et subordonnés d'assurer le revenu public en même temps qu'il a entravé tous les autres.* Enfin, son ancien collaborateur, Hennet, donne de lui cette définition lapidaire : *je distingue dans M. Necker trois hommes : le particulier, le ministre des Finances, le ministre d'État. Je crois le premier vertueux et sensible, le second habile et intègre, le troisième ignorant et maladroit.*

Necker fut l'un des rares ministres à exposer régulièrement ses idées politiques, économiques, sociales et religieuses dans des ouvrages dont la publication fut souvent un succès, et dont la philosophie générale allait à l'encontre des doctrines physiocratiques aux coteries puissantes. Dans *La législation et le commerce des grains* (1775), il exposa son hostilité à une exportation permanente des céréales et sa méfiance à l'égard de la liberté absolue de leur commerce, suggérant l'établissement d'une législation souple et adaptable aux circonstances. Sans esprit de système, il fonda la doctrine de l'interventionnisme, à mi-chemin entre le mercantilisme et le libéralisme, dans le souci d'assurer la subsistance aux plus démunis. Son ouvrage essentiel sur *L'administration des finances de la France* (1784) critique la lourdeur des impôts, déclare son hostilité aux vingtièmes, mais rejette l'idée d'un impôt foncier unique. Il souhaitait l'instauration d'assemblées provinciales qui auraient été chargées de la perception des impôts, de l'assistance et des travaux publics, toutes choses qu'il exposa dans son *Mémoire sur les assemblées provinciales* (1778). Necker s'élevait aussi contre une liberté indéfinie du travail assujettissant l'ouvrier à son patron, et défendait vigoureusement le repos hebdomadaire. Adversaire de l'absolutisme, il était favorable au bicamérisme à l'anglaise. Il laissa plusieurs autres écrits, parmi lesquels *De l'importance des opinions religieuses* (1788) où il souligne l'utilité sociale de la religion. Justifiant, avec *De l'administration de M. Necker, par lui-même* (1791) la politique qu'il avait menée dans le gouvernement français, il consacra l'un de ses derniers ouvrages à la Révolution (*De la Révolution française*, 1796).

C'est à Paris et à Coppet que se tenait le célèbre salon qu'avait ouvert l'épouse de Necker, et qui contribua beaucoup à la renommée du ministre dans la haute société. S'y retrouvaient le vendredi Marmontel, les abbés Raynal, Morellet et Galiani, Grimm, Diderot et Buffon ; l'anglais Gibbon et le suisse Sismondi furent, eux, des habitués de Coppet. Madame Necker était, selon Dupont de Nemours, *extrêmement aimable* et avait *beaucoup d'esprit et de savoir*, mais bien de ceux qui fréquentèrent son salon eurent à son égard des jugements sévères. Pour Marmontel, *le goût était moins en elle un sentiment qu'un résultat d'opinions recueillies et transcrites sur ses tablettes*, et si Morellet reconnaît que *la conversation y était bonne*, qu'*en matière de littérature, on causait agréablement et elle en parlait elle-même fort bien*, il rappelle que *M. Necker y était nul* et que *sa femme le plaisantait sur ses gaucheries et sur son silence, mais toujours de manière à le faire valoir*. Les époux Necker, en effet, étaient remarqués pour l'entente parfaite qui régnait entre eux, en particulier dans le domaine de la bienfaisance ; madame Necker s'illustra notamment en faveur des malades et des pauvres, fondant l'Hospice de la Charité (aujourd'hui l'hôpital Necker) qu'elle administra pendant dix ans, et où elle permit aux indigents, qui avaient chacun un lit individuel, de recevoir des soins gratuits dans de vastes salles propres et aérées.

## Demeures

Necker eut à Paris de très nombreux domiciles. Installé d'abord, dès 1757, avec sa banque à l'hôtel d'Hallwyll, qui existe toujours (actuel n° 28 rue Michel-le-Comte, III^ème arrt), construit au début du XVIII^ème, puis remanié par Ledoux, il déménagea pour occuper dès 1766 l'hôtel construit naguère par le ministre de la Guerre Le Blanc, rue de Cléry (emplacement de l'actuel n° 29). C'est là que naquit sa fille, la future madame de Staël. En 1775, il acheta à Letellier, entrepreneur des bâtiments du Roi, un hôtel construit par l'architecte Mathurin Cherpitel, rue de la Chaussée d'Antin (emplacement de l'actuel n° 5, IX^ème arrt.). Il le loua en 1779 à la duchesse de Mirepoix, puis en 1788, à Barentin. Il finit par le vendre aux Récamier. Il fut détruit en 1861 pour la construction de l'Opéra. Installé à l'hôtel du Contrôle général pendant son ministère, il se logea au cours de ses années de disgrâce au faubourg Poissonnière, rue Bergère, au n° 15 de l'époque.

Pendant son court exil de 1787, il dut aller loger au château de La Motte, à Châteaurenard, près de Montargis (Loiret) ; cette demeure du XVII^ème siècle appartenait alors au gouverneur de Châteaurenard, Jean Fougeret ; propriété privée, elle existe toujours. Necker, après avoir quitté "ce vilain château", selon le mot de sa fille, séjourna également au château de la Rivière, près de Thomery (Seine-et-Marne), construit sous Henri IV, et qui appartenait à cette époque à son ami Narp de Saint-Hélin. Le château existe toujours.

Il loua également le château de Madrid, jadis habité par Fleuriau d'Armenonville, avant d'acheter en 1770 au banquier Laborde le château de Saint-Ouen (Seine-Saint-Denis), dont la grande terrasse offrait une remarquable vue sur la Seine. Construit par Le Pautre en 1660 pour le chancelier du duc d'Orléans, Seiglières de Boisfrand, le château fut acheté par Louis XVIII en 1821 ; il le fit démolir et remplacer par le château actuel. Acheté en 1958 par la ville de Saint-Ouen qui le fit restaurer, il abrite aujourd'hui un musée consacré à son histoire (12 rue Albert Dhalenne).

En Suisse, enfin, Necker possédait depuis 1784 le château de Coppet, qui existe toujours, et où il se retira définitivement en 1790. Le comte de Smeth auquel il l'avait acheté, avait transformé le château d'origine et élevé la plupart des bâtiments actuels. Un vaste parc aux arbres magnifiques agrémente cette belle demeure. Sa retraite fut plutôt morne ; il prit part aux quelques activités de la région, fut membre de la Société vaudoise d'émulation et de divers cercles de Genève. Il reçut à plusieurs reprises la visite de sa fille Germaine, mariée depuis 1786 à l'ambassadeur de Suède à Paris, le baron de Staël-Holstein, et déjà célèbre par son salon de la rue du Bac.

## Iconographie, bibliographie et sources

Le château de Versailles possède un portrait peint vers 1781 par Joseph-Siffrein Duplessis, tandis que le musée d'art et d'histoire de Genève conserve un buste sculpté par Houdon. Un tableau, conservé chez des particuliers et attribué au peintre Antoine Vestier, représente madame Necker avec sa fille, la future madame de Staël.

La renommée qui entoura Necker, les enjeux de sa politique et la période, pour le moins troublée, pendant laquelle il exerça ses ministères, expliquent le foisonnement d'études et de travaux, de qualité et d'intérêt inégaux, qu'il est impossible de citer tous. Plusieurs biographies abordent le personnage dans tous ses aspects. Ainsi, laissant de côté les vieilles études de J. GIRARDIN, *Necker*, Paris, 1882 et de Paul BONDOIS, *Necker*, Paris, 1885, on se reportera aux bons travaux d'E. LAVAQUERY, *Necker, fourrier de la Révolution (1732-1804)*, Paris, 1933, d'Édouard CHAPUISAT, *Necker (1732-1804)*, Paris, 1938, de Pierre JOLLY, *Necker*, Paris, 1947, de Ghislain de DIESBACH, *Necker, ou la faillite de la vertu*, Paris, 1978, et surtout à la claire et agréable synthèse de Jean EGRET, *Necker, ministre de Louis XVI*, Paris, 1975 (avec une bonne synthèse historiographique), ainsi qu'au récent ouvrage de Wolfgang OPPENHEIMER, *Necker, Finanzminister am Vorabend der Französischen Revolution*, Stuttgart, 1989. Ses débuts à Paris, avec la fondation de sa banque et ses activités à la Compagnie des Indes, ont été bien étudiés par Herbert LÜTHY, *La banque protestante en France de la révocation de l'Édit de Nantes à la Révolution*, tome 2, Paris, 1961, et, du même, "Necker et la Compagnie des Indes", *Annales, ESC*, 1960, ainsi que par Jean TARRADE, *Le commerce colonial de la France à la fin de l'Ancien régime*, Paris, 1972, 2 volumes. Son œuvre ministérielle a fait l'objet de travaux anciens, parmi lesquels ceux de Charles GOMEL, *Les causes financières de la Révolution française. I- Les ministères de Turgot et de Necker*, Paris, 1892, du marquis de SÉGUR, *Au couchant de la monarchie. Louis XVI et Necker (1776-1781)*, Paris, 1914, d'Henri CARRÉ, *Le premier ministère Necker (1776-1781)*, Paris, 1903, de Jules FLAMMERMONT, "Le second ministère de Necker", *Revue historique*, tome 46 (1891), ainsi que l'intéressante thèse d'Emmanuel GONTIER, *Les assemblées provinciales instituées par Necker et leur rôle réformateur*, Paris, 1908 ; on verra des travaux plus récents, tels l'érudite thèse, malheureusement inédite, d'André ARVEILER, *Les arrêts en finance rendus au Conseil du Roi les 21 et 27 octobre 1777* (thèse de droit, Paris, 1968), et le récent livre de Robert D. HARRIS, *Necker and the Revolution of 1789*, Lanham, 1986. L'excellente synthèse de John Francis BOSHER, *French finances (1770-1795), from business to bureaucraty*, Cambridge, 1970, offre une bonne vision des réformes administratives qu'il a opérées. Certains historiens se sont attachés à des points plus particuliers de son œuvre et de sa pensée, à commencer par l'imposante thèse d'Henri GRANGE, *Les idées de Necker*, reprod. thèses Lille III, 1973. Les questions économiques et financières sont spécialement étudiées par Antonio CARRE, *Necker et la question des grains à la fin du XVIIIème siècle*, Paris, 1903, VACHER DE LAPOUGE, *Necker économiste*, Paris, 1914, Georges WEULERSSE, *La physiocratie sous les ministères de Turgot et de Necker (1774-1781)*, Paris, 1950, M. LUTFALLA, "Necker ou la révolte de l'économie politique circonstancielle contre le despotisme des maximes générales", *Revue d'histoire économique et sociale*, n° 4 (1973), et par les deux allemands B. KRAUS, *Das ökonomische Denken Neckers*, Wien, 1925, et Hans BRÜHL, *Necker als Nationalökonom*, Frankfurt, 1929. D'autres aspects, moins connus, sont évoqués par André de MADAY, "Necker, précurseur du pacifisme et de la protection ouvrière", *Revue de l'Institut de sociologie*, Bruxelles, 1935, et par Henri GRANGE, "Necker jugé par Karl Marx", *Annales historiques de la Révolution française*, tome 28 (1956), "Turgot et Necker devant le problème du salaire", *Annales historiques de la Révolution française*, tome 29 (1957), "Necker devant la Révolution française. Une constitution à l'anglaise et une société de notables", *Annales historiques de la Révolution française*, n° 254 (1983). François DESCOSTES, *Necker, écrivain et financier*, Chambéry, 1896, analyse le jugement de Joseph de Maistre sur Necker. Sa vie privée, et notamment le salon de sa femme, est évoquée à plusieurs reprises. On retiendra, parmi bien d'autres, l'importante étude du vicomte d'HAUSSONVILLE, *Le salon de madame Necker, d'après des documents tirés des archives de Coppet*, Paris, 1882, 2 volumes, l'ouvrage documenté d'André CORBAZ, *Madame Necker, humble vaudoise et grande dame*, Lausanne, 1945, la publication de J. HARMAND, "Madame de Genlis et madame Necker (lettres inédites)", *Le correspondant*, tome 321 (1930), les études de Mark GAMBIER-PARRY, *Madame Necker, her family and her friends*, London, 1913, de Louis MADELIN, "Necker et les salons", *Revue hebdomadaire*, n° 3 (1936), de J. HERMANN, *Zur Geschichte der Familie Necker*, Berlin, 1886, et la thèse de E. STOTTZENBERG, *Sismondi und Necker*, Heidelberg, 1956 ; sur la fondation de l'hôpital, l'ouvrage de Camille BLOCH, *L'assistance et l'État en France à la veille de la Révolution*, Paris, 1908. On verra aussi les indications données par Bernard FAY, "Monsieur Necker et ses amis", *Libertés françaises*, n° 11 (1956), Francis de CRUE, *L'ami de Rousseau et des Necker : Paul Moultou à Paris en 1778*, Paris, 1926, Alexandre ASSIER, "Necker à Troyes", *Nouvelle bibliothèque de l'amateur champenois*, volume XIII, 1898, B. d'ANDLAU, "Le voyage dans le sud de la France de M. et M^me Necker et de leur fille (1784-1785)", *Versailles*, n° 41 (1970), et par le catalogue de l'exposition tenue au château de Coppet en 1955, *Necker et Versailles*, Nyon, 1955. On apprendra bien des choses de l'exil de Necker dans sa correspondance avec sa fille, analysée en partie par le comte d'HAUSSONVILLE, *Madame de Staël et M. Necker, d'après leur correspondance inédite*, Paris, 1925, et publiée par Béatrice B. JASINSKI, *Correspondance générale de madame de Staël. I- Lettres de jeunesse*, Paris, 1962, ainsi que dans les souvenirs de son compatriote Jacques-Henri MEISTER, *Mélanges de philosophie, de morale et de littérature*, Genève et Paris, 1822, 2 volumes ; des éléments intéressants également dans la biographie de madame d'ANDLAU, *La jeunesse de madame de Staël (1766-1786)*, Paris et Genève, 1970. Il faut voir bien sûr les témoignages directs, bien que partiaux, de son épouse (*Mélanges extraits des manuscrits de M. Necker*, 1798, 3 volumes et *Nouveaux mélanges*, 1802, 2 volumes) et de sa fille (*Du caractère de M. Necker et de sa vie privée*, 1804).

Les œuvres de Necker, en particulier ses mémoires sur son administration, ont été publiées de son vivant (voir le répertoire d'Alexandre CIORANESCU, *Bibliographie de la littérature française du XVIII^ème siècle*, Paris, 1969, 3 volumes, qui indique aussi les publications partielles de sa correspondance), mais l'ensemble a été réédité par son petit-fils, le baron de Staël (*Oeuvres de Necker*, Paris, 1820-1821, 15 volumes). Le ministre a laissé en particulier les mémoires justificatifs de son action : *Sur l'administration de M. Necker, par lui-même*, Paris, 1791. Sur l'hôtel d'Hallwyll, on verra M. PITON, "La rue Michel-le-Comte", *La Cité*, n° 46 (1913), et sur l'hôtel de la Chaussée-d'Antin, Françoise MAGNY, "Mathurin Cherpitel (1736-1809)", *Bulletin de la société de l'histoire de Paris et de l'Île-de-France*, 1976-1977.

Ses archives sont toujours conservées en Suisse, au château de Coppet.
[Contrat de mariage : L/503 (28-XI-1764).

**JOLY DE FLEURY**
Jean-François,
également dit "de Lavalette"

Né à Paris, le 7 juin 1718
Mort à Paris, le 12 décembre 1802.

**Famille**

Originaire de Bourgogne, anoblie dans la première moitié du XVII^(ème) siècle.

*Ecartelé : aux 1 et 4, d'azur au lis de jardin d'argent ; au chef d'or, chargé d'une croix pattée de sable ; aux 2 et 3, d'azur au léopard d'or, armé et lampassé de gueules.*

<u>Son père</u> : Guillaume-François, procureur général du parlement de Paris.

<u>Sa mère</u> : Marie-Françoise Le Maistre, fille d'un greffier en chef de la Cour des Aides.

<u>Ses frères et sœurs</u> : *Guillaume-François-Louis*, procureur général du Parlement ; *Jean-Omer*, président à mortier au Parlement ; *Louise-Françoise*, mariée à Nicolas Mégret de Sérilly, intendant de Franche-Comté, puis d'Alsace ; *Marie-Louise*, mariée à Gaspard-Nicolas Brayer, conseiller au Parlement ; *trois autres filles* religieuses, dont une abbesse de Beauvoir.

<u>Il épousa</u> en 1784 Marie-Marguerite Jogues de Villery (1721-1812), veuve d'un conseiller au Parlement, et fille d'un trésorier de France au Bureau des finances d'Orléans.

<u>Sans postérité</u>.

*Nommé administrateur général des Finances le 21 mai 1781, il fut disgracié le 29 mars 1783.*

**Carrière** : substitut du procureur général (1738), puis conseiller au Parlement (1741) ; maître des requêtes (1743-1760) ; président au Grand Conseil (1745) ; intendant de Bourgogne (1749-1761) ; conseiller d'État semestre (1760) ; maître des requêtes honoraire (1762) ; conseiller d'État ordinaire (1767) ; conseiller au conseil des dépêches (1769) ; **administrateur général des Finances (1781-1783) ; ministre d'État (1781)**.

**Places et dignités** : secrétaire-commandeur des Ordres du Roi (1774).

Une ambition tenace, *un esprit d'ordre qui le faisait remarquer dans son travail et sa conduite* (abbé Georgel), conjugués à la puissance de sa famille, ont été les moteurs principaux de l'élévation de celui qui, espérant remplacer le garde des sceaux Miromesnil, ne fut qu'un successeur maladroit de Necker dans l'administration des finances.

Appartenant à une famille de la Robe, dont la valeur et l'influence marquaient la magistrature depuis un siècle, il reçut une très solide éducation juridique de la part de son père, qui remplaça d'Aguesseau comme procureur général du parlement de Paris. Mais, abandonnant assez tôt la carrière parlementaire, où il laissait deux frères et un neveu, il préféra les fonctions administratives. Nommé à l'intendance de Bourgogne, sa région d'origine, il s'y illustra pendant plus de onze ans, avant de devenir conseiller d'État. Malgré la puissance de sa parentèle, ce n'est que très lentement cependant qu'il gravit les échelons de la hiérarchie, n'entrant au Conseil des Dépêches qu'en 1769.

Dans l'espoir d'obtenir les sceaux au départ de Miromesnil, que la rumeur disait proche, il accepta en 1781, sous la pression de Maurepas, la direction de l'administration des finances, en remplacement de Necker. Sans avoir le titre de contrôleur général, Joly de Fleury se trouva alors à la tête du département le plus difficile à gérer. La dette chronique de l'État et les dépenses supplémentaires générées par la guerre d'Amérique le conduisirent à prendre une série de mesures impopulaires. Tout en lançant de gros emprunts pour financer la guerre, il augmenta les taxes de consommation et les droits sur le tabac, imposa un troisième vingtième et fit s'accroître le nombre des offices de receveurs généraux et de receveurs de la taille, tournant ainsi le dos aux réformes que ses prédécesseurs Turgot et Necker avaient tenté de mettre en œuvre. La satire populaire railla le "mauvais garnement", partisan, pourtant, de la réunion des États généraux, tandis que la critique gouvernementale lui reprochait volontiers d'offrir l'image d'un *ministre tout honteux de l'être* (Weber). Après avoir créé un éphémère comité des finances, continuant de considérer qu'il exerçait cette charge par *intérim*, il finit par reconnaître son impuissance à résoudre les problèmes et proposa une première fois sa démission, qui lui fut refusée. Mais la cour, qui craignait une réduction des pensions, finit par obtenir son renvoi. Dépouillé de tout prestige, *pour les fonctions qu'il avait osé prendre, faute d'oser les refuser* (Weber), et avant de s'effacer définitivement de la vie publique, il justifia son action dans une série de lettres publiées en 1787, et qui contribuèrent à la disgrâce de Calonne. Il vécut la Révolution dans l'ombre, et mourut, déjà âgé, sous le Consulat.

*Personnage ambitieux, conséquemment peu agréable aux gens droits et désintéressés*, pour le libraire Hardy, il était, pour Weber, frère de lait de Marie-Antoinette, *un courtisan de robe vieilli avec souplesse dans la société des grands et dans les cabinets des ministres ; ambitieux en petit, délié en intrigues et en chicanes, inepte en finance et barbare en législation ; du reste, grand conteur d'anecdotes, amusant la jeunesse du Conseil par une manière d'opiner plaisante et quelquefois burlesque.* Mais l'abbé Georgel rappelle qu'au moment où on lui confia le ministère des Finances, *il était un conseiller d'État ordinaire très estimé. Ses avis au Conseil du Roi étaient sagement et savamment motivés ; il passait, non pour l'aigle du Conseil, car il n'avait élévation ni énergie, mais comme bien instruit dans la science aride des lois et des formes.* Marmontel, quant à lui, tout en lui reconnaissant un *esprit fin, souple, insinuant,* regrettait qu'il n'ait pas eu l'habileté de gérer les caisses pleines laissées par Necker.

### Demeures

Il logeait à l'hôtel du Contrôle général, rue Neuve-des-Petits-Champs.

### Iconographie, bibliographie et sources

Pas de portrait connu.

Les études qui le concernent s'inscrivent dans un travail plus large, mis à part le petit article d'E. DUROUVRAY, "Comment Joly de Fleury devint ministre des Finances", *Feuilles d'histoire*, VI (1909). Ainsi, la thèse de Paul BISSON, *L'activité d'un procureur général au parlement de Paris à la fin de l'Ancien régime, les Joly de Fleury*, Paris, 1964, renseigne-t-elle aussi sur les fonctions de son père, qui a laissé un journal (1702-1720) inédit, conservé aux Archives nationales (342 AP), et de son frère ; l'étude inédite de Jean DUMA, *Les Joly de Fleury à Fleury-Mérogis (1602-1853). Une seigneurie et ses transformations* (maîtrise Paris-I, 1971, microf. BN) apporte des éléments intéressants sur cette propriété de famille, que son frère avait héritée.
[IAD : XXIX/657 (27 frimaire an XI - 18-XII-1802).

## LEFÈVRE D'ORMESSON
Henry IV François-de-Paule

Né à Paris, le 8 mai 1751
Mort au château d'Ormesson
(Seine-et-Marne), le 12 avril 1808.
Inhumé au cimetière d'Ormesson-sur-Marne.

### Famille

Originaire de l'Île-de-France, anoblie dans la deuxième moitié du XVI^ème siècle.

*D'azur à trois lis de jardin d'argent, grenés d'or, tigés et feuillés de sinople.*

Son père : Marie François-de-Paule, intendant des finances, et conseiller au Conseil royal des Finances, neveu du chancelier d'Aguesseau.

Sa mère : Anne-Louise Du Tillet de La Bussière, fille d'un président au Parlement.

Ses sœurs : *Anne-Catherine*, abbesse de Montigny-lès-Vesoul ; *Henriette-Louise*, mariée en premières noces à Anne-Charles-Marie de La Bourdonnaye de Blossac, maître des requêtes, et en secondes noces à Anne-Marie-André de Crussol d'Uzès de Montausier, colonel au régiment d'Orléans.

Il épousa en 1773 Charlotte-Léonarde Le Peletier de Mortefontaine (1756-1840), fille d'un intendant de Soissons.

Ses enfants : *Marie-Henry François-de-Paule*, marié à Henriette-Ernestine de Grouchy ; *Anne-Caroline-Léontine Françoise-de-Paule*, mariée en premières noces à Alexandre-Maximilien d'Abos de Binanville, et en secondes noces à Armand-Jacques-René de Maistre de Vaujours ; *Marie-Louise Françoise-de-Paule Aglaë Thaïs*, mariée à Ferdinand de Bertier de Sauvigny.

*Nommé le 29 mars 1783, il fut disgracié le 2 novembre de la même année.*

**Carrière** : conseiller au Parlement (1768) ; maître des requêtes (1770) ; intendant des finances en survivance (1774-1777) ; chef du Conseil temporel de la Maison royale de Saint-Cyr en survivance (1775) ; conseiller d'État semestre (1778) ; membre du Comité contentieux des finances (1781) ; **contrôleur général des Finances (1783)** ; conseiller au Conseil royal des Finances et du Commerce (1787) ; conseiller d'État ordinaire (1789) ; président du comité contentieux des départements (1789) ; chef de division de la Garde nationale (1789) ; juge au tribunal du VI^ème arrondissement de Paris (1790) ; administrateur du département de Paris (1791).

Ce n'est pas le très court passage au Contrôle général des finances qui donne son intérêt et sa valeur à la carrière de cet administrateur intègre, désintéressé et compétent. Celui qui, selon le mot de l'abbé Georgel, *aurait pu avec l'âge et le temps n'être pas au-dessous de la réputation de son père*, fut remarqué en effet pour sa grande jeunesse en comparaison des charges qui lui furent confiées ; il acquit pourtant à leur exercice une excellente formation, mais il lui manqua toujours, du fait de son âge et d'un tempérament où le souci du détail l'emportait sur les vues générales, l'envergure nécessaire à un homme d'État.

Unique garçon de l'une des familles les plus illustres de l'administration française de l'Ancien régime, son père le destinait à lui succéder dans la charge d'intendant des finances. Lorsque ce fut effectif, Lefèvre d'Ormesson était manifestement trop jeune - il avait vingt-trois ans - par rapport à l'importance de ces fonctions. A la suppression des intendants, quelques années après, il conserva cependant le département de la "vérification des états-au-vrai", tandis qu'il administrait la Maison royale de Saint-Cyr, charge qu'il avait également hérité de son père.

Le renvoi de Necker devait signifier pour lui un retour aux affaires financières. Après sa nomination au comité contentieux des finances, son retour au "département des impositions" qu'il avait dirigé avant la suppression des intendants des finances, et l'échec de la politique de Joly de Fleury, il fut appelé à remplacer ce dernier au Contrôle général. Sa profonde honnêteté et son désintéressement connus de tous, mais également une fois encore sa jeunesse, qui servait les ambitions de certains ministres désireux de contrôler le Trésor par son intermédiaire, avaient joué en sa faveur. Ce ministre, choisi personnellement par le Roi, mais inexpérimenté et peu estimé à la cour dont il connaissait mal les intrigues, ne put mettre en œuvre autre chose que des expédients. Tout en menant une sévère politique d'économies et refusant l'augmentation des impôts, il eut recours à de ruineux emprunts-loteries, dont l'échec le contraignit à faire appel à la Caisse d'Escompte. Mais son incapacité à la rembourser, qui l'amena à imposer le cours forcé des billets de la Caisse, et sa tentative de casser le bail des Fermes, devaient entraîner sa disgrâce. Attaqué par les financiers et par la Cour, Louis XVI, dont il était très proche, dut le renvoyer.

Son départ, loin de marquer la fin de sa carrière, coïncida au contraire avec une sorte de renouveau. Poursuivant son activité comme conseiller d'État, il entra au Conseil royal des Finances et du Commerce, et, en 1789, siégea à la commission chargée de préparer les lettres de convocation aux États généraux. Il atteignit ensuite, avec la présidence du comité contentieux des départements, une responsabilité qu'il ne retrouvera plus. La Révolution cependant, contrairement à la plupart de ses confrères, lui confia de nouvelles fonctions, notamment dans l'administration du département de Paris. Mais sa modestie, et sans doute aussi le désir de ne pas trop s'exposer, le conduisirent à refuser tour à tour les charges de ministre de la Justice et de maire de Paris. Retiré sur ses terres d'Ormesson, il fut arrêté et incarcéré quelques mois en 1794, avant de retrouver ses fonctions d'administrateur du département de Paris. Il n'avait pas soixante ans lorsqu'il mourut dans son château d'Ormesson.

Les six mois de son ministère ont suffi à attirer maints commentaires sur l'action de celui qui avait accepté, selon ses propres termes, "l'orageuse corvée du Contrôle général". L'annaliste Sallier, en termes mesurés, résume avec justesse la situation délicate du jeune ministre : *aussi neuf pour le rôle éminent et difficile auquel on l'appelait qu'étranger aux intrigues d'une cour astucieuse..., environné de pièges qu'il ne savait apercevoir ni éviter, il succomba ainsi qu'on l'avait prévu.* Il est vrai que les sarcasmes ne lui manquèrent pas, à commencer par ceux des courtisans, qui profitèrent de l'infirmité de sa femme - elle boitait - pour s'adonner à de méchantes plaisanteries. Lui-même, peu flatté par la nature, parle dans ses *Mémoires* de sa "vue naturellement courte" et le littérateur Métra évoque sa "figure désagréable". Mais son application et son ardeur au travail l'ont fait unanimement apprécier de ses contemporains et, selon Bachaumont, *malgré son élévation, il est toujours modeste..., il interroge ceux qu'il croit les plus propres à le diriger et ne néglige aucun moyen de s'instruire.* On appréciait surtout dans le petit peuple son grand désintéressement, ce que Valentin Esterhazy qualifia sans complaisance d'*honnête imbécillité*.

## Demeures

A Paris, Lefèvre d'Ormesson résida rue d'Orléans-au-Marais, dans l'hôtel Sourdis (actuel n° 5, rue Charlot, III^ème arrt.) ; à la mort de son père, en 1775, il garda l'ancien hôtel de Mayenne, rue Saint-Antoine (actuel n° 21, IV^ème arrt), où étaient installés les bureaux de l'intendance des finances. Cette vieille demeure, achevée au début du XVII^ème siècle, peut-être l'œuvre d'Androuët du Cerceau, avait été acquise par son père en 1759. C'est aujourd'hui l'école privée des Francs-Bourgeois, tenue par les frères des Écoles Chrétiennes. Mais, à partir de 1780, il loua l'hôtel Le Peletier de Saint-Fargeau, rue de la Culture-Sainte-Catherine (actuel n° 29 rue de Sévigné, III^ème arrt), où avait habité le contrôleur général Le Peletier Des Forts. C'est aujourd'hui la nouvelle annexe du musée Carnavalet.

Bien qu'il possédât l'ancien château d'Amboille, ou d'Ormesson (Seine-et-Marne), il préféra le louer à son cousin, Anne-Louis, et habiter le château de Mauregard, près de Meaux (Seine-et-Marne), que lui avait apporté sa femme en dot. Mais en 1787, il dut s'en séparer ; il vint alors s'installer à Ormesson, où il resta jusqu'à sa mort. Construit selon la tradition par l'intendant des finances Picot de Santeny sur des plans d'Androuët du Cerceau, le château, entouré d'eau, possède une première façade du XVI^ème siècle, et une autre, élevée au milieu du XVIII^ème siècle. Le jardin fut dessiné par Le Nôtre, avec une pelouse en fer-à-cheval, délimité par des tilleuls et un canal. Aujourd'hui propriété des descendants, toujours visible et très agréable, cette demeure ne suscita pas à l'époque l'enthousiasme de Diderot, qui en parle comme *la plus triste et la plus maussade demeure qu'il y ait à vingt lieues à la ronde*, présentant partout *l'image du chaos*.

**Iconographie, bibliographie et sources**

Il existe un buste, photographié par Bemelmans.

La famille, plus que l'homme et sa carrière, a suscité l'attention des historiens. Ainsi devra-t-on se contenter de l'étude d'ensemble déjà vieillie, de Charles GOMEL, "Le ministère de d'Ormesson, contrôleur général des Finances", *Séances et travaux de l'Académie des sciences morales*, tome 139 (1893), très heureusement complétée par les récentes thèses de Françoise MOSSER, *Les intendants des finances au XVIII^ème siècle. Les Lefèvre d'Ormesson et le "département des impositions" (1715-1777)*, Paris, 1978, d'Anne BUOT DE L'ÉPINE, *Du Conseil du Roi au Conseil d'État : le Comité contentieux des départements (1789-1791)*, Paris, 1972, et tout dernièrement de la thèse de Jean-François SOLNON, *Les Ormesson, au plaisir de l'État*, Paris, 1992. Le château, le marquisat et ses propriétaires sont évoqués dans les ouvrages de Wladimir d'ORMESSON, *La ville et les champs*, Paris, 1958, de l'abbé Philippe VARAIGNE, *Le château et l'église d'Ormesson-sur-Marne*, Ormesson, 1972, et dans la thèse inédite de Jean-Marie CHEVET, *Le marquisat d'Ormesson (1700-1810). Essai d'analyse économique* (École des Hautes Études en Sciences Sociales, 1982). On trouvera quelques éléments sur la vie de d'Ormesson sous la Révolution et l'Empire dans la publication d'une petite correspondance, par Ernest JOVY, *Pierre Ostome de Matignicourt et l'ancien contrôleur général d'Ormesson : une correspondance du dernier "1^er commis" au bureau d'admission à la Maison royale de Saint-Cyr*, Vitry-le-François, 1908. Sur ses habitations parisiennes, on verra les articles de Maurice DUMOLIN, "La rue Charlot", *La Cité*, n° 115-116 (1930), et de Jean-Pierre BABELON, "L'hôtel de Mayenne", *Commission du Vieux Paris, procès-verbaux* (7 décembre 1970).

L'ensemble des archives de la famille d'Ormesson, toujours conservé par les descendants, a été microfilmé aux Archives nationales (144 AP). Cet énorme fonds contient, entre autres, les *Mémoires* inédits du ministre, qui sont en cours de publication. Il a été inventorié par Michel ANTOINE et Yvonne LANHERS, *Les archives d'Ormesson*, Paris, 1960, ouvrage dans lequel on trouve de très intéressants renseignements sur le ministre et sa famille.
[IAD : LI/1264 (16-V-1808).

## CALONNE
Charles-Alexandre de

Né à Douai, le 20 janvier 1734
Mort à Paris, le 29 octobre 1802.

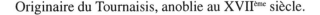

**Famille**

Originaire du Tournaisis, anoblie au XVII<sup>ème</sup> siècle.

*D'azur à deux aigles éployées d'or, l'une au second quartier, l'autre en pointe ;
au franc quartier d'argent chargé d'un lion de sable.*

Son père : Louis-Joseph-Dominique, premier président au parlement de Flandre.

Sa mère : Anne-Henriette de Francqueville, fille d'un conseiller au parlement de
Flandre.

Ses frères et sœurs : *Marie-Anne*, mariée à Eugène-Roland-Joseph Blondel
d'Aubers, premier président du parlement de Flandre ; *Jacques-Ladislas-Joseph*,
chanoine de l'église de Cambrai, puis aumônier dans la province de Québec ;
*Marie-Madeleine-Joseph*, mariée à Maximilien-Marie de Valicourt.

Il épousa en 1769 Anne-Joséphine Marquet (morte en 1770), fille d'un receveur
général des finances ; il se remaria en 1788 avec Anne-Rose-Josèphe de Nettine
d'Harvelay (morte en 1813), fille d'un banquier de la cour de Bruxelles, belle-
sœur du banquier de la cour, Laborde, et veuve d'un garde du Trésor royal.

Son fils, du premier lit : *Charles-Louis-Henri*, capitaine aux chasseurs
britanniques d'Égypte.

*Nommé le 3 novembre 1783, il fut contraint de démissionner le 8 avril 1787.*

**Carrière** : avocat général au conseil provincial d'Artois (1758) ; procureur
général du parlement de Douai (1759) ; maître des requêtes (1765) ; intendant de
Metz (1766-1778) ; intendant de Flandre (1778-1783) ; **contrôleur général des
Finances (1783-1787) ; ministre d'État (1784).**

**Places et dignités** : grand-trésorier commandeur des Ordres du Roi (1784-1787).

Technicien de la finance et homme du Roi par excellence, Calonne reste connu pour son seul ministère, tragiquement placé à la fin de l'Ancien régime, et dans lequel ses détracteurs ont vu la préparation de la Révolution.

Procureur général du parlement de Flandre et maître des requêtes au Conseil d'État, il s'illustra particulièrement dans la lutte que le Roi avait engagée contre la fronde parlementaire : chargé par le contrôleur général Laverdy de tenter une réconciliation officieuse avec le remuant procureur général La Chalotais, lors de l'affaire du parlement de Bretagne, il échoua et s'attira la rancune du parlement de Paris, qui soutenait la fronde dans toutes les provinces. Puis, dès 1766, c'est comme intendant que Calonne défendit les intérêts du monarque, d'abord à Metz, où il resta douze ans, puis à Lille, dans sa région natale, un poste de choix. Sans réformes éclatantes, il sut administrer ces provinces avec rigueur, entretenant routes et canaux, s'attachant à développer l'industrie textile et s'occupant plus particulièrement du port de Dunkerque. Puis, brusquement, il se fit remarquer sur la scène politique en contestant la valeur du *Compte rendu* remis par Necker au Roi en 1781, considérant que c'était un bilan faux, qui présentait un budget excédentaire. Deux ans plus tard, le Roi se décida à le nommer au Contrôle général.

La comptabilité royale était alors dans une extrême confusion, et, tout en cultivant des idées audacieuses, Calonne eut quelque mal à la maîtriser. Il bénéficia cependant du vent de prospérité qui soufflait à cette époque sur le royaume, affichant un optimisme illimité et cultivant sa popularité, au point que l'on parla de "l'ère Calonne". Il fut admis comme ministre d'État au Conseil d'En-Haut, partageant avec Vergennes le privilège de pouvoir assister à tous les conseils. Sur fond de spéculation, il prit plusieurs mesures de réorganisation financière, régularisant l'octroi des pensions, tentant une réforme monétaire dont les principes allaient être repris au XIX<sup>ème</sup> siècle, lançant un emprunt et créant la Caisse d'Amortissement. Il parvint ainsi à soutenir la réputation du Trésor et à combler les dettes les plus urgentes, permettant aux finances de reprendre leur dernier souffle avant la crise révolutionnaire. Hanté par le "miracle anglais", il créa un comité d'agriculture où siégea Lavoisier (1785), décida de remplacer la corvée par un impôt en argent, et surtout encouragea l'industrie par une politique de primes et de soutien aux investissements. Il fit élever autour de Paris le mur des fermiers généraux, fit construire la digue de Cherbourg, et fonda la troisième Compagnie des Indes, qui n'eut guère d'avenir. Sa politique rencontra cependant la farouche hostilité des parlements, en particulier ceux de Rennes et de Bordeaux ; il s'attira également les reproches de la Reine et du clergé. Ce fut alors qu'il remit au Roi, en 1786, son *Précis d'un plan d'amélioration des finances*, qui allait à la fois le rendre célèbre et précipiter sa chute. Il y proposait "la suppression des abus et privilèges", la création d'une subvention territoriale, l'égalité proportionnelle dans la répartition des impôts, la formation d'assemblées provinciales, la libéralisation du commerce des grains et la suppression de la corvée. L'Assemblée des Notables, réunie l'année suivante, s'y opposa fermement. Victime des intrigues, discrédité par l'*Avertissement* qu'il avait fait diffuser pour gagner le public à ses projets et qui attaquait indirectement les notables, Calonne alors fut contraint de donner sa démission. Bachaumont précise qu'à Paris régnait une "joie générale". Celui que l'opinion surnommait "le prévaricateur taré" et "le charlatan" fut attaqué par Carra dans une violente brochure ; il lui reprochait de s'être jeté *dans un labyrinthe d'erreurs funestes et d'inconséquences criminelles.*

Calonne quitta alors la France pour l'Angleterre, et s'installa à Londres, tandis que Versailles se tenait régulièrement au courant de ses activités. Lorsque la Révolution éclata, parfaitement informé des événements, il prit contact à Namur avec le comte d'Artois et le prince de Condé, et écrivit à Pitt à plusieurs reprises. Il rejoignit les princes à Turin en 1790, et devint le "ministre de l'émigration", mettant au point des plans d'intervention contre-révolutionnaires, où il prévoyait une action conjuguée des princes et des "bons Français". Il voyagea beaucoup, notamment en Russie, puis revint à Londres avant de regagner finalement la France, où, la tourmente étant passée, Fouché lui semblait favorable. Il eut encore le temps de rédiger, avant de mourir, un mémoire sur les moyens de développer le crédit.

Calonne savait plaire et ne s'en priva guère. Il connut un grand nombre de femmes, parmi lesquelles madame Vigée-Lebrun, à qui il aurait envoyé des "pistaches à la Calonne", bonbons enveloppés dans des billets de la Caisse d'Escompte... Il finit par épouser sa maîtresse, madame d'Harvelay, veuve depuis 1786 d'un garde du Trésor royal. Montyon en fit un portrait "gigogne" qui ne manque pas de saveur : *qu'on se représente un homme grand, assez bien fait, l'air leste, le visage n'étant pas sans agrément, une figure mobile..., un regard fin et perçant, mais marquant et inspirant de la méfiance, un rire moins gai que malin et caustique : voilà l'extérieur de M. de Calonne. La vivacité d'un jeune colonel, l'étourderie d'un écolier..., le pédantisme de la magistrature, quelques gaucheries d'un provincial : voilà les manières de M. de Calonne. Les bons mots d'un homme d'esprit..., l'astuce d'un intrigant, de la facilité, de la grâce dans l'élocution, quelquefois de la force, des phrases plus brillantes que solides et peu de suite dans la conversation : voilà le ton de M. de Calonne. Une grande rapidité de conception, une grande finesse dans la distinction des nuances, mais inaptitude à la méditation... : voilà le genre et la mesure de l'esprit de M. de Calonne. Une âme sensible sans être tendre, plus susceptible d'émotion que de passion..., une avidité pour l'argent..., de la prodigalité sans générosité..., de l'engouement dans les désirs, de l'emportement dans la colère, peu de constance dans l'amitié, moins encore dans la haine, des germes de vertus et de vices : voilà les sentiments de M. de Calonne. A ces traits, qu'on ajoute sa méthode de traiter les affaires : assez de sagacité dans l'invention des moyens, dextérité et même ruse dans l'emploi de ces moyens, mais précipitation dans la détermination, négligence et inexactitude dans l'exécution, présomption habituelle du succès, une facilité de concessions qui n'avouaient pas toujours la prudence ni même l'équité, une insinuation assez adroite, mais souvent un excès de confiance qui ne paraissait à tout homme sage qu'un artifice, ou une imprudence... Cette réunion, ce mélange de qualités opposées et de procédés incohérents, complète l'exposition du mérite, des torts, des défauts, des talents de M. de Calonne.*

Il se fit dans toute l'Europe une réputation de grand collectionneur, ayant réuni dans ses galeries de tableaux et de dessins les signatures les plus prestigieuses des écoles italienne, hollandaise et française, Véronèse, Titien, Raphaël, Rubens ou Poussin. Mais il dut progressivement s'en dessaisir pour rembourser ses créances et soutenir l'action des princes. Trois-cent-soixante de ses tableaux furent ainsi exposés pendant la vente aux enchères qu'il organisa à Londres en 1795. Il possédait également de nombreux meubles, des instruments de musique, ainsi qu'une collection de minéraux.

## Demeures

Calonne possédait un hôtel à Paris, rue du Bac, mais résidait habituellement dans les hôtels réservés à l'intendant dans les villes de province ; il s'attacha particulièrement à celui de Lille, qu'il fit transformer en une très belle demeure. Il y recevait fréquemment le prince de Condé, et toute une société où l'on reconnaissait les duchesses de Polignac et Luynes et la princesse de Robecq.

Ayant hérité, par sa mère, d'une partie de l'énorme fortune des frères Pâris, célèbres financiers de la Régence, il bénéficia également de celle de sa maîtresse, qui deviendra sa seconde femme. En 1770, il put acquérir de la marquise de Brézé le château d'Hannonville, près de Saint-Mihiel (Meuse), dont il arrondit peu à peu le domaine, et qu'il dota d'un somptueux mobilier. Si l'on en croit la description de Bachaumont, on y trouvait *des escaliers en bois de rose, de bois d'acajou et autres décorations de luxe, plus convenables à la maison d'une courtisane qu'à la demeure d'un grave ministre du Roi*. En 1785, le Roi lui donna le château de Berny, à Fresnes (Val-de-Marne). Acheté en 1615 par le chancelier Brûlart de Sillery, cette demeure du XVIème siècle fut détruite après 1825. Il en reste quelques vestiges à Fresnes, à la hauteur du n° 6, promenade du Barrage.

Pendant son émigration à Londres, il était installé à Hyde Park Corner, dans l'une des plus belles maisons de la ville qu'il partageait avec son frère. Il possédait également une maison à Wimbledon. Parfaitement intégré dans la société britannique, il fréquenta le salon de la célèbre Lady Hamilton et correspondait régulièrement avec le duc d'York.

Lorsqu'il revint à Paris, il logea chez son ami Joseph Mosnier, au n° 113 rue du Faubourg Saint-Honoré, et y passa la fin de sa vie.

## Iconographie, bibliographie et sources

La reine d'Angleterre possède, dans son château de Windsor, le portrait qu'a fait de lui son amie madame Vigée-Lebrun ; le musée des Beaux-Arts de Douai conserve un autre portrait, par Heinsius.

Calonne a fait l'objet de plusieurs bonnes études, dont la biographie de Robert LACOURT-GAYET, *Calonne, financier, réformateur et révolutionnaire*, Paris, 1963, qui reste fondamentale, et celle, plus littéraire, de Pierre JOLLY, *Calonne (1734-1802)*, Paris, 1949. On verra l'intéressant chapitre que lui consacre dans son livre Guy CHAUSSINAND-NOGARET, "Le déclin de la finance officière et la tentative de Calonne", *Les financiers du Languedoc au XVIII^ème siècle*, Paris, 1970. G. SUZANE, *La tactique financière de Calonne*, Paris, 1901 (notes et dossier de ce travail aux archives départementales de la Moselle, 3 F 29), a étudié les aspects techniques de son œuvre, ainsi que Guy THUILLIER, *La monnaie en France au début du XIX^ème siècle*, Paris, 1983. Sur son rôle pendant la Révolution, Arnaud de LESTAPIS, "Royalistes et Monarchiens", *Revue des Deux-Mondes*, sept.-oct. 1960. Des renseignements très intéressants sur sa fortune et son influence dans l'article de Jean COUDERT, "Une lettre d'Alexandre de Calonne à propos de la réformation de la coutume de Hattonchâtel", *Revue historique de droit français et étranger*, n° 1 (1992).

Les Archives nationales conservent encore une partie de ses papiers (297 AP et T 260-261), ainsi que les archives départementales de Saône-et-Loire (1 J 40), et la Bibliothèque nationale (naf 4581), tandis que le Public Record Office détient une part importante de sa correspondance, publiée et analysée en grande partie par Christian de PARREL, *Les papiers de Calonne, documents pour servir à l'histoire de la contre-révolution*, Cavaillon, 1932. Les archives départementales de la Meuse possèdent un intéressant dossier sur Hannonville (9 F, collection Moreau).

[IAD : XLVIII/447 (10 frimaire an XI - 1^er-XII-1802).

## BOUVARD DE FOURQUEUX
Michel

Né à Paris, le 20 août 1719
Mort à Paris, le 3 avril 1789.
Inhumé à Fourqueux (Yvelines).

**Famille**

Originaire du Vendômois, anoblie dans la première moitié du XVII<sup>ème</sup> siècle.

*D'azur à trois fasces d'or, accompagnées d'un croissant en chef et de trois étoiles en pointe, le tout d'or.*

<u>Son père</u> : Michel-Charles, conseiller au Parlement, procureur général à la Chambre des Comptes de Paris.

<u>Sa mère</u> : Claude-Marguerite Hallé, fille d'un correcteur des comptes.

<u>Sa sœur</u> : *Agnès*, mariée à Alexandre-Jacques de Pomereu, capitaine au régiment du Roi.

<u>Il épousa</u> en 1740 Marie-Louise Auget de Montyon (1728-1799), fille d'un maître ordinaire en la Chambre des Comptes de Paris.

<u>Ses enfants</u> : *Anne-Marie-Rosalie*, mariée à Philibert Trudaine de Montigny, intendant des finances ; *Adélaïde-Élisabeth*, mariée à Étienne Maynon d'Invault, contrôleur général des Finances sous Louis XV.

*Nommé le 10 avril 1787, il fut disgracié le 1ᵉʳ mai de la même année.*

**Carrière** : conseiller au Parlement (1738) ; procureur général de la Chambre des Comptes (1763) ; conseiller d'État (1768) ; intendant des finances (1771-1777) ; membre du Comité contentieux des finances (1777-1789) ; conseiller d'État ordinaire (1784) ; **contrôleur général des Finances (10 avril-1ᵉʳ mai 1787) ; ministre d'État (1787)**.

Issu d'une famille à l'ascension récente et de fraîche noblesse, Fourqueux était le petit-fils de Charles Bouvard, médecin de Louis XIII. Très jeune, il fut plongé dans les milieux de la finance, son propre père étant magistrat à la Chambre des Comptes de Paris. Il se montra brillant, et, après avoir obtenu une dispense d'âge pour la charge de conseiller au Parlement, il eut la survivance de la charge de son père à vingt-quatre ans ; il l'exercera conjointement avec lui deux ans plus tard, avant de l'assumer seul, de 1754 à 1769. En 1771, son gendre, le célèbre Trudaine de Montigny, demanda qu'il lui fût adjoint dans sa charge d'intendant des finances, ce que le Roi accepta, bien qu'il ne fût pas maître des requêtes, comme c'était l'usage. Dès lors, Fourqueux exerça cet office jusqu'à 1777, date de sa suppression générale. Mais il put poursuivre son activité au sein du comité contentieux des finances, où il siégea jusqu'à sa mort. Il était également membre des conseils royaux des finances et du commerce.

Son bref passage de trois semaines au Contrôle général, où il remplaça Calonne dans des temps particulièrement difficiles, n'a guère permis d'apprécier son action ministérielle qu'il commença *avancé en âge et fort infirme* (Hardy). On peut cependant saluer cette carrière discrète, effectuée dans les services ingrats de l'administration des finances de l'Ancien régime, où il a su visiblement se faire apprécier, si l'on en croit ce témoignage anonyme : *de tous les intendants des finances existants, le seul précieux et essentiel à conserver est M. de Fourqueux.* Cependant, Loménie de Brienne, au moment de l'Assemblée des Notables de 1787, lui trouvait *un air si piteux et tout à la fois si content de sa place, si indécis et si tranquille, qu'il est impossible d'avoir confiance.* Il dut pourtant encore refuser, avant de mourir, de remplacer Necker. Exemple parfait de ministre intègre, et reconnu comme tel par ses contemporains, Fourqueux sut, par son mariage et celui de ses filles, créer les bases d'une dynastie financière. Ami des arts, il fut en particulier très lié avec le pastelliste Jean-Baptiste Perroneau.

## Demeures

Il habitait l'hôtel de Ligny, rue des Francs-Bourgeois, au coin de la rue Vieille-du-Temple, où il mourut. Construit en 1608, ce superbe hôtel fut détruit en 1939, et remplacé par l'immeuble que l'on voit toujours aujourd'hui, au n° 47 rue des Francs-Bourgeois (IIIème arrt).

La propriété familiale de Fourqueux, près de Saint-Germain-en-Laye (Yvelines), avait été achetée par Louis XIII au chancelier Séguier, puis donnée à Charles Bouvard, son premier médecin, en 1634. Cette propriété, à la mort du ministre, comptait 76 hectares et était estimée à 300.000 francs. Il put, après son départ des affaires, se consacrer à son plaisir favori : la culture des fleurs et l'entretien de son parc. L'endroit, semble-t-il, ne manquait pas d'agrément, si l'on en juge par les vers enthousiastes de madame d'Houdetot :

*Fourqueux, séjour charmant, où l'on passe à son choix*
*Des demeures des rois aux demeures des sages*
*Qu'on préfère à celles des rois.*
*Qu'il est doux d'admirer vos charmants paysages...*
*De ces lieux fortunés le sage possesseur*
*Nous peint dans ses plaisirs les vertus de son cœur...*
*D'un arbuste étranger, il enrichit sa serre*
*En greffant de sa main d'utiles arbrisseaux,*
*Rend les fruits de son champ ou meilleurs, ou plus beaux*
*Et son goût aussi simple, aussi pur que lui-même*
*Dans la seule nature a pris tout ce qu'il aime.*

Le château, dont il existe une agréable aquarelle dans une collection particulière, fut détruit en 1840, et remplacé au XX^ème siècle par une grande demeure de l'architecte Auguste Vaudremer ; le parc est aujourd'hui un terrain de golf.

### Iconographie, bibliographie et sources

Pas de portrait connu.

Aucune étude ne lui a été consacrée ; on peut cependant glaner quelques renseignements dans l'ouvrage d'AUGET DE MONTYON, *Particularités et observations sur les ministres des Finances de France*, Paris, 1812, la biographie de ce dernier par Louis GUIMBAUD, *Auget de Montyon (1733-1820)*, Paris, 1909, et la thèse de Françoise MOSSER, *Les intendants des finances au XVIII^ème siècle*, Genève-Paris, 1978. Sa famille est étudiée par Michel de GOUBERVILLE, "Famille Bouvard de Fourqueux", *Filiations parisiennes*, n° 1 (1987), et, du même, *Composition sociologique et géographique d'une ascendance au temps du Roi-Soleil*, 1991 (étude inédite). Sur l'hôtel, on verra le catalogue de la récente exposition dirigé par Alexandre GADY et Béatrice de ANDIA, *La rue des Francs-Bourgeois, au Marais*, Paris, 1992.

On trouvera des documents le concernant dans le fonds Auget de Montyon, conservé aux archives de l'Assistance Publique, à Paris. Les Archives nationales conservent un intéressant dossier sur le château (AB XIX 3416/5).
[IAD : CXII/813^A (11-IV-1789).

## LAURENT DE VILLEDEUIL

*Nommé le 3 mai 1787, il démissionna le 31 août de la même année ; il fut nommé l'année suivante à la Maison du Roi.*

Voir sa notice, p. 279.

## LAMBERT
Claude-Guillaume

Né à Paris, le 9 août 1726
Guillotiné à Paris, le 27 juin 1794.
Inhumé au cimetière de Picpus, à Paris.

**Famille**

Originaire de l'Île-de-France, anoblie dans la première moitié du XVII<sup>ème</sup> siècle.

*De gueules au chevron d'or, accompagné en chef de deux croissants d'argent et en pointe d'un arbre arraché d'or.*

<u>Son père</u> : Claude-Guillaume, conseiller au Grand Conseil.

<u>Sa mère</u> : Catherine-Thérèse Patu, fille d'un conseiller à la Cour des Aides de Paris.

<u>Son frère</u> : *Jean-Baptiste-Pierre*, conseiller au parlement de Paris.

<u>Il épousa</u> en 1756 Marie-Madeleine Beyssier de Pizany (morte en 1772), fille d'un maître ordinaire en la Chambre des Comptes de Paris ; <u>il se remaria</u> en 1774 avec Anne-Henriette Guignace de Villeneuve (morte en 1783), fille d'un conseiller au Grand Conseil.

<u>Ses enfants</u> : du premier lit, *Augustin-Charles-Pascal L. d'Auverse*, conseiller au parlement de Paris et maître des requêtes ; émigré pendant la Révolution, puis conseiller d'État sous la Restauration ; *Paul-Augustin-Joseph*, conseiller au parlement de Paris, membre de la commission des monnaies, puis préfet d'Indre-et-Loire, baron de l'Empire et maître des requêtes au Conseil d'État ; *Claude-Guillaume L. de Chamerolles*, sous-lieutenant au régiment de chasseurs des

Pyrénées, puis aide de camp du maréchal de Broglie ; *Augustin-Louis*, chevalier de l'Ordre de Saint-Jean de Jérusalem, mort en émigration. Du second lit, *Armande-Félicité L. de Villeneuve.*

*Nommé le 31 août 1787, il fut disgracié le 25 août 1788 ; rappelé le 22 juillet 1789 aux côtés de Necker, avec le titre officiel de contrôleur général des Finances, il fut contraint de démissionner le 4 décembre 1790.*

**Carrière** : conseiller au Parlement (1748) ; maître des requêtes (1767) ; conseiller d'État semestre (1778) ; **contrôleur général des Finances (1787-1788)** ; conseiller au Conseil royal des Finances et du Commerce (1787) ; conseiller au Conseil des Dépêches (1788) ; conseiller d'État ordinaire (1788) ; **contrôleur général des Finances (1789-1790)**.

L'un des derniers contrôleurs généraux des Finances en titre de la monarchie, Lambert souffre dans sa renommée historiographique de l'ombre écrasante de Necker. Pourtant, les origines, la carrière et la personne de ce serviteur de l'État qui commence à peine à être connu, ne manquent pas d'intérêt.

Par sa famille et, plus tard, par ses propres alliances, Lambert appartenait au milieu, très structuré et très solidaire, des cours souveraines. Après des études brillantes au collège Saint-Jean-de-Beauvais, il devint conseiller au Parlement, où il obtint voix délibérative en dépit de son jeune âge, tant on lui reconnaissait déjà une grande maturité. Pendant vingt ans, il allait se former aux arcanes parlementaires, à l'époque la plus troublée de la fronde contre le Roi. Sa grande fermeté lors des remontrances de 1753, en particulier, lui valut un exil d'une année à Montbrison. Mais, selon l'heureuse formule de Michel Bruguière, il sut assez tôt "choisir son camp" : grâce au soutien de Choiseul, il entra au Conseil d'État comme maître des requêtes, et prit dès lors fait et cause pour la politique royale. Remarqué en particulier pour avoir contribué à la réhabilitation du général Lally-Tollendal, il fut apprécié pour sa maîtrise du droit et sa vivacité intellectuelle, toujours prête à innover.

Ces qualités, qui le faisaient bénéficier d'un grand crédit, dans lequel sa réputation d'intégrité avait en outre une large part, expliquent en partie sa nomination au Contrôle général. Membre de l'Assemblée des Notables convoquée par Calonne, c'est à la chute de ce dernier, après les passages fugitifs de Bouvard de Fourqueux et de Laurent de Villedeuil, qu'il prit la tête des finances. En réalité, c'est aux côtés du cardinal Loménie de Brienne, principal ministre, nommé pour régler les questions financières de plus en plus difficiles à résoudre, que Lambert administra, en titre, ce département, où il s'attacha en particulier à la modernisation du Trésor. Balayé par le rappel de Necker en août 1788, il fut rappelé à nouveau après le 14 juillet 1789, mais à ses côtés, et toujours avec le titre officiel de contrôleur général des Finances. Rallié à la politique du populaire ministre genevois, il consacra tous ses efforts à la poursuite et à la réalisation de ses réformes. Mais, victime d'une dénonciation, il fut "déchu de la confiance de la nation" par l'Assemblée nationale, et dut remettre, contre l'avis du Roi, sa démission. Accusé d'avoir correspondu avec l'un de ses fils, qui avait émigré, cette déchéance n'était que le prélude à son arrestation. Acquitté une première fois par le tribunal du département du Rhône, où Portalis avait pris sa défense, il put se retirer à Cahors, où il possédait quelques biens, et notamment une manufacture. Arrêté à nouveau, il fut guillotiné à Paris, en pleine Terreur.

Celui que le public surnomma bien vite "Tartuffe" avait commencé sa carrière ministérielle sans grand enthousiasme : *Nonobstant la probité très reconnue de ce nouvel administrateur des Finances, et son grand amour du travail, on craignait beaucoup qu'entrant en fonction dans des circonstances aussi critiques que celles dans lesquelles se trouvaient les affaires de l'État, il ne fut bientôt rebuté par la multiplicité des obstacles qu'il pourrait rencontrer à son désir sincère d'opérer le bien et forcé comme ses prédécesseurs de demander de se retirer promptement...* (Hardy).

## Demeures

Conseiller au Parlement, Lambert habitait un hôtel rue Christine. Après avoir logé rue du Gros-Chêne, puis rue du Cimetière-Saint-André-des-Arts, il acheta l'hôtel des Bœufs, rue de la Huchette.

Il était également propriétaire du château de Chamerolles, à Chilleurs-aux-Bois, près de Pithiviers (Loiret). Vieille bâtisse du XVI$^{ème}$ siècle ayant appartenu à Lancelot du Lac, le château fut réaménagé au XVII$^{ème}$ siècle, par le beau-frère de Colbert, Saumery. Acquis par Lambert en 1764, il le fit luxueusement aménager. Il était au centre de vastes propriétés qui comprenaient de nombreuses terres, des moulins, des étangs. Laissé à l'abandon depuis le début du siècle, et récemment acquis par le Conseil général du Loiret, il vient de faire l'objet d'une restauration complète, et abrite aujourd'hui un remarquable musée des parfums.

## Iconographie, bibliographie et sources

Un portrait de Carmontelle le représente assis, de profil, à sa table de travail, devant une fenêtre où s'encadre un paysage. Restout, qui partagea sa détention, exécuta également son portrait.

Mise à part la mince plaquette de R. de BRÉBISSON, *Le ministre Lambert et sa famille*, Alençon, 1897, il n'existe pas d'étude d'ensemble sur cet intéressant personnage. Quelques renseignements cependant sur son activité parlementaire dans la publication de Jules FLAMMERMONT, *Les remontrances du parlement de Paris au XVIII^{ème} siècle*, Paris, 1888-1898, 3 volumes, et l'ouvrage de Pierre-Antoine PERROD, *L'affaire Lally-Tollendal*, Paris, 1976 ; sur son activité ministérielle, le livre de Jean EGRET, *La pré-Révolution française*, Paris, 1962, et la synthèse de Michel BRUGUIÈRE, *Gestionnaires et profiteurs de la Révolution. L'administration des finances françaises de Louis XVI à Bonaparte*, Paris, 1986. Pour sa demeure de province, il faut voir le travail très documenté de Louis GUÉRIN et Jacques RAUNET, *Chamerolles*, Pithiviers, 1991, réalisé à l'occasion de la restauration du château.

Ses volumineux papiers, concernant en particulier ses nombreuses propriétés, sont conservés aux Archives nationales (T 158). La bibliothèque du Sénat conserve le *Journal du Parlement*, qu'il rédigea entre 1749 et 1752, lorsqu'il était conseiller (mss. 800).

[Contrat de mariage : CXII/782^B (1^{er}-V-1774).

# BIBLIOGRAPHIE ET SOURCES.

*Le maréchal de Ségur
par Louise Vigée-Lebrun, 1789,
musée de Versailles. Photo R.M.N.*

Nous avons établi, pour chacun des ministres, une bibliographie particulière (avec notamment l'indication de fonds privés), à laquelle on pourra se reporter. Nous avons cependant jugé utile de fournir une bibliographie plus générale sur les institutions, l'administration, les milieux familiaux et sociaux, et les demeures.

Sur le XVIII^ème siècle en général, on se reportera à la bibliographie dressée pour le programme de l'agrégation d'histoire, par Yves DURAND, *La société française au XVIII^ème siècle. Institutions et société*, Paris, 1992, ainsi qu'à celle du très récent ouvrage de Jean de VIGUERIE, *Histoire et dictionnaire du temps des Lumières (1715-1789)*, Paris, 1995.

## L'APPAREIL D'ÉTAT.

**Sur l'ensemble des institutions**, on aura intérêt à voir la somme de Roland MOUSNIER, *Les institutions de la France sous la Monarchie absolue (1598-1789)*, Paris, 1974-1980, 2 volumes, le travail de Philippe SUEUR, *Histoire du droit public français (XV^ème-XVIII^ème siècle). La genèse de l'État contemporain*, Paris, 1989, 2 volumes, ainsi que le guide très précis de Jean-Claude GARRETA, "Les sources de la législation de l'Ancien régime. Guide bibliographique", *Mémoires de la société pour l'histoire du droit et des institutions des anciens pays bourguignons*, tome 29 (1968-1969). Enfin, les mécanismes du pouvoir et la représentation des populations sont brillamment expliqués par Roland MOUSNIER, "La participation des gouvernés à l'activité des gouvernants dans la France du XVII^ème et du XVIII^ème siècles", *Recueils de la Société Jean Bodin pour l'histoire comparative des institutions*, XXIV, p. 235-297.

**Sur les différents conseils**, on dispose de la série d'études dirigées par Roland MOUSNIER, *Le Conseil du Roi, de Louis XII à la Révolution*, Paris, 1970, mais surtout, pour la période qui nous occupe, des travaux novateurs et essentiels de Michel ANTOINE, *Le Conseil du Roi sous le règne de Louis XV*, Genève et Paris, 1970, "Le Conseil des Dépêches sous le règne de Louis XV", *Bibliothèque de l'École des Chartes*, CXI-CXII (1953-1954), "Les Conseils des Finances sous le règne de Louis XV", *Revue d'histoire moderne et contemporaine*, juillet-septembre 1958, *Le Conseil royal des Finances au XVIII^ème siècle*, Genève et

Paris, 1973, qui restent la base fondamentale pour toute étude sur le fonctionnement des institutions de gouvernement au XVIII^ème siècle ; on y ajoutera l'excellente introduction de Pierre BONNASSIEUX, *Conseil de Commerce et bureau du commerce (1700-1791). Inventaire analytique des procès-verbaux*, Paris, 1900, et l'ouvrage de Bernard WYBO, *Le Conseil de Commerce et le commerce intérieur de la France au XVIII^ème siècle*, Paris, 1936. On pourra aussi voir l'étude très précise de Nicole BELLOUBET-FRIER, *Le bureau de Chancellerie*, Paris, 1981 (bureau qui dépendait du Conseil Privé). En revanche, pour le règne suivant, l'article de M. BOUTERON, "Le fonctionnement du Conseil du Roi sous Louis XVI, expliqué par l'un de ses secrétaires, Bernard-François Balzac", *Revue d'histoire moderne*, 1937, est malheureusement très décevant. La Polysynodie a été étudiée par Maurice BENOÎT, *La Polysynodie. Étude sur l'organisation des conseils sous la Régence*, Paris, 1928, à compléter par la thèse de droit d'A. ESSLINGER, *Le Conseil particulier des Finances à l'époque de la Polysynodie (1715-1718)*, Paris, 1908, et celle, inédite, de Jean-Paul DUPRAT, *Un conseil particulier de gouvernement à l'époque de la Polysynodie : le Conseil de Conscience*, thèse Paris-II, 1978 (2 registres de délibérations de ce conseil, pour les années 1715-1717, sont conservés à la bibliothèque du Sénat, mss. 224-225). Enfin, on pourra consulter les résumés des thèses de Monique BOITEL-HÉBERT, "Le Conseil du Dedans, son organisation, son œuvre (1715-1718)", *Positions des thèses de l'École des Chartes*, 1940, p. 19-26, et de Mireille RAMBAUD, "Le rôle du Conseil de Marine dans la mise en valeur des colonies françaises d'Amérique", *Positions des thèses de l'École des Chartes*, 1933, p. 137-147.

Sources : Les Archives nationales conservent les archives du Conseil du Roi, décrites par Michel ANTOINE, *Le fonds du Conseil du Roi aux Archives nationales. Guide de recherches*, Paris, 1955. Les arrêts ont donné lieu à une publication de grande envergure mais inachevée, menée par Michel ANTOINE (règne de Louis XV) et Danielle GALLET-GUERNE (règne de Louis XVI).

**Sur les différents départements ministériels**, les études sont très inégales. Les institutions ministérielles prises dans leur ensemble ont fait l'objet de différents travaux, dont celui bien vieilli de Paul VIOLLET, *Le Roi et ses ministres pendant les trois derniers siècles de la Monarchie*, Paris, 1912, très heureusement complétés par les articles de Michel ANTOINE, "Les comités de ministres sous le règne de Louis XV", *Revue historique de droit français et étranger*, 1951, et "L'entourage des ministres aux XVII^ème et XVIII^ème siècles", *Origine et histoire des cabinets de ministres en France*, Paris, 1975. Les secrétaires d'État ont fait l'objet de l'étude ancienne, mais qui n'a pas été remplacée jusqu'à ce jour, du comte Hélion de LUÇAY, *Des origines du pouvoir ministériel en France. Les* *secrétaires d'État depuis leur institution jusqu'à la mort de Louis XV*, Paris, 1881 ; on doit la compléter par les très éclairantes remarques d'Auguste DUMAS, "L'action des secrétaires d'État sous l'Ancien régime", *Annales de la faculté de droit d'Aix-en-Provence*, n° 47 (1954).

- **L'administration et la bureaucratie** sont étudiées par Roland MOUSNIER, "La fonction publique en France du début du XVI^ème siècle à la fin du XVIII^ème siècle", *Revue historique*, tome 261 (1979), Clive H. CHURCH, *Revolution and Red Tape. The French ministerial bureaucraty (1770-1850)*, Oxford, 1981, et surtout Vida AZIMI, "La discipline administrative sous l'Ancien régime", *Revue historique de droit français et étranger*, tome 65 (1987), et Jean MEYER, "Les 'décideurs' : comment fonctionne l'Ancien régime ?", *Proceedings of the annual meeting of the Western Society for French History*, tome 14 (1987). On pourra voir aussi les études réunies dans l'*Histoire comparée de l'administration (IV^ème-XVIII^ème siècles)*, München, 1980, l'article de François MONNIER, "Les débuts de l'administration éclairée", *Nouvelles de la République des Lettres*, II (1985), et pour la fin de la période, *L'administration en France sous la Révolution*, Genève et Paris, 1992, et les très intéressantes remarques de Guy THUILLIER, "Comment les Français voyaient l'administration en 1789. Jacques Peuchet et la bureaucratie", *Revue administrative*, XVIII (1962). Enfin, pour comprendre comment était organisée la France administrative de l'Ancien régime, on se reportera à l'ouvrage ancien, mais jamais remplacé, de Léon et Albert MIROT, *Géographie historique de la France*, Paris, 1947 (réimp. 1980).

- **Pour le département de la Justice**, et la conservation de ses archives, on verra l'ouvrage collectif, *Guide des recherches dans les fonds judiciaires de l'Ancien régime*, Paris, 1958, dont l'introduction permet de comprendre le fonctionnement des institutions judiciaires - complexes - de l'Ancien régime. On pourra compléter par la récente et commode étude de Bernard BARBICHE, "De la commission à l'office de la Couronne : les gardes des sceaux de France du XVI^ème au XVIII^ème siècle", *Bibliothèque de l'École des Chartes*, tome 151 (1993), p. 359-390.

- **Pour le département des Affaires étrangères**, la récente thèse de Jean-Pierre SAMOYAULT, *Les bureaux du secrétariat d'État des Affaires étrangères sous Louis XV*, Paris, 1971, apporte les éléments fondamentaux sur la connaissance de ce département, qu'il faut compléter par les travaux plus anciens de Camille PICCIONI, *Les premiers commis des Affaires étrangères au XVII^ème et au XVIII^ème siècle*, Paris, 1928, èt Amédée OUTREY, *L'administration française des Affaires étrangères. Histoire et principes*, Paris, 1954, et la synthèse récente dirigée par J. BAILLOU, *Les Affaires étrangères et le corps diplomatique français*,

Paris, 1984. Des points plus précis (acquisitions et carrières des gardes) sont abordés par P. POINDRON, "Les cartes géographiques du ministère des Affaires étrangères (1780-1789)", *Sources, études, recherches, informations, chroniques des bibliothèques nationales de France*, 1er fasc. (1943), Armand BASCHET, *Histoire du dépôt des archives des Affaires étrangères*, Paris, 1875, et, pour les locaux, le personnel et les bureaux à l'époque de Vergennes, Frédéric MASSON, *Le département des Affaires étrangères pendant la Révolution (1787-1804)*, Paris, 1877, et surtout Simone MERCIER, "Les bureaux politiques du ministère des Affaires étrangères à l'époque de Vergennes", *Revue de l'histoire de Versailles et de Seine-et-Oise*, tome 55 (1963-1964).

Sources : les archives du ministère des Affaires étrangères sont conservées au Quai d'Orsay. Elles sont répertoriées dans l'ouvrage collectif, *Les archives du ministère des Relations extérieures depuis les origines. Histoire et guide*, Paris, 1984-1985, 2 volumes.

**- Pour le département de la Guerre**, il y a peu d'études, et les historiens se sont plus intéressés à l'armée et à sa composition sociologique (ainsi, par exemple, E. BOUTARIC, *Les institutions militaires de la France avant les armées permanentes*, Paris, 1863, reprint en 1978, et surtout la thèse d'André CORVISIER, *L'armée française de la fin du XVII^ème siècle au ministère de Choiseul. Le soldat*, Paris, 1964, 2 volumes). On ne disposait, avant la très récente et excellente synthèse dirigée par André CORVISIER et Philippe CONTAMINE, *Histoire militaire de la France*, Paris, 1992, tome 1, que de l'ancien témoignage de Xavier AUDOUIN, *Histoire de l'administration de la Guerre*, Paris, 1811, 4 volumes. On pourra voir également le travail de LEGRAND, "Les papiers des secrétaires d'État de la Maison du Roi et de la Guerre (1749-1757)", *Mémoires de la société de l'histoire de Paris et de l'Île-de-France*, XLIX (1927), de Jean-Claude DEVOS, "Le secrétariat d'État à la Guerre et ses bureaux", *Revue historique des armées*, n° 162 (1986), et d'Anne BUOT DE L'ÉPINE, "Les bureaux de la Guerre à la fin de l'Ancien régime", *Revue historique du droit français et étranger*, tome 99 (1976).

Sources : les archives de la Guerre sont toujours conservées par le ministère de la Défense, au service historique des armées (SHAT), au château de Vincennes. Une première approche est possible par le *Guide des archives des Armées*, Paris, 1968.

**- Pour le département de la Marine et des Colonies**, on dispose de l'ouvrage général et déjà ancien de G. DAGNAUD, *L'administration centrale de la Marine sous l'Ancien régime*, Nancy et Paris, 1913, qu'on pourra compléter par les travaux de H. de RESBECQ, "L'administration centrale de la Marine avant 1793", *Revue maritime et coloniale*, tome 61 (1879), d'Armand LE HÉNAFF, *Étude de l'organisation de l'administration de la Marine sous l'Ancien régime*,

Paris, 1913, et surtout par les études de G. LACOUR-GAYET, *La marine militaire de la France sous les règnes de Louis XV et de Louis XVI*, Paris, 1902-1905, 2 volumes, de Roland LAMONTAGNE, *Ministère de la Marine : Maurepas et Pellerin*, Montréal, 1972-1973 (mémoire dactylographié, BN 4° Lf⁶⁹ 115), qui donne des détails sur le rôle du premier commis Pellerin, et de Jacques MICHEL, *Du Paris de Louis XV à la Marine de Louis XVI. L'œuvre de M. de Sartine*, Paris, tome 2, 1984. D'autres indications utiles dans l'ouvrage d'A. DUCHÊNE, *La politique coloniale de la France : le ministère des colonies depuis Richelieu*, Paris, 1928.

Sources : les archives du ministère de la Marine et des Colonies sont conservées aux Archives nationales. Elles ont fait l'objet de différents inventaires ; mais, pour une vision globale, on se reportera à l'ancienne, mais très utile présentation de Didier NEUVILLE, *État sommaire des archives de la Marine antérieures à la Révolution*, Paris, 1898, à l'État *général des fonds*, Paris, tome III, 1980, et aux guides d'Étienne TAILLEMITE, *Les archives de la Marine conservées aux Archives nationales*, Vincennes, 1980, et "Les archives des colonies françaises aux Archives nationales", *Gazette des archives*, 1964.

Il y a eu quelques exploitations récentes, comme dans le travail inédit d'Emmanuel CARON, *La correspondance portuaire normande avec le secrétaire d'État de la Marine (1748-1755)*, maîtrise Paris-IV, 1990.

- **Pour le département de la Maison du Roi**, on dispose de la thèse de René-Marie RAMPELBERG, *Aux origines du ministère de l'Intérieur. Le ministre de la Maison du Roi (1783-1788), baron de Breteuil*, Paris, 1975, de la synthèse commode de Paul BOUTEILLER, "Aux origines du ministère de l'Intérieur, le secrétariat d'État de la Maison du Roi", *Administration*, n° 140 (1988), et de l'article d'Amédée OUTREY, "L'administration de la Maison du Roi : les trois derniers gardes du dépôt du Louvre et l'échec du projet d'agrandissement", *Revue d'histoire moderne et contemporaine*, tome 6 (1959), p. 289-294 ; pour la période antérieure, on pourra voir le travail inédit de M. de CORBIER, *Le secrétariat d'État de la Maison du Roi sous Malesherbes*, mémoire de lettres, Paris-Sorbonne, 1964, ainsi que celui de LEGRAND, "Les papiers des secrétaires d'État de la Maison du Roi et de la Guerre (1749-1757)", *Mémoires de la société de l'histoire de Paris et de l'Île-de-France*, XLIX (1927).

Sources : les archives de la Maison du Roi sont conservées aux Archives nationales dans la série O1, pour laquelle il existe différents inventaires.

- **Pour le Contrôle général des Finances**, de récents travaux, conduits notamment par le Comité pour l'histoire économique et financière de la France, permettent désormais de mieux connaître cette administration. Aline LOGETTE, "Éléments pour une bibliographie critique du Contrôle général des Finances

(1665-1790)", *Ministère des Finances, Études et Documents*, I (1989), offre un instrument commode pour une première approche. Jusqu'à présent, rien n'a remplacé l'étude de base de Henri de JOUVENCEL, *Le contrôleur général des Finances sous l'Ancien régime*, Paris, 1901, mais on pourra cependant utiliser la prosopographie de Pierre-François PINAUD, "Des réformes et des hommes : les finances publiques sous le règne de Louis XVI", *La Revue du Trésor*, n° 7 (1994), p. 401-412. Des travaux se sont attachés à des aspects précis ; ainsi, pour la fin de la période, l'article de John BOSHER, "The premier commis des finances in the reign of Louis XVI", *French historical studies*, III (1964), et surtout son ouvrage *French Finances (1770-1795). From business to bureaucraty*, Cambridge, 1970, Aline LOGETTE, *Le Comité contentieux des Finances près le Conseil du Roi (1777-1791)*, Nancy, sd, ainsi que celui de Michel BRUGUIÈRE, *Gestionnaires et profiteurs de la Révolution. L'administration des finances françaises de Louis XVI à Bonaparte*, Paris, 1986. On verra également la thèse de François MONNIER, *Les marchés des travaux publics à Paris au XVIIIème siècle*, Paris, 1978.

Étant donné leur importance au Contrôle général, on ne saurait négliger les travaux concernant les intendants des finances, en particulier ceux de A. CHOURAKI, *Les intendants des finances*, thèse de droit (inédite), Paris, 1959, et de Françoise MOSSER, *Les intendants des finances au XVIIIème siècle. Les Lefèvre d'Ormesson et le département des impositions (1715-1777)*, Genève et Paris, 1978, ainsi, bien sûr, que les travaux sur les intendances de province, et notamment les ouvrages de Vivian GRUDER, *The royal provincial intendants*, Ithaca, 1968, et de François-Xavier EMMANUELLI, *Un mythe de l'absolutisme bourbonnien : l'intendance, du milieu du XVIIème siècle à la fin du XVIIIème siècle (France, Espagne, Amérique)*, Aix-en-Provence, 1981.

Sources : Les archives du Contrôle général, conservées aux Archives nationales dans la série G7, sont très lacunaires, et tout ce qui peut servir à l'histoire financière souffre d'une grande dispersion. On dispose fort heureusement de la somme fondamentale et toute récente de Joël FÉLIX, *Les sources de l'histoire économique et financière de l'Ancien régime. Guide du chercheur*, Paris, 1994, qui offre un panorama complet des sources administratives de l'Ancien régime, ainsi qu'une bibliographie très complète.

**La question des locaux ministériels** n'est que très occasionnellement abordée, soit dans les études plus générales citées ci-dessus, soit dans des études de type artistique, soit encore dans de petits articles rarement utilisés. On dispose heureusement d'une récente et excellente synthèse de Vida AZIMI, "Les lieux de l'administration : géographie des bureaux sous l'Ancien régime", *Mémoires de la société pour l'histoire du droit et des anciens pays bourguignons*, tome 46 (1989), ainsi que d'une étude, hélas inédite, d'Anne DESCLOS-LE PELEY, *Architecture, décors intérieurs et logements des ailes des ministres du château de*

*Versailles*, maîtrise Paris-IV, 1991. On pourra voir également, pour le Conseil du Roi et les appartements des ministres à Versailles, l'ouvrage général de Pierre VERLET, *Versailles*, Paris, 1989, l'article de Tony SAUVEL, "Les salles du Conseil. Recherches sur les lieux où a siégé le Conseil du Roi", *Conseil d'État, Études et documents*, Paris, 1947-1951. Pour la Chancellerie, on dispose de l'excellente synthèse de Bruno PONS, "L'hôtel de la Chancellerie", *Monuments historiques*, n° 172 (1991), qui complète l'ancien article d'Edmond CLÉRAY, "L'hôtel du chancelier de France", *Revue Bleue*, septembre 1912. Pour les bureaux des secrétaires d'État, on aura l'article de V. de RESBECQ, paru dans la *Revue Maritime*, 1886 (pour les bureaux de la Marine), et surtout les travaux de C. HIRSCHAUER, "Jean-Baptiste Berthier et la décoration de l'hôtel de la Guerre et des Affaires étrangères", *Revue de l'histoire de Versailles et de Seine-et-Oise*, 1930, et ceux réunis dans le catalogue de l'exposition *Ancien hôtel des Affaires étrangères et de la Marine*, Versailles, 1961. Pour le Contrôle général, on aura l'historique de l'hôtel de la rue des Petits-Champs dans Maurice DUMOLIN, "L'enceinte des Fossés-Jaunes", *Études de topographie parisienne*, Paris, II (1930).

# LES MINISTRES

**Pour retracer les généalogies et les carrières**, on dispose de plusieurs dictionnaires ; ainsi, en tout premier lieu, celui de Michel ANTOINE, *Le gouvernement et l'administration sous Louis XV. Dictionnaire biographique*. Paris, 1978, qu'on complétera, pour le règne de Louis XVI, par des dictionnaires plus spécifiques, recensant le personnel d'institutions auxquelles ils ont appartenu, eux ou leur famille : pour le Parlement, les ouvrages de François BLUCHE, *L'origine des magistrats du parlement de Paris au XVIII^ème siècle (1715-1771). Dictionnaire généalogique*, Paris, 1956, et de Joël FÉLIX, *Les magistrats du parlement de Paris (1771-1790). Dictionnaire biographique et généalogique*, Paris, 1990. Pour les autres institutions, les deux ouvrages de François BLUCHE, *Les magistrats de la Cour des Monnaies de Paris au XVIII^ème siècle (1715-1790)*, Paris, 1966, et *Les magistrats du Grand Conseil au XVIII^ème siècle (1690-1791)*, Paris, 1966, celui de Christine FAVRE-LEJEUNE, *Les secrétaires du Roi de la Grande Chancellerie de France. Dictionnaire biographique et généalogique (1672-1789)*, Paris, 1986, 2 volumes, celui dirigé par G. MAZE-SENCIER, *Dictionnaire des maréchaux de France, du Moyen-Age à nos jours*, Paris, 1982.

Ces dictionnaires spécifiques ne dispensent pas de se reporter aux dictionnaires généalogiques classiques, en particulier pour retrouver les frères et sœurs et les enfants : MORÉRI, *Dictionnaire historique et généalogique*, LA CHENAYE DES BOIS, *Dictionnaire généalogique de la noblesse de France*, Paris, 1863-1896, 19 volumes, ou WAROQUIER DE COMBLES, *Tableau historique de la noblesse*, Paris, 1786-1789, 8 volumes, ainsi que l'indispensable ouvrage de Robert de ROTON, *Les arrêts du Grand Conseil portant dispense du marc d'or de noblesse*, Paris, 1951 ; de précieuses indications bibliographiques sont fournies par les dictionnaires de Gaston SAFFROY, *Bibliographie généalogique, héraldique et nobiliaire de la France*, Paris, 1968-1979, 4 volumes, et d'Étienne ARNAUD, *Répertoire de généalogies françaises imprimées*, Nancy et Paris, 1982-1986, 3 volumes ; l'ouvrage de Joël FÉLIX, *Les magistrats du parlement de Paris (1771-1790)*, Paris, 1990, donne une très bonne liste de différents dictionnaires généalogiques.

Les places et les dignités sont répertoriées, de manière parfois inexacte, dans l'ouvrage du comte de COLLEVILLE et de François de SAINT-CHRISTO, *Les ordres du Roi. Répertoire contenant tous les noms et qualités de tous les chevaliers des ordres royaux, militaires et chevaleresques ayant existé en France de 1099 à 1830, d'après les brevets originaux des Archives nationales*, Paris, sd.

Quant aux armoiries, outre les armoriaux classiques, on aura intérêt à se reporter, pour nos ministres, à la magistrale somme d'E. OLIVIER, G. HERMAL et R. de ROTON, *Manuel de l'amateur de reliures armoriées françaises*, Paris, 1924-1938, 30 volumes, qui offre à la fois les blasonnements et les planches d'illustration.

Sources : Pour les généalogies, il faut consulter des différentes collections de la Bibliothèque nationale, en particulier les Carrés d'Hozier, les Dossiers Bleus et les manuscrits Chérin ; pour retracer les carrières des ministres, on dispose de plusieurs séries aux Archives nationales, en particulier les séries V et Y, ainsi que des dossiers de personnel conservés dans les archives des ministères. L'utilisation de ces collections et de ces séries est très clairement expliquée dans l'introduction de Michel ANTOINE, *Le gouvernement et l'administration sous Louis XV*, Paris, 1978.

La bibliothèque de l'ANF (9 rue Richepanse, VIII^{ème} arrt.) et la bibliothèque généalogique (3 rue de Turbigo, I^{er} arrt.) disposent de fichiers commodes et de collections d'accès aisé.

**Les lieux d'inhumation** sont très difficiles à retrouver, surtout lorsqu'il n'existe pas de monument funéraire (mausolée ou tombeau) ; dans ce cas, les historiens d'art ont pu faire une étude (voir les bibliographies particulières à chaque ministre). Paris dispose cependant de l'admirable ouvrage d'Émile RAUNIÉ, continué par Hélène VERLET, *Épitaphier du Vieux Paris*, Paris, 1891-1991, 6 volumes, qui recense les inscriptions funéraires conservées dans les églises de Paris ; mais il y en a, hélas, fort peu concernant le XVIII^{ème} siècle.

Les questions de sépulture sont abordées plus généralement par Jacqueline THIBAUT-PAYEN, *Les morts, l'Église et l'État. Recherches d'histoire administrative sur la sépulture et les cimetières dans le ressort du parlement de Paris (XVII^{ème}-XVIII^{ème} siècles)*, Paris, 1977, et P. SOUTRY, "Les inhumations dans les églises sous l'Ancien régime", *Bulletin de la société archéologique de Touraine*, XXXV (1970).

Sources : Les collections généalogiques de la Bibliothèque nationale contiennent parfois des indications, mais c'est rare ; il existe aussi plusieurs collections de faire-parts, conservées à la Bibliothèque Thiers (place Saint-Georges, IX^{ème} arrt.), aux Archives de Paris (18 bd Sérurier, XIX^{ème} arrt.), ou aux Archives nationales (AD XX^c 96-107, et Minutier Central).

**Sur les milieux sociaux** dans lesquels ont évolué les futurs ministres, on pourra voir les études de François BLUCHE, "L'origine sociale du personnel ministériel français au XVIII^{ème} siècle", *Bulletin de la société d'histoire moderne*, n° 1 (1957), *Les magistrats du parlement de Paris au XVIII^{ème} siècle (1715-1771)*, Besançon, 1960, et "Les magistrats des cours souveraines", *Revue historique de* *droit français et étranger*, 1974, d'Albert POIROT, *Le milieu socio-professionnel des avocats au parlement de Paris (1760-1790)*, Dijon, 1988, 2 volumes, de Laure KOENIG, *La communauté des procureurs au parlement de Paris*, Cahors, 1937, de Jean EGRET, "L'aristocratie parlementaire à la fin de l'Ancien régime", *Revue historique*, 1952, de Pierre ROBIN, *La compagnie des secrétaires du Roi (1351-1791)*, Paris, 1933, l'étude de F. DUMONT, "Les prélats administrateurs au XVIIIème siècle en France", *Études d'histoire du droit canonique dédiées à Gabriel Le Bras*, Paris, 1965, tome 1, les articles de Maurice BORDES, "Les intendants de Louis XV", *Revue historique*, n° 223 (1960), "Les intendants éclairés de la fin de l'Ancien régime", *Revue d'histoire économique et sociale*, 1961, Vivian GRUDER, *The royal provincial intendants*, Ithaca, 1968, Michel ANTOINE, "Les gouverneurs de province en France (XVIème-XVIIIème siècles)", dans l'ouvrage dirigé par Françoise AUTRAND, *Prosopographie et genèse de l'État moderne*, Paris, 1986, Yves DURAND, *Les fermiers généraux au XVIIIème siècle*, Paris, 1971, les trois ouvrages de Guy CHAUSSINAND-NOGARET, *Les financiers de Languedoc au XVIIIème siècle*, Paris, 1970, *Gens de finance au XVIIIème siècle*, Paris, 1972, et *La noblesse au XVIIIème siècle*, Paris, 1976, celui de Guy RICHARD, *Noblesse d'affaires au XVIIIème siècle*, Paris, 1974, sans négliger également les études inédites de Corinne MIKAELIAN, *Portrait-type de l'intendant sous Louis XV*, maîtrise Paris-IV, 1989, d'Antony VAANDRAGER, *Les ducs et pairs de France au XVIIIème siècle*, maîtrise Paris-IV, 1989, de Bernard DURAND, *Les commandants en chef en province sous l'Ancien régime*, thèse de droit, Montpellier, 1968, 3 volumes (bibliothèque Cujas), de Claude DELIBES, *Le personnel diplomatique français dans les cours européennes à la fin de l'Ancien régime*, maîtrise Paris-I, 1979, de Claire BENAZET, *Ambassadeurs et ministres de France, de 1748 à 1791*, Thèse de l'École des Chartes, 1982, et de Christophe LEVANTAL, *Prosopographie et histoire des institutions : les ducs et pairs et les duchés-pairies laïques (1519-1790)*, thèse inédite Paris-IV (dir. Meyer), 1992, 4 vol. Pour le devenir de certains ministres pendant et après la Révolution, voir le récent ouvrage de Luc BOISNARD, *La noblesse dans la tourmente (1774-1802)*, Paris, 1992.

**Les jugements des contemporains** sur les ministres sont une source très intéressante, mais dont l'utilisation reste délicate. Certains historiens ne s'y reportent pas, d'autres les utilisent à tort. Pour les problèmes de lecture des mémoires et de la littérature du témoignage, voir les articles méthodologiques d'Arnaud de MAUREPAS, "L'œil, l'oreille et la plume. La sensibilité testimoniale dans le Journal de Barbier (1718-1763)", *Histoire, Économie, Société*, n° 4 (1991) et "Les méthodes documentaires d'un historien méconnu : l'abbé Soulavie", *Revue d'histoire moderne et contemporaine*, XXXVIII (oct.-déc. 1991).

Il n'existe pas à ce jour de liste de mémoires du XVIII^ème siècle. Arnaud de MAUREPAS a cependant réuni près de 3500 titres de mémoires, publiés ou inédits, en vue d'une *Bibliographie critique des mémoires du XVIII^ème siècle*, sous la direction d'Yves DURAND. Un florilège d'une partie de ces textes est publié dans le recueil d'Arnaud de MAUREPAS et Florent BRAYARD, *Le XVIII^ème siècle vu par les témoins, Anthologie des mémorialistes du XVIII^ème siècle*, Paris (Laffont, coll. Bouquins, à paraître en 1995).

On trouvera des indications dans les ouvrages de Charles DU PELOUX, *Répertoire général des ouvrages modernes relatifs au XVIII^ème siècle français (1715-1789)*, Paris, 1926, et son *Supplément*, Paris, 1927, G. GRENTE, *Dictionnaire des lettres françaises*, Paris, 1951-1972, 7 volumes, Alexandre CIORANESCU, *Bibliographie de la littérature française du XVIII^ème siècle*, Paris, 1969, 3 volumes, et Alfred FIERRO, *Bibliographie critique des mémoires sur la Révolution*, Paris, 1988.

Dans le présent ouvrage, ont été plus spécialement utilisés les mémoires ou souvenirs de d'ARGENSON (*Journal et mémoires du marquis d'Argenson publiés... par E. Rathery*, Paris, 1859-1867, 9 volumes), BACHAUMONT (*Mémoires secrets pour servir à l'histoire de la République des Lettres..*, Londres, 1777-1789, 36 volumes), BAILLY (*Mémoires de Bailly..*, Paris, 1821-1822, 3 volumes, réimp. Genève, 1975, 2 vol.), BARBIER (*Chronique de la Régence et du règne de Louis XV (1718-1763), ou journal de Barbier*, Paris, 1885, 8 volumes), BARTHÉLEMY (*Mémoires de François Barthélemy (1768-1819), publiés par Jacques de Dampierre*, Paris, 1914), BAUDEAU ("Chronique de l'abbé Nicolas Baudeau", *Revue rétrospective*, tome 3, 1834), BERNIS (*Mémoires et lettres du cardinal de Bernis (1715-1758)..*, Paris, 1878, 2 volumes, rééd., 1986), BERTRAND DE MOLLEVILLE (*Mémoires particuliers pour servir à l'histoire de la fin du règne de Louis XVI..*, Paris, 1816, 2 volumes), BÉSENVAL (*Mémoires du baron de Bésenval sur la cour de France*, Paris, 1987), CHOISEUL (*Mémoires du duc de Choiseul*, Paris, 1905, rééd., 1987), CROY (*Journal inédit du maréchal-duc de Croÿ (1718-1784)..*, Paris, 1906, 4 volumes), DUFORT DE CHEVERNY (*Mémoires de Dufort de Cheverny, texte établi par Jean-Pierre Guicciardi*, Paris, 1990, tome 1, seul paru), DU HAUSSET (*Mémoires de madame Du Hausset sur Louis XV et madame de Pompadour*, Paris, 1985), ESTERHAZY (*Mémoires du comte Valentin Esterhazy..*, Paris, 1905), FERRAND (*Mémoires du comte Ferrand..*, Paris, 1897), FEYDEAU DE MARVILLE ("Journal inédit, 1744", *Nouvelle revue rétrospective*, 1897), GEORGEL (*Mémoires pour servir à l'histoire des événements de la fin du XVIII^ème siècle..*, Paris, 1817, 6 volumes), GLEICHEN (*Souvenirs du baron de Gleichen..*, Paris, 1868), HARDY (*Mes loisirs, ou journal d'événements tels qu'ils parviennent à ma connaissance (1764-1789)*, manuscrit autographe conservé à la Bibliothèque nationale, mss. fs. 6680-6687. Plusieurs éditions partielles : Christophe BOSQUILLON, *année 1774*, DEA Paris-I, dir.

Roche, 1994, 2 vol. ; Sandrine COUTAREL, *année 1788*, DEA Paris-I, dir. Roche, 1994 ; Valérie GOUTAL-ARNAL, *année 1789*, thèse Paris-IV, dir. Meyer, 1994, 4 vol.), HÉNAULT (*Mémoires du président Hénault, écrits par lui-même..*, Paris, 1911), LÉVIS (*Souvenirs et portraits du duc de Lévis..*, Paris, 1815), LUYNES (*Mémoires sur la cour de Louis XV (1735-1758)..*, Paris, 1860-1865, 17 volumes), MALOUET (*Mémoires de Malouet, publiés par son petit-fils..*, Paris, 1874, 2 volumes), MARAIS (*Journal et mémoires de Mathieu Marais..*, Paris, 1863-1868, 4 volumes), MARMONTEL (*Mémoires d'un père... édition critique établie par John Renwick*, Clermont-Ferrand, 1972, 2 volumes), MEISTER (*Souvenirs de mon dernier voyage à Paris. Nouvelle édition augmentée... de fragments inédits*, Paris, 1910), MONTBARREY (*Mémoires autographes de M. le prince de Montbarrey..*, Paris, 1826-1827, 3 volumes), MONTYON (*Particularités et observations sur les ministres des Finances de France*, Paris, 1812), MOREAU (*Mes souvenirs (1717-1797)..*, Paris, 1898-1901, 2 volumes), MORELLET (*Mémoires de l'abbé Morellet sur le XVIII^ème siècle et sur la Révolution*, Paris, 1988), NARBONNE (*Journal des règnes de Louis XIV et Louis XV... par Pierre Narbonne, premier commissaire de police de la ville de Versailles*, Paris, 1866), princesse PALATINE (*Lettres françaises de la princesse Palatine, présentées par Dirck Van der Cruysse*, Paris, 1988), SAINT-SIMON (*Mémoires de Saint-Simon... publiés par Arthur de Boislisle*, Paris, 1879-1930, 45 volumes), SÉGUR (*Mémoires, ou souvenirs et anecdotes..*, Paris, 1824, 3 volumes), SÉNAC DE MEILHAN (*Du gouvernement, des mœurs et des conditions en France avant la Révolution..*, Paris, 1862), TILLY (*Mémoires du comte Alexandre de Tilly pour servir à l'histoire des mœurs de la fin du XVIII^ème siècle*, Paris, 1986), TOUSSAINT (*Anecdotes curieuses de la cour de France sous le règne de Louis XV..*, Paris, 1908), VÉRI (*Journal de l'abbé de Véri..*, Paris, 1928-1930, 2 volumes), VALORI (*Mémoires du marquis de Valori*, Paris, 1820, 2 volumes) et WEBER (*Mémoires concernant Marie-Antoinette..*, Londres, 1804-1809, 3 volumes).

**L'évocation des demeures des ministres** s'est faite dans des travaux généraux, ou des études précises, région par région, quartier par quartier, rue par rue, hôtel par hôtel, mais de manière très inégale (voir les bibliographies particulières à chaque ministre). Ainsi, à Paris, pour une première approche, on verra avant tout l'*Almanach royal*, qui donne l'adresse des principaux fonctionnaires de l'État ; on verra aussi Léon VALLÉE, *Catalogue des plans de Paris et des cartes de l'Île-de-France..*, Paris, 1908, Marius BARROUX, *Le département de la Seine et de la Ville de Paris. Notions générales et bibliographiques pour en étudier l'histoire*, Paris, 1910, Jean CHAGNIOT, *Paris au XVIII^ème siècle*, Paris, 1988, le dictionnaire du comte d'AUCOURT, *Les anciens hôtels de Paris*, Paris, 1890, et les ouvrages fondamentaux de Michel GALLET, *Paris domestic architecture of the XVIII^th century*, London, 1963, et *Demeures* *parisiennes sous Louis XVI*, Paris, 1964, ainsi que l'étude inédite de Geneviève CROMBEZ DE MONTMORT, *La vie dans les appartements parisiens de 1738 à 1743*, DEA Paris-IV, 1981. Il faut aussi consulter Robert HÉNARD, *La rue Saint-Honoré*, Paris, 1908-1909, 2 volumes, et les catalogues d'expositions réalisées, sous la direction de Béatrice de ANDIA, par la Délégation à l'Action Artistique de la Ville de Paris, et en particulier *La rue de Lille*, *La rue de Varenne*, *La rue Saint-Dominique*, Paris, 1984, *La rue de Grenelle*, Paris, 1985, *Le faubourg Poissonnière*, Paris, 1986, *Germain Boffrand (1667-1754)*. *L'aventure d'un architecte indépendant*, Paris, 1986, *La rue de l'Université*, Paris, 1987, *Chevotet, Contant, Chaussard. Un cabinet d'architectes au siècle des Lumières*, Paris, 1987, *Le quai Voltaire*, Paris, 1990, *La rue du Bac*, Paris, 1990, *La rue des Francs-Bourgeois, au Marais*, Paris, 1992.

Pour les demeures de province, le public dispose de la somme de Louis HAUTECOEUR, *Histoire de l'architecture classique en France*, Paris, tomes III-IV, 1950-1952, et, plus récemment, de dictionnaires dont les notices sont extrêmement précises. Ainsi, les deux guides dirigés par Jean-Marie PÉROUSE DE MONTCLOS, *Le guide du patrimoine du Centre - Val d'Oise*, Paris, 1987, et *Le guide du patrimoine Île-de-France*, Paris, 1992, et surtout les ouvrages trop méconnus, et pourtant excellents, de Philippe SEYDOUX, *Châteaux des Pays de l'Eure*, Paris, 1984, *Châteaux du Pays d'Auge et du Bessin*, Paris, 1985, *Châteaux du Perche et du Bocage Normand*, Paris, 1986, *Châteaux du Pays de Caux*, Paris, 1987, *Châteaux de la Beauce et du Vendômois*, Paris, 1987. On se servira enfin de la somme de Louis RÉAU, *Histoire du vandalisme - Les monuments détruits de l'art français*, Paris, 1994 (Éditions Laffont, actualisée par Michel FLEURY et Guy-Michel LEPROUX).

Il y a également des études générales très précieuses, telle celle d'Allan BRAHAM, *L'architecture des Lumières de Soufflot à Ledoux*, Paris, 1982.

Sources : la Bibliothèque historique de la Ville de Paris (24 rue Pavée, IVème arrt, à Paris), et la Bibliothèque du Patrimoine (rue du Parc Royal, IVème arrt) offrent des fichiers commodes et des collections facilement accessibles. On aura intérêt également à voir la documentation réunie par le Groupe de Recherches en Art, Histoire, Architecture et Littérature, ouverte sur demande (GRAHAL, 25 rue des Mathurins, VIIIème arrt.). La *Commission du Vieux-Paris*, dirigée par Michel FLEURY, a constitué de très importants dossiers, notamment iconographiques, et de nombreuses recherches sont faites par l'équipe de la *Topographie parisienne*, au CARAN (Archives nationales).

Bien évidemment, toute étude sur le patrimoine foncier doit se reporter à l'immense source que constitue le Minutier central des notaires parisiens, conservé aux Archives nationales, qu'il faut compléter par les archives notariales conservées dans les départements (série E), ainsi que les archives de l'Enregistrement (Voir Gabrielle VILAR-BERROGAIN, *Guide des recherches dans les fonds d'enregistrement sous l'Ancien régime*, Paris, 1958). Les séries AP (archives personnelles et familiales), AB XIX (papiers d'érudits) et T (séquestre révolutionnaire) aux Archives nationales, ainsi que 1E (papiers et titres de famille), F et J (fonds entrés par voie extraordinaire) dans les services d'archives départementales sont des sources également fondamentales. Beaucoup de ces départements disposent de *Guides des archives* qui permettent une première approche, et une grande partie des inventaires de ces séries sont disponibles dans la salle des inventaires du CARAN (11 rue des Quatre-Fils, IIIème arrt). Enfin, l'ouvrage de Charles-Victor LANGLOIS et Henri STEIN, *Les archives de l'histoire de France*, Paris, 1891, permet, malgré son ancienneté, de retrouver la piste d'archives privées, qui restent assez nombreuses (voir les notices particulières à chaque ministre). Les auteurs du présent ouvrage, enfin, ont accumulé une documentation qui reste disponible.

# ANNEXES

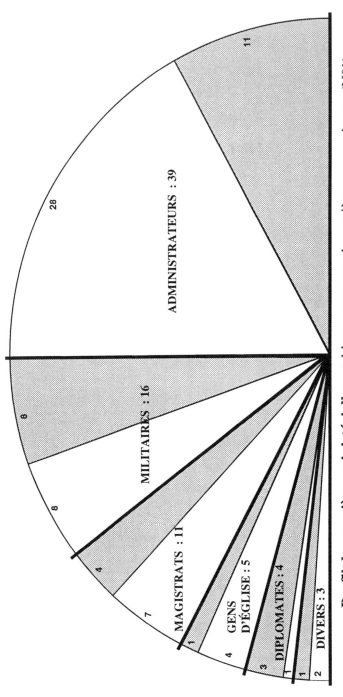

**Profil des carrières ministérielles : tableau par types de carrières et par règnes (N°1)**

Sous Louis XV

Sous Louis XVI

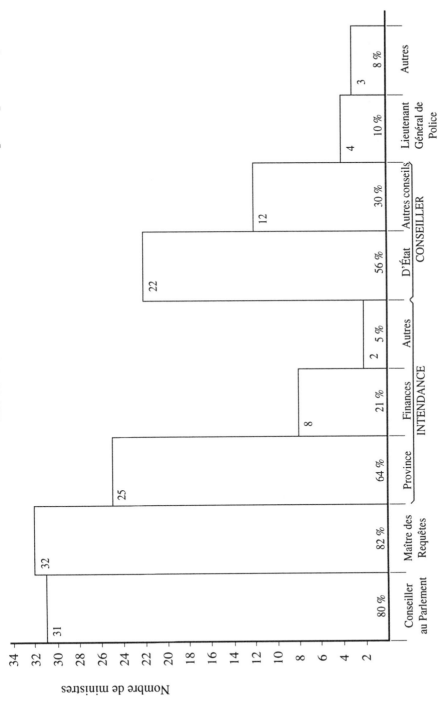

**La carrière administrative : tableau des principales étapes (N° 2)**

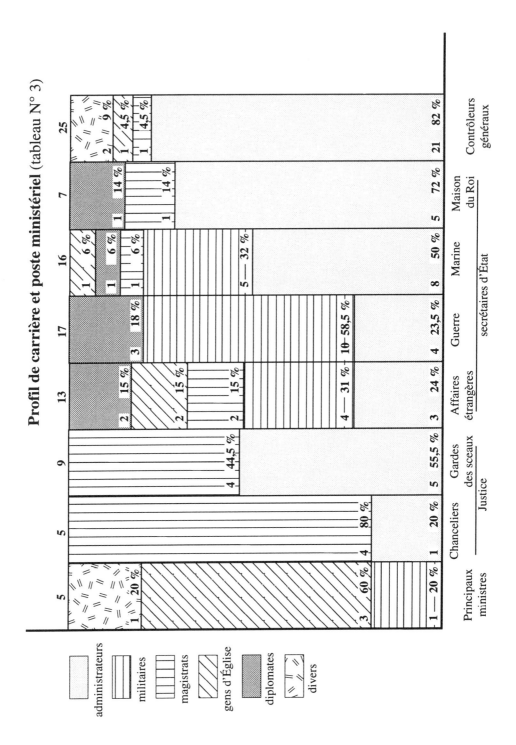

**Profil de carrière et poste ministériel** (tableau N° 3)

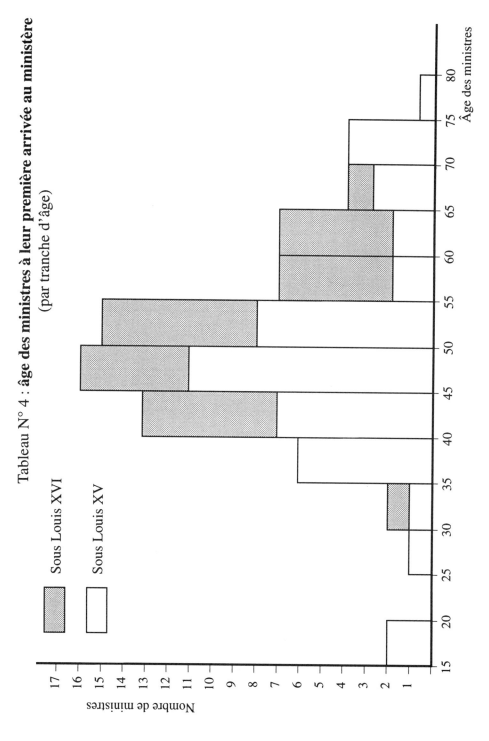

Tableau N° 4 : **âge des ministres à leur première arrivée au ministère**
(par tranche d'âge)

Sous Louis XVI

Sous Louis XV

Nombre de ministres

Âge des ministres

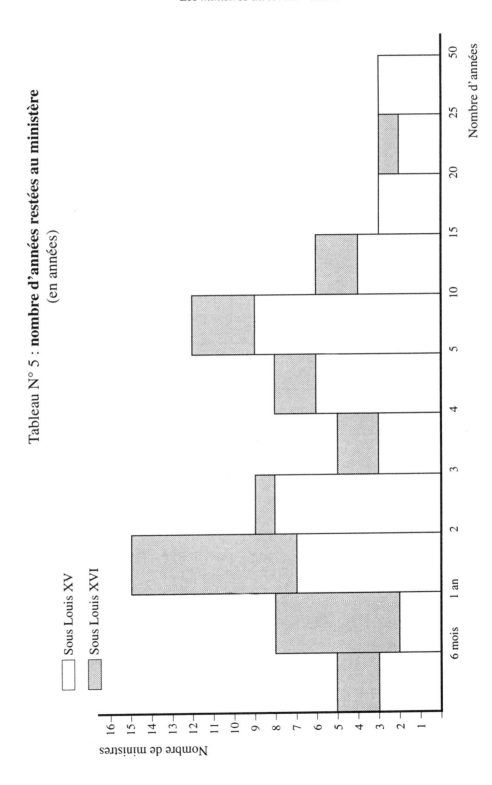

Tableau N° 5 : **nombre d'années restées au ministère**
(en années)

## Le Journal de son éminence, le cardinal Dubois - 1722

**Tous les jours :** 5h à 7h00 : Ouverture des paquets, renvoi des lettres de la veille, réponse aux lettres particulières
7h à 8h00 : Arrangement des portefeuilles, habillement et ordres
8h à 8h45 : Lever du Roi

| | Dimanche | Lundi | Mardi | Mercredi | Jeudi | Vendredi | Samedi |
|---|---|---|---|---|---|---|---|
| **MATINÉE** | 8h45 : Chez SAR avec ministres et personnes mandées | 8h45 : Chez SAR avec ministres et personnes mandées | 8h45 : Signature des dépêches pour l'Italie, l'Espagne et le Portugal | 9h00 à 12h00 : Audience des ambassadeurs et ministres étrangers | 8h45 : Chez SAR avec ministres et personnes mandées | 8h45 : Signature des dépêches pour l'Italie, l'Espagne et le Portugal | 8h45 : Chez SAR avec ministres et personnes mandées |
| | 10h30 : Instructions du Roi | 10h00 : Signature des dépêches pour la Hollande, l'Allemagne et le Nord | 9h30 : Rapport des Premiers Commis | | | | |
| | 11h00 : Messe du Roi | 10h30 : Instructions du Roi | 10h30 : Instructions du Roi | | 10h30 : Instructions du Roi | 10h30 : Couturier pour préparer les rapports du lendemain pour SAR | 10h30 : Instructions du Roi |
| | 11h30 : Conseil de Régence | 11h00 : Audience au Lieutenant de Police | 11h00 : Chez SAR avec ministres et personnes mandées | | 11h00 : Audience aux ministres avant leur départ pour Paris | 11h00 : Expédition, signature et travail avec les commis mandés | 11h00 : Chez SAR avec ministres et personnes mandées |
| | 12h30 : Audience publique | 11h30 : Conseil de Conscience | 11h30 : Conseil des Finances | | 12h00 : Audience publique | | 11h30 : Conseil des Dépêches |
| **APRÈS-MIDI** | 15h30 : Chez SAR en particulier | 15h30 : Chez SAR avec le comte de Toulouse, puis en particulier | 15h00 : Chez SAR avec Couturier | 15h 00 : Continuation de l'audience | 15h00 : Couturier pour préparer les rapports du lendemain pour SAR | 15h00 : Couturier pour préparer les rapports du lendemain pour SAR | 15h00 : Chez SAR avec Couturier |
| | | | 16h00 : Le garde des sceaux et les secrétaires d'État pour leurs rapports du lendemain | 16h00 : Journal des audiences | | 16h00 : Audience aux personnes mandées | |
| | 17h00 : Rapports des Premiers Commis | 17h00 : Mr Couturier pour préparer les rapports du lendemain pour SAR | 17h00 : Le secrétaire d'État de la guerre | 17h00 : Chez SAR en particulier | 17h00 : Ordre et préparation des dépêches pour la Hollande, l'Allemagne et le Nord. | 17h00 : Lecture des lettres d'Italie et ordres en conséquence | 17h00 : Lecture des lettres d'Espagne et du Portugal, et ordres en conséquence |
| | 18h00 : Le secrétaire d'État de la guerre | 18h00 : Le Lieutenant de Police | | 18h30 : Instructions du Roi | | | 18h00 : Le Contrôleur général des Finances |
| | 19h00 : Le Contrôleur général des Finances | 19h00 : Le Contrôleur général et les intendants des Finances | 19h00 : Le Contrôleur général des Finances | 19h00 : Le Contrôleur général des Finances | 19h00 : Audience aux personnes mandées | | 19h00 : Le secrétaire d'État de la guerre |

**CHANCELIERS ET GARDES DES SCEAUX**

- D'AGUESSEAU *démissionnaire*
- Depuis le 2-VII-14 VOYSIN - mort en charge — 2-II-17
- D'ARGENSON *disgracié* — 8-I-18 / 7-VI-20
- FLEURIAU D'ARMENONVILLE *disgracié* — 28-II-22 / 17-VIII-27
- CHAUVELIN *disgracié* — 20-II-37
- D'AGUESSEAU — 27-XI-50

**PRINCIPAL MINISTRE**

- DUBOIS — 21-VIII-22
- PHILIPPE D'ORLÉANS — 10-VIII-23 / 2-XII-23
- DUC DE BOURBON — 11-VI-26
- FLEURY *sans le titre* — 29-I-43

**SECRÉTAIRES D'ÉTAT**

CONSEILS DE LA POLYSYNODIE

*AFFAIRES ÉTRANGÈRES*

- DUBOIS *mort en fonction* — 24-IX-17
- FLEURIAU DE MORVILLE *disgracié* — 10-VIII-23 / 19-VIII-27 / 23-VIII-27
- CHAUVELIN *disgracié* — 20-II-37
- AMELOT DE CHAILLOU (1) — 26-IV-44
- D'ARGENSON (2) — 19-XI-44 / 10-I-47
- PUYZIEULX — 21-I-47

*GUERRE*

- LE BLANC — 24-IX-18
- LE TONNELIER DE BRETEUIL (1) — 1-VII-23
- LE BLANC — 16-VI-26 / 19-V-28 / 22-V-28
- BAUYN D'ANGERVILLIERS — 15-II-40
- LE TONNELIER DE BRETEUIL (1) — 20-II-40 / 7-I-43
- D'ARGENSON (3)

*MARINE*

- FLEURIAU DE MORVILLE — 16-II-23 / 10-VIII-23
- MAUREPAS — 20-IV-49

*MAISON DU ROI*

- LA VRILLIÈRE — 30-III-18 / 7-IX-25
- MAUREPAS et SAINT-FLORENTIN — 20-IV-49

**CONTRÔLEURS GÉNÉRAUX DES FINANCES**

- D'ARGENSON *directeur des finances* — 28-I-18
- LAW — 4-I-20 / 12-XII-20
- LE PELETIER DE LA HOUSSAYE — 21-IV-22
- DODUN — 14-VI-26
- LE PELETIER DES FORTS — 19-III-30
- ORRY — 5-XII-45
- MACHAULT D'ARNOUVILLE

# TABLEAU DU GOUVERNEMENT SOUS LOUIS XV ET LOUIS XVI

| CHANCELIERS ET GARDES DES SCEAUX | PRINCIPAL MINISTRE | SECRÉTAIRES D'ÉTAT | | | | CONTRÔLEURS GÉNÉRAUX DES FINANCES |
| --- | --- | --- | --- | --- | --- | --- |
| | | AFFAIRES ÉTRANGÈRES | GUERRE | MARINE | MAISON DU ROI | |
| LAMOIGNON DE BLANCMESNIL *démissionnaire* | | PUYZIEULX *démissionnaire* 9-IX-51 | D'ARGENSON (3) | ROUILLÉ | 20-IV-49 SAINT-FLORENTIN | MACHAULT D'ARNOUVILLE |
| 10-XII-50 MACHAULT D'ARNOUVILLE *disgracié* | | BARBERIE DE SAINT CONTEST 11-IX-51 | | 28-VII-54 MACHAULT D'ARNOUVILLE | | 28-VII-54 MOREAU DE SÉCHELLES |
| | | ROUILLÉ 24-VII-54 | 1-II-57 D'ARGENSON (4) | 1-II-57 PEYRENC DE MORAS | | 24-IV-56 PEYRENC DE MORAS |
| 1-II-57 LE ROI | | 24-VI-57 BERNIS | 22-III-58 BELLE-ISLE | 31-V-58 MASSIAC | | 25-VIII-57 BOULLONGNE |
| | | 28-VI-57 / 9-X-58 CHOISEUL 3-XII-58 | | 31-X-58 BERRYER | | 4-III-59 SILHOUETTE |
| 13-X-61 BERRYER *mort en fonction* | | 12-X-61 CHOISEUL | 26-I-61 CHOISEUL | 13-X-61 CHOISEUL | | 21-XI-59 BERTIN |
| 2-VIII-62 LE ROI 27-IX-62 FEYDEAU DE BROU *démissionnaire* | | PRASLIN | | | | 13-XII-63 LAVERDY |
| 12-X-63 MAUPÉOU (1) avec le titre de vice-chancelier *démissionnaire* | | 10-IV-66 CHOISEUL | 10-IV-66 CHOISEUL | 10-IV-66 PRASLIN | SAINT-FLORENTIN | |
| 16-IX-68 MAUPÉOU (2) *mort en charge* | | 24-XII-70 Interim de SAINT-FLORENTIN | 24-XII-70 SAINT-FLORENTIN TERRAY | 24-XII-70 BOURGEOIS DE BOYNES | | 1-X-68 MAYNON D'INVAULT |
| 18-IX-68 | | 6-VI-71 D'AIGUILLON | 26-I-71 MONTEYNARD 27-I-74 D'AIGUILLON | | | 22-XII-69 TERRAY |
| 24-VIII-74 | | 2-VI-74 BERTIN 12 | 2-VI-74 | 10-VII-74 | | 24-VIII-74 |
| *voir tableau suivant* | | *voir tableau suivant* | | | | |

## TABLEAU DU GOUVERNEMENT
## SOUS LOUIS XV ET LOUIS XVI

**TABLEAU DU GOUVERNEMENT SOUS LOUIS XV ET LOUIS XVI**

| Année | CHANCELIERS ET GARDES DES SCEAUX | PRINCIPAL MINISTRE | AFFAIRES ÉTRANGÈRES | SECRÉTAIRES D'ÉTAT — GUERRE | SECRÉTAIRES D'ÉTAT — MARINE | MAISON DU ROI | CONTRÔLEURS GÉNÉRAUX DES FINANCES |
|---|---|---|---|---|---|---|---|
| 74 | MAUPÉOU (2) *mort en charge en 1792* — 24-VIII-74 | | 21-VII-74 VERGENNES *mort en fonction* | 5-VI-74 DU MUY | 20-VII-74 TURGOT — 23-VIII-74 SARTINE | SAINT-FLORENTIN | 24-VIII-74 TURGOT |
| 75 | HÜE DE MIROMESNIL *disgracié* | | | 10-X-75 / 27-X-75 SAINT-GERMAIN | | 20-VII-75 LAMOIGNON DE MALESHERBES | |
| 76 | | 14-V-76 [MAUREPAS] | | | | 12-V-76 AMELOT | 12-V-76 CLUGNY DE NUITS — 18-X-76 TABOUREAU DES REAUX |
| 77 | | | | 27-IX-77 MONTBARREY | | | 29-VI-77 NECKER |
| 78 | | | | | | DE | |
| 79 | | | VERGENNES | | | | |
| 80 | | | | 15-XII-80 / 22-XII-80 VERGENNES — SÉGUR | 13-X-80 CASTRIES | | |
| 81 | | 9-XI-81 | | | | | 19-V-81 / 21-V-81 JOLY DE FLEURY |
| 82 | | | | | | | |
| 83 | | | | | | 18-XI-83 CHAILLOU | 29-III-83 LEFÈVRE D'ORMESSON — 2-XI-83 CALONNE |
| 84 | | | | SÉGUR | CASTRIES | | |
| 85 | | | | | | LE TONNELIER | CALONNE |
| 86 | | | | | | | |
| 87 | 8-IV-87 LAMOIGNON DE BAVILLE *démissionnaire* | VIII-87 LOMÉNIE DE BRIENNE | 13-II-87 MONTMORIN | 29-VIII-87 L. TON. BR. (2) — 23-IX-87 BRIENNE | 24-VIII-87 MONTMORIN — 23-XII-87 LA LUZERNE | DE BRETEUIL | 8-IV-87 BOUVARD DE FOURQUEUX — 3-IV-87 LAURENT DE VILLEDEUIL — 31-VIII-87 LAMBERT |
| 88 | 19-IX-88 BARENTIN *démissionnaire* | 24-VIII-88 | MONTMORIN | 28-XI-88 PUYSÉGUR | LA LUZERNE | 26-VII-88 LAURENT DE VILLEDEUIL | 25-VIII-88 NECKER |
| 89 | 16-VII-89 | 11-VII-89 | 11-VII-89 | 11-VII-89 | 11-VII-89 | 11-VII-89 | 11-VII-89 |

# INDEX

# Index des noms de personnes et des noms de lieux

# Index des noms d'auteurs

# Table des matières

(Les noms des ministres renvoient à la page de leur notice complète)

————

Illustrations

Imprimé en France

Achevé d'imprimer
sur les presses de
l'Imprimerie Graphique de l'Ouest
Le Poiré-sur-Vie (Vendée)
N° d'impression : 410
Dépôt légal : Juin 1996